当经济遇上法律

启真馆 出品

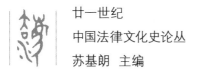

廿一世纪
中国法律文化史论丛
苏基朗 主编

当经济遇上法律

明清中国的市场演化

邱澎生 著

ZHEJIANG UNIVERSITY PRESS
浙江大学出版社

出版说明

　　本丛书以"廿一世纪"为名,旨在展现多元的全球性法文化观点,不囿于上世纪学术主流的西方中心主义。中国法律文化史固以中国为主要研究对象,但全球观点史学应怀抱平等的跨文化比较视野,期使中国社会的历史经验,对促进当世各地人民的福祉,亦能做出重要的贡献。讨论法律文化及历史,不能与现实社会脱节而做无根之谈,故本丛书特重法律与历史文化的互动及相依。二十世纪以前,中国法律和社会及文化传统本环环相扣,有机结合。过去一个世纪的中国法律转以移植继受为主,法律与本土文化的融合创新,自为当今急务。此亦本丛书尤为关注的课题。最后,从廿一世纪的观点出发,研究对象内容尽可包罗上下数千载,亦无妨通古今之变,并非仅仅限于廿一世纪的历史而已。

目 录

导论　比较视野下的明清市场演化史

公元十五世纪后半叶至十九世纪前半叶的四百年间（约为公元1450—1850 年）是传统中国经济变化的重要时期。尽管明清中国经济发展程度存在着地区差异，而相关研究者在概念、方法与论证方面也有不少重要争论，但前述四百年间明清中国市场经济逐步扩大，基本上已是多数学者的共通看法。学者曾经使用不同方式解释这段时期中国经济变化的总体趋势，或称之为"资本主义萌芽"[1]，或名其为"广泛性成长"（extensive growth）[2]，乃至命名为"没有发展的

[1] 这类著作在二十世纪五十年代至八十年代甚多，其中比较严谨的代表性成果至少可见：许涤新、吴承明主编，《中国资本主义发展史》第一卷《中国资本主义的萌芽》，北京：人民出版社，1985。针对此类讨论的方法论问题进行反思的著作则可见：石锦，《中国资本主义萌芽研究理论的评介》，收入石氏著《中国近代社会研究》，台北：李敖出版社，1990，页 101-137；李伯重，《中国经济史学中的"资本主义萌芽情结"》《英国模式、江南道路与资本主义萌芽理论》，两文皆收入李氏著《理论、方法、发展、趋势：中国经济史研究新探》，杭州：浙江大学出版社，2013，页 5-19、20-36；徐泓，《"中国资本主义萌芽"问题研究范式与明清社会经济史研究》，《中国经济史研究》，1（2018）：169-181。

[2] 王业键针对清人入关至中国对日抗战前夕，前后约三百年的中国经济发展现象，指出此段时期中国经济结构虽然依旧殊少变化，但是，人口与土地的大量增加，以及国民生产的巨额成长，仍是当时不能忽略的重要现象。因此，王氏将此种没有应用现代科学技术、没有造成经济结构上显著改变的成长，称为"广泛性成长"，以区别于以英国工业革命为代表的所谓"密集性成长"（intensive growth）。参见：王业键，《中国近代货币与银行的演进（1644—1937）》，台北："中研院"经济研究所，1981，页 1；王业键，《明清经济发展并论资本主义萌芽问题》，《中国社会经济史研究》，3（1983）：30-39、54。

增长"（growth without development）[3]。

　　学界针对前述四百年间明清市场经济变化所做的具体考察，主要集中在长程贸易与经济区域分工两个面向。有学者考察当时进入长程市场的商品数量规模，以及构成长程贸易的大宗商品性质两个层次，论证十五世纪后半叶国内长程贸易逐步扩大，到了十八世纪已然大致形成一个全国市场。当时中国全国市场由三大商业交通网络构成：一是以长江中下游航道为干道而组成的东西向国内网络；一是以京杭大运河、赣江、大庾岭商道为干道而组成的南北向国内网络；另一则为由广州到东北沿海的海运网络。众多商人组成商帮在全国市场进行长程贸易，而长程贸易的大宗商品则以稻米、棉布、食盐等民生必需品为主，改变了之前中国长程贸易多以奢侈品为大宗的商品结构。有学者指出：由 1500 年到 1840 年之间，中国国内已形成大规模商品、劳动、资金与信息交换的全国市场。[4]

　　与此同时，也有学者从人口与大宗商品流动促成的全国经济区域分工立论，指出清代前期国内可谓出现了"已开发、开发中、未开发"三大地理区块的经济分工现象。相对而论，江南的浙、闽、广东属于"已开发"区域，由此向中国其他地区输出资本、技术与纺织产品；至于"开发中"与"未开发"区域，则向"已开发"地

[3] 黄宗智以明清江南等地区的经济变化方式为例，主张当时中国只出现了总产量增加的"经济成长"（economic growth），这种成长只是以"单位工作日收益递减，而不是通过生产的资本化来实现"；他强调若以单位工作日收入而论，则这种经济变化并未出现个人平均所得持续提高，故而不是一种真正意义上的"经济发展"（economic development）。参见：黄宗智，《长江三角洲小农家庭与乡村发展，1350—1988》，香港：牛津大学出版社，1994，页 119-121；黄宗智，《答雷蒙·迈尔斯》，收入黄氏著《中国研究的规范认识危机：论社会经济史中的悖论现象》，香港：牛津大学出版社，1994，页 66。

[4] 吴承明，《中国资本主义与国内市场》，页 217-246、247-265。李伯重，《中国全国市场的形成，1500—1840 年》，《清华大学学报》，14，4（1999）：48-54。

区输出各种农业、工业与矿业原料，诸如湖广及四川的米，西南地区的木材、云南的铜，以及东北的高粱、大豆等。简言之，当时中国在"已开发、开发中、未开发"不同地区之间进行的大宗贸易，以及人口、资本、技术流动，促成了清代前期全国经济区域的专业分工。[5]

值得注意的是：同样基于清代前期中国出现经济区域专业分工的考察，有学者开始以"斯密式经济成长"（Smithian growth）描述明清中国此项重要的经济变化，强调区域经济的专业分工也是重要的经济成长方式，并且反思学界过于强调英国工业革命那种"技术密集"与"资本密集"的经济成长模式所可能带来的严重偏见。[6]

王国斌指出经济成长至少可区分为四类不同的形态：一是由劳动分工与商业扩张所引起，二是由投资增加所引起，三是由技术进步所引起，四是借助更有效率的经济组织提高产出所引起；[7]并据以认为：直至公元1800年前夕，明清经济其实深受劳动分工与商业扩张的第一种成长动力所影响，此种变动即是"斯密式经济成长"，其成就并不逊于当时欧洲先进地区的经济成长。彭慕然（Kenneth Pomeranz）也基于众多相关论著，论证直至十八世纪末年之前"斯密式经济成长"其实同时是中国江南与同时代西欧共同经历的一

---

[5] 王业键，《清代经济刍论》，《食货复刊》，2，11（1973）：541–550。Yeh-chien Wang, *Land Taxation in Imperial China, 1750—1911* (Cambridge, Mass.: Harvard University Press, 1973), pp. 84–89.

[6] 王国斌，《农业帝国的政治经济体制及其当代遗绪》，邱澎生译，收入卜正民（Timothy Brook）、格力高利·布鲁（Gregory Blue）编《中国与历史资本主义：汉学知识的系谱学》，台北：巨流图书出版公司，2004，页293–296。

[7] 王国斌，《转变的中国：历史变迁与欧洲经验的局限》，李伯重、连玲玲译，南京：江苏人民出版社，1998，页56–57。

种普遍性经济成长模式。[8] 与此同时，李伯重也以公元 1550 年到 1850 年间江南纺织业为例证，反驳那些主张传统中国手工业只有"量的增长"而无"质的变化"的提法；李氏指出：当时江南的丝、棉纺织工业不仅总生产量和从业人数都有巨幅"量的增长"，在生产方法、工具、效率方面更有组织创新与劳动生产率提升的"质的变化"，此可称之为明清江南的"早期工业化"。[9]

无论是王国斌、彭慕然指称的明清中国"斯密式经济成长"，或是李伯重概括的江南"早期工业化"，这些研究都对公元 1800 年之前中国经济落后于西欧的既有提法提出了严肃质疑。[10] 在质疑与辩论的过程中，明清经济史研究存在的"西方中心论"也常成为反思与批评的重要对象。然则，如何界定明清经济史研究的"西方中心论"呢？王国斌有精简的概括：在解释中国经济史时，总是以"何以未发生"像欧洲一样的历史变迁，来作为考察中国经济变化相关问题的前提与预设。[11] 在笔者看来，尽管受到不少学者质疑与批评，但各种形式的"西方中心论"至今仍对学界与大众理解明清经济史

---

[8] 此书有两种中译：彭慕兰，《大分流：欧洲、中国及现代世界经济的发展》，史建云译，南京：江苏人民出版社，2004；彭慕兰，《大分流：中国、欧洲与近代世界经济的形成》，邱澎生、陈巨擘、张宁、连玲玲、巫仁恕、吕绍理、杨淑娇、林美莉、刘士永译，台北：巨流图书出版公司，2004。按："彭慕兰"这一中文名字应系上述两种译本出版时的某种误失，作者去年接受采访时表示其中文名字应是"彭慕然"。参见：徐添、林盼、俞诗逸，《访谈 | 彭慕然：中国为什么这么大？》（https://media.weibo.cn/article?id=2309404176560214166875&from=singlemessage&jumpfrom=weibocom，《东方历史评论》，2017 年 11 月 21 日。上网征引日期：2018 年 1 月 30 日）。

[9] 李伯重，《江南的早期工业化（1550—1850）》，北京：社会科学文献出版社，2000，页 37–38。

[10] 李伯重，《英国模式、江南道路与资本主义萌芽》，《历史研究》，1（2001）：116–126；龙登高，《中西经济史比较的新探索：兼谈加州学派在研究范式上的创新》，《江西师范大学学报》，1（2004）：105–112；周琳，《书写什么样的中国历史？——"加州学派"中国社会经济史研究述评》，《清华大学学报》，1（2009）：50–58。

[11] 王国斌，《农业帝国的政治经济体制及其当代遗绪》，页 283。

产生了重大影响。

　　本书希望也能反思"西方中心论"对深入理解明清经济史带来的种种问题，但在正式进行讨论之前，还是有必要针对"西方中心论"如何影响明清经济史做些梳理。笔者选择黄仁宇的"大历史观"与"数目字管理"两个概念作为分析对象，一方面用以呈现明清经济史如何受到"西方中心论"的具体影响，另一方面也借以展开本书主张由"经济、法律、文化"三者互动关系分析明清经济变化的研究视野。

一、"数目字管理"中的经济、法律与文化

　　"大历史观"（macro-history）、"数目字管理"（mathematically manageable）是黄仁宇大力宣扬的史学分析概念。何谓"大历史观"？黄氏直指其是一种"对历史的技术性解释"（technical interpretation of history），[12] 但"对历史的技术性解释"究竟指什么？这便直接导出黄氏提出的"数目字管理"这一史学分析概念：

　　　　资本主义社会，是一种现代化的社会，它能够将整个的社会以数目字管理。因之社会里的成员，变成了很多能相互更换（interchangeable）的零件；更因之社会上的分工可以繁复。法律既以私人财产权之不可侵犯作宗旨，也能同样以数目字上加减乘除的方式，将权利与义务，分割归并，来支持这样的分工合作。这在推进科技的发展中，产生了一个无可比拟的优势条件……以农业组织作国家基干，注重凡事维持旧有的均衡；以

---

[12]　黄仁宇，《〈万历十五年〉和我的"大"历史观》，收入黄氏著《万历十五年》，北京：生活·读书·新知三联书店，1997（简体中文版），页 268。

商业组织作国家基干，则注重加速交换（exchange）。时代愈进化，后者愈能掌握科技，而前者的弱点更为暴露，其国民对其政府之无能益抱不满。[13]

之所以长段引用这段原文，主要是其可以相当大程度上反映黄仁宇欲以"数目字管理"分析人类经济共同发展途径的核心内容。这段话包括两个重要层面：第一，黄氏将经济史区分为"以农业组织作国家基干"以及"以商业组织作国家基干"的两大类"国家社会架构"；认为那些以"农业组织"为主的社会，其实同时配合着一种"不能在数目字上管理的（mathematically unmanageable）国家"，并以"注重凡事维持旧有的均衡"作为联结社会与国家的主要原则。至于以"商业组织"为主的社会，则配合一种"能够在数目字上管理的国家"，并以"注重加速交换"作为联结社会与国家的主要原则。第二，针对"以商业组织作国家基干"的国家社会架构，黄氏在分析其如何演进出"数目字管理"的社会与国家管理技术时，特别侧重三项基本因素：经济组织上的分工合作、法律体系上的权利义务分割归并、道德观念上的私人财产权不可侵犯。这三项基本因素似乎也可概括为"经济组织、法律体系、文化观念"；在这三项基本因素共同作用之下，乃催生出一种能够进行"数目字管理"的国家社会架构，黄氏认为这即是诞生了"资本主义社会"或是"现代化社会"。

黄氏相信，以"数目字管理、大历史观"考察中国与人类历史，不仅能理解不同地区的社会发展程度，更能拨开纷纭历史表象而直探社会贫穷问题的核心，进而为包含二十世纪中国在内的其他落后

---

[13] 黄仁宇，《我对"资本主义"的认识》，《食货》复刊，16，1/2（1986）：26–49，尤其是页46–47。

国家开出妥切的经济改善药方。[14] 黄氏呼吁应该避开现代化不同路线孰优孰劣的无谓争议，努力改革国家社会架构，以求跻身"能够在数目字上管理国家"之林。[15]

黄仁宇标举"数目字管理"的史学分析概念，主要基于其学术研究成果与读书心得。前者主要是他对明代中国财政制度所做的专门研究，[16] 后者则是其对西方资本主义发展史的密集阅读与师友

---

[14] 黄仁宇曾说：以"大历史观"看中国，将"中国现代史的基线向后推转五百年，包括明朝"，则"这长时期的视界，使我们了解最近中国所遇困难的渊薮，同时也看清好多问题互相连锁的情形"（黄仁宇，《中国近五百年历史为一元论》，收入黄氏著《放宽历史的视界》，台北：允晨文化公司，1988，页218）。

[15] 黄仁宇，《我对"资本主义"的认识》，页48；黄仁宇，《中国近五百年历史为一元论》，收入黄氏著《放宽历史的视界》，页218；黄仁宇，《中国历史与西洋文化的汇合——五百年无此奇遇》，收入黄氏著《放宽历史的视界》，页197。黄仁宇《万历十五年》于1981年原以英文 1587, A Year of No Significance 刊行，但他很希望能在中国出版以分享书中核心观点。他曾不无遗憾地回忆：该书英文草稿完成于1976年夏季，但当时不能盼望在中国出版。当《万历十五年》在大陆初次刊行中文版，出版社对黄仁宇的名字冠以"美"籍字眼，黄氏也略带无奈地做了一番自我解说：作者姓名前有一"美"字，"表示我现在为美国公民。这在表彰事实之余，也很符合目前需要。因我之所谓大历史观，必须有国际性，我很希望以四海为家的精神，增进东方与西方的了解，化除成见"（《〈万历十五年〉和我的"大"历史观》，页265、267-268）。

[16] 在《万历十五年》简体中文版《自序》中，黄仁宇对此有所说明："1959年，我在密歇根大学历史系读书，选定了《明代的漕运》作为博士论文的题目。这一研究花了五年。论文完成后，算是对明代的财政税收制度有了一知半解，然而遗留的问题仍然不少。为了解决自己的困惑，并У对明代财政与税收窥其全豹，乃开始收集材料，撰写 Taxation and Governmental Finance in Sixteenth-Century Ming China 一书。当时正值台北影印出版了《明实录》，此书为明代史料的渊薮，自然在所必读。全书133册，又无索引可资利用，所以只好硬着头皮，在教书之余每周阅读一册。这一走马观花式的阅览就花去了两年半。除此而外，参考奏疏、笔记、各地方志，搜寻国内外有关的新旧著作，费时更多。此书从计划撰写到杀青定稿，历时七年。"（黄仁宇，《自序》，收入黄氏著《万历十五年》简体中文版，页1）

讨论。[17] 前者的研究成果集中展现在《十六世纪明代中国之财政与税收》与《万历十五年》两本专书;后者则表现在《我对"资本主义"的认识》专文与《资本主义与廿一世纪》专书。黄氏这四种作品即是以明代中国为"不能在数目字上管理的国家"典型,而以1689年清教徒革命以后的英国为"能够在数目字上管理的国家"典型。为了更方便说明两种"国家社会架构"的差异,黄氏有时也形容前者为"金字塔倒砌"(a pyramid built upside down)、"间架性的设计"(schematic design),[18] 或是"潜水艇三明治"(submarine sandwich);[19] 而对于后者,则常径称之为"资本主义"。

黄仁宇将明代中国作为"不能在数目字上管理的国家"典型,主要基于他对明代财政制度的专门研究。在黄氏看来,明太祖创设的"洪武型财政"是一种"收敛性"的财政制度,其与唐宋帝国的

---

[17] 黄仁宇曾回忆其自 1972 年正式襄助李约瑟(Joseph Needham)博士撰写《中国科学技术史》第七卷第四十八节以来,两人即不断讨论西方资本主义形成相关问题:由 1972 年至 1973 年居剑桥一年"和李公日夕磋商"(黄仁宇,《明〈太宗实录〉中的年终统计:李老博士所称中国官僚主义的一个例证》,收入李国豪等编《中国科技史探索》,香港:中华书局,1986,页 125)。黄氏写道:李博士"以他多年读书的经验,深觉得欧洲的文艺复兴、宗教改革、资本主义的形成,和现代科技的发展,是一种成套(package)的事迹,一有都有,四种事情前后发生,彼此关联。我至今还觉得这是有识者之言"。1974 年黄氏趁在美教书带薪休假期间再赴英国,在此期间,"李约瑟所收藏的书籍中,已有很多关于欧洲资本主义形成的文章,我也照他的指示,阅读了一遍"。他们两人在 1975 年联名向两个文化基金会申请经费,试图向基金会评议专家证明"研究中国科技而顺带牵涉到英国土地制度和法庭程序"确实可行。黄仁宇强调,"我在密歇根大学念书的时候,也选读过十六门有关近代欧洲史的课。更不说李约瑟的凯厄斯书院(Gonville & Caius College,简称 Caius College)也有好多专家,可供我们的咨询,他的贴邻现已去世的罗宾生教授(Joan Robinson)是世界闻名的经济专家,也曾看过我们的文稿,提出过修正的建议,可见我们并非完全铤而走险,异想天开。只是这种解说终于没有用"(页 26–27、30),申请基金项目未获通过。

[18] 黄仁宇,《我对"资本主义"的认识》,1986,页 26。

[19] 黄仁宇,《明代史和其他因素给我们的新认识》,收入黄氏著《放宽历史的视界》,页 63。

"扩张性"财政制度大不相同。同时，明朝"政府之中层机构缺乏后勤能力"，这方面的问题也远比唐宋帝国来得严重，[20] 明代政府集中掌握财税资源的规模受到很大限制。

黄氏强调洪武型财政基本上是种"孤枝式结构"（monolithic structure），缺乏总揽其成的国库制度，在中央财政主管机构户部以及全国各地负责收税的机关之间，几乎不存在任何可由户部统辖调度的"分支财库"，在财政制度上缺乏暂时集中财税收入的有效率"中层机构"，故而只能纯任各级地方政府依据"原额主义"要求民众缴纳税粮；在此制度限制之下，明代各地保留的税收记录，其实主要只是上报户部交差了事的"官样文章"（superficiality），并不反映税收数字的真实变动。因为采用"原额主义"缴纳税粮并进行报销统计，即使民间经济成长致使商业税收有所增长，政府基本上不会主动因应，也没有意愿针对农业与商业税收比率的财政结构变化进行相关制度调整，这种财政制度充分呈现出一种"被动性"（passivity）。简单说，明代全国财政目标主要放在"维持政治现状，而非反映经济社会的动态"。至于维持这套财政制度的主要手段，则是将"文化与政治的支配"强压在"一种大而无当而又自给自足的经济系统"上，故可完全不顾"商业压力及外来的竞争"。[21]

明代"孤枝式结构"财政制度对于国家社会架构至少带来两项严重影响：一是财税资源无法集中，从而阻碍全国交通基础设施的成长；二是不重视商税收入，致使政府施政与法律系统都不能因应商业变动

---

[20]　黄仁宇认为，明朝财政制度缺乏中层后勤能力，远比唐宋严重："唐朝和宋朝的转运使在各地区间活动，手中有大量的款项及物资周转，由中央的指示，广泛地行使职权。在大体上讲，明朝放弃了这样的做法。"（黄仁宇，《中国近五百年历史为一元论》，页 199）

[21]　Ray Huang, *Taxation and Governmental Finance in Sixteenth-Century Ming China* (London and New York: Cambridge University Press, 1974), pp. 322–323.

而做机动调整。第一种影响的问题根源在于：财政制度既缺乏中层机构，全国财税资源仍无法有效集中，只是权宜性地在各级政府机构间挪移调用："全国盖满了此来彼往短线条的补给线，一个边防的兵镇，可能接收一二十个县份的接济；一个县份也可以向一打以上的机构缴纳财物。"黄氏指出：明朝户部从来"不是一个执行机关，而是一所会计衙门"，[22] 资源无法集中，也难以带动相关统筹运输的交通运输设施成长。第二项影响的问题根源则是：既然中央或地方政府的财政制度都不重视各地经济发展带来的商税收入，官员对各地商人的实际经商需求，诸如改善各种交通、通信基础设施，以及创设适用商业的新式法律等等，都不可能列入施政考虑。

针对明代"国家经济里带着服务性质的部门"何以"无法伸足前进"，黄氏举例做论证："交通与通信是交纳（税收）的轮轴，现在物资既没有集中收发，也就用不着此种车辆了。银行业与保险业也无法抬头，它们是商业的工具。"政府作为这些交通、通信基础设施，以及银行、保险等服务部门"最大的主顾"，却无意按照"商业办法"行事。至于"法庭和律师的服务"，也因为当时中国"倚靠它们的商业活动尚未登场"，故也无从发展。整体而论，"政府自己本身既不需要此种种服务"，大小衙门官僚也就"当然无意替私人的经营着想"，然而，以上各种服务事业难以"自己打开局面"，"不能不由正式立法或类似的程序维持"。[23]

黄仁宇所指明代政府"不照商业办法"，主要仍是指财政制度，特别是明代户部无法在全国各地建立有效的分支财库，不能像现代

---

[22]　黄仁宇，《中国近五百年历史为一元论》，页 199。

[23]　黄仁宇，《中国近五百年历史为一元论》，页 200。

商业公司一般，将所有收入与支出进行确实登记管理与统一调度。[24]
影响所及，不仅交通、通信等基础设施无力扩大，金融、保险等私
人商业部门的发展机会也连带受限制；这些原本可因国家经济规模
扩大而成长的商业服务部门，都为明代财政制度所拖累。

　　一方面是明代国家与民间经济组织同时限制了商业服务部门成
长，另一方面则是法律未能因应商业发展而做有效创新。除此之外，
黄仁宇也强调明朝财政制度受到了特殊文化观念与政治形态的不利
影响："文化与政治的支配"强压在"一种大而无当而又自给自足的
经济系统"之上。洪武型财政制度只是一个具体而微的抽样，反映
在财政制度背后的基本经济组织、法律体系与文化观念特征，三者
同时导致明代成为"不能在数目字上管理的国家"典型。

　　《万历十五年》对文化观念如何影响经济组织与法律体系有更
多描绘。黄氏以所谓"古怪的模范官僚"形容海瑞，他评论海瑞提
倡农民"一归本业，力返真纯"时写道："希冀以个人的力量，领导
社会回复到历史上和理想中的单纯。但是他和洪武皇帝都没有想到，
政府不用技术和经济的力量扶植民众，而单纯依靠政治上的压力和
道德上的宣传，结果只能是事与愿违。"[25] 黄氏批评海瑞只能以空洞
的法条禁止当铺使用高利贷剥削农民故而无法奏效：明朝"缺乏有
效的货币制度和商业法律。这两个问题不解决，高利贷就无法避
免"；但是"本朝法律的重点在于对农民的治理，是以很少有涉及
商业的条文。合资贸易、违背契约、负债、破产等，都被看成私人
间的事情而与公众福祉无关。立法精神既然如此，法律中对于这一
方面的规定自然会出现很大的罅漏，因而不可避免地使商业不能得

---

[24]　黄仁宇有时也描述此现象为："全国的现金和实物不是总收集发，财政制度无从以严密的
　　　会计制度加以考察。"（《万历十五年》，台北：食货出版社，1994（繁体中文版），页 159）
[25]　《万历十五年》繁体中文版，页 158。

到应有的发展"，明代官僚政治对商业的这种态度主要来自明代财政制度"无需商业机构来作技术上的辅助"，故而扶植私人商业发展，"照例不在（地方官）职责范围之内"。[26] 黄氏认为，这里不仅存在英国与明朝在国家社会体制上的巨大差异，也反映了两国极不相同的"道德"观念：商业要发展，如照资本主义的产权法，必须承认私人财产的绝对性。这绝对性超过传统的道德观念。就这一点，即与《四书》所倡导的宗旨相悖。海瑞在判决疑案时所持的"与其屈兄，宁屈其弟"等等标准，也显示了他轻视私人财产的绝对性，而坚持维系伦理纲常的前提。[27]

这段引文不仅呈现黄氏将《四书》宣扬的"伦理纲常"视为是与"私人财产的绝对性"相互对立的文化观念，又清楚反映黄氏分析确实十分重视"商业机构、产权法、私人财产的绝对性"这三项因素，再次印证了"经济组织、法律体系、文化观念"三者实为黄氏提倡"数目字管理"史学分析概念的核心要素。

由明到清，对于这种肇因于特殊"经济组织、法律体系、文化观念"而形成的"不能在数目字上管理的国家"，即使经过了十六世纪因应白银流通的"一条鞭法"改革，盐商也因"商专卖"的纲法改革而对明清财政更形重要，雍正年间大力推行"火耗归公"，山西票号也在十九世纪日渐活跃。然而，黄氏仍然强调：这些现象与改革都未发生"决定性的力量、剧烈的改进"，洪武型财政造成的"组织与制度的体系"仍未转型，明清财政制度仍未具有"现代性的合理化"。[28] 直至二十世纪初期，中国仍"缺乏中层经济上的组织与交流，迫使中国经济的发展，只有单线条数量上的扩充，缺乏质量上

---

[26] 《万历十五年》繁体中文版，页 160–161。

[27] 《万历十五年》繁体中文版，页 161–162。

[28] 黄仁宇，《中国近五百年历史为一元论》，页 200–201。

的突破"。[29] 也就是说,明清至二十世纪初期的中国历史,一直未能出现能够有效进行"数目字管理"的国家社会架构。

明代中国迟迟不能进入"数目字管理"国家之林,在黄仁宇看来其实正是一种"制度性失败",而并非系于特定历史人物的个人是非功过。《万历十五年·自序》将明代的"制度性失败"总结为:"中国二千年来,以道德代替法制,至明代而极,这就是一切问题的症结。写作本书的目的,也重在说明这一看法。这一看法,在拙著《财政史》中已肇其端……书中所叙,不妨称为一个大失败的总记录。(书中)叙及的主要人物……没有一个人功德圆满。即便是侧面提及的人物……也统统没有好结果。这种情形,断非个人的原因所得以解释,而是当日的制度已至山穷水尽,上自天子,下至庶民,无不成为牺牲品而遭殃受祸。"[30] 检讨这段历史,黄先生经常强调必须跳脱人物臧否的"道德"层面以从事"对历史的技术性解释"。

作为衬托明代中国无法在数目字上管理的对照项,十七世纪以后的英国即是一种"能够在数目字上管理的国家"典型。这种史观正是十分典型地反映了前述王国斌的形容。

在 1689 年光荣革命之前,英国也"有如中国二十世纪,高层机构与低层机构同时与时代脱节,中层的社会、宗教、经济、法律各种支持因素都要重创"。[31] 光荣革命的发生,打破了英国原先"英皇与议会(parliament)间牵强的平衡",顺利改造了高层机

---

[29] 黄仁宇,《中国近五百年历史为一元论》,页 205。

[30] 黄仁宇,《自序》,收入黄氏著《万历十五年》简体中文版,页 4。

[31] 黄仁宇,《我对"资本主义"的认识》,页 41。黄仁宇如此界定所谓的高层与低层机构:"凡是一个国家必定要有一个高层机构(superstructure)和低层机构(infrastructure)。当中的联系,有关宗教信仰、社会习惯,和经济利害,统以法律贯穿……要是当中联系不应命,政局必不稳定。补救的办法,或改组高层机构,或修正低层机构,再次之则调整中层机构,有如重订税制,颁行新法律。"(《我对"资本主义"的认识》,页 41)

构；与此同时，随着圈地运动加速土地买卖，以及新兴地主领导内战获得成功等因素的进展，农村也发生了"土地的领有集中和使用的规律化"，英国的"下层机构也必有显著的改进"，上层与下层机构同时得到改进，加速了新税制的展开以及"公平法（equity law）与普通法（common law）对流"，各种涉及"典当间死当时借方权利、女子财产权保障、破产、合同、股份和船舶所有的支配"案件，以及欺诈内涉及"过分施用诱导力"（undue influence）原则的案件，种种涉及私人财产权的案件终能"积少成多地以成例创造制度"。[32] 适用商业的法律不断被引入与创造出来，并对组织产生重要影响：

> 商业性的法律可以使用于农业社会里面去，就引起农业的资金与工商业的资金对流，滨海与内地融结为一，生产与销售的距离缩短。十七世纪末年的一个征象，乃是"土地银行"（land banks）纷纷组成。他们希望一方面仍能原封不动地保持自己手中的田土，一方面即以这所有权作信用的根本，获得现金。只是组织不良，求功心切，又纷纷失败。还要再等几十年，这些错误才被更正。十八世纪中期以后，英格兰和苏格兰的地方银行、乡村银行才如雨后春笋样地显露头角，在伦敦也有很多私人组织的小银行出现。于是信用货币不仅膨胀，而且有了一个全国性的组织。[33]

---

[32] 黄仁宇，《我对"资本主义"的认识》，页41–44；黄仁宇，《资本主义与廿一世纪》，1991，页173–180。黄氏强调："资本主义牵涉私人财产权，务必在真人实事之间，判别得明白，所以司法权成为有效的工具。"（黄仁宇，《我对"资本主义"的认识》，页44）

[33] 黄仁宇，《我对"资本主义"的认识》，页45。

保险公司也在十七世纪末在英国伦敦逐渐成立与发展，"象征了英国金融财政组织的成熟。此后英国的经济组织不仅超过荷兰，而且成为世界之最先进，执全世界牛耳达好几个世纪之久"。[34] 这个过程，具体反映了十七世纪末年以后英国法律体系与经济组织的相互冲击与彼此支撑，致使资本主义成为"一种组织和一种运动"。[35]

黄仁宇强调，以 1689 年英国光荣革命为具体关键的这种资本主义组织和运动，其实又有十七世纪英国"思想界的支持"：

> 不论内战前后，或是散发政治传单，或是著作专论，他们的文字都与时局有关。当日并没有被认为是推行资本主义的根据，可是连缀起来，则痕迹显然，可见得这种历史上的组织与运动之称为资本主义者，是有思想界的支持，而且前人领导后人，后人又扩充前人的见解，一脉相承。[36]

经济组织、法律体系与文化观念，三者同时汇合凑集、相互支撑，才有了人类历史上的第一次"能够在数目字上管理"的国家社会架构经验，这正是首先完整发生于英国的"资本主义"。

基于十七世纪末年英国成功"进入资本主义"的历史经验，黄仁宇做了三项总结。其一，"从技术角度（不以意识形态作出发点）看来，资本主义不外一种国家的组织，有如亚当·斯密所说，施用'商业的系统'（system of commerce）'去增进国民的财富'。在这个大前提之下，就不期而然地包含了一个各人'有识见的私利观'（enlightened self-interest），倘非如此，其下层机

---

[34]　黄仁宇，《资本主义与廿一世纪》，页 180。

[35]　黄仁宇，《我对"资本主义"的认识》，页 45。

[36]　黄仁宇，《资本主义与廿一世纪》，页 188。

构就组织不起来。所以私人财产应有保障，以及私人财产在公众生活中发生庞大的影响，都成为必然的趋势"。其二，十七世纪末年英国"这样一个有农业基础并且法制传统坚强的国家，竟能使全国的管制数字化，首尾相应，有如一个弗里敦市，实在是历史上前所未有"。其三，"在英国，1689 年是一个具体的关键。没有这时间上汇集的话，则零星资本主义的因素，和抽象资本主义的观念，都不能构成一个言之有物，在历史书上站得住脚跟的资本主义"。[37] 对于亚当·斯密的研究成果，黄仁宇更看重的是"施用商业的系统去增进国民的财富"，而不只是本章开头提及的经济区域分工与专业化。

通过对明代中国与十七世纪英国历史的比较，黄仁宇提出"数目字管理"这一套史学分析概念，并在这套分析概念里蕴含了"经济组织、法律体系、文化观念"三项基本要素。与此同时，"数目字管理"也正具体反映了一种"西方中心论"：以十七世纪以后英国历史发展模式为典范，借以检视明清中国"何以不能"像英国那样发展出一种可以进行"数目字管理"的国家社会架构。

二、由"数目字管理"到"市场演化"：超越二元对立的比较经济史观

作为一种"西方中心论"的"数目字管理"史学分析概念，究竟符不符合英国与明清中国历史变化的实际情况？这种西方中心论到底是有助还是妨碍学界对于人类近代经济史的深入理解呢？笔者没有能力讨论英国经验，但确实希望检视黄仁宇"数目字管理"分

---

[37]　黄仁宇，《我对"资本主义"的认识》，页 45–46。

析概念是否真能贴切解释明清中国的经济变化。[38]

也许应该分成两段时期来检视明清中国经济史。若以十六、十七世纪两百年的历史看，黄仁宇"数目字管理"概念或能提供若干洞见，以说明当时中国在"经济组织、法律体系、文化观念"三者互动关系上似未出现"注重加速交换"的史实。但要注意的是：这并不是说当时中国市场与政府之间真如黄氏所谓，仅由"政治上的压力和道德上的宣传"来联系。无论是商业组织、法律体系或是产权观念，在十六世纪以后中国仍然出现不少有意义的变化。黄氏其实也承认当时中国曾经出现一些变化，但若与西方相比，则变化程度不够重大。他如此写道，"好多近代中国作家找到明末清初有些思想家偶尔发表的文字，提及经济政策应该稍微开放，商人对社会的贡献不可全部抹杀，个人的私利无法洗刷得一干二净"，只是这些明末清初思想家发表的文字，"都不能和西方同时的革命思想相比拟"。[39] 然而，令笔者好奇的是：和同时期西方"革命思想"不能相比拟，是否便表示当时中国"传统道德观念"仍然未受到冲击与出现任何转变呢？举个例证，晚明有关财产犯罪的法律规范其实也有若干变化：政府明令取消侵占亲属委托存放财物可以"按服制减罪"的原先规定；新法条规定亲属之间出现侵占财物罪行，也要与一般民众之间一样科以同样刑罚。晚明律学专家王肯堂（1549—1613）如此评论这条新法律："寄托财畜，多系亲属。若以服制减

---

[38]　针对黄仁宇评价"洪武型财政"的相关论点，有学者也指出其可能基于西方中心论而对明代财政变化的实际情形有所误解，并主张十六世纪明代财政已出现"从实物向货币的全面转型"，明代财政应可视作"现代货币财政的开端"，并处于向"近代赋税国家转型"的过渡时期。参见：万明，《16世纪明代财政史的重新检讨——评黄仁宇〈十六世纪明代中国之财政与税收〉》，《史学月刊》，10（2014）：116–130，引文则见页129。

[39]　黄仁宇，《我对"资本主义"的认识》，页32。

罪，则负者众矣。故与凡人一体科之。"[40] 这不是某位思想家的突发
奇想或是"偶尔发表的文字"，而是法条修改之后由著名律学家据以
阐释的法律见解。"传统道德观念"在这里真的没有重要变化吗？

　　到了第二个时段，由十八世纪至十九世纪的两百年间，清代"经
济组织、法律体系、文化观念"三者之间变化其实愈来愈多，特别
是约在 1700 年至 1850 年的一百五十年间，随着明清长程贸易规模
日渐扩大，商人结成的商帮种类以及累积的资本规模也不断增多与
扩大，[41] 金融机构及其发行钱票、银票等的"私票"部门也有巨幅
成长，[42] 具有降低交易成本作用的商人团体也在各大城镇不断出现，[43]
这些是经济组织上的重要变化。在法律体系方面，不仅各种注释律学
持续编辑与出版，成为官员学习法律甚至判案参考的专业知识来源；[44]

---

[40]　（明）王肯堂，《大明律笺释》（影印康熙三十年［1691］刊本，收入《四库未收书辑刊》，
　　　第 1 辑第 25 册），页 424。

[41]　这方面研究可参见：张海鹏、张海瀛编，《中国十大商帮》，合肥：黄山书社，1993。该
　　　书讨论明清山西、陕西、宁波、山东、广东、福建、洞庭、江右、龙游、徽州等商帮的
　　　经商活动概况。较新研究成果可见：范金民，《钻天洞庭遍地徽——明代地域商帮的兴
　　　起》，《东方学报》，80（2007）：68-152。

[42]　参见：王业键，《中国近代货币与银行的演进（1644—1937）》，台北："中研院"经济研究
　　　所，1981，页 5-37；史若民，《票号的组织和初期业务》，收入史氏著《票商兴衰史》，北
　　　京：中国经济出版社，1992，页 85-153；黄鉴晖，《清初商用会票与商品经济的发展》，
　　　《文献》，1（1987）：3-16。

[43]　洪焕椿，《明清苏州地区的会馆公所在商品经济发展中的作用》，收入洪氏著《明清史偶
　　　存》，南京：南京大学出版社，1992，页 566-612；范金民，《明清江南商业的发展》，南
　　　京：南京大学出版社，1998，页 242-249；Fu-mei Chen and Ramon H. Myers, "Coping
　　　with Transaction Costs: The Case of Merchant Associations in the Ch'ing Period," in Yung-
　　　san Lee and Ts'ui-jung Liu eds., *China's Market Economy in Transition* (Taipei: The Institute of
　　　Economics, "Academic Sinica", 1990), pp. 79-103.

[44]　张晋藩，《清代私家注律的解析》，张氏著《清律研究》，北京：法律出版社，1992，页
　　　164-188；何敏，《从清代私家注律看传统注释律学的实用价值》，收入梁治平编《法律解
　　　释问题》，北京：法律出版社，1998，页 323-350。

与此同时，特别学习法律知识的所谓"刑名师爷"，这些人数众多的幕友更已成为地方官进行司法审判时不可或缺的专业幕僚。[45]

随着明清市场经济逐渐发展，许多地区的民间商人与政府官员都曾面对商业带来的种种问题的新挑战，从而出现某些制度性改革。十六世纪以来有关客商的史料记载愈来愈多，如这些客商如何使用交通基础设施。有些情况固然如同黄仁宇的观察："多数客商集资合雇一船"，相当大程度上反映了当时交通、通信设施的缺乏。[46] 但是，随着各种客商旅途遇盗，以及本地中介商人牙行欺骗客商相关案件的增多，也有愈来愈多的政府官员与士人更加正视这类客商财产安全问题，并且进而提供相关的法律协助。

如江西省级官员在乾隆初年的十八世纪四十年代，为防阻"不法牙行往往侵吞客本、贻累客商"，即设计了"合同联票"制度，希望可以更好地保护客商交易安全："各行照式设立合同联票，凡客货到行，行家代为发店后，即将客货若干、议价若干，中用本客、本店图记花押，将联票裁分，一付本客收执，一存本店查对。至日清账，店家合票发银，如无合同对验，店家概不许发银；如有无票私给者，概不作准，仍照客执联票清追其银。"[47] 这种官员主动介入以预防商业债务纠纷的做法，并非当时特例。[48] "重农抑商"观念固

[45] 参见：缪全吉，《清代幕府人事制度》，台北：人事行政月刊社，1971；张伟仁，《清代法学教育》下，《台湾大学法学论丛》，18，2（1989）：1-55；高浣月，《清代刑名幕友研究》，北京：中国政法大学出版社，2000；陈利，《清代中国的法律专家与地方司法运作（1651—1912）》，白阳、史志强译，《法制史研究》，28（2015）：1-52。

[46] 黄仁宇，《从〈三言〉看晚明商人》，《中国文化研究所学报》，7，1（1974）：141-142。

[47] （清）凌燽，《西江视臬纪事》，影印清乾隆八年（1743）刊本，收入《续修四库全书》，史部，册882，上海：上海古籍出版社，1997，卷4，《设立行票示》，页149。

[48] 对相关案件的较多分析，可见：邱澎生，《18世纪中国商业法律中的债负与过失论述》，收入《复旦史学集刊》第一卷《古代中国：传统与变革》，上海：复旦大学出版社，2005，页211-248。

然有其一定程度的影响范围，但由地方官判决商业纠纷的一些案例看来，[49]"抑商"很可能主要是现代史学家过度轻率的推想。[50]

再如乾隆五十六年（1791）刑部官员撰写的一份所谓"说帖"的司法案件审查意见书，也可看到当时法律已然发展出一种加重对脚夫、旅馆店家及船户偷盗客商财物犯罪行为的处罚的倾向，这些刑部官员认为：脚夫如果在客商雇用时偷盗其委托运送的财物，则客商可能陷入"血本罄尽，进退无门"的悲惨情境，这种犯罪行为在"情节"上"较之寻常鼠窃为可恶"。刑部官员同时指出：当时中国许多省份在司法实务上都会加重对店家、船户"为害商旅"案件的处罚，而脚夫偷盗客商委托的财物，在"事理"上也与"店家、船户为客途所依赖者"无异，故而应该一律加重对脚夫偷盗客商财货的处罚。[51] 这也明显反映了十八世纪清代中央与地方政府对保护客商旅途安全的一定程度的重视。

整体看来，十六世纪到十八世纪之间中国经济其实出现不少

---

[49] 邱澎生，《由苏州经商冲突事件看清代前期的官商关系》，《文史哲学报》，43（1995）：37-92。

[50] 早有学者以牢靠的史料批驳那些夸大传统中国"抑商"观念实效的历史想象，可见：谷霁光，《唐末至清初间抑商问题之商榷》，《文史杂志》，1，11（1941）：1-10。

[51] 相关原文如下："客商投行雇夫，所有货物悉交运送，即与店家、船户为客途所依赖者，情事无异。一被拐逃，则血本罄尽，进退无门，其情节较之寻常鼠窃为可恶，是以各省有因为害商旅，即照实犯《窃盗》律定拟者。通查汇核，详加参酌，似应以脚夫挑负运送客民行李财物中途潜逃、赃至逾贯、实系为害商旅者，俱照《窃盗》治罪。若非行路客商，止系托带银信、寄送货物、致被拐逃者，悉照《拐逃》律科断。谨具说帖，候示。"（祝庆祺编，《刑案汇览》，卷17，页1213-1214）有关这份说帖的较详细分析可见：邱澎生，《真相大白？明清刑案中的法律推理》，收入熊秉真编《让证据说话》（中国篇），台北：麦田出版公司，2001，页135-198。

制度变化，无论是牙行制度的改革，[52] 市场管理法规的演变，[53] 四川自贡井盐业流行合资开矿而对资本进行分割、顶让与承接的"股份化"契约，[54] 乃至会馆、公所商人团体，以及票号、钱庄等金融组织的纷纷出现，这些经济组织并不独立于当时的法律体系之外。这些经济与法律之间的互动关系颇为复杂，恐怕不是黄氏以"不能在数目字上管理"或"注重凡事维持旧有的均衡"等分析概念即能轻易概括的。

除了经济组织与法律体系之外，明清中国在所谓"私人财产权神圣不可侵犯"等相关文化观念方面，的确缺乏可与近代欧洲相比拟的财产权理论，而且，诸如破产法、票据法、海商法、保险法等反映近代西方产权观念的民商法典，也都要到清末才由欧美、日本等国家移植进入中国。[55] 然而，二十世纪初年以前中国没有这些成套商业法律，并不表示财产权问题未因市场经济的发展而进入司法体系或是公共舆论的讨论。

例如在有关富人的财产安全问题方面，到了十七、十八世纪

---

[52] 吴奇衍，《清代前期牙行制试述》，《清史论丛》，6（1985）：26–52。韦庆远，《清代牙商利弊论》，收入韦氏著《明清史辨析》，北京：中国社会科学出版社，1989，页289–298。

[53] 邱澎生，《由市廛律例演变看明清政府对市场的法律规范》，收入台湾大学历史系编《史学：传承与变迁学术研讨会论文集》，页291–334。也见：邱澎生，《当法律遇上经济：明清中国的商业法律》，台北：五南出版公司，2008，页9–54。

[54] 彭久松、陈然，《中国契约股份制概论》，《中国经济史研究》，1（1994）：56–65。

[55] 朱英，《论清末的经济法规》，《历史研究》，5（1993）：92–109；俞江，《〈大清民律（草案）〉考析》，《南京大学法律评论》，1（1998）：146–161。

之间，已出现了更多具有重要意义的讨论。[56] 如清初魏禧（1624—
1681）曾经花费五年时间思考而写出《限田》的三篇文稿，设计出
一种针对富人中拥有较多田产者课征更多赋税与徭役的方案，他的
目的是要以赋税手段"驱富民贱卖"土地，进而达到"田不必均而
可均矣"的土地公平分配效果。魏禧私下和一些朋友讨论这个方案，
得到不少人极力称赞，而他自己原本也相信这可能是"三代以后最
为善法"。[57] 然而，魏禧的兄长却不以为然并提出批评，"苟行此法，
天下必自此多事"，其反对理由为："后世天下之乱，止在官府缙绅

---

[56] 事实上，由唐、宋直到明清之际，一些士大夫与官员也曾发表某些主张保护富人财产安
　　 全的言论，有学者已初步整理过此类主张（叶坦，《富国富民论：立足于宋代的考察》，
　　 北京：北京出版社，1991，页 85–92）。诸如唐代"韩愈曾为富有的盐商鸣不平"，柳宗元
　　 曾提出"富室，贫之母也，诚不可破坏"（《柳河东集》卷 32《答元饶州论政理书》）；南
　　 宋叶适（1150—1223）主张"富人者，州县之本，上下之所赖也，富人为天子养小民，
　　 又供上用"（《水心别集》卷 2《民事》下）；明代中叶丘浚（1421—1495）主张"富家巨
　　 室，小民之所赖，国家所以藏富于民者也"（《大学衍义补》卷 13《蕃民之生》）；明清之
　　 际的王夫之写道"大贾、富民者，国之司命也"（《黄书》《大正》）以及"国无富民，民
　　 不足以殖"（《读通鉴论》卷 2）。学者引述这些相关言论，并断言"为富人辩护的思想，
　　 基本论点和主要内容大体在宋代成形，而为明清思想家继承发展"，明清保护富人的主张
　　 是宋代相关言论的"深化与完善"（叶坦，《富国富民论：立足于宋代的考察》，页 92）。
　　 在保护富人相关主张的背后，其实还更深刻地涉及传统中国经济思想当中有关"富国"
　　 （如何增加国家财税）与"富民"（既指涉着"藏富于民"的主张，也包括了在穷人与富
　　 人之间如何"平均财富"的问题）的内容，叶坦《富国富民论：立足于宋代的考察》以
　　 "富国"与"富民"作为书名主标题，其实直接承继了其老师朱家桢的学术关怀与初步讨
　　 论。参见朱家桢，《中国富民思想的历史考察》，《平准学刊：中国社会经济史研究论集》
　　 第三辑下册，北京：中国商业出版社，1986，页 385–410。

[57] 原文如下："予覃思五年，作《限田》三篇。其法：一夫百石，止出十一正赋；过百石者，
　　 等而上之，加以杂差。若田多者卖与无田之人，或分授子孙，不过百石，则仍止出正赋。
　　 是同此田也，贫者得之则赋轻，富者得之则赋重，所以驱富民贱卖，而田不必均而可均
　　 矣。私谓三代以后最为善法，质诸君子，亦皆叹服。"（魏禧，《日录杂说》，收入张潮辑
　　 《昭代丛书》，清道光十三年 [1833] 吴江沈氏世楷堂刊本，"中研院"历史语言研究所傅斯
　　 年图书馆藏，卷 12，页 13）

贪残，民不聊生，不系富人田多、贫民无田。"魏禧的朋友浙江人曹溶也质疑："此法议之南方尤可，若北方贫民佣田者，皆仰给牛种衣食于多田之富户。今即每夫分以百亩，耕作所须，色色亡有，田渐荒而赋不可减，数年之后，唯有逃亡，况望其以贱价买诸富民乎？"还有来自陕西的杨敏芳也批评魏禧的方案："田赋倏轻倏重，朝无成法，官无定规，吏因作奸，民多告讦。非天下县官人人贤能，则扰乱方始矣。"听了这三人的批评与质疑，魏禧"反复思索，凡数夜不寐"，最后决定"乃焚其稿"。[58]

没错，这只是清初江西地方上发生的一场小论辩，看来也属于黄仁宇所谓"明末清初有些思想家偶尔发表的文字"；但是，不仅魏禧与三位批评者对于这项"限田"方案的讨论态度相当认真，将魏禧著作收入《昭代丛书》的编者张潮（1650—1707），也在上述魏禧"限田"方案讨论文字的后面附上一段按语："富民之田，非由攘夺及贱价而得。今勒贫民买田，不知田价从何出？恐贫者未必富，而富者已先贫矣。大抵当今治道，惟宜以保富民为急务，盖一富民能养千百贫民，则是所守约而所施甚博也。"[59]张潮提出为官理民"宜以保富民为急务"，其主要理由在于"一富民能养千百贫民"，这是经过认真考虑的明确论点，也是当时不少官员与士人的共通看法，并非他个人的突发奇想。

"保富"在十八世纪的中国已然成为更多官员与士人所抱持的一种普遍看法。[60]知名幕友与法律专家汪辉祖（1730—1807）对"保富"的必要性做过解释："藏富于民，非专为民计也。水旱戎役，非

[58]　魏禧，《日录杂说》，卷12，页13–14。

[59]　魏禧，《日录杂说》，卷12，页14。

[60]　林丽月，《保富与雅俗：明清消费论述的新侧面》，收入林氏著《奢俭·本末·出处——明清社会的秩序心态》，台北：新文丰出版公司，2014，页83–105。

财不可"，官员若能"保富有素"，则地方公务即"事无不济矣"，这
主要指的是官员施政有赖地方富人的财力支持。汪氏继续写道，"富
人者，贫人之所仰给也。邑有富户，凡自食其力者，皆可借以资生。
至富者贫，而贫者益无以为养。适有公事，必多梗治之患"，这里
侧重的是富人可为本地穷人提供糊口或就业机会。汪氏据以结论道：
"故保富是为治要道。"[61]

不仅汪辉祖主张"保富"，雍正皇帝也对富人拥有众多田产的
原因提供了某种正当性说明："自古贫富不齐，乃物之情也。凡人
能勤俭节省、积累成家，则贫者可富；若游惰侈汰、耗散败业，则
富者亦贫。富户之收并田产，实由贫民之自致窘迫、售田产于富
户也。"[62]富人因为"勤俭节省"而累积田产，贫人则由于"游惰侈
汰"而出卖土地，这也不是那种认为"为富不仁"而强调打击富人
借以平均土地的所谓"传统伦理道德"。

不只"保富"观念愈趋普遍，晚明以至清代的官员与商人之间，
也出现更加显著的"士商相杂"现象。有学者分析明清文集存留的
众多相关史料，论证了晚明以降的"士商相杂"现象以及"贾道"

---

[61] 汪辉祖，《学治续说》，页125。嘉庆九年（1804）江西按察使为了鼓励省内富人"仿照当
　　铺款式"以酌收利息的方式贷谷给贫穷农民，特别在一份公文中写道："夫欲保全富户，
　　必使穷民明白其中利害，方可加以惩劝。盖富乃贫之母，为国家元气。富户凋敝，不仅
　　贫民失依，元气亦伤。"（清）不著编人，《西江政要》，清江西按察司衙门刊本，"中研
　　院"历史语言研究所傅斯年图书馆藏，卷43，页6。十九世纪前半叶的道光年间，知名官
　　员刘衡也强调"恤贫民之道，在保富民"，他也使用类似的"保富"论述："富民者，地方
　　之元气也。邑有富民，则贫民资以为生；邑富民多，便省却官长恤贫一半心力，故保富所
　　以恤贫也。"（刘衡，《蜀僚问答》，收入《官箴书集成》，册6，合肥：黄山书社，1997）
[62] 《大义觉迷录》（影印清雍正年间内府刻本，台北：文海出版社，1970），卷1。

相关论述的兴起。[63] 部分官员与士大夫提出"良贾何负于闳儒"的
"贾道"论述，既反映也同时促使了商人不断"士大夫化"；另一方
面，士大夫频繁地与商人联姻，并且形成了坦然收受撰写寿序、墓
志铭润笔费用的新"辞受"标准，甚至发诸为商人利益辩护的政策
时论。这些现象反映着士大夫也逐渐"商人化"，有学者特别着重地
讨论了当时"士商相杂"现象之下的"贾道"论述。[64]

　　伴随着"士商相杂"现象的扩大发展，"保富"与"贾道"观
念更加普及。除此之外，十六世纪以后有更多的地方士人与官员开
始记录本地社会风气日趋奢华的现状，[65] 还有"侈靡论"的论述也很

---

[63] "明代以前，我们几乎看不到商人的观点，所见到的都是士大夫的看法。但是在明清士大
　　夫的作品中，商人的意识形态已浮现出来了，商人自己的话被大量地引用在这些文字之
　　中……更值得指出的是：由于'士商相杂'，有些士大夫根本已改从商人的观点来看世界
　　了……我们尤应重视商人的社会自觉。他们已自觉'贾道'即是'道'的一部分。"(《中
　　国近世宗教伦理与商人精神》，台北：联经出版公司，1987，页162-163)

[64] 《中国近世宗教伦理与商人精神》，页104-163。《现代儒学的回顾与展望：从明清思想基
　　调的转换看儒学的现代发展》，收入《现代儒学论》，香港：八方文化公司，1996，页14-
　　27。《士商互动与儒学转向：明清社会史与思想史之一面相》，收入《近世中国之传统与蜕
　　变：刘广京院士七十五岁祝寿论文集》上册，台北："中研院"近代史研究所，1998，页
　　1-52。卜正民，《纵乐的困惑——明朝的商业与文化》，方骏、王秀丽、罗天佑等译，台
　　北：联经出版公司，2004，页355-358。论者指出十五世纪以后士大夫为商人撰写"寿
　　诗、寿序"的现象，学界已有更深入的专门讨论：邱仲麟，《诞日称觞——明清社会的庆
　　寿文化》，《新史学》，11，3（2000）：120-127。

[65] 刘志琴，《晚明城市风尚初探》，《中国文化研究集刊》第1期，上海：复旦大学出版社，
　　1984，页190-208；徐泓，《明末社会风气的变迁》，《东亚文化》，24（1986）：83-110；
　　王家范，《明清江南消费风气与消费结构描述——明清江南消费经济探测之一》，《华东
　　师范大学学报》，2（1988）：32-42；邱仲麟，《从禁例屡申看明代北京社会风气的变迁
　　过程》，《淡江史学》，4（1992）：67-88；常建华，《论明代社会生活性消费风俗的变
　　迁》，《南开学报》，4（1994）：53-63；钞晓鸿，《明清人的"奢靡"观念及其演变——
　　基于地方志的考察》，《历史研究》，4（2002）：96-117；原祖杰，《文化、消费与商业化：
　　晚明江南经济发展的区域性差异》，《四川大学学报》，5（2010）：31-38。

值得注意。[66]这些相关观念的宣扬与辩论，都成为晚明十六世纪以后中国经济变迁过程当中更加引人瞩目的历史现象。整体而论，"保富、贾道"以及新发展的"侈靡论"，可以更有效地减缓主流社会价值观对商人获取并展示财富等外显行为的敌视程度，进而增强了商人累积财富在道德上的正当性。十五世纪以后，类似"以公护私"的某种"义利之辨"新观念，甚至还成为士大夫与商人合组"会馆"社会团体组织的一种可以公开操作与宣扬的理念，使得这类新式"义利观"成为一种"制度性的存在"。[67]

　　以上略微提及的明清经济组织、法律体系与文化观念之间种种变化，固然不能直接比拟于黄仁宇描述的十七世纪末年英国"国家社会架构"的变动模式，但若只是像黄氏那般简单判定明清种种相关变化依旧无关轻重，这恐怕也并不符合十八、十九世纪中国"经济组织、法律体系、文化观念"之间互动关系出现种种重要演变的实际情况。

　　不妨暂时放下"数目字管理"之"能"与"不能"这种过于简单的二分法，但也同时保留黄仁宇有关"经济组织、法律体系、文化观念"等考察国家社会架构的三项基本元素，进而援用 R. H. 寇斯

---

[66]　有关明清"侈靡论"的讨论至少可见：傅衣凌，《明代后期江南城镇下层士民的反封建运动》，收入傅氏著《明代江南市民经济试探》，上海：上海人民出版社，1957，页101–126；杨联陞，《侈靡论——传统中国一种不寻常的思想》，收入杨氏著《国史探微》，台北：联经出版公司，1983；陈学文，《明中叶"奢能致富"的经济思想》，《浙江学刊》，4（1984）：29–31；林丽月，《陆楫（1515—1552）崇奢思想再探——兼论近年明清经济思想史研究的几个问题》，《新史学》，5，1（1994）：131–153；陈国栋，《有关陆楫〈禁奢辨〉之研究所涉及的学理问题——跨学门的意见》，《新史学》，5，2（1994）：159–179；陈国栋，《从〈蜜蜂寓言〉到乾隆圣谕——传统中西经济思想与现代的意义》，《当代》，142（1999）：44–61；林丽月，《禁奢辨：晚明崇奢思想探微》，收入林氏著《奢俭·本末·出处——明清社会的秩序心态》，页47–81。
[67]　刘广京，《后序：近世制度与商人》，收入《中国近世宗教伦理与商人精神》，页41。

（R. H. Coase）提出的 "交易成本"（transaction cost）[68]与 "社会耗费"（social cost）[69] 两个相互影响的分析概念，以及道格拉斯·C. 诺斯（Douglass C. North）提议的 "制度变迁" 的研究视野，[70] 以检视明清长程贸易扩展等经济现象究竟如何影响当时中国的社会与国家互动关系，或是本书所谓的明清中国 "市场演化" 问题。

　　 "制度" 与 "市场" 经常相互影响，诺斯将两者互动关系界定为："市场就整体而言乃是制度的大杂烩；有些提高效率，有些降低

---

[68] "交易成本" 大概是指交易者权衡使用 "市场" 或是使用 "组织" 所必须花费的成本；前者使用市场上的 "价格机制"，后者则是暂不使用市场而改由可听命自己经济决策行事的 "组织僚属"。若暂不计较各类行业不同的性质，而只是先做大略讨论，则可将交易成本区分为三大类：一是预先探询与发现质优、价低商品的 "调查与信息成本"（search and information costs）；二是现场比价、讲价与签订买卖契约的 "谈判成本"（bargaining and decision costs）；三是预测、评估如何签订、监督与修改长期契约的 "执行成本"（policing and enforcement costs）。参见：R. H. Coase, *The Firm, the Market and the Law* (Chicago: University of Chicago Press, 1988), pp. 6–7, 35–40. 寇斯，《厂商、市场与法律》，陈坤铭、李华夏译，台北，1995，页 16–17、47–51。

[69] 寇斯（大陆通译作 "科斯"。——编者按）有段原文或可视作其论证的 "社会耗费" 概念的主要含义："我们应该认真考察在各种不同社会安排（social arrangements）运转过程中所涉及的耗费（不论其是因为市场或是政府部门运作所需要的耗费），以及在朝向一套新的社会安排系统运转时所需要的耗费。"（R. H. Coase, *The Firm, the Market and the Law*, p. 156.）此段译文主要是笔者个人重新翻译，与现有中译（陈坤铭、李华夏译，《厂商、市场与法律》，页 172）稍有不同。

[70] 诺斯将 "制度" 界定为人们为了减少彼此互动的不确定性因素，因而在社会上形成一种相对稳定的人群 "游戏规则"；至于 "制度变迁" 的复杂过程，则主要涉及特定社会存在 "正式限制、非正式限制、执行" 三者相互作用方式的逐步改变（道格拉斯·诺斯，《制度、制度变迁与经济成就》，刘瑞华译注，台北：联经出版公司，2017，页 23、27–28）。诺斯也曾强调一个比较完整有效的制度或是制度变迁理论，应该是同时可分析 "财产权、政府、意识形态" 等三方面现象的理论（道格拉斯·诺斯，《经济史的结构与变迁》，刘瑞华译，台北：时报文化出版公司，1995，页 11–15）。事实上，诺斯 "制度变迁" 理论有其逐步发展完善的过程，刘瑞华对其情形有较清楚的描述：刘瑞华，《导读》，收入道格拉斯·诺斯著，刘瑞华译注《制度、制度变迁与经济成就》，页 1–16。

效率。"[71] 准此而论，则也可说明本书的主要研究内容：明清苏州商人团体的组织方式与外在政治环境互动关系的长期演变，以及苏州棉纺织业、重庆船运业、云南东川府铜矿业等行业当中存在的不同的经济组织运作方式，还有当时政府与民间处理债务与合伙纠纷的互动模式，几种"商业书"教导与传播经商所需各种知识和道德的相关论述。至于研究的主要目的则是：这些包括商人团体、经济组织、法律规范、商业习惯及商业文化在内的各种制度，到底如何受到当时中国既有市场结构的限制，同时，这些制度又如何逐渐改造了当时中国的市场结构？

要之，这些制度与市场互动关系的演变，即是本书所欲考察的明清"市场演化"问题。这种提问与考察，或许有助于面对甚或是超越诸如"数目字管理"这类"西方中心论"的限制，进而探寻明清中国社会与国家互动或是黄仁宇所谓"国家社会架构"的演变轨迹。

---

[71]　道格拉斯·诺斯，《制度、制度变迁与经济成就》，刘瑞华译注，页124。

第一章　由苏州商人结社方式变化看明清城市社会变迁

　　传统中国商人结成社会团体，并不始自十六世纪。但十六世纪以降，一种以商人自愿捐款购买或是租赁特定建筑物，以举办共同宗教、社会与经济活动的结社行为，开始有了新的发展趋势。本章以苏州为主要例证，说明十六世纪至十九世纪之间苏州这类新形态商人结社行为的发生过程、共同举办的集体活动，以及这类商人结社与地方政府之互动关系，进而讨论这类商人结社对于明清城市社会之影响。

　　十六世纪至十九世纪之间，清代苏州最有代表性的商人团体，大多取名某某"会馆"或是"公所"，这与清代中国多数城镇出现的商人团体所使用的名称大致类似。这类由商人捐款成立的"会馆、公所"，基本上只出现于工商业较有发展的城镇之中，一般并不出现于农村地区，故而可视为是明清中国的一种城市现象；而这些会馆、公所在城镇中所发挥的经济与社会功能，以及地方政府对这类商人团体所做出的反应，则随着十六世纪至十九世纪的历史演变愈来愈重要并富有意义，从而构成明清城市社会变迁内容的重要一环。

　　会馆、公所作为一种中国商人的团体组织，早自十九世纪末、二十世纪初，即已吸引欧美、日本与中国学者的目光，成为重要研究对象。1949 年之后，随着会馆、公所碑刻资料的调查与出版，以及资本主义萌芽等相关议题的开展，对清代苏州、松江等江南地区会馆、公所的研究愈来愈多；[1]而自二十世纪八十年代以来，学者援用更多不同史料，重新比较欧洲中古"基尔特"与中国"行会"之异同，并引入"公共领域"等问题意识来探究明清中国的商人团体，致使会馆、公所研究开创出更多的新议题。[2]

　　江南不少城镇都存在以某某"会馆"或是某某"公所"命名的商人团体；就现存史料来看，苏州与上海是清代江南地区出现会馆、公所商人团体数量最多的两个城市，特别是在晚清以前，苏州城的商人团体更是远远超过上海城，充分反映了十九世纪后半叶之前中国经济中心位于苏州的史实。据近人估计，苏州城与苏州府属附近地区大概出现过六十四座"会馆"和二百一十八座"公所"等不同

---

[1]　二十世纪五十年代至八十年代的许多日本或中国大陆研究者，常将传统中国会馆、公所视为欧洲中古史上的"行会"（guild）。日本学者根岸佶、仁井田陞、今堀诚二将战前的调查成果结合相关史料做了不少研究，中国大陆学者则将"行会"与"资本主义萌芽"相联系，并以明清江南碑刻保存的会馆公所资料，探讨"商人行会"与"手工业行会"之间的斗争历程，并常强调行会阻碍了中国的资本主义萌芽。

[2]　二十世纪八十年代之后，随着北京、佛山等江南以外地区会馆、公所碑刻资料陆续出版，以及更多的相关研究成果，傅筑夫正式提出"会馆"并非"行会"的论点（傅筑夫，《中国工商业者的"行"及其特点》，收入傅氏著《中国经济史论丛》下册，北京：生活·读书·新知三联书店，1980，页387–492），在大陆史学界引起颇大争论。罗威廉（William Rowe）援用社会流动与"公共领域"（public sphere）等概念，分析汉口商人团体对当地社会与市场秩序的统合和正面作用（罗威廉，《汉口：一个中国城市的商业和社会（1796—1889）》，江溶、鲁西奇译，北京：中国人民大学出版社，2005），则促使更多学者重新探讨会馆、公所。相关研究回顾可见：邱澎生，《十八、十九世纪苏州城的新兴工商业团体》，台北：台湾大学出版委员会，1990，页1–20；冯筱才，《中国大陆最近之会馆史研究》，《近代中国史研究通讯》，30（2000）：90–108；朱英，《中国行会史研究的回顾与展望》，《历史研究》，2（2003）：Christine Moll-Murata, "Chinese Guilds in the Qing Dynasty (1644—1911): An verview," in Jan Lucassen, Tine De Moor, and Jan Luiten van Zanden eds., *The Return of the Guilds* (Utrecht: Utrecht University, 2008), pp. 213–247.

名称的建筑物。[3] 由于史料极可能有阙，这些近人估计的会馆、公所数量很可能是少算而不会多估。无论如何，这些存在于十六世纪以后苏州地区、为数约在二百五十座到三百座之间的会馆、公所建筑物，绝大多数皆与商人的创建和支持密切相关。[4]

明清时代商人捐款创建会馆、公所的现象虽然并不限于苏州，但商人于苏州所建会馆、公所却可能为数最多。同时，当时参与捐建会馆、公所的商家与作坊老板人数，也颇为可观。如清乾隆四十二年（1777）捐款"全晋会馆"的商号，即至少有五十三家；道光元年（1821）列名"小木公所"管理人员名单的木作坊业者，便有二十四人；再如道光二十四年（1844）捐款"小木公所"的业者名录，也有六十七人。[5]

要之，自十六世纪开始，特别是到十八、十九世纪这两百年间，在苏州城附近出现了数量不少的会馆或公所，而绝大多数这类会馆、

---

[3] 不少学者对苏州会馆、公所数目陆续做过考证，大致估为会馆五十座、公所二百一十座，参见：吕作燮，《明清时期苏州的会馆和公所》，《中国社会经济史研究》，2（1984）：10-24；唐文权，《苏州工商各业公所的兴废》，《历史研究》，3（1986）：61-75；洪焕椿，《明清苏州地区的会馆公所在商品经济发展中的作用》；邱澎生，《商人团体与社会变迁：清代苏州的会馆公所与商会》，台湾大学历史学研究所博士论文，1995年6月，页59-65。在前人基础之上，范金民续做考订而估计为六十四座会馆、一百六十三座公所（范金民，《明清江南商业的发展》，南京：南京大学出版社，1998，页242-249）；唐力行又根据新的碑刻调查，将苏州"公所"数量估作二百一十八座（唐力行，《从碑刻看明清以来苏州社会的变迁》，《历史研究》，1[2000]：67）。笔者此处开列会馆、公所的两个数字，兼采了范金民与唐力行的估算。

[4] 有些会馆为旅居苏州的官员所建立的同乡组织，但在苏州为数不多。另外，也有少数同样并非依赖商人捐款而成立与运作的"公所"。针对这些非商人捐款性质的少数会馆、公所，也有学者做过专门调查。参见夏冰，《苏州的会馆与公所》，《档案与建设》，9（2000）：54-55。

[5] 苏州历史博物馆等编，《明清苏州工商业碑刻集》，南京：江苏人民出版社，1981，页135-137、335-337。

公所，都由商人志愿捐款成立。不过，在此要特别指出：在清末中央政府依据《简明商会章程》下令全国商业发达城镇成立"商会"之前，会馆、公所其实并非法律意义上的商人团体，而主要指的是由商人捐建或租用的那栋受到地方政府"立案"保护的建筑物，故与清末"商会"作为法律意义上的商人团体，其性质颇有不同。

然而，在笔者看来，与其强调商会比起会馆、公所有更少的"同乡性、宗教性"，还不如澄清两者之间在法律意义上的差异，这里面存在的既是政府与市场关系的调整，也反映了当时中国的城市社会变迁。以下将分"组织方式的长期演变、经济功能的转型、公共财产保护机制的加强"等三个面向，说明其间反映的主要问题。

第一节　组织方式的长期演变

以十六世纪至十九世纪中期之间中国市场经济最发达的苏州为例，可以较清楚地看出中国商人团体由传统以至近代的长期演变趋势。依商人团体组织方式的不同，可将苏州商人团体的长期演变历程综括如下："编审行役制"→"会馆、公所制"→"商会制"。

这三类商人团体的主要差异，可以概括如下：编审行役制为一种"强制编册组织"，会馆、公所制为一种"立案公产组织"，商会制则为一种"依法注册组织"。本节先谈商人团体由"编审行役制"演变为"会馆、公所制"的主要线索。

先介绍"编审行役制"。明初沿宋元以来的财政传统，将工商业者强制登记册籍，以应政府和买、和雇所需的商品与劳务，这即是"编审行役制"的主要特征。编审行役制下的商人团体，可谓是一种"强制编册的组织"。至少自明末开始，便可在政府禁令中屡屡看到

"禁革行户当官"的宣告。[6] 清初，有关禁革编审行役的命令，仍屡见于苏州等地的碑刻资料中。[7] 值得注意的是：清初的禁革行役，在不同地方有不同的条件与发展，不能一概而论。但周亮工在清初任官福建时，也曾经严格禁革编审行役："不许分毫取之铺户。其历来相传铺户姓名册籍，但有存者，俱令该县焚毁。"[8] 此外，《新编文武金镜律例指南》也曾收录清初一份地方官"禁革行役"的文告："官吏军民人等知悉，一切当官名色，尽行革除，需用物件，给银平买，毋许空票白取。"[9] 尽管我们不宜不加区分地认为全中国各地都曾有效地推展"禁革行役"，但无论如何，由明末到清初，在当时中国一些商业较发达地区，确实有地方官在禁革编审行役方面做过可观的努力。

不过，明末以降的禁革编审行役，毕竟是个颇为长期的改革过程，而且经常会受到地方官素质、时局动乱乃至战争影响，而不一定都能始终有效地执行。可以这么说：无论某些政府官员如何积极地禁革"行户当官"，不肖官员与吏胥在地方上假借编定"行户"等手段，试图侵夺商人财货的现象，终清之世在全国各地仍不可能禁

---

[6] 如崇祯四年（1631）的《苏州府为永革布行承值当官碑》，记录苏州知府"永革铺行"的命令："一切上司按临府县公务，取用各色……照依时价平买。该房胥役供应，并不用铺行承值。……但有仍寻铺行，仍用团牌……（持）票借用"者，"许诸人首告，差役究，遣官听参"（《明清苏州工商业碑刻集》，页53）。

[7] 苏州府常熟县留存此类禁革行役的禁令资料特别多，可见当时政府官员禁革铺行做法的普遍。参见：佐藤學，《明末清初期一地方都市における同業組織と公権力：蘇州府常熟県「當官」碑刻を素材に》，《史学雑誌》，96，9（1987）：1468-1487；新宫学，《明清都市商業史の研究》，東京：汲古書院，2017。

[8] （清）李渔编，《资治新书二集》（清康熙六年［1667］得月楼序刊本，"中研院"历史语言研究所傅斯年图书馆藏），"文移部·民事编""铺行"类，卷8，页11下。

[9] （清）凌铭麟辑，《新编文武金镜律例指南》（清康熙年间刊本，"中研院"历史语言研究所傅斯年图书馆藏），卷15《禁谕》，王汤谷"禁取铺行"条（页21上）。

绝；特别是在吏治较差与社会失序时，"编审行役"对迫切需求物资与劳役的地方官员而言，其实都仍是更便宜行事的制度。[10] 即使到了十八世纪的乾隆三十六年（1771），苏州某些行业仍出现类似编审行役的现象。[11] 不仅如此，在官员持续编审行役的同时，民间社会有时更出现假借政府名义而自称"行头、小甲"的人物，假借官威，勒诈商人。这些借机勒索商人财物的官员、吏胥与"行头、小甲"，确实都是商人经商安全的潜在威胁者。

然而，以政府推行的常经常轨的制度面而言，自明末清初以降部分官员在当时经济发达地区提倡与推动的禁革编审行役，实可视为一种具有指标性意义的制度改革；这种制度改革从较宏观的历史背景而论，仍有助于商人改善经商环境。只是，问题常在于法令虽然原则禁止，但实际成效则有赖各地区、各时期的吏治良窳。一般来说，在雍正、乾隆年间的苏州地区，尽管某些特殊行业有时仍发生强制编审行户"领价承办"差役的个案，同时也有行业时或出现某些自称"小甲"人物的骚扰，但禁革行役的制度改革，仍能在苏州、松江等江南地区收到实效。[12] 以现有史料来看，作为"强制编册组织"的"编审行役制"商人组织，已经逐渐淡出苏州地区；取

---

[10] 在清初政权转移的动荡局面下，时人即曾指陈："今官府有所盼咐，勾取于下，其札曰票。"（刘继庄，《广阳杂记》，台北：台湾商务印书馆，1976，卷5，页14上）而到晚清内乱外患频仍，咸丰十年（1860）段光清在宁波为政府向"城中绅士及各行司事"劝募捐款时，他除了尽量对绅商动之以情、晓之以害，最后还是得对那些坚持不捐款者使用强制手段："有不从（捐款）者，将是业行簿吊齐，核计一年生意若干，照抽厘式书捐。"这里所谓的吊齐"行簿"，即与昔日政府官员早已禁革的编审"行户"做法相类似（段光清，《镜湖自撰年谱》，新校本，北京：中华书局，1960，页175–176）。

[11] "各行户领价承办……不肖官吏或因此短发价值、减克平色"，引见：（清）冯桂芬等撰，光绪《苏州府志》，台北：成文出版社，1970，卷19，页483。

[12] 洪焕椿，《明清苏州地区的会馆公所在商品经济发展中的作用》，收入洪氏著《明清史偶存》，页566–612。

而代之的，是新兴的"会馆、公所制"商人团体。

会馆、公所由商人志愿捐款成立，因而与编审行役之"强制编册组织"不同。同时，会馆、公所又是一种"立案公产组织"，苏州这类商人团体虽然一般不与地方政府直接打交道，但是，当会馆、公所捐款成立之际，却经常会由捐款商人联名向地方政府呈请保护自己捐款成立的专属建筑物，当地方政府核准"立案"保护后，便使这栋商人团体专属建筑物成为一种"立案公产"。

会馆、公所何以会变成一种"立案公产"？此也有其特定历史脉络，需要做些说明。在苏州成立的会馆、公所，不乏坐落于苏州城主要商业区阊门附近的建筑物，这使许多建筑物本身即具有甚高市价，同时还累积了不少来自成员的定期捐款。为了保障这些建筑物的财产安全，一方面使其免于地方无赖恶霸的骚扰，另一方面也要避免少数捐款成员或其后代子孙独占产业或金钱，许多会馆、公所不仅成立定时轮值充当的"董事、司年、司月"等管理人员，用以管理团体公产，更积极向地方政府呈请立案保护，后来甚至逐渐发展出将团体建筑物的公产契据副本存贮地方政府的种种"立案"模式，从而形成一种特殊的地方法律制度。[13] 故此，可以将这些商人捐款成立与维护的会馆、公所建筑物，视为一种"立案公产组织"。

官府固然未曾像"编审行役制"时期那样强制商人成立会馆、公所，但是，商人是否会因为"同乡关系"而出现"不乐之捐"被迫出钱成立会馆、公所呢？这需要做些分析。基本上，单靠同乡关系，并不足以让商人捐款成立会馆、公所。尽管"同乡、籍贯"确

---

[13]　邱澎生，《由公产到法人——清代苏州、上海商人团体的制度变迁》，《法制史研究》，10（2006）：117–154。

实是明清社会流行的一种人际关系形态，而会馆、公所成立时，也确实经常以"联乡谊、祀神祇、办善举"的名义，向地方政府申请立案保护，[14]但"同乡"关系却不足以强大到能够强制或保证商人捐款。相反地，提倡捐款成立会馆、公所者的声望、信用与热情，以及管理会馆、公所"公产"的相关办法是否能够得到众多商人的信任与支持，这才是其中关键；不少会馆、公所捐款成立的艰辛过程，即可清楚说明此点。

　　会馆、公所的募款过程经常备极辛苦。[15]以来自金华府的商人在阊门外捐建"金华会馆"为例，捐款商人在乾隆九年（1744）发起捐款，"佥谋建馆，乃捐橐囊、权子母"，但直至乾隆十六年（1751）才有能力"卜宅于（阊门）南濠"，到次年才成功设立专属建筑物"金华会馆"。[16]杭州府绸缎商人合建"钱江会馆"时，由乾隆二十三年（1758）"始创积金之议"，到乾隆三十年（1765）建成为止，也花了七年的募款时间。[17]然而，这些其实只是募款成功的例子，即使是在清代设立会馆、公所最多的苏州，仍然有不少商人在很长时间内一直未能成功设立会馆、公所。[18]同时，一座会馆或

[14] 邱澎生，《商人团体与社会变迁：清代苏州的会馆公所与商会》，页54–55。

[15] 光绪四年（1878）苏州府吴江县盛泽镇创建"米业公所"的商人，即写下一段颇传神的文字："涉（公所）斯境者，佥谓布置宜、章程善，而不知当时创造之艰、筹度之审，实赖沈君小云及汪、张、吴诸君劝募之力，任劳任怨，以底于成也。"（《明清苏州工商业碑刻集》，页235）

[16] 《明清苏州工商业碑刻集》，页330。

[17] "乾隆二十三年始创积金之议，以货之轻重，定输资之多寡，月计岁会，不十年而盈巨万，费有借矣。"（《明清苏州工商业碑刻集》，页19–20）由碑文作者所谓"不十年而盈巨万"看，似乎可以认为七年募款时间在苏州当地仍不算太长。

[18] 同治九年（1870）苏州纸业商人合建"两宜公所"时，即说道："苏城纸业一项，人众业繁，为贸易中之上等。历代相沿，未立公所，甚为歉事。"（《明清苏州工商业碑刻集》，页101）

公所专属建筑物即使成功设立于一时，也并不保证可以持续维持，有各种因素可以影响商人的后续捐款意愿，让已经成立的会馆、公所难以维持，"豆米公所"是一例，[19] "锦文公所"也是一例。[20]

会馆、公所捐款商人经常来自同乡，但要如何评估同乡关系对会馆、公所捐款商人的实际作用？不能想当然尔。先举乾隆二十七年（1762）《陕西会馆碑记》为例证，此文对捐款商人有所描写：苏州"商贾辐辏，百货骈阗"，"我乡之往来于斯者，或数年，或数十年；甚者成家室、长子孙，往往而有。此会馆之建，所宜亟也"；"我乡幅员之广，几半天下。微论秦陇以西，判若两者。即河、渭之间，村墟鳞栉，平时有不相浃洽者。一旦相遇于旅邸，乡音方语，一时霭然而入于耳。嗜好、性情，不约而同于心。加以岁时伏腊，临之以神明，重之以香火。樽酒篚餔，欢呼把臂；异乡骨肉，所极不忘耳"。[21] 这里至少涉及两个层面：一是这些捐款的外来客商，已有不少人已在苏州定居甚长时间，对自身"籍贯、乡贯"也仍然有所怀念或认同，在平常时日里，即使对那些在家乡根本不认识的人，只因为相遇于异乡，便即感到亲切，并愿意与这些"异乡骨肉"来往联谊。二是这种来自"同乡"的亲切感，可能主要并非来自政治地理的区划，而更多是源自对自身熟悉"乡音方语、嗜好、性情"乃至奉祀特定神祇的共同偏好与习惯。

然而，单凭这样一种所谓"同乡"的熟悉、喜好与习惯，便能让商人捐款设立专属建筑物，持续捐款举办集体活动，乃至购置

---

[19] 《明清苏州工商业碑刻集》，页 238。

[20] "锦文公所"创立于同治六年（1867），但到了光绪十年（1884），"锦文公所"成员即已感叹许多捐款商人之热情不再："初议月捐，咸称尽善。期年来，勉力者徘徊中途而不缴，踊跃者亦然效之，循循然是此散矣。"（《明清苏州工商业碑刻集》，页 42）

[21] 《明清苏州工商业碑刻集》，页 331–332。

仓库、度量衡、专属码头或船只等设施吗？嘉庆十八年（1813）的
"嘉应会馆"碑文，或许可以具体回答这类疑问："我嘉（应州）一
郡五属，来此数千里而遥，坐贾行商，日新月盛，惟向未立会馆，
咸以为缺事……惟思：泉贝之流通，每与人情之萃涣相表里。人情
聚，则财亦聚，此不易之理也。"[22] 如果这份碑文中的"人情聚，则
财亦聚"确实也反映捐款商人的一般想法，则讲究"人情"，似乎
也可说是有助于商人聚集钱财的一种手段，这应该也是当时会馆、
公所捐款商人的普遍体认。然而，无论是"异乡骨肉"，或是所谓
的"人情"，其对商人捐款成立会馆、公所的作用，应该和学界一
般使用"同乡关系"描述明清传统社会的人际关系类型的做法，有
着不小的差距。可以这么看：商场上的同乡关系，至少可以分为两
类，一是有"财"的"人情"，一是没有"财"的"人情"。学界经
常用来分析明清社会与商人团体的"同乡关系"，恐怕过多谈了后者
那种没有"财"的"人情"，对于"人情聚，则财亦聚"的第一种有
"财"的"人情"大概关注不够。

　　总之，会馆、公所成立与维持的经费，来自商人的志愿捐助，
但商人一来并无义务持续捐款，二来也无法单靠没有"财"的同乡
关系持续乐捐。而从事后之明来看，会馆、公所成员自行推选"董
事、司年、司月"管理人员的组织办法，以及会馆、公所呈请官府
"立案"保护的法律制度，才是维持与加强商人捐款意愿的关键，绝
非一般所谓的明清同乡关系。

　　有些会馆、公所在此方面的运作颇为成功，如"全晋会馆"捐
款商人在乾隆四十二年即自豪地说："人咸乐为捐输……自乾隆壬午
（二十七年）岁始，每年所捐若干，每商所捐若干，至今十有六载以

---

[22] 《明清苏州工商业碑刻集》，页 350。

来，捐输弗绝。"[23] 但有些会馆、公所则可能人谋不臧，必须重新改组，否则便难以为继。[24] 可见即使捐款商人系属"同乡"，但其中的人际互动却已超越所谓"异乡骨肉"的同乡关系意义，而演变成一套凝聚与维系商人捐款意愿的信任机制。

会馆、公所推选出来的董事、司年、司月，在管理契据和公积金的同时，也要定期公布收支账目，这些都是必要措施。如"徽郡会馆"在乾隆年间公布一份捐款收支账册，商人董事在公布册籍时强调：在当时苏州"人心不一，好为讥评"的风气下，董事"急将已收、未收，注疏详明，与支存开载明白"，其目的正在于"群疑释，而物论已"，让"已捐者心平，而未捐者，又欢欣乐输也"。[25] 可以这么说：如何能同时使已捐款商人"心平"而未捐款商人"欢欣乐输"？这即是会馆、公所"董事、司年、司月"无可回避的职责。有些会馆、公所管理人员进一步将收支账册刊印成《征信录》，公布给所有捐款商人知晓，即是其中一种可用的良策，如"七襄公局"在道光二十三年（1843）时，即将"每年收支各数，造具征信录"。[26]

---

[23] 《明清苏州工商业碑刻集》，页335。

[24] 创于乾隆初年的"武林会馆"，在光绪二十三年（1897）时，捐款的杭州商人已无力支持例行经费的开支，因而决定："请苏帮各号入我会馆，襄同赞助，尚可支持。"（《明清苏州工商业碑刻集》，页222）

[25] 江苏省博物馆编，《江苏省明清以来碑刻资料选集》，北京：生活·读书·新知三联书店，1959，页377。

[26] 《明清苏州工商业碑刻集》，页26。由明末清初到近代中国，"征信录"逐渐成为同乡会馆、善堂甚至地方政府也采用的征收赋税田粮民欠的报告书，成为一种重要文类，甚至还出现善堂负责人在城隍庙前公开焚烧"征信录"的仪式性行为。相关研究，可见：夫马进，「『徴信録』というもの」，《中國——社會と文化》，5（1990）：59-74，特别见页64-65。夫马进文章的注10，还影印《海宁州城重设留婴征信录》一帧书扉，其正面右上方写有"经手侵蚀，火焚雷殛"的警句（页72）。此文中译可见：夫马进，《关于"征信录"》，收入夫马氏著《中国善会善堂史研究》，伍跃、杨文信、张学锋译，北京：商务印书馆，2005，页706-725。

大致说来，会馆、公所建筑物及其举办的种种活动能否持续运作，还是要靠其组织规章能产生多少公信力，以及董事、司年、司月等"公产"管理人员的个人威望、能力与热诚；这些因素都已不再是同乡关系之类所谓"异乡骨肉"或是"乡音方语，一时霭然而入于耳。嗜好、性情，不约而同于心"能够支撑的，故而可以说会馆、公所是一种"志愿"而非"强制"的商人团体。那些断言会馆、公所因为不像清末商会在团体内部引入"西方选举制度"，故而其管理人员长年为"家父长"式人物把持，或是深信会馆、公所乃是"封建社会"之"行会"，故而必然能借助同乡关系而成立的论点，[27]恐怕仍宜三思。

另外，"商帮"与会馆、公所的关系，也涉及捐款商人志愿性的问题，需要一并说明。在会馆、公所出现前与成立后，苏州一直存在许多指称某些外来商人的"商帮"。[28]商帮的成因很复杂，在经济、宗教、社会等因素之外，也有司法方面的因素。

早在晚明，即有人敏锐地注意到安徽商人与江西商人在外地经商的一种集体习惯——联合同乡商人一起打官司："（休歙）商贾在外，遇乡里之讼，不啻身尝之，酾金出死力，则又以众帮众，无非亦为己身地也。近江右人出外，亦多效之。"[29]要之，无论商帮有何不同的形成因素，这些司法活动上的"以众帮众"联合行为，大概

---

[27] 此类著作不少，可参见：马敏、朱英，《浅谈晚清苏州商会与行会的区别及其联系》，《中国经济史研究》，3（1988）：78—89。即使到了晚清与民国时代，商人的同乡关系与经商利益也不宜对立起来做分析，相关例证可见：冯筱才，《乡亲、利润与网络：宁波商人与其同乡组织，1911—1949》，《中国经济史研究》，2（2003）：63—73。

[28] 有关明清苏州客商较全面的活动记录，可见：范金民，《明清时期活跃于苏州的外地商人》，《中国社会经济史研究》，4（1989）：39—46。

[29] （明）王士性，《广志绎》（周振鹤编校，《王士性地理书三种》新校本，上海：上海古籍出版社，1993），卷2，"两都"部，页276。文中的"江右人"主要是指江西商人。

也是重要成因之一。即使在苏州成立愈来愈多的会馆、公所之后，
商帮也经常成为一些会馆、公所的重要捐款来源。如乾隆三十八年
（1773）"徽郡会馆"的捐款名录里，除列有 71 位捐款商人的名字
外，也另以"涝油帮、蜜枣帮、皮纸帮"为名列出捐款款项。再如
道光十年（1830）重修"三山会馆"的捐款名录里，也开列"洋帮、
干果帮、青果帮、丝帮、花帮、紫竹帮"等六个商帮名称。[30]

　　依据学界现今对清代"商帮"的理解，这也是一种志愿而非
强制的商人团体，以此而论，商帮类似于会馆、公所，而有异于之
前的编审行役。然而，究竟应该如何区分商帮与会馆、公所？何以
上举会馆、公所捐款名录会同时并列一般商人与商帮的不同捐款款
项？这些问题可能都需要更多的史料才能得到更好的解答。无论如
何，商帮不仅并未因为会馆、公所的出现而消失，相反地，商帮甚
至还经常成为捐款会馆、公所专属建筑物时的"自称"；可以这么
说：商帮与会馆、公所没有此消彼长的替代关系，同时，也看不出
两者具有清楚的从属关系。不过，笔者也要进一步指出：考察商人
团体是否以及如何成立"公产"，或许仍可找出有助于区分商帮与会
馆、公所异同之处的重要线索。

第二节　自称与他称：经济功能的转型

　　本节分析会馆、公所制作为一种"立案公产组织"，究竟如何与
商会作为一种"依法注册组织"而有所不同。

　　晚清商会主要依照光绪二十九年（1903）年底公布的《简明商

---

[30] 《江苏省明清以来碑刻资料选集》，页 377–379。《明清苏州工商业碑刻集》，页 352–354。

会章程》的相关法令而成立，因而成为一种"依法注册组织"。以晚清商会做比较，商会可以在法律上代表所有商人成员，商会"总理"既可以某某商会为名义，呈交公文给地方政府乃至中央政府，也在地方社会上更加确立了商会作为一种社会团体的印象。相较而论，苏州的"会馆、公所"虽然自十六世纪以后开始逐步由商人捐建成立，但是，直至十九世纪末年，这个名称仍然主要指的是一种城镇里的特殊建筑物；通过商人的呈请，许多这类建筑物得到了地方政府的"立案"保护，但是，会馆、公所并不在法律上代表商人成员，既无法在公文上以社会团体身份与政府往来，政府准予"立案"保护的对象，也只是那栋建筑物，而不是建筑物背后的那个商人团体。

在苏州的地方社会里，会馆、公所最令人印象深刻的，也正是那些宏伟的建筑物。道光年间苏州人顾禄，即以"栋宇壮丽，号为会馆"解释会馆这个名词，而让顾禄加深其对"会馆"印象的，还有在苏州节庆里在会馆建筑物中所举办的某些喜庆活动：正月十五，"是夜，俗又呼为'灯节'。比户燃双巨蜡于中堂，或安排筵席，互相宴赏。神祠、会馆，鼓乐以酬，华灯万盏，谓之'灯宴'"。[31] 每到正月十五日的苏州"灯节"，会馆与神祠同样举办"灯宴"，这些"鼓乐以酬，华灯万盏"的场景，都已成为地方社会的重要城市景观。可以这么说，在十八、十九世纪的苏州，会馆、公所主要是"他称"而不是"自称"，是一栋由商人志愿捐款而得以成立的建筑物，它既得到地方政府"立案"保护，不准无赖宵小侵占或破坏，也在地方社会成为一种可与"神祠"并列的公共建筑物。要到清末中央政府下令成立商会，中国历史上才出现了一种既是"自称"也是"他称"的商人团体。

---

[31]（清）顾禄，《清嘉录》，卷1，"灯节"条，页16下–17上。

　　何以商人捐建或租用专属建筑物时要以会馆或公所命名？这应与十六世纪以来苏州地方社会的历史背景有密切关系。在商人捐建会馆、公所建筑物之前，无论是十五世纪出现于北京而后逐渐扩散于全国各地的同乡"会馆"，或是十七世纪以来渐渐流行于江南社会"善堂"组织的"公所"，对于在苏州经商的商人而言，这两个名称都已经是现成的、既有的，故而，部分籍贯有共通性或是行业有共通性的商人，便在苏州采用这两个既有名称，用以命名自身的建筑物，既可以减少政府官员的疑虑，也用以增强地方政府立案保护的意愿。可以这么说，借用既有的同乡"会馆"或是慈善"公所"命名自身建筑物，其实可被视为苏州商人用以增强地方政府"立案"保护意愿的有意挪用。

　　在十六世纪以前，中国历史上并非不存在商人团体，诸如宋代以迄明代中期政府强制商人组成的"团行"或"行役"，或是各地商人很早即有祭祀各自不同宗教神或行业神的集体活动，但是，十六世纪以至十九世纪在苏州普遍成立的会馆、公所，其在组织特性上则是一种兼具"自发性、常设性、合法性"的团体组织，故与之前出现的传统中国各种商人组织有着颇多差异。苏州会馆、公所的商人团体，在功能上提供成员在"宗教情绪、互助情怀、经济共同利益"等三方面的满足，并借此促使这类商人捐建或租用的公产可以得到更持续、更完备的发展。笔者曾经选取清代苏州现存的六十八个资料较多的会馆、公所商人团体资料，认为"经济共同利益"仍是促成这些商人团体捐款"租用、兴建与维持"自身专属建筑物的重要结社动机。[32]

　　苏州会馆、公所所发挥的经济功能，其实是依各自行业的性质

---

[32]　邱澎生，《十八、十九世纪苏州城的新兴工商业团体》，页 30–35、68–85、109。

不同而有所差异，不宜一概而论；笔者曾以苏州六十八个会馆与公所为分析对象，将其经济功能区别为四类：一是从事批发行业的外来客商联合对牙行进行集体议价、订立契约或是追讨欠款；二是领有牙帖的牙行联合禁止非法牙人与脚夫侵夺中介和运输业务；三是棉布、丝织业包买商人与踹布、染布、纸业作坊老板联合对抗雇佣工匠"齐行叫歇"；四是部分市场规模更小的业者协议定价与收徒年限。[33]

尽管会馆、公所因为行业性质不同而有经济功能方面的差异，但整体看来，十八、十九世纪苏州出现的众多由商人捐款成立的会馆、公所，确实从两方面改变了苏州当地的市场制度：一是团体与团体之间各种商业竞争的加剧，二是商人可用的"交易服务"（transaction service）不仅种类增加而且规模扩大。[34]

先谈第一方面的商业竞争。苏州某些行业的市场规模较小，因而这些行业存在的会馆、公所，确实比较着眼于联合订立商品与服务售价，以及放慢收徒与伙友独立开业的速度，致使该行业市场具有更多的垄断性质，这的确可能限制该行业的自由竞争程度；[35]但若仔细检视现存史料则可发现：在这些市场规模有限的行业里，不欲遵守"行规"的业者其实颇常援引政府禁止"把持行市"法令以保障自身权益，故而这种会馆、公所试图垄断市场的能力其实不能过

---

[33]　邱澎生，《十八、十九世纪苏州城的新兴工商业团体》，页 143–179。

[34]　邱澎生，《市场、法律与人情：明清苏州商人团体提供〈交易服务〉的制度与变迁》，收入中國史學會编《中國の歷史世界：統合のシステムと多元の發展》，東京：東京都立大学出版会，2002，页 571–592。"交易服务"（transaction service）概念则借自：John Wallis and Douglass North, "Measuring the transaction sector in the American economy, 1870—1970," in Stanley L. Engerman and Robert E. Gallman eds., *Long-Term Factors in American Economic Growth* (Chicago: University of Chicago Press, 1986), pp. 95–161.

[35]　刘永成，《试论清代苏州手工业行会》，《历史研究》，11（1959）：21–46。

分高估。[36] 而更重要的是：在苏州棉布加工业（"字号"）那种具有长程市场的行业，以及从事农渔、药材产品批发的行业里，联合垄断商品售价并非其主要经济功能。像是借以对付那些自十七世纪以来即不断罢工的苏州踹布工人，才是布业商人于乾隆中期捐款成立"新安会馆"所主要着眼的目标；而"江鲁公所"的腌腊鱼肉业捐款商人，则主要是要联合对抗本地牙行主导度量衡、行佣等经济事务，以改善不利自身的既有经商局势。[37] 总之，以当时苏州最有产值的行业而论，这里面存在的经济功能，主要都是为了便利商业竞争而非垄断市场。

　　在提供更多与更好的交易服务方面，主要指的是有些会馆、公所为捐款成员提供储货、集体协议商业契约、设置官颁度量衡具、设置卸货码头甚或运货船舶等功能，从而节省与降低了商人原先必须付出的种种交易成本。[38] 诸如"钱江会馆"提供仓储设施："公建钱江会馆，为贮货公所。"[39] 或如苏北鱼货商人的"江鲁公所"及绍兴府烛业商人的"东越会馆"，两个团体集体与本地牙行议订中介契约。"江鲁公所"捐款商人购买由官府核可烙印的"公制砝码、准秤"，将这些官颁度量衡工具"存贮公所"，并且"每逢朔望，（牙）行、客（商）会同较准"，希望能够"使牙行不能取巧，客商亦不致

---

[36]　邱澎生，《十八、十九世纪苏州城的新兴工商业团体》，页 166–179。William T. Rowe, "Ming-Qing guilds," *Ming Qing Yanjiu* 1(1992): 47–60.

[37]　邱澎生，《由苏州经商冲突事件看清代前期的官商关系》，《文史哲学报》，43（1995）: 37–92。

[38]　Fu-mei Chen and Ramon H. Myers, "Coping with Transaction Costs: The Case of Merchant Associations in the Ch'ing Period," pp. 79–103. 邱澎生，《商人团体与社会变迁：清代苏州的会馆公所与商会》，页 132–134。

[39]　乾隆四十一年（1776）《吴县永禁官占钱江会馆碑》。同文也载："会馆，为商贾贸易之所……商贾捐资，建设会馆，所以便往还而通贸易。或货存于斯，或客栖于斯，诚为集商经营交易时不可缺之所。"（《明清苏州工商业碑刻集》，页 22）

受亏"。[40]"东越会馆"则"为同业公定时价,毋许私加私扣",其着眼的"时价"主要不是捐款商人之间,而是本地牙行与铺户对"东越会馆"捐款成员的"私加私扣",故碑文后面接的是:"如遇不公不正等事,邀集董司,诣会馆整理,议立条规,借以约束。"[41]要由东越会馆"董司"出面向捐款成员以外的苏州商人讨回公道。这些经济功能,都可视为是外来客商在与本地牙行、铺户谈判与签订商业契约时,由商人团体所提供的交易服务。

在设置运卸货物的专属码头与公用船只方面,则可举以下例证:位于苏州城阊门外,由纸业原料贸易商人捐建的"浙南公所",至少在同治十一年(1872)前即设有专用河埠,"以备商船往来停泊之所",[42]作商人成员运卸粗纸箬叶商货之用。嘉庆年间,设于盛泽镇的"绸业公所",除有专属码头外,另设置"庄船"数艘,每日四班"交叉开航",成员所属绸商和绸货,皆以"庄船"乘载,往来于苏州城和盛泽镇之间。在苏州城阊门内水关桥的臭弄口临河处,又建造船埠以供成员上下货物,并设立供贮绸货的"堆栈"。[43]"绸业公所"董事在禀呈吴县知县立案核可后,在码头上建立石拱门,上刻浮雕"盛泽码头"四字。光绪十三年(1887)秋,更由绸商王家鼎等人联名,向吴县提出控案,控告地方游船强占专属"盛泽码头",妨碍捐款商人装卸绸货。[44]

无论是提供仓储、谈判牙佣、协议包含度量衡器具在内的种种契约,还是设置专属码头、共享航船,这些由会馆公所商人团体提

---

[40] 《明清苏州工商业碑刻集》,页289–290。

[41] 《明清苏州工商业碑刻集》,页267。

[42] 《明清苏州工商业碑刻集》,页363。

[43] 周德华,《盛泽丝绸行庄》,《苏州史志资料选辑》,15(1990):137。

[44] 《明清苏州工商业碑刻集》,页42–43。

供的交易服务，不仅具有降低交易成本的功能，也成为明清苏州商人因应市场经济发展而产生的一种"制度创新"。[45]

不过，在此还是要再指出：尽管这些取名会馆或公所的商人团体有着以上四大类不同的经济功能，但基本上，会馆、公所并不是兼具"自称"与"他称"意义的商人团体；它主要指的是商人捐款设立的专属建筑物即"公产"，尽管捐款商人可以凭借这些公产在不同的经济功能上发挥作用，但是，这些公产却并不能在法律上"代表"捐款商人使其成为一种社会团体。

苏州虽在十八、十九世纪存在许多商人会馆、公所，但它只被地方社会与地方政府视为一种商人举办联谊、祀神与慈善活动的建筑物名称，是"公产"，而不是我们现在理解的社会团体或是"法人"。[46]

比较而论，直至清末，苏州的会馆、公所虽然与不少商人有颇为密切的关系，但却仍然不是一个可以公开代表商人集体利益的社团，这与清末颁布《简明商会章程》明令全国经济繁荣城镇成立商会以代表商人利益的制度颇有不同。但尽管如此，我们还是应该注意：虽然会馆、公所未曾取得代表商人集体利益的合法地位，但在经济功能的实际运作上，却早已成为捐款商人降低各类交易成本的重要社团组织，就算地方政府未能正式将会馆、公所视为一种代表商人经济利益的社团，但在实质运作上，会馆、公所早已成为代表

---

[45]　更多分析例证可见：邱澎生，《市场、法律与人情：明清苏州商人团体提供〈交易服务〉的制度与变迁》，页571–592。

[46]　会馆、公所在苏州逐渐演化成为立案"公产"的长期过程，参见：邱澎生，《由公产到法人——清代苏州、上海商人团体的制度变迁》，《法制史研究》，10（2006）：117–154。至于晚清以来商会逐渐成为"法人"的历史，则可见：虞和平，《近代商会的法人社团性质》，《历史研究》，5（1990）：39–51；陈来幸，《1915年商会法の成立について》，《富山国际大学纪要》，3（1993）：57–74。

商人经济利益的社团。

第三节　　公共财产保护机制的加强

　　商会已在法律上取得正式代表商人集体经济利益的"法人"地位，会馆、公所则仍然是一种实际上反映商人集体经济利益但却未能取得"法人"地位的"立案公产"。然而，会馆、公所在苏州城市社会里作为一种"立案公产"，还是在保护公共财产安全的机制上，逐渐取得愈来愈为稳固的地位。本节将针对苏州会馆、公所公共财产保护机制逐渐加强的变化过程，做些分析与讨论。

　　苏州早自明末以来即陆续有商人开始捐款成立各自的会馆、公所；但直到十九世纪中叶，仍有许多商人在苏州并未成立会馆、公所。以苏州金箔铺作坊为例，这类行业的手工业者兼商人，在道光十六年（1836）才捐款成立了"丽泽公局"，而在成立此栋专属建筑物时，捐款成员写道：同行业者"集公汇议"，向来是"素无公局"，故成员集会时，"非借朋侪厅宇，即假释道轩堂"。[47] 可见之前是临时找同行业者提供个人住所，或是借用佛寺、道观及其他宗教轩堂，才能一起聚会议事。

　　商人捐款设立会馆、公所的专属建筑物，无论是初创时的募款、捐款，日后建筑物必要的整修与维护，乃至于征收与管理建筑物长期累积下来的财产契据与捐款经费，都使会馆、公所更容易衍生出文字化的组织章程，致使会馆、公所愈来愈像是某种"实际意义上"而非"法律意义上"的社团组织，从而不再只是提供成员聚会场地

---

[47]　《明清苏州工商业碑刻集》，页 164。

的专属建筑物。因此，会馆、公所建筑物的设立，其实是为捐款商人更深层次的互动提供了一种比较稳定的物质基础，这也正是其有别于"商帮"的重要特征。

在会馆、公所举办各种经济、祭祀与联谊等集体活动的同时，有些会馆、公所也不断购买房地产，其中又以位于苏州首要商业区位的西北城郊阊门附近的会馆、公所最为明显。

苏州地区会馆、公所大多分布在苏州城郊和城内，少部分设于苏州府属外县及其所属市镇。[48]以苏州城会馆、公所的分布区位看，阊门附近至少有三十二座，其余会馆、公所散布城郊内外，皆不如阊门附近集中。[49]苏州城西北方的阊门附近，包含阊门、金门、山塘、上塘、下塘、南濠等区域，是明清苏州商业密集区，也成为明末以来记录苏州繁华的文献经常提及的地名。[50]阊门附近商业的繁华，十八世纪有如下描绘："阊门外，为水陆冲要之区，凡南北舟

---

[48] 据范金民估计：苏州六十四座会馆中，位于苏州城附近者有四十八座，其余十六座则分布于常熟、嘉定、嘉定县所属南翔镇，以及吴江县所属盛泽、震泽、同里等镇；而在苏州地区的一百六十三座公所中，有一百四十二座位于苏州城附近，其余二十一座公所则位于昆山、新阳、吴江、嘉定及所属市镇（范金民，《明清江南商业的发展》，页244、248）。另一个不同估计则是：江南市镇中会馆至少有三十三座，公所则至少有五十座（陈忠平，《宋元明清时期江南市镇社会组织述论》，《中国社会经济史研究》，1〔1993〕：37）。同时，市镇中的商人团体数目也有极大不同；其中尤以盛泽镇的八所会馆，数量首屈一指，即使是在江南市镇里，能有这么多会馆者，大概也只有乍浦镇足堪相提并论（范金民，《明清江南商业的发展》，页244）。

[49] 邱澎生，《商人团体与社会变迁：清代苏州的会馆公所与商会》，页51；参见同书表一"苏州府商人团体会馆公所统计"（页59-65）。

[50] "金、阊一带，比户贸易，负郭则牙侩辏集。"（牛若麟等撰，崇祯《吴县志》，《天一阁藏明代方志选刊续编》，上海：上海书店，1990，卷10，《风俗》，页1下，页892）又如："阊门内出城，自钓桥西、渡僧桥南分为市心……京省商贾所集之地。又有南北濠、上下塘，为市尤为繁盛。"（邵泰等撰，乾隆《苏州府志》，清刊本，台湾大学研究图书馆藏，卷19）

车、外洋商贩，莫不毕集于此，居民稠密，街衙逼隘，客货一到，行人几不能掉臂。"[51] 众多商业聚集在阊门附近，促使地价不断上扬，阊门上下塘一带在十八世纪中叶已是"人居稠密，五方杂处，宜乎地值寸金矣"。[52] 苏州商人捐款成立会馆、公所集中在首要商业区位的阊门附近，既反映不少商人团体在苏州的经济实力，也呈现部分商人团体在苏州采取了某种联合投资房地产的经济行为。

商人团体集体投资房地产的事例，由广东潮州府七县商人捐款成立的"潮州会馆"可称最为典型。该会馆别名"霞章公所"，建筑物位于苏州城阊门之外，创于清康熙元年（1662）。根据碑文记录，由康熙四十七年到乾隆四十一年（1708—1776）的近七十年间，"潮州会馆"商人共费白银三万零六百六十五两，陆续购置了众多房地产，包括：会馆所在地的"坐落吴县阊五图"地基，本身那栋"价银四千八百五十两"的"门面三间，前后地基六进"的建筑物，以及会馆在所在地附近购入的"市房"十七所。"潮州会馆"同时出租所属房地产中的"市房"，单以乾隆四十九年（1784）的房租收入计算，该年"租银"收入即达一千四百三十五两。[53] 苏州城其他区位的会馆、公所也有不少房地产，如杭州府绸缎商人合建的"钱江会馆"，在乾隆三十年以七千二百两买下一栋"凡为楹者，计一百三十

---

[51] 纳兰常安，《宦游笔记》（有清乾隆十年［1745］序，台北：广文书局，1971），卷18，页8下。

[52] 顾公燮，《消夏闲记摘抄》（收入《涵芬楼秘笈》本，台北：台湾商务印书馆，1967），卷中《芙蓉塘》，页13上。

[53] 《明清苏州工商业碑刻集》，页341–343。也可参见：洪焕椿，《明清时期苏州城市工商业的优势及其活力》，收入吴廷璆等编《郑天挺纪念论文集》，北京：中华书局，1990，页363。

有奇"的专属建筑物；[54] 而金箔业者捐款成立的"丽泽公局"，则在道光十六年买下一栋"共计平屋楼房三十八间"的建筑物。[55]

当然不是所有会馆、公所都拥有类似"潮州会馆"的庞大房地产。但是，一栋专属建筑物的存在，毕竟是苏州会馆、公所成立的基本标志，只要这栋专属建筑物存在一天，团体成员即因捐款关系而共同享有这份"公产"提供的种种经济与非经济服务。当然，会馆、公所举办的经常性集体活动并非仅限于经济活动，在提供交易服务甚或是投资房地产之外，很多会馆、公所也同时举办宗教祀神、同乡联谊以及同业同乡善举的活动。[56] 然而，这些宗教信仰、社会联谊、慈善事业性质的活动的存在，并无法抹掉苏州会馆、公所在市场上同时投资房地产，以及提供种种交易服务的重要性质，这也可谓是苏州商人因应市场经济发展而成立团体组织的明证。

苏州会馆、公所在当地法律中具有一种"公产"的性质，这种性质表现在会馆、公所自行拟订的内部组织章程，以及向官府申请"立案"保护财产或保管契据副本的地方司法实务。会馆、公所公产在内部组织章程及地方司法实务上的日益显著，应和前述不少苏州会馆、公所专属建筑物的财产价值高昂，以及捐款会费公积金的庞大有着密切关系。

无论财产庞大与否，苏州会馆、公所专属建筑物的存在以及经常性的经费收入，使这种商人团体拥有不动产契据，如何管理这些

---

[54] 在一份乾隆四十一年的"钱江会馆"捐款记录上，有二十六家绸缎庄列名捐款名录。其上记录，由乾隆二十三年到四十一年之间，这些绸缎庄共捐了白银一万一千零二十二两二钱五分给"钱江会馆"（《明清苏州工商业碑刻集》，页 20–21）。

[55] 《明清苏州工商业碑刻集》，页 164。

[56] 有学者曾为突显宋元以来"行役制"与会馆、公所的不同，不能一概视为"行会"，而特别强调会馆、公所的"社会功能"，认为明清会馆、公所只是商人作为同乡聚会、敬祀神祀和慈善救济的场所，见：傅筑夫，《中国工商业者的"行"及其特点》，页 387–492。

房产契据是会馆、公所要面对的问题。同时，无论是不定期的维修建筑物或是定期举办集体活动，会馆、公所也要累积经费，这些经费基本上来自商人成员的捐款。在清代苏州，会馆、公所常见的捐款方式可分为"乐捐、抽捐、入会费"三种；至于捐款商人的身份，则包括了个别商人、商号及某些"商帮"。有了这些捐款，才能支付会馆、公所建筑物的兴修费用，并借以举办各种经济与非经济性质的集体活动。

而当购置房地产与捐款经费的累积愈来愈多，会馆、公所的管理人员与内部管理章程，也愈加详密。如"潮州会馆"的乾隆四十九年碑记所载："延请董事经理，三年一更，七邑轮举。一应存馆契据，递交董事收执。先后更替，照簿点交，永为定例"；道光三十年（1850）的"梓义公所"碑文则记载：将所捐经费"设立司年、司月轮管"，并在"年终，会算报销"；纸业商人捐建的"绚章公所"，也有光绪二十年（1894）《公议规条》："每于年终，将收支细数开账报销。如有盈余，存积置买公产，或存庄生息。"[57]光绪十一年（1885），"云锦公所"也设计了管理人员彼此相互查核的组织规章："由同业中轮当司年、司月经理，互相稽察。"[58]至于嘉庆十八年的《嘉应会馆碑记》，也载有组织规章，针对"各邦货物陆续抽敛"之公积金，特别设计了"汇簿日"，规定每年的某月某日为"汇簿日"，商人团体去年选出的公积金保管人要在当天负责将"所有银钱，当众交出"，然后再由商人团体自行选出下一年度的保管人；至于这些公积金也可以灵活运用，其实施办法如下："公举殷实领借，某分生息，须数人保结。至次年汇簿日，母利一并交出，再

[57]《明清苏州工商业碑刻集》，页104、122、340。

[58]《江苏省明清以来碑刻资料选集》，页16。

公举殷实领借，毋得徇情。"[59]

在会馆、公所内部组织发展出定期推选"董事、司年、司月"、管理人员"互相稽察"乃至于设定"汇簿日"等团体规章的同时，捐款商人也诉诸地方政府的司法保障，由开始的保障专属建筑物"公产"免受无赖宵小的侵扰，到后来确立的将"公产"契据之副本收贮地方政府保管，从而使得苏州会馆、公所的"立案"制度有所发展。

可以这么说：苏州商人团体的"公产"，从申请保护、核可立碑到契据副本收贮于地方政府公文库，这些都属于苏州地方政府与商人团体长期互动过程下的一整套司法实务，受限于现存史料，大概已不太容易弄清楚其间的各种细节与演变。要之，在法律上区别"私产"与"公产"的差异，总是其中的关键。举个实例：道光十六年，在苏州经商的安徽籍油漆商人吕松年，将之前自身购买的一处计有十三间屋舍的建筑物，捐赠给油漆业的"性善公所"作为这个商人团体的专属建筑物。道光二十九年（1849）吕氏身故之后，他的儿子吕一琴便向官府呈请立碑，强调该所房屋"情愿永为性善（公所）公产。倘有不肖族丁及外姓匪徒，觊觎滋畔，以及勾串盗卖情事，许即指名禀县，以凭提究，各宜凛遵毋违"。[60] 然则，除了财产持有人公开表达捐赠为公产的个人主观意志之外，是否仍有其他的客观条件作为法律上判断"公产"的依据呢？若由光绪三十三年（1907）发生的原属山东商人在苏州创建之"枣商会馆"地基纠纷案看来，则房地产契据与政府收税文书上曾经记录的"立户纳粮"的

---

[59] 《明清苏州工商业碑刻集》，页351。

[60] 《明清苏州工商业碑刻集》，页148。

名字，应是判定公产的重要客观条件。[61]

　　除了以会馆、公所名称登记产权契据并向政府"立户纳粮"外，有些会馆、公所更发展出将产权契据副本存贮于地方政府公文档案库房的"禀库存贮"制度，这应是会馆、公所"立案"制度的进一步发展。

　　由会馆、公所捐款成员将自身专属建筑物的房地产方向位置、面积大小向地方政府"立户纳粮"，到会馆、公所捐款成员将自身专属建筑物的相关契据向地方政府"禀库存贮"，是个长期的演变过程。以"潮州会馆"为例，当乾隆四十九年左右"潮州会馆"将自身房产契约"延请董事经理"时，其具体办法仍然为只由会馆聘请的历任董事轮流管理，"一应存馆契卷，递交董事收执。先后更替，照簿点交"，[62] 尚未见到官府介入公产契据的保管工作。但在光绪十八年（1892）的"吴兴会馆"碑记上，则情形已然发生变化，地方官员针对会馆公产契据的管理办法，做了如下批示：

　　　　现闻上海、江西等会馆，所有产业契据等项，皆因公产，系轮替经管。恐难一律慎密，均须禀缴县库存储。另录置产簿二本，呈请盖印。一存县档，一存会馆，永远执守，历无贻误。今吴兴会馆产业，事同一律。既查存上海、江西等会馆成案，并核与义庄公产契据，可以存司盖印，例章大略相同。[63]

---

[61]　这个案子曾留下一些重要史料，收入《苏州商会档案丛编》第一辑，页 604–611。马敏曾讨论此案经纬，见：马敏，《商事裁判与商会——论晚清苏州商事纠纷的调处》，收入马氏著《马敏自选集》，武汉：华中理工大学出版社，1999，页 281–303，特别见页 292–293。

[62]　《明清苏州工商业碑刻集》，页 340。

[63]　《明清苏州工商业碑刻集》，页 45–46。

　　由此看来，乾隆四十九年的"潮州会馆"组织规章是只由捐款成员选出的管理人员掌管公产契据，但到光绪十八年"吴兴会馆"的组织规章，则已仿照苏州当时既有的"会馆成案"及"义庄公产"事例，将公产契据的副本"禀库存贮"，两者相距大约一百年。以这两个事例反映的史实看来，由十八世纪至十九世纪之间，苏州会馆、公所的"立案公产"制度，可谓是经历了一种商人团体与地方司法实务的制度变革。

小　结

　　本章从"组织方式的长期演变、经济功能的转型、公共财产保护机制的加强"等三个面向，说明了苏州会馆、公所这类商人结社的基本性质与长期变化。多达二百五十至三百座取名某某会馆或是公所的商人团体，出现在十六世纪至十九世纪之间的苏州城内外，无论由众多商人通过志愿捐款设立这类有别于之前"编审行役制"的专属建筑物，或由实际发挥各类重要经济功能但却未曾得到如清末政府承认"商会"合法代表商人集体利益的"立案公产"制度，乃至于在十九世纪中晚期出现将会馆、公所房产契据副本"禀库存贮"的公共财产保护机制的增强历程，这些现象确实都构成了当时苏州城市社会变迁的重要内容。

　　值得留意的是：苏州确实不能代表全体中国。因为苏州在十六世纪至十九世纪陆续设立了大约二百五十至三百座会馆或公所的商人专属建筑物，一座城市里存在过这么多商人结社，应该是当时中国其他城市难以比拟的，也在一定程度上反映了苏州作为全国经济中心的特殊地位。

　　尽管如此，我们还是应该将眼光转至制度层面：十六世纪至十九世纪之间，苏州之所以能成立众多商人志愿捐款而又得到地方政府"立案"保护的团体组织，还是反映了当时中国社会与政治结构的有意义变化，由原先那种将全国各地商人强迫编入册籍的"编审行役制"，转化为让商人可以比较安心地捐款而不受地方吏胥与官员勒索财产威胁的"会馆、公所制"，这已然超越了较为单纯的因为市场经济发达而吸引众多商人聚集的市场与经济层面，而进入到政府虽未大张旗鼓公告保护商人的公共财产安全，但却在苏州这类城市社会里实际执行保障商人结社安全的政策与政治层面。从这个角度看，苏州会馆、公所商人结社的发展历程，确实是十六世纪至十九世纪之间当时中国城市社会出现的有意义变化的重要一环。

第二章　清代前期苏州棉布字号的经济与法律分析

十六世纪以后明清长程贸易商品逐渐出现重要的结构性转变，虽然粮食依然占当时长程贸易商品量的最大比重，但棉布开始取代食盐跃居当时中国长程贸易商品的第二位，反映了棉布这项基本上是民间手工业性质的产品，逐渐取代了主要系属赋税性质的食盐商品。进入长程贸易的商品棉布数量由明代每年一千五百万至两千万匹，增加到清朝十九世纪四十年代每年约四千五百万匹（单以江南苏、松地区计算，则每年进入长程市场的棉布约有四千万匹）；而这个商品棉布数量只约占当时全国棉布总生产量的百分之十四点三。[1]有学者估计明清江南年产棉布商品数量应该更高：十七、十八世纪清代前期"整个江南年产布兴盛时，多达 7800 万匹，进入市场的商品量当在 7000 万匹之谱"。[2]大量江南棉布工业产品进入长程贸易，甚至在十八、十九世纪间还远销英国等海外市场，[3]畅旺的棉布

---

[1]　吴承明，《中国资本主义与国内市场》，页 259–263。

[2]　范金民，《明清江南商业的发展》，页 29–30。

[3]　严中平，《中国棉纺织史稿（1289—1937）：从棉纺织工业史看中国资本主义的发生与发展过程》，北京：科学出版社，1963，页 32–33。

市场不仅冲击了当时江南农村家庭的棉布生产方式，[4] 也促使江南城
镇棉布生产加工组织发生了重要转变。[5]

　　学界对清代棉布史已累积了众多研究，但对棉布工业生产组织
的变化性质这一议题，则多半强调当时棉布生产组织仍以农村"家
庭副业制生产"为主体，并谓这种生产组织基本上属于"维持家
计、纯属副业"的"耕、织结合"性质，故而阻碍了棉布生产力的

---

[4] 田中正俊，《十六、十七世紀の江南における農村手工業》，收入田中氏著《中国近代经
　　济史研究序説》，東京：東京大學出版會，1973，頁 79-100；方行，《清代江南农村经济
　　发展释例》，《中国农史》，18，1（1999）：29-33；李伯重，《从"夫妇并作"到"男耕女
　　织"——明清江南农家妇女劳动问题探讨之一》，《中国经济史研究》，3（1996）：99-107；
　　Francesca Bray, *Technology and Gender: Fabrics of Power in Late Imperial China* (Berkeley:
　　University of California Press, 1997)；此书中译：白馥兰著，《技术与性别：晚期帝制中国的
　　权力经纬》，江湄、邓京力译，南京：江苏人民出版社，2006；Harriet Zurndorfer, "Cotton
　　Textile Manufacture and Marketing in Late Imperial China and the 'Great Divergence,' " *Journal
　　of the Economic and Social History of the Orient* 54, 5 (January 2011): 701–738.

[5] 徐新吾，《商人资本在棉手工业中的发展与资本主义萌芽——对明清时期棉布商人资本类
　　型分析与误解的评述》，收入徐氏著《中国经济史料考证与研究》，上海：上海社会科学院
　　出版社，1999，页 165-194。徐新吾，《中国纺织手工业中唯一资本主义萌芽——丝织业
　　商人资本包买主问题探讨》，收入徐氏著《中国经济史料考证与研究》，页 145-164。许涤
　　新、吴承明编，《中国资本主义发展史·中国资本主义的萌芽》，页 369-383、399-410。范
　　金民、金文，《江南丝绸史研究》，北京：农业出版社，1993，页 196-235。李明珠，《中
　　国近代蚕丝业及外销（1842—1937）》，徐秀丽译，上海：上海社会科学院出版社，1996，
　　页 44-73。日本学者这方面的研究作品不少，但就问题意识而论，似都与西嶋定生 1942 年
　　初稿、1966 年完稿的著名论文（西嶋定生，《商品生产的发展及其结构——中国初期棉业
　　史之研究》，收入西嶋氏著《中国经济史研究》，冯佐哲、邱茂、黎潮译，北京：农业出版
　　社，1984）有关。围绕西嶋氏这篇论文的命题而出现涉及清代城镇棉布产业组织的一系
　　列专论，相关简介可见：田中正俊，《关于明清时代的包买商制生产——以丝、棉纺织业
　　为中心》，收入刘俊文主编《日本学者研究中国史论著选译》第二卷，北京：中华书局，
　　1993，页 248-310。

提升。[6]另外，虽有学者专门分析当时城镇出现了少数属于"商人支配生产"性质的"包买商"组织，但讨论重点多半只是强调传统中国城镇棉布加工业始终未能由"放料制生产"（putting-out system）演进为"工厂制生产"（factory system），并不特别分析棉布"放料制生产"组织方式当时在江南究竟如何具体运作。

可喜的是：有学者开始更严肃地看待明清棉布"放料制生产"组织方式的重要历史意义，不再将其简单视为一种因为比不上"工厂制生产"而不值得多做分析的历史现象，并从"质检验收"生产与检验流程的角度，说明江南城镇棉、丝纺织加工业的生产组织如何具体运作的重要史实。[7]明清农村进行棉布生产的"家庭副业制生产"是否真不涉及产销组织的有意义变化？笔者此处无法进行讨论，本章主要探究的是：清代前期苏州城镇棉布加工业里存在的那种由"商人支配生产"的所谓"放料制生产"或是"质检验收"生产与检验流程，究竟如何影响当时棉业的产销组织？同时，是否可由传统

---

[6] 有关"耕、织结合"限制棉布生产力的原因，学界至少有两类不同看法：一是诸如强调江南地区农家以所织棉布缴纳沉重田赋，使此种生产活动"只能停留在作为对付严酷土地制度的消极家计补充手段的农村副业范围内"（西嶋定生，《商品生产的发展及其结构——中国初期棉业史之研究》，页 623）；一是诸如强调农村"人口过剩"以及农家"多余"劳动力缺少其他就业机会，家庭生产者"不计成本"从事生产，棉布市场价格乃"被压得很低。在这种低贱的价格下，任何手工业工厂都无利可图"，自然不会有商人投资、集中雇用工人的工厂制生产（赵冈、陈钟毅，《中国棉业史》，台北：联经出版公司，1977，页 62–63）。颇为吊诡的是：西嶋定生的农村棉纺业研究，原本立意是想反省"亚细亚社会停滞论"，但却因为以近代英国经济发展为标准模式，反而又使中国历史呈现"另一种停滞性"。相关分析可见：岩井茂树，《明清时期商品生产问题的争论》，夏日新译，收入刘俊文主编《日本学者研究中国史论著选译》第二卷，页 485–489。

[7] 李伯重，《江南的早期工业化》，页 37–85。在分析明清江南棉、丝纺织业如何以"质检验收"组织生产时，李氏也引用了美国商业史家下列一部著名专书进行比较：小艾尔弗雷德·钱德勒（Alfred Chandler），《看得见的手：美国企业的管理革命》，重武译，王铁生校，北京：商务印书馆，1987。

中国市场经济发展过程中的"交易成本"变动与法律制度调整两个面向，来对相关问题进行较细致的检视？

全章分作三节。第一节简介学界对棉布"字号"经营的既有研究，讨论字号商人究竟如何支配棉布生产，以便导入放料制生产与工厂制生产的相关论辩。第二节分析棉布产销组织中的"交易成本"如何因为棉布字号的出现而发生各种不同变动。第三节说明棉布字号对于当时法律制度的冲击，讨论棉布字号产销过程引发的契约、商标、罢工诉讼，究竟如何促成当时法律制度的若干调整。笔者认为：棉布字号的兴起既涉及当时市场交易成本变动对于棉布行业经济效率的冲击，也在若干程度上影响了当时苏州本地的法律制度。这些棉布字号所引发的经济效率与法律制度变动，即是笔者所指"经济与法律分析"所欲探究的主要现象，希望这样的分析有助于说明清代前期苏州棉布产销组织与当时制度环境之间的互动与发展。

第一节　商人如何支配生产？"放料制"运作与"工厂制"争议

涉及棉布字号的相关研究成果不少，限于本章篇幅与个人能力，此处无法全面讨论，而主要选取"放料制、工厂制"相关论辩为重点，特别是想介绍徐新吾与李伯重的著作：徐氏曾以苏州棉布字号的"放料制生产"与西欧近代出现的"工厂制生产"做对比，强调前者不利于经济发展，故而"很难促进生产工具的改革"，并且还"抑制着集中手工工场的出现"。[8] 李氏则在承认清代前期江南棉布"工场手工业似乎并无多大进展"的同时，转而强调字号"放料制生

---

[8]　徐新吾，《中国纺织手工业中唯一资本主义萌芽——丝织业商人资本包买主问题探讨》，页164。

产"其实比"集中生产的手工工场"更具"经济上的优势",并且更
能通过对生产者进行"质检验收"而在生产层面提升了"分工与专
业化"。[9]

正如徐新吾指出,"在棉纺与棉织部门,基本上还未出现包买主
的活动",[10] 那种由"商人支配生产"的放料制生产,其实只出现在
"棉布加工业",是一种由"字号"(或称"布号、布局")控制踹坊、
染坊以及相关工匠人等的棉布生产加工组织。苏州则是清代前期棉
布字号的集中地。

主要凭借在全国商贸交通网的中心地位、对"青蓝布"的高超
加工技术,以及地近作为全国棉布生产中心的松江府地区,清代前
期苏州城逐渐发展成为全国最大的棉布加工与贩卖中心;[11] 即使连产
布最多的松江地区,由清初到乾隆年间,也愈来愈以苏州城为销售
中心,形成"布店在松,发卖在苏"的主要产销格局。[12] 徐新吾将
棉布市场的主要营业领域区分为三大类:一是外地"客商"携带巨

[9] 李伯重,《江南的早期工业化》,页 80、82-83。

[10] 徐新吾,《商人资本在棉手工业中的发展与资本主义萌芽——对明清时期棉布商人资本类
　　　型分析与误解的评述》,页 185。

[11] 全汉昇,《鸦片战争前江苏的棉纺织业》,收入全氏著《中国经济史论丛》,香港:新亚
　　　研究所,1972,页 625-649;王家范,《明清苏州城市经济功能研讨:纪念苏州建城两
　　　千五百周年》,《华东师范大学学报》,5(1986):16。

[12] 清顺治十六年(1659)四月的《苏、松两府为禁布牙假冒布号告示碑》,即已由当时松江
　　　"金三阳"等布号商人提及其"布店在松,发卖在苏"的事实(上海博物馆图书资料室
　　　编,《上海碑刻资料选集》,上海:上海人民出版社,1981,页 84)。学者指出:"这种情
　　　况,直到晚清,在江南地区有些地方仍然如此。"(徐新吾,《商人资本在棉手工业中的发
　　　展与资本主义萌芽——对明清时期棉布商人资本类型分析与误解的评述》,页 173)

款大宗购布（所谓"富商巨贾，操重资而来市者"），[13] 二是本地"布牙"接受客商委托收购棉布（所谓"代客收布"），三是"布庄"开设店铺而下乡选购或是批入外地棉布。[14] 徐氏指出：随着时间演进，某些商人开始扩大营业资本，成为综合"大宗贩出、中介购买、大宗购入"三类棉布经销的商业组织；同时，因为这类综合性商业组织经常委托加工的棉布数量庞大，也使长期接受委托加工的染业、踹业作坊愈发依赖这种商业组织，从而更使原本各属染坊、踹坊分别雇用的染工、踹匠，间接成为这类综合性商业组织的雇用工人。商业组织乃逐渐变成生产组织，棉布商人介入棉布生产加工过程的程度日益加深，经营"字号"的棉布商人于焉出现。

十七世纪七十年代的康熙初年，苏州棉布字号有四五十家到六七十家，康熙五十九年（1720）则有染坊六十四家。[15] 十八世纪中期的史料已记载当时开设字号所需资本不少，"惟富人乃能办此"。这些"富人"字号集中开设于苏州城西北郊的阊门一带，他们既和"踹坊、染坊"等棉布加工作坊在生产上相关联，又和挑选、行销布匹的工商专业人士相联系：

　　　　苏布名称四方，习是业者，阊门外上、下塘居多，谓之字

---

[13]（清）叶梦珠，《阅世编》（原书成于康熙年间，新校本，台北：木铎出版社，1982），卷7，页157。叶梦珠对晚明以来家乡松江地区棉布商业的兴盛有生动的描写："标布盛行，富商巨贾，操重资而来市者，白银动以数万计，多或数十万两，少亦以万计，以故牙行奉布商如王侯……牙行非借势要之家不能立也。"（《阅世编》，页157–158）

[14] 徐新吾对棉布市场"商、行、庄"相关史料的整理，较清楚地说明了三类营业领域的区分，见徐新吾，《商人资本在棉手工业中的发展与资本主义萌芽——对明清时期棉布商人资本类型分析与误解的评述》，页167–174。

[15]《中国资本主义发展史》第一卷《中国资本主义的萌芽》，页404。更详细的考察可见：范金民，《清代江南棉布字号探析》，《历史研究》，1（2002）：88–98。

号。自漂布、染布，及看布、行布，各有其人。一字号，常数
十家赖以举火，惟富人乃能办此。近来本重而利微，折阅者多，
亦外强而中干矣！[16]

文中所谓的"字号"棉布商人，通过自身资本的运作，而使
"漂布、染布、看布、行布"等原先各自建立买卖关系的不同生产者
与销售者之间，彼此形成更稳固的经济产销关系。所谓的商人"支
配"棉布生产，这是最基本的含义。

以人数而论，踹坊与染坊的从业工匠最为庞大，和字号商人间
的关系也最突出。学者指出：踹布工序最初由染坊兼营，其规模则
大小不一，乾隆以后，苏州染坊更加兴盛，技术精良，并能印花，
时称"苏印"。但目前对清代前期苏州染坊的生产经营与雇佣关系都
所知不多。[17]当更多专业踹坊出现，踹坊数量与踹匠人数都不断成
长。雍正年间由清朝官员所做的两次调查（1723、1730），都指出苏
州城内当时踹匠、染匠人数合计至少在两万人以上。[18]踹匠基本上
是已经"离开"农村的外来人口，[19]踹匠工作基本上是全年劳动，但
其中又有正、二、三月忙季以及四、五、六月淡季的分别。[20]

字号与踹匠间关系为何？有学者这么形容："不论布号和踹坊

---

[16] （清）许治修、（清）沈德潜纂，乾隆《元和县志》（影印乾隆二十六年［1761］复旦
　　大学原藏刻本，收入《续修四库全书》，上海：上海古籍出版社，1997），卷10，《风
　　俗》，页106。

[17] 《中国资本主义发展史》第一卷《中国资本主义的萌芽》，页404–405。

[18] 《中国资本主义发展史》第一卷《中国资本主义的萌芽》，页405。

[19] 如康熙九年（1670）有史料称这些踹匠"从江宁属县远来雇工者甚多"；康熙三十二年
　　（1693）史料记载苏州踹匠也多是外来移民的劳工："非有家土著之民。"（苏州历史博物馆
　　等编，《明清苏州工商业碑刻集》，页54、55）

[20] 《中国资本主义发展史》第一卷《中国资本主义的萌芽》，页409。

之间的关系如何"，一般而论，当时苏州平均一座踹坊内的劳动工匠，其实"都已是有 20 至 30 人，在同一场所，在同一资本支配下，进行集体劳动"。[21] 单一踹坊的从业工匠人数如此之众，而那些时称"包头、作头"的踹坊老板也备有生产设备，[22] 但学者基本上不将踹坊视为"独立的手工业工场"，其理由在于："踹匠的工资是按匹计价，由布号发给……在经济关系上，应当说踹匠是布号的雇用劳动者，付给计件工资……整个加工过程是在商业资本支配下进行的。"[23] 这里似乎是主张：踹坊包头更像是字号商人的"工资领放人"，而不是踹坊工作场所内真正的"老板"。[24] 综合看来，字号预发布匹给加工作坊、加工作坊在空间上的相对分散、作坊工匠完成产品才按件计酬由商人发放工资，这正是棉布"放料制生产"的基本特征，也反映了"字号"兼具商业与工业两种组织性质。可以这么说，字号商人以两种意义"支配"棉布生产：一是对棉布产销流程中各种"中间组织"（"漂布、染布、看布、行布"）负责人的"支配"，其主要表现方式是字号与其订立货物加工契约；二是以按件计酬的方式发放工资，"支配"踹匠等劳工。

踹坊、染坊等各类"中间组织"四处分散，而按件计酬领取工资的工匠人数复又不少，字号如何在组织技术上克服产销方面的种种管理问题？这便涉及徐新吾强调的"机头、牌号"与李伯重据此

---

[21] 《中国资本主义发展史》第一卷《中国资本主义的萌芽》，页 409。

[22] 李卫在雍正八年（1730）指出："现在细查苏州阊门外一带，充包头者，共有三百四十余人，设立踹坊四百五十余处。每坊容匠各数十人不等，查其踹石已有一万九百余块，人数称是。"（《雍正朱批谕旨》，影印清刊本，台北：文海出版社，1965，册 8，页 4515）

[23] 《中国资本主义发展史》第一卷《中国资本主义的萌芽》，页 407。

[24] 寺田隆信则依相关史料判断：康熙、雍正及乾隆初期，踹坊包头与布商字号之间，"似乎并没有直接的金钱往来关系"（寺田隆信，《苏州踹布业的经营形态》，收入寺田氏著《山西商人研究》，张正明、道丰、孙耀、阎守诚译，太原：山西人民出版社，1986，页 332）。

析论的"质检验收"问题。

徐新吾指出棉布业"字号"与当时同属放料制生产的丝织业纱缎"账房",两者其实都具有类似的重要特征:彼此都在所产商品上加附"机头、牌号"。在棉布生产方面,康熙、雍正年间凡经苏州、松江等地棉布字号加工的棉布,在布匹"机头"或包装上,便印有"某某某号监制"或是"某某某号自制"的字样。[25] 丝织生产方面,苏州"账房"的经营方式则是"只经营放丝收绸,不再兼营收购缎匹,这是因为各家账房均有自己的牌号与固定的规格品种"。[26] 李伯重析论了这类共同特征在产销上的关键作用:"机头、牌号"反映着江南字号对棉布质量的"鉴择尤精",以及账房对丝织品进行"龇货",这对棉、丝织商品的生产流程起了"严格的质检验收"作用。[27]

李伯重认为,江南布号与账房的放料制生产,不仅"通过发料、收货这一基本形式而将手工作坊、个体劳动者、家庭妇女、小生产者、各种手艺人"的"各种工序都组织起来","形成一个庞大的工业体系";更通过上述"质检验收"作用,而使这种制度对纺织工业能起到以下的贡献:"可以减少获取市场和货源信息所需费用、更有效地规划产销组织内部设备与人员的利用效率",从而"提高了生产效率,并降低了成本"。[28] 因此,李氏强调这种放料制生产有助于"劳动生产率的提高"以及"分工与专业化的加强",并造成"那种

---

[25]　徐新吾,《商人资本在棉手工业中的发展与资本主义萌芽——对明清时期棉布商人资本类型分析与误解的评述》,页 172。

[26]　上海社会科学院经济研究所、上海市丝绸进出口公司编写,徐新吾主编,《近代江南丝织工业史》,上海:上海人民出版社,1991,页 48。

[27]　李伯重,《江南的早期工业化》,页 79-80、83。

[28]　李伯重,《江南的早期工业化》,页 79。

集中生产的手工工场并不具有经济上的优势";这和徐新吾强调的放料制生产使生产组织"长期固定维持在分散个体经营的落后状态"并且"抑制着集中手工工场出现",[29] 两种评价差异甚大。

棉布字号与丝织账房在放料制生产中有何贡献?徐氏与李氏依据同样的"史实",但却做出不同的评价。其中关键,基本上不是对材料的掌握程度,而可以说是"经济史观"的不同:在"放料制生产"与"工厂制生产"之间,究竟是否存在一种"进步演化"的历史必然性?目前学界对此问题仍以"单线演化"为主流,强调以十八世纪末、十九世纪初的"英国经验"为正宗标准:生产技术是演化的关键,只要能发明动力机器,并将动力机器应用到工业生产流程,则"小作坊生产、家庭副业生产、放料制生产"等"前近代"的组织方式,必然会演进到"工厂制生产"。这其实是包含徐新吾在内的许多现代史家的"经济演化"共识。李伯重在此方面的观点则基本上不同,这实是双方差异的关键。

李伯重从"工业结构"做比较,全面检视十六世纪至十九世纪中国江南地区的各种"轻工业、重工业"及工业中的"动力、燃料、设备材料"等问题,质疑那种以"英国模式"为代表的普遍性经济演化模式。李氏指出明清江南工业的"超轻结构"特点:在江南工业化的发展过程中,因为当地劳动人口相对来说具有"数量大、素质高"的特点,以及江南棉花、蚕丝等原材料供应充足等,作为轻工业首要部门的棉、丝纺织业乃能在"生产规模上迅速扩大";但江南地区却"基本上没有矿冶业"的发展条件;江南的水利条件与木材资源都相对缺乏,不仅难以发展重工业,也使各种工业生产基本

---

[29] 李伯重,《江南的早期工业化》,页80、82。徐新吾,《中国纺织手工业中唯一资本主义萌芽——丝织业商人资本包买主问题探讨》,页164。

上都以人力为主要动力，生产机具与工场建材也都只能以价格渐趋高昂的木材为主要来源，工业发展不得不走向"节能省材型结构"。与江南形成强烈对比的是，在十六世纪到十八世纪间的英国工业发展过程中，不仅煤、铁矿冶业与毛、棉纺织业同时快速成长，水力、煤、铁、木材等自然资源条件都比江南相对丰厚，不仅重工业远比江南能够发展，各种燃料、非人力动力、工业设备与建材价格都较低廉，从而使包含轻工业在内的各种工业都逐步走向"煤铁主义"的道路。李氏的结论是：以明清江南与同时期英国相比，"两地在轻、重工业的发展上，各自具有特殊有利条件，无怪乎二者在工业发展方面各行其是，各走最适合于自身发展的道路"。[30] 既是"各行其是"，何必将焦点过度摆在经济组织的"进步演化"问题上？

　　有关清代前期江南棉、丝工业何以不能出现"工厂制生产"的问题，学界早已累积了众多流行成说。诸如明清科学知识停滞、没有创新的企业家精神等说法，或是以农村人口过剩而使机会成本太低立论，强调农村劳力众多因而导致城市工业无法与之竞争，进而妨碍了发明节省人力的机械的需要。李伯重挑战这些成说而写道："人口变化与机器使用之间，关系十分复杂"；[31] 江南并非"缺乏制造和使用机械和机器的技术知识"，也不缺少"具有技术创新精神之人，对外来技术知识也并未采取抵制或排斥的态度"。李氏认为江南

---

[30]　李伯重，《江南的早期工业化》，页 456-490。

[31]　李伯重专门讨论宋元明清以来流行于江、浙地区的各种"堕胎、避孕、绝育"方法，借此反驳那些不加区别、以为传统中国农村人口增加都不受节制因而抵消任何经济增长的简单想象。见：李伯重，《堕胎、避孕与绝育——宋元明清时期江浙地区的节育方法及其运用与传播》，《中国学术》，1（2000）：71-99。有学者反对李伯重的看法，认为明清中国施行的人口节育技术很不可靠，很难起到任何实际效果，参见：苏成捷（Matthew Sommer），《堕胎在明清时期的中国：日常避孕抑或应急性措施？》，《中国乡村研究》，1（2011）：1-52。

之所以未能将这些知识用于工业生产，"主要原因还是在于能源、材料方面"的限制。[32]

要分析作为江南棉、丝纺织中心的苏州的生产组织变迁过程，当然要面对上述争议，但限于个人研究能力，此处将略去科学发明与生产技术的问题，改由交易成本与法律制度两个层面考察清代前期苏州棉布加工业的放料制生产。

第二节　棉布字号的经济与法律分析（一）：
交易成本的变动

笔者以为，从事棉布字号"放料制生产"的商人，其实对生产组织产生了很重要的影响，但其意义主要不在商人如何用资本支配劳动力，而是商人在当时既有交易成本变动与法律制度调整等两方面的制度环境限制之下，通过改造产销组织并利用司法诉讼等手段，改变了棉布加工业的产销结构。

在商人改造产销组织的过程中，有些交易成本得到有效降低，提升了经济效率；有些交易成本则有所增加，商人必须面对当时特殊法律制度背景所能提供的奥援与制约。

交易成本主要指的是经济组织将原料变为产品的过程中，在能顺利通过市场购买所需原料、劳力之前，所必须支付的成本。或者这么说：交易成本，即是交易者权衡使用"市场"或是使用"组织"所必须花费的成本；前者使用市场上的"价格机制"，后者则是暂不使用市场而改由可听命于自己的经济决策行事的"组织僚属"来

---

[32]　李伯重，《江南的早期工业化》，页 495、497、501、512。

进行生产活动。虽然各种产业会因本身的特殊性而有不同的交易成本，但仍可粗略区分为三类：一是预先探询与发现质优、价低商品的"调查与信息成本"，二是现场比价、讲价与签订买卖契约的"谈判成本"，三是预测、评估如何签订、监督与修改长期契约的"执行成本"。[33] 以棉业商品市场中的商人为例，无论在城市或是集镇市场上，都因棉花、棉布种类繁多以及产地的分散，而存在各类杂乱无章的质量、价格信息；也都在每笔交易过程中不断上演讲价、谈判的场面；而且，也间或发生如何监督、修改与对方签订长期契约的决策考虑。这些林林总总的调查与信息成本、谈判成本、执行成本，都要花费商人大量的金钱与时间，才能使各种棉业商品在市场上成功交易。

从这个角度看，棉布字号的出现与运作促使上述交易成本逐渐发生了两种主要转变：第一种转变是长期契约关系的增加，减少了信息成本与谈判成本，特别是商人与各种承包加工作坊之间，能够在各种长期契约的制订过程中，通过一体放料与预先确立质量规格这些双方认可的长期契约，减少商人每次与对手价格谈判时的尔虞我诈损失，减少质量检验时双方对棉布原料与产品是否符合标准的猜疑与争议。这对字号商人应较有利，也能提升商品产销的效率。比起第一种，交易成本的第二种转变则不一定对字号商人有利：字号出现后，有关长期契约的执行、修改与监督，变得需要更有效的

---

[33]　R. H. Coase, *The Firm, the Market and the Law*, pp. 6–7, 35–40. 寇斯，《厂商、市场与法律》，陈坤铭、李华夏译，页 16–17、47–51。

"治理"（governance）机制，[34] 才能有效减少商人时间与金钱的支出。这个不利转变的关键，则是因为放料生产的组织形式，主要借由分散在各处作坊的工匠来完成最终的棉布加工程序，这极易增加商人所发放的原料遭受侵吞、设备与成品遭到盗卖等风险。

　　江南棉布种类很多，徐新吾将其生产流程概括如下：从棉花到成布，须经"轧棉、弹絮、搓条、纺纱、摇筒纡、刷经、盘轴、牙综、穿筘和上机等工序"。徐氏并按一般劳动水平估计：其中，纺纱需四个劳动日，织布需一个劳动日，织前一切准备工作需要一个劳动日，故织成一匹棉布，需要六个劳动日。[35] 这些工序尚不包括棉布加工过程。棉布市场可分为农村集镇与城市两层次，在农村家庭中生产出来的大量棉花、棉纱与棉布，主要在农村集镇上交易，各地棉市上的棉布种类繁多而且"主要是素色"；其性质则"主要转向为市场而生产"，各种小贩与牙行中间商下乡进入市集中与农民进行买卖，农民固然因此而加深直接面对季节性价格波动之苦；[36] 但从另一角度看，这也反映了棉业市场上充满着无数农民与商贩之间的短期契约谈判与签订过程。

　　尽管农村集镇也可能存在为农民加工棉布的染坊，但较有规模的各种棉布加工作坊则仍集中在城市，特别是苏州城的染坊、踹坊，无论规模或技术，都是其中佼佼者。布号出现后，苏州城染坊与踹

---

[34]　这里使用的契约关系的"治理"概念主要来自：Oliver E. Williamson, "Transaction-Cost Economics: The Governance of Contractual Relations." *Journal of Law and Economics* 22 (1979)：233-261。根据这个"治理"概念对清代苏州棉布字号聘请所谓"贾师"或是"看布朋友"所做的具体分析，可见：邱澎生，《18世纪苏松棉布业的管理架构与法律文化》，《江海学刊》，2（2012）：143-157。

[35]　徐新吾主编，《江南土布史》，上海：上海社会科学院出版社，1992，页216。

[36]　徐新吾，《棉手工业商品生产与家庭副业的关系——对手艺人分化的性质及对"机户"、"城市手工业"误解的评述》，收入徐氏著《中国经济史料考证与研究》，页78-79、87。

坊更多地接受商人大量的棉布委托加工；而随着各类棉布商人资本涌入市场，即使是聚集在江南其他城镇中的染、踹坊，也变成"一般早已都是为商人进行加工"。在商人资本的控制下，这些棉布加工作坊"受着商人的全盘支配，或者，他们沦为商人直接和间接建立作坊中的雇佣劳动者"。[37] "支配"有些模糊，若由委托生产的契约关系看，加工作坊与棉布商人间存在的，其实是各种短、长期加工契约中的权利、义务关系如何界定、确认、监督、修改与执行等问题。相对而言，无论是收购原料或是委托加工，棉布字号商人都在其中发展出较为长期而稳定的契约关系。

为了进一步理解字号商人在棉布市场上面对哪些调查与信息成本、谈判成本、执行成本，可以《布经》相关内容做印证。乾隆十六年（1751），在松江、苏州地区出现一部新版本的《布经》，作者为来自山西的布商范铜，他在《自叙》提及此书与"旧经"（旧版布经）之不同："松之所产，衣被天下，价直（值）低昂悬绝，商贾安不疏其源哉！旧经叙事甚详，而繁文屡出，使初学者不知所从来，几茫然莫识其指归也。然历年久远，人更物变，其中讹舛，难辨真赝。偶于长交余闲，潜心旧典，访诸里老，乡落产布优劣，地里、桥梁方向，有革有因，或增或损，皆有据依，纤悉条纲，具载于篇。"《布经》依"地里、桥梁方向"，详细记录松江各处棉布产区的不同棉布的质量特性等信息，这些棉布的商品信息都经常变动（所谓"有革有因，或增或损"），需要商人不断学习与掌握。

与此同时，范铜的姻亲张伸在为此书作叙时，也比较了范铜新版《布经》和"旧经"之间的种种差异："吾友西山范子，颖悟夙

---

[37]　徐新吾，《棉手工业商品生产与家庭副业的关系——对手艺人分化的性质及对"机户"、"城市手工业"误解的评述》，页89。

成，胸藏经济，于书无所不览……取《布经》而细阅之，见夫产布之不一其地、织布之不一其类，与染布之不一其色、端布之不一其弊，因为之究源探本，而斟酌增损之。汰其繁而使简，补其缺而无遗。详审精密，较诸前人，见愈广、识愈精矣。此书一出，凡后之学者，一览了然，有所依据，庶不至昧昧以从事，则范子之为功，固非浅鲜矣。"[38] 看来，苏、松等地已经存在某种编写《布经》的传统，[39] 张伸称赞范铜《布经》比起其他旧版《布经》而显现出的"见愈广、识愈精"等长处，其实也见证了这种流传在当时棉布行业内部的重要工商业知识，既能教育后进贾师学习棉布产地、织布种类、染布颜色与端布诀窍等相关技术，也可作为棉布老板聘请能干"贾师"的参考；前者算是编写一种商业手册，后者则也可谓是作者证明自己擅长贾师行业的"自我行销"。

除了介绍各种不同棉布的质量，范铜《布经》又依"白布经、染色经、光布经"卷目，记录各种与乡民、染坊、端坊等交易对手临场谈判时，如何防止受骗、如何检查质量高下，以及如何讲价、杀价，甚至何时应该施予对手一点小惠等各项实用技巧。范铜并且在书末传授其对各地民众购买不同棉布的消费偏好的观察，在细数京师、山东、河南、河朔、湖南、湖北、两广、江西、浙江、福建等地民众消费棉布的不同习惯之后，范铜也提供了一条简单的总结："大都北方为色是尚，南方青蓝为贵。"[40]

---

[38]　（清）范铜，《布经》，收入《四库未收书辑刊》，第 3 辑第 30 册，北京：北京出版社，1997，页 82–83。

[39]　目前存世的至少有三种不同的《布经》抄本：（清）范铜，《布经》（清抄本，影印收入《四库未收书辑刊》，第 3 辑第 30 册），页 82–110；（清）不著撰人，《布经》（清抄本，安徽省图书馆藏）；（清）不著撰人，《布经要览》（据清汪裕芳抄本，影印收入《四库未收书辑刊》，第 10 辑第 12 册，北京：北京出版社，1997），页 581–599。

[40]　范铜，《布经》，页 110。

　　《布经》记录了各种用以训练与教育棉布商人及其所属伙计的商业知识，同时也反映了棉布市场上经常发生的各种涉及契约谈判、签订、执行、修改与监督的具体执行过程。《布经·择友》提及："聘看白布贾师，要秉公无私，方可托此重任，如朝廷之用贤相，运筹帷幄之中，决胜千里之外。深明布内精奥，买者自然络绎，欲不久远，其可得乎！若误用不肖，情弊难以枚举，将布配低、价值颠倒，兼之目力欠精、布号不均，欲望生意久远，其可得乎！"[41]这是教棉布商人要慎选"贾师"，既能在外以合理价格购入未加工的"白布"，又能凭借本身精通棉布知识而有效配购质好、易销、利卖的不同棉布。和各类小生产者、加工者、中间商、大小买家谈判各种买卖契约，总是"贾师"的主要工作。《布经·染色论》强调："染色者，乃白布之辅弼也。夫色染周到，兼之白胚细洁，另有一番华彩。若经承之人不敏，立即败北，岂儿戏哉！"故此篇教人如何用各色"样布"比对染坊制品，只要发现质量不佳，则要立即"令匠覆染"。书中强调这种本领可使染匠不敢再犯："彼见吾井井有条，自不敢欺，而吾亦当其任矣。"同时，作者也建议要对染坊管理人（"染司"）进行考核，作为是否续订契约的标准："劣者，黜；优者，赏。此惟有益于号。"[42]至于到踹坊收布，《布经》则教学者"总要目力拿得稳，亦要酌价取工，不可自妄主意、变迁无常，以致踹工不服"。[43]

　　上述《布经》记载内容可以反映当时江南棉布字号进行放料制生产的至少两项重点。第一项重点，张伸称赞范铜《布经》改良了过去旧版《布经》不够完善的几项重点，"产布之不一其地、织布之

[41]　范铜，《布经》，页102。

[42]　范铜，《布经》，页106。

[43]　范铜，《布经》，页107。

不一其类，与染布之不一其色、踹布之不一其弊”，这似乎表明了当时棉布市场上各类棉布商品已经更加"规格化"，针对棉布原料"产地"、织布种类、染布颜色及踹布方式，都出现了更加明确的品种与质量检测标准，这些变化应该有助于当时的棉布字号及贾师用以降低棉布市场上的调查与信息成本。

第二项重点，是棉布字号与加工作坊之间的契约关系，也可能朝向更加长期而稳固的方向发展，因而减少签订各种短契约时经常需要权衡彼此之间"单次"利害得失的谈判成本。布号商人在一份康熙四十年（1701）的碑文中写道："苏郡出产布货，所用踹匠，盈万成千，俱责包头钤束。工价有例，食用有条，原自相安。"[44] 由此看来，当时和棉布字号商人同时发生雇佣关系的作坊主人、工匠，不仅数目大量增多，而且双方关系已是"工价有例，食用有条"。这里可谓存在布号商人、踹坊"包头"与踹坊踹匠之间的某种"三边关系"，工人薪资与饮食问题已同时纳为三方长期契约的重点。范铜《布经》教导贾师到踹坊收布时，"总要目力拿得稳，亦要酌价取工，不可自妄主意、变迁无常，以致踹工不服"的情形，固然反映了李伯重指出的"质检验收"的具体施行方式，但也可结合上引康熙四十年碑文所谓"工价有例，食用有条"的记载，看到原本可能时常更换踹坊的"短期契约"，也可通过字号聘请有经验的贾师进行"质检验收"，而使踹坊、踹匠可以因为以"目力拿得稳、酌价取工"的贾师为中介，减少"踹工不服"情况，便利棉布字号与踹坊、踹匠的关系朝向"长期契约"方向发展，这应该有利于降低棉布市场的谈判成本。

然而，值得注意的是：长期契约的发展方向，也可能为从事放料制生产的棉布商人增加某些执行成本，商人更加需要在契约执行

---

[44]　《明清苏州工商业碑刻集》，页 62–63。

上面对不同性质的争议与冲突，甚至必须更常诉诸政府调处或是司法审判才能解决或缓和。这些执行成本的相关争议，主要表现在棉布字号是否有权撤换原先委托踹坊的相关讼案中。

以嘉庆二十五年（1820）苏州踹坊主人"私议随牌领踹"引发讼案为例，当时一些踹坊欲按委托加工的不同棉布字号商标（"牌"），私自划分承踹契约的业务范围，这种举措随即引来布号商人提呈诉讼，上告官府之后的结果是："督粮厅讯断，禁革。"这是字号商人通过司法途径阻止踹坊私相协议而维持商人自认合理的长期契约的典型例子。道光十二年（1832）又发生类似讼案，苏州府与江苏布政司、按察司同样判决棉布字号胜诉，踹坊不得宣称自己有可以长期承领字号委托踹布的垄断权利："布匹应听布号自行择坊发踹。"[45] 道光十四年（1834）碑文对此类争议有更具体描述：踹坊"坊户领踹布匹，先由同业互保，写立承揽交号，然后立折领踹。其所立经折，不过登记布数，稽查坊号；并非一经立折，即应认定随牌、不准另换"。文中提及的"互保"，主要是为防止踹坊工匠私自偷卖商人委托加工的棉布而设计的契约内容。不过，本次冲突的主要争议仍在于：布号商人坚持可依棉布加工品质而撤换掉那些不适任的踹坊。政府对此案所做判决的主要内容是：

> 自示之后，务各遵照现定章程，听号择坊发踹。择其踹踏光明，又无勒借情弊，即行照旧交踹，不得无端更换……设有领布积压、不能克期交号，及灰黯不能行销，准号另择发踹，不准借折把持。[46]

[45]《明清苏州工商业碑刻集》，页80。
[46]《明清苏州工商业碑刻集》，页81–82。

判决书中的"现定章程"，固然指的是字号、踹坊双方签订的商业契约，但是所谓的"不准借折把持"，则直接援用《大清律例》中的"把持行市"律条，[47] 这是明清政府明令公布的既有成文法规。

道光十四年的字号诉踹坊判决，对棉布放料制生产有重要的保护作用，也是对民间商业契约如何可有法律效力的明确界定。这份政府判决等于重新为布号、踹坊双方明确界定了原先签订的商业契约（写立"承揽"）与商业文件（立"折"经存）的法律效力："折"的效力是"并非一经立折，即应认定随牌、不准另换"。"承揽"的效力则是：踹坊若"踹踏光明，又无勒借情弊"，则不得被布号片面毁约"无端更换"；若发生踹坊"领布积压、不能克期交号，及灰黯不能行销"两种情形，则准许布号合法自行换约"另择发踹"。这种法律判决具有重要的经济效果，增加了棉布字号放料制生产所需相关长期契约的合法保障。

综合看来，字号的出现改变了棉布商品市场上的交易成本，而其中交易成本的变动又有区别：交易成本中的"调查与信息成本"与"谈判成本"大致往下降，而"执行成本"则在某些方面有所提高。而其关键都是因为在出现更有效率的长期契约之后，为当时棉布字号商人同时带来了利益与损失。值得注意的是，在执行成本方面，苏州当地司法体系也随着棉布字号的放料制生产而不断被卷入。由现有案例看来，清代前期苏州地区司法衙门是能适时提供棉布市

---

[47] 有关明清"把持行市"律条的演变可见：邱澎生，《由市廛律例演变看明清政府对市场的法律规范》，收入台湾大学历史学系编，《史学：传承与变迁学术研讨会论文集》，页291–334。直至清末，苏州仍有"把持行市"律例的商业争讼个案，可见：朱英，《苏州商会的司法职能与影响——个案分析之三》，收入朱氏著《中国早期资产阶级概论》，开封：河南大学出版社，1992，页379–391；马敏，《商事裁判与商会——论晚清苏州商事纠纷的调处》，收入马氏著《马敏自选集》，页281–303；邱澎生，《禁止把持与保护专利：试析清末商事立法中的苏州金箔业讼案》，《中外法学》，12, 3（2000）：311–328。

场所需要的法律支持的，其不仅能提供产权上的合法保障，也能对涉及毁约、换约的相关法律规范进行调整，进而有助于降低包含执行成本在内的各种交易成本。

可以这么说，苏州棉布字号放料制生产不仅反映了商人如何"改造"产销组织以有效降低交易成本的过程，而且地方政府的既有法律制度也连带受到冲击与调整。下节将对法律制度如何进行调整做出说明。

第三节　棉布字号的经济与法律分析（二）：
法律制度的调整

从现有案例看，棉布字号商人在试图降低执行成本的过程中，明显诉诸政府公布的禁止"把持行市"法令以及现行司法体系的保障。其直接结果是不仅苏州本地官员能在各种商业讼案中学习到恰当的调处经验，在审判实务上也能在既有法条如何适用特殊案件等法律解释难题方面，发展出更能变通的法律技术以有效调整现有相关法律规范。然而，政府调整法律制度的背后，其实也反映了某些特殊法律原则仍在持续运作；大体说来，这些法律原则虽然有利于放料制生产，但却看不出适合类似于英国工厂制生产的那类扩大集中生产规模的发展契机。本节将说明其中缘故。

笔者以为，在解决字号与踹坊、染坊的长期契约争议，以及不同棉布商人之间侵犯牌记商标等方面，政府的法律调整方式有利于字号商人的放料制生产。然而，在处理字号与踹匠的"劳雇纠纷"方面，政府对法律制度的调整则经常面临较大"困境"，这种困境很不利于工厂制生产的发展。

以前举道光十四年（1834）的字号诉踹坊判决为例，在那次涉及契约问题的司法讼案中，政府法律的调整方式其实具有某种两面性，一方面基本支持商人自由"择坊发踹"，另一方面也同时为踹坊保留了维持"生计"的经济权利：

> 查，坊户向号揽踹布匹，是犹佃户向业揽种田亩。佃户拖欠租籽，尚得退佃另召；坊户踹不光明，岂竟不能更换。任其把持垄断，殊非平允……自示之后，务各遵照现定章程，听号择坊发踹。择其踹踏光明，又无勒借情弊，即行照旧交踹，不得无端更换，致力作平民，失其生计。[48]

可见"任其把持垄断"与"致力作平民，失其生计"两者，是承审司法官员同时考虑的两个关键判准，一是市场交易不能任人垄断的"平允"，一是保障经济条件处于弱势的当事人不能"失其生计"，这里其实反映了司法体系运作过程中的两种不同"正义"观念。假设真有一个踹坊已然经营不善、面临关闭解散，但其加工的棉布质量却又不能"光明"甚至还"勒借"字号商人的原料、金钱，那么，承审官员究竟应该依不得"任其把持垄断"还是不能"失其生计"做裁决呢？虽然这可能只是纯然假设性的问题，不见得真曾在当时的司法实务中发生，但是，无可否认，这里面确实反映了一种处于紧张关系中的"正义"观念，这成为可能影响棉布字号与踹坊、染坊经营人之间权益的重要变量。

另外，这份判决书也反映了当时司法体系中一种以"类推"补

---

[48]《明清苏州工商业碑刻集》，页 81。

充"法条适用"的法律推理方式，[49] 承审官员特别将"商号、踹户"关系，比附为"地主、佃农"关系，强调"佃户拖欠租籽，尚得退佃另召；坊户踹不光明，岂竟不能更换"，这其实是用农田租佃关系中的地主、佃农权益界定模式，来类推字号、踹户间的契约界定模式。承审官员可谓是使用时人较为熟悉的对"退佃另召"的既有判决原则，来推论当时社会较不确定的踹布契约争议究竟该如何处理，也可算是一种增强司法判决正当性的特殊法律推理。

综合看来，这份判决书同时采用了两种法律解释方式，一是将"把持行市"律例条文适用到具体个案的"法条适用"，一是将租佃关系类推到棉布生产契约关系的"类推"，成为一套综合"法条适用"与"类推"的法律解释方式。从经济与法律的互动关系看来，这是棉布放料制生产对当时司法判决的冲击，也是既有法律制度因应经济变化而做的调整。在这个法律制度的调整过程中，并存着司法官员结合"法条适用"与"类推"维护字号的正当换约权利，以及潜藏的"禁止把持"与"维持生计"的不同正义观念间的紧张性。

棉布放料制生产对地方政府司法判决的冲击，不仅在空间上冲击到苏州以外的松江地区，更在苏、松两地产生具有地域特色的经

---

[49]　　Fu-Mei Chang Chen, "On Analogy in Ch'ing Law," *Harvard Journal of Asiatic Studies* 30(1970): 223–224. 邱澎生，《真相大白？明清刑案中的法律推理》，收入熊秉真编《让证据说话》（中国篇），台北：麦田出版公司，2001，页135–198。现代法学著述常将"类推"称为"类推适用"，其作为法律推理的基本特色，在于"相类似者，应为相同之处理"（王泽鉴，《举重明轻、衡平原则与类推适用》，收入王氏著《民法学说与判例研究》第八册，台北：自印本，1996，页68）；它是以"类似性"（likeness）作为法律推理时借以比附援引的基础，是一种"由特殊到特殊、由个别到个别"的推理方式，既非"由一般到特殊"的演绎推理，也非"由特殊到一般"的归纳推理（王文宇，《论类推适用与法律解释》，收入王氏著《民商法理论与经济分析》，台北：元照出版公司，2000，页280–281；吴家麟，《法律逻辑学》，台北：五南图书公司，1993，页263–265）。

济性"立案"制度，这在涉及棉布行销的商标讼案方面，表现得最为明显。早在清初顺治十六年（1659）的《苏松两府为禁布牙假冒布号告示碑》上，即有"苏、松布商"三十七人（家）联名将官府判决文书刊石立碑，该碑文同时记载了一件讼案与一件陈情案，讼案是苏州"奸牙"沈青臣假冒金姓布商"三阳"号记行销棉布，陈情案则是"苏、松两府布商"朱嘉义、朱金兰、查弘义等"联名禀为虎牙恣伪乱真等事"，两案都是起因于布商之间冒用"机头、牌号"的商业纠纷。这些也有"字号"牌记的布商，不见得即是康熙年间以后那些深涉"支配、改造"棉布生产加工组织的"字号"放料制生产组织，但明显已以"本记字号印刷贸易"棉布。这些将本号牌记"印刷"于棉布之上的布商，其经销方式有许多是"布店在松，发卖在苏"，当他们的棉布牌记有利于行销时，那些被称为"奸牙、虎牙"的其他棉布商人即"勾同别商，射利假冒"。这次联名立碑的三十七家棉布商，在陈情状词中指控："奸牙"沈青臣"敢于垄断居奇，私翻摹刻，以伪乱真，丑布射利"，而且"迩来奸徒险猾效尤者，藏奸叵测"。[50] 看来，原告商人主要运用的仍是以"把持行市，专取其利；通同牙行，共为奸计"为重点来处罚罪行的"把持行市"法律。

　　同时，原告商人还在同份陈情状词中写道："众商各立号记，上供朝廷之取办，下便关津之稽查，取信远商，历年已久，向有定例，不容混冒。"而他们向官府陈请的具体目标则是："为此，奉宪给帖众商，永为遵守，勒石通衢，志为定例。"[51] 商人表现在陈情状词中的诉讼技巧，即是将自己的经商行为与向政府供应棉布采买、向棉

---

[50]《上海碑刻资料选辑》，页 84–85。

[51]《上海碑刻资料选辑》，页 85。

布行销沿路的税关缴纳税款两相联系起来，也可谓是让自己的经商"私利"与满足政府消费和赋税需求的"公利"，互相产生关系。值得注意的是商人使用的"定例"，究竟是商业经营中的"取信远商"的市场惯例，还是明清政府行之经年的"律、例"体系中的成文法律"定例"？因为没有相关"江苏省例"等史料可对比，无法确知碑文中"定例"与地方政府"省例"之间的具体关联。

　　然而，随着棉布放料制生产的发展，牌记商标在棉布市场上的作用愈来愈为政府官员注意，商标讼案也成为苏、松地区官员经常碰到的法律案件，相关处理程序也愈来愈明确。乾隆元年（1736）一份由松江府二十二家"布记店名"联名刊立的陈情案件碑文，记录了许多有重要意义的法律制度变化。这份碑文基本上记录了松江府棉布字号的"请申碑禁"陈请案，在二十二家"布记店名"末尾，还列有作为"各字号董事"的程姓棉布商人。陈情案主旨即是向江苏布政使要求发文下令松江府"统于府署前汇立一碑"，将地方政府历年来禁止假冒棉布商标的法律判决全部择要刊碑立于松江府署前面，以使商标禁令更有传播效果。陈情商人写道："祖遗店名图记，价平货实……但远商相信，全在布记确切为凭，（国）朝定鼎以来，历奉（总）督、（巡）抚各宪批饬，勒石永禁，苏、松两府字号布记，不许假冒雷同，着有成案。今因法久渐弛，苏郡又有布商窃冒字号招牌，呈请藩宪饬禁，随蒙详奉督、抚两部院严批，檄行苏、松两府查禁，并饬勒石永遵。"这里值得注意的至少有两点：第一，商人陈情官府的层级很高，是作为地方最高长官的总督、巡抚，而这些地方长官也在陈情案中裁示，"檄行苏、松两府查禁"，保护棉布商人的牌记商标。第二，商人直接提及棉布商标案件已是"着有成案"。

　　商人陈情状词中所谓的"成案"，在当时司法体系中具有何种法律效力？当时职司审判的官员又如何看待这些"成案"？在总督、巡抚将该陈情案转发所属江苏布政使后，该名布政使司查核处理后，即对松江知府下达如下公文：

> 本司查看得苏松等郡布业甚繁，但货有精粗、长短之不齐，惟各立字号以分别。故从前盛行之字号，可以租价、顶售……乃有射利之徒，并不自立字号，觊觎他人字号盛行之时，或以字音相同，或以音同字异，窃冒垄断，以伪乱真，起衅生非，病累商民。是以顺治十六年间，及康熙四十二年，有假冒"三阳"……先后碑禁。今经三十余载，日久禁弛。[52]

这份公文至少有三项重要意义。一、棉布牌记商标在市场上的"租价、顶售"等经济行为，已被政府公文书正式提及，从而在司法体系中得到若干程度的"承认"。二、地方政府对保护商标的实际做法也更趋细节："字音相同、音同字异"，一律被司法审判实务视为"窃冒垄断"。三、这份公文证明这位江苏布政使司确实将顺治十六年、康熙四十二年（1703）两次假冒棉布商标讼案，列为具有司法审判法律效力的"参考前案"。史料有阙，限制我们对当时地方政府执行棉布牌记"立案制度"细节的认识，但由这份乾隆元年松江府署所立碑文等现存史料看来，苏、松地方长官在保护棉布商标过程中所累积的司法审判实务经验，特别是相关"立案"制度的发展，总是有利于棉布字号放料制生产的法律制度调整的。

特别是如李伯重指出的商标牌记对棉布字号所起的"质检验收"的重要作用，如果没有政府法律制度在商标"立案"等方面所做的调整，以司法审判实务予以有效支撑，则棉布放料制生产的发展必

---

[52] 《上海碑刻资料选辑》，页86。

定更困难。尽管清代前期棉布放料制生产对法律制度的冲击，并未进入中央政府"每五年一小修，每十年一大修"的《大清律例》法律条文中，[53] 然而，通过"立案"等相关制度的建立，以及部分司法官员在字号、踹坊讼案中结合既有禁止"把持行市"律文与"类推"法律解释，苏州棉布的放料制生产仍然得到较好的产权保障，并能有效缓解长期契约所引发的交易成本问题。

以上都可谓是政府对棉布"放料制生产"所提供的法律奥援，也都通过法律制度的调整来进行。但是，这些法律制度的调整，其实并未表现在有利于集中更多劳动力一起工作的"工厂制生产"方面。棉布字号在降低长期契约的执行成本的过程中，其实存在一些可能颇难突破的限制，特别是在产品监督问题上。尽管商人可以通过撤换不适任踹坊、染坊等签约对象，以及用按件计酬等方式来确保工匠工作的积极性，但是，踹坊、染坊等加工工场相比于后世"工厂"的空间分散性，仍然增加了棉布字号商人在生产过程中有关"监督"部分的"执行成本"，诸如如何监督踹坊、染坊工人努力工作，踹坊"领布积压、不能克期交号、灰黯不能行销"，甚至偷窃或假称天灾人祸损失商人预发原料等问题。用"按件计酬"方式激励工匠按时交货，其有效性的关键前提是：工匠难以将原料或制成品私下转卖别人；用换约方式撤除不适任工匠的关键前提是：换约所费的金钱与时间损失不能过高。

工匠是否真的难以私下转卖棉布原料或制成品？这当然需要更多实证研究，然而，由前引假冒棉布商标讼案的例证来看，各种棉

[53] 清代律、例体系的一般性修法程序与制度演变，可见：苏亦工，《明清律典与条例》，北京：中国政法大学出版社，1998。至于有关经济事务的律例结构与法条变动，则可参考：经君健，《清代关于民间经济的立法》，《中国经济史研究》，1（1994）：42-55；邱澎生，《当法律遇上经济：明清中国的商业法律》，页9-54。

布商人之间的商业竞争其实是很激烈的，政府对商标的保障固然增
加了假冒牌记商人的风险，但是，这只是保护程度的多寡问题，而
不可能禁绝任何假冒事件，更不用说其他不直接涉及假冒牌记的棉
布商人，当然也都可以成为工匠私下转卖的对象。至于换约的金钱
与时间损失，笔者已在前引字号与踹坊的"择踹"诉讼中指出：尽
管现有案例的判决可以显示政府一般支持字号商人的契约自由，然
而，在这类案件当中还是潜藏着禁止"把持"与保护"生计"两种
正义观念之间的可能紧张性，这种紧张性仍是踹坊可在换约过程中
据以向字号商人进行抗争的可用"法理"基础。就算是字号商人可
以诉讼成功，这里面仍然涉及无论合法、非法或是介于灰色地带的
各种司法较劲，[54] 这些司法较劲不仅考验字号、踹坊的诉讼能力，也

---

[54] 明清苏松地区开设棉布店或字号的许多商人原籍都为徽州（范金民，《明清江南商业的发
展》，页 192-193），而徽商在明代又以集体打官司出名，王士性在晚明观察到"（休歙）
商贾在外，遇乡里之讼，不啻身尝之，醵金出死力，则又以众帮众，无非亦为己身地也"
（《王士性地理书三种》新校本，周振鹤编校，上海：上海古籍出版社，1993，卷 2，页
276）。徽商不畏诉讼甚至主动通过诉讼争取权益的习惯至清代依然如此，可见：卞利，
《论明清时期徽商的法制观念》，《安徽大学学报（哲学社会科学版）》，23，4（1999）：
70-76。另一方面，明清苏州的司法诉讼也逐渐成为讼师、打行（或称打降）的活跃场
合："吴中有三大蠹，一为讼师，民间凡有狱讼，出为谋主……一为奸胥……一为打降，
言威胁人使降也，凡双方讦讼，对簿乍毕，辄伺伏狙击。"（乾隆《元和县志》，卷 10，页
107）讼师、打行都能成为字号商人与踹匠雇聘以协助诉讼的奥援。明清苏州讼师活跃情
形的分析可见：夫马进，《明清时代的讼师与诉讼制度》，王亚新译，收入王亚新、梁治
平编《明清时期的民事审判与民间契约》，北京：法律出版社，1998，页 406。苏州打行、
打降在社会活动的概况可见：川胜守，《中国近世都市の社会構造——明末清初，江南都
市について》，《史潮》（東京），6（1979）：65-90；川胜守，《明末清初における打行と
訪行——旧中国社会における無頼の諸史料》，《史淵》（九州），119（1982）：65-92；上
田信，《明末清初・江南の都市の「無頼」をめぐる社会関係：打行と脚夫》，《史學雜
誌》（東京），90，11（1981）：41-59；陈宝良，《明代无赖阶层的社会活动及其影响》，
《齐鲁学刊》（曲阜），2（1992）：91-97；郝秉键，《晚明清初江南"打行"研究》，《清史
研究》，1（2001）：13-26。

考验官员对字号换约自由的支持程度。

合而论之，尽管政府在法律制度调整方面已能大致提供对棉布放料制生产的合法保障，但是，若真出现偷卖、违约的工匠，字号商人仍有不少具体的诉讼问题要克服。在这个层面，与其靠法律制度解决，何不靠产业组织来解决？因此，从理论上看，工厂制生产确实是改变产业组织以降低监督执行成本的重要选项，然而，何以清代前期苏州放料制生产并不往这方面演变？

笔者以为这里其实涉及当时法律制度调整的某种"限制"，其关键在于政府法律如何处理工厂制生产在改造产业组织方面所需要的"集中生产"问题。可以这么说，由清代前期政府处理踹匠罢工事件看来，政府法律无法明确罢工事件中的"责任归属"问题，此点将会严重制约商人转向工厂制生产的主观意愿与客观现实。

由康熙到道光年间，苏州四类产业至少发生过十九次工匠罢工事件，[55] 棉布加工业中的踹布业即占了十次，是苏州发生罢工事件频率最高、规模最大的行业。以康熙三十九年（1700）四月苏州踹匠大罢工为例，罢工发起人被布号老板骂为"流棍"，但这些"流棍"却对工人很有影响力："流棍之令一出，千百踹匠景从。成群结队，抄打竟无虚日，以致包头畏避、各坊束手，莫敢有动工开踹者。变乱之势，比诸昔年尤甚。商民受害，将及一载。"这次棉布字号与踹匠工人冲突事件，也以司法判决暂告结束。政府不仅为六十九家布号商人判决禁止踹匠随意罢工，规定踹匠的"工价伙食，悉照旧议，不许包头多克（剋）"；更对踹坊实施保甲法，"将包头编甲，责其互相稽察"，并于踹坊包头中选择"老成者，充任坊长"，"一家有

---

[55]　关于清代中期苏州踹布业、丝织业、染纸业、印书业等手工业工人的十九次罢工事件，有学者将其列表可供参照，见：许涤新、吴承明编，《中国资本主义发展史》第一卷《中国资本主义的萌芽》，页 719。

事，九家连坐"。对于各踹坊雇用的踹匠，则"设循环簿，着令登填何处籍贯、何人保引、何日进坊、何日出坊，分例（列）旧管、新收、开除三项。每逢朔望，必与坊长倒换"。同时，因为顾虑"踹匠伙而强，包头寡而弱，若尽责包头，势难弹压"，于是更仿照松江府已经实行的政府协助弹压办法，"委文、武弁员专董"，由"城守营与典史，互相稽查"。[56] 试想，若是担任"坊长"连带保证踹坊工匠不致罢工的包头，换作了布号商人，那种法律责任会有多大！

为了缓和罢工带来的社会治安问题，康熙五十九年（1720）更由苏州知县公布《踹匠条约》，将踹匠的日常作息，纳入保甲连坐与驻防军队的管理：不仅在踹坊附近"多拨兵校巡察，如有酗酒、奸盗等事，指名报官严究"，更规定"踹匠五人连环互保，取结册报，一人犯事，四人同罪，日则做工，夜则关闭在坊。如有拐布盗逃、赌博行奸斗殴、聚众插盟、停工科敛、闲阗花鼓、纠众不法者，坊长报明包头，会同甲长，填簿交坊总，申明拿究。如有徇隐发觉，互结保人，本坊坊长一体同罪"。[57] 表面上看，政府可谓是站在商人立场间接帮助管理（或"镇压"）踹匠，但由后来实际发展看，踹匠找到了突破封锁的有效方式，使政府保甲与"军管"的措施难以奏效，这可证诸日后乾隆年间至少五次的踹匠罢工与联名控告字号商人。[58]

由现有讼案记录看来，政府在处理字号商人和踹匠间的工资争

---

[56]　《明清苏州工商业碑刻集》，页 63-65。

[57]　《明清苏州工商业碑刻集》，页 68-69。

[58]　如乾隆二年（1737）十月苏州城内即发生所谓"踹匠王言亨等妄控店商赵信义等不遵旧例，扣克工价"讼案，该案是踹匠王言亨等人直接"越诉"向总督衙署提出诉讼；而同年二月间，则先有踹匠殷裕公等人"以米价昂贵"向布政使司陈情，要求官府出面命令字号商人提高工价（《明清苏州工商业碑刻集》，页 74）。

议时，尽管可以用"流棍、敛钱肥己、久居局外"等各种恶名诬害，甚或是未审先抓的强制手段，对付那些倡率罢工与讼案的踹匠。[59]但是，一旦事件闹大，政府官员绝对不敢公然做出独厚商人利益的判决，至少要在表面上做出公平调停的立场，最常见的情形即是将提起讼案或倡议罢工的踹匠"枷责递回各原籍，严行管束"，然后再由政府介入调高工价或是改善工资发放的方式。最典型的判决书则如"每布千匹，加贴银二钱四分，既符向例，又于众匠中暗寓加增，使沾实惠"，[60] 或是在判决书中添入"各商不得轻平短色，踹匠亦不得再有停工观望"，[61] 这些都是在展示政府"公平"调停的模样。

　　由常理推测当时字号与踹匠争议和诉讼的过程，商人多半都会暗中打点或贿赂各级官员；但事件闹大后，承审官员总是要维持表面的公平调停。然而，这种法律执行方式却势必使字号商人增添很多不确定的经商风险。当时司法体系的确受到放料制生产下罢工与劳雇讼案加剧的冲击，尽管商人可私下利用的诉讼手段不少，但在公开的法律判决书上，商人从来不能借助诸如"发展实业、促进经济成长"之类的"公共利益"相关口号，得到司法体系镇压工匠的公开承诺与帮助。因此，由这方面法律制度的调整过程看，商人在罢工事件中的法律责任其实一直很难被清楚划开，只要事件闹大、扰乱地方治安，也连带威胁地方官仕途时，资产较富的商人总会被要求"息事宁人、花钱了事"；更何况，罢工事件本来就难免因为商人在工资发放过程中引人争议，或是不能顾全物价波动下劳工的生活问题而引爆。因此，无论对错是非，只要发生罢工事件，从事

---

[59]　《明清苏州工商业碑刻集》，页 74、75。而如乾隆六十年（1795）的苏州踹匠罢工，几位鼓动"停工观望"的为首踹匠，即被"县主拘拿"（《明清苏州工商业碑刻集》，页 78–79）。

[60]　《明清苏州工商业碑刻集》，页 75。

[61]　《明清苏州工商业碑刻集》，页 79。

放料制生产的商人确实很难在政府处理罢工的过程中逃避法律甚或是政治责任，更不用说那些随之而来的不肖胥吏、闲杂人等的借机勒索。

政府对新兴棉布加工业的政策其实有不同面向，一方面协助棉布商人解决包含契约、商标在内的各类经营问题，另一方面则要应对因为劳工聚集而带来的社会治安问题。从这个角度看，棉布字号商人维持放料生产，不由自己出面招募工匠集中生产，其实等于是将这种法律责任交给踹坊，把包头当作"白手套"一般，这种好处绝对比在当时进行集中生产的"工厂制"大得多，相较之下，放料制生产造成的质量监督困难与执行成本支出，其实可能微不足道。放料制生产尚且如此，工厂制生产要聚集更多劳工于一处，商人将更难划清法律与政治责任。法律体系既然无法明确罢工事件中的商人责任归属问题，势必影响"工厂制生产"的出现。

李伯重分析了江南工业的"超轻结构"，强调燃料、动力、场房建材等成本相对高昂，固然有其道理；但其实"法律制度"的调整方式也是其中重要因素。政府对苏州棉布字号商人并非采取一味打压的态度，这在相关碑文中看得很清楚，因此，当时法律制度对商人产销组织的主要作用，并非某些学者刻板印象中的"抑商、反商"，这在前文讨论相关商业讼案时，可由地方政府如何协助商人保障长期契约做充分验证。然而，若说当时政府对商人介入生产组织有"负面"影响，也有其道理，只是，这种"负面"影响主要在于法律制度对新兴经济现象的调整方式，特别是在当时处理的罢工事件中，政府基本上采取的是"公平调停"政策，而不是压制工人以配合商人承担起如"增加国家财富、发展实业经济"等口号与任务。

在城镇中的放料制生产，布号商人固然可以改造生产组织，降低各类不同的交易成本；但若真要将这些每年领取自己的原料、薪资的无数劳工进一步集中在同一场所生产棉布，这种由"放料"到"工厂"的生产组织变动，其中涉及的绝非仅仅是动力机器等科技发明问题，至少还要考虑当时传统法律制度因应经济生产变化而实行的特殊调整方式，特别是法律制度调整中的罢工责任归属问题，一直未能给商人更大的合法"卸责"空间。更不用说商人如何约束工人，使其积极投入生产的"工厂纪律"问题，也不是政府法律所能轻易管制的。商人若真花钱扩建厂房、加派专任管理人监工，众多工人齐聚一堂，可能反而更易"偷懒"，商人恐怕损失更大。综合看来，工厂制生产对商人而言其实仍是弊大于利。

小　结

在清代前期的苏州棉布加工业中，"放料制生产"是否能被"工厂制生产"取代？是否能像英国工业革命的发展趋势般走向以动力金属机器设备集中生产的大规模棉布工厂？这里面除了涉及动力机器用于经济生产的科技发明能力、能源与材料的资源限制等问题外，也该注意交易成本与法律制度的相互影响，要考察放料制生产对交易成本的作用，以及影响交易成本变动的法律限制。由本章分析看来，清代前期苏州棉布字号放料制生产所引起的交易成本变动，各有"调查与信息成本、谈判成本、执行成本"等不同内容，而整体说来应该是有利于当时的经济成效。在法律制度调整方面，则同时有"正面、负面"两个层面，一方面是维护长期契约换约自由、保障商标产权，另一方面也不能忽略罢工事件的法律责任归属问题难以明确的影响。"正面"调整，使放料制生产得以在法律保障下稳定发展；"负面"调整，则使放料制生产更不易为工厂制生产所取代。

在罢工法律责任问题的制约下，"放料制"对投入生产事业的商人财产较有保障，即使不能通过扩大集中生产规模的"工厂制"而降低监督方面的执行成本，仍然是较为划算的选择。

在清代前期苏州棉布的生产加工过程中，由于种种交易成本的升降变动，以及不同的面向法律制度的调整方式，在这些"经济"与"法律"因素的综合影响下，工厂制不必然优于放料制。当然，这是对当时经营棉布生产的商人而言；至于对整个清代棉布生产产量规模的扩大与单位生产力的提升而言，将放料制不能"演化"为工厂制视为一种有待克服的"问题"，也是有其"道理"的。只是，笔者认为其中的道理恐怕远比科技发明能力来得更为复杂。

英国何以能在十八世纪六十年代到十九世纪三十年代在棉纺织业出现较具现代意义的工厂制度？现今欧美学界已很难单纯相信动力纺织机等技术进步是唯一的关键因素，由二十世纪七十年代至今，欧美经济史学界一场"工厂老板到底有何贡献"的论辩，也为重估此方面的问题带来不少值得重视的新视野。[62] 要之，将英国工厂制出现视为是技术进步的"自然"结果，或是将工厂制生产视为是放料制生产的普遍性"经济演化"，恐怕都严重简化了当时英国工厂制

---

[62] 这场辩论基本由下文引发：S. A. Marglin, "What Do Bosses Do?" *Review of Radical Political Economy* 6(1974) and 7(1975)。该文后来也收入：A. Gorz ed., *The Division of Labour: The Labour Process and Class Struggle in Modern Capitalism* (Hassocks: Harvester Press, 1976)。对此场辩论的简介可见：Joel Mokyr, "Editor's Introduction: The New Economic History and the Industrial Revolution," in Joel Mokyr ed., *The British Industrial Revolution: An Economic Perspective* (Boulder: Westview Press, 1993), pp. 110–118。

发展背后存在的特殊制度环境与观念心态。[63] 李伯重已从技术发展、资源条件与生产要素变动等方面，评估了十六世纪以降英国与江南工业结构的重要差异；本章则对清代前期中国江南棉布市场的交易成本与法律制度等问题做了些经济与法律方面的分析，或许也能提供些许有益参考。

---

[63]　有学者基于对明清家庭纺织手工业的经验研究，提醒读者应该正视近代欧洲工厂制度发展的特殊制度与心态背景："近代社会科学所建构的各种理性考量，如同现代科技的设计一般，其实是有历史局限性的：近代西方人假想了一套可用来满足消费数量扩增的偏好模式，将生产规模由小变大视为进步，预设了一套所谓的笛卡儿式（Cartesian）身、心分离思考习惯，以及来自道德经验的特殊美学观念。"引见：Francesca Bray, "Towards a Critical History of Non-Western Technology," in Timothy Brook and Gregory Blue eds., *China and Historical Capitalism: Genealogies of Sinological Knowledge* (New York: Cambridge University Press, 1999), p. 207. 本文完整中译可见：白馥兰，《迈向批判的非西方科技史》，费丝言译，收入卜正民、格力高利·布鲁编，古伟瀛等译《中国与历史资本主义：汉学知识的系谱学》，台北：巨流图书出版公司，2004，页219-280。

第三章　十八世纪苏州棉布业的工资纠纷
与工作规训

　　人群从事生产以谋求生计的活动，可以泛称之为"工作"（work）。工作在经济学上常被化约为所谓"生产要素"中的一种"劳动力"，但工作其实也可以是一种"文化的活动"，并不只有经济生计上的意义。工作作为一种"文化的活动"，在历史上常被人们不断赋予各种不同意义，从而形构出许多与工作有关的论述。[1] 为了解释工作同时兼具经济生计与文化活动的两重性，布迪厄将人群在社会中"工作"的现象联系到"惯习"（habitus）这个议题，并且强调在特定文化脉络的具体实践过程中，工作其实是与时间、性别、空间、宇宙观、干湿、冷热等种种不同的"基本分类原则"（a fundamental principle of division）相互糅合在一起。[2]

　　工作如何作为一种兼具经济生计与文化活动的现象？其在历史上又是如何与时间观念糅合在一起？英国著名史家汤普森有极富启发性的讨论，分析十四世纪至十八世纪欧洲"时间感受"（time-sense）与"工作规训"（work-discipline，labor discipline）内容的长期

---

[1]　Patrick Joyce, "The Historical Meanings of Work," in P. Joyce ed., *The Historical Meaning of Work* (Cambridge: Cambridge University Press, 1987), p. 1.

[2]　Pierre Bourdieu, *The Logic of Practice*, Trans by Richard Nice, Stanford: Stanford University Press, 1990, p. 210, 223.

演变历程。汤普森指出：工业革命前的传统社会民众，他们具有的"时间感受"通常都和自身所熟悉的"工作习惯"（working habits）密切关联，诸如牧牛、牧羊、用餐的时间，农作物培育生长的时间，猎人于夜间设置陷阱、渔夫配合潮汐涨落时间捕鱼，以及铁匠打铁配合锅炉火候变化等与"工作"流程有关的时间，都是其中显例；要之，这时期人们的时间计算方式，呈现出一种主要由个人或家庭依各自工作习惯而决定的"普遍的不规则"（general irregularity）现象。然而，我们当代人熟知的"时间感受"则滥觞于英国的"工业资本主义"。十四世纪以后的欧洲城镇教区虽然开始普遍设置供公众观看的时钟，但此时"工作规训"内容的变化并不显著；十七世纪以后，在农民与劳工的日常生活中，由"工作导向"（task orientation）的时间感受转变为"计时劳动力"（timed labor）的时间感受加速出现，更多工作者意识到"属于雇主的时间"与"属于自己的时间"的区分，"时间"变成愈来愈需要计算清楚的对象。当十八世纪后期工业资本主义兴起，因为工厂老板要求劳工准时上班，再加上大众运输工具的出现，两项因素共同促成了"劳动同步化"（synchronisation of labor）程度的加强，工作时间不仅被更密切地联系到金钱的换算，甚至像如何分配每天工作时间的问题，也由个人或家庭自行决定的"普遍的不规则"现象转变为具有很高一致性的工作时间形态，人们愈来愈必须遵守工厂制订的，以及铁路、电车行驶依循的"公共标准时间"。[3]

　　汤普森强调，由前工业社会到工业资本主义社会的社会转型，

---

[3]　E. P. Thompson, "Time, Work-Discipline and Industrial Capitalism," in E. P. Thompson, *Customs in Common: Studies in Traditional Popular Culture* (New York: New Press, 1993), pp. 355–357, 358–359, 370–372. 中译可见：爱德华·汤普森，《共有的习惯》，沈汉、王加丰译，上海：上海人民出版社，2002，页 382–442。

其实是奠基于整体文化的变迁，这里面既包括了权力体系、产权关系、宗教制度等的变迁，也包含了生产技术条件限制下的时间感受，以及将时间计算作为剥削劳动力的手段，这两方面的深层变动。简言之，经济结构的变迁绝非只是生产技术、生产力的增减，而根本上是人民生活底层发生的工作规训与时间感受的巨大变迁。工业革命带来的经济结构巨变，有其复杂的商业、政治与社会文化因素相配合，诸如"朝六晚六"十二小时工厂制的新工作规训，这不仅是由资本家获取政治权力进而修改国家法令的"外部压力"所强迫形成的，还要借由传播新教伦理、节省"虚耗"时间的"时间即金钱"等意识形态的宣传，再加上提高工资等诱因，才能达成"新工作规训的内在化"（the internalisation of new discipline），使劳工能自愿接受。虽然十九世纪的劳工曾以各种抗争抵制这个新工作规训，但工业资本主义兴起同时带来的巨大的"外在"与"内在"变化，仍在阶级冲突与斗争的角力过程中发挥作用，最后终于转变了英国劳动人民的旧式工作习惯，在广大劳工的行动与观念中成功植入新的"劳动习惯"（labour habits）与新的"时间纪律"。汤普森的结论是："国民所得持续增长"只是所谓"经济成长"的表象，经济成长其实无法靠发展经济学家的"计划"完成，没有更深刻的文化与社会意识变迁，便没有"经济成长"。[4]

汤普森的研究让我们看到经济生计与文化意义间的复杂关联性，以及"工作规训"与"时间"研究对深入理解历史变迁所具有的重要意义。笔者认为这类研究也可以检视明清中国经济社会变化历程。随着十六世纪至十九世纪中国全国市场的发展，在苏州这样位居全国商业与纺织工业中心的城市，也经常出现工资纠纷与罢工

---

[4]   E. P. Thompson, *Customs in Common*, pp. 382, 390–395, 403.

事件，从而可能也出现了颇具意义的工作规训变化。虽然十八世纪苏州劳雇冲突主要发生在实行"放料制"生产方式的棉布与丝织业，当时中国并未出现类似英国工业革命时期的工厂制度，也没有铁路、电车那类大众交通工具，但在棉布的生产加工过程中，仍然产生了种种重要的"外部"与"内在"力量，逐渐重塑了苏州棉布工人的工作习惯。理解十八世纪苏州都市史上某种新工作规训的逐步发展，应也有助于掌握当时中国经济社会的深层变化。

第一节　苏州兼为全国商业中心与"罢工之都"

中国市场经济在十六世纪至十九世纪之间有重要发展，至迟在十八世纪初年，全国市场的基本架构已大致完成。在此全国市场范围内，众多商人从事着有关民生日用必需品的长程贸易，而此时期的贩运商品也发生了重要的结构转变。伴随着全国市场的成长，十八世纪苏州城不仅因为各地商人聚集、商铺林立而成为当时中国主要商业中心之一，还因为部分商人采用"放料制"生产加工方式制造棉布、丝织品，大批劳工聚集到了这座城市；同时，随着工资冲突愈演愈烈，十八世纪的苏州城也在厕身全国商业中心之林的同时，还逐渐变成一座"罢工之都"。

苏州的商业中心地位，与中国全国市场的发展密切相关。清代前期全国市场的基本框架，由三条主要商业干道构成：第一条为东西向干道，由长江下、中、上游水运所组成；第二条为南北向干道，由京杭大运河、赣江配合大庾岭的水陆联运线所组成；第三条主干道则为由东北至广州间的沿海海运线。在这个全国市场里，商人组成不同的商帮团体进行长程贸易，这些商帮以稻米、棉布、食盐等民生必需品为最大宗的贩运商品，改变了过去中国历史上长程贸易实以奢侈品为大宗的商品结构。同时，虽然清代前期全国市场中的粮食仍占长程贸易商品的最大比重，但是棉布已取代食盐，成为第二大商品及最大宗的工业产品。[5]

在清代前期全国市场的成长过程中，无论是农业商品化程度的加深、手工业生产量的增加，或是商业城镇数量的成长，都以江南地区最为显著。近年来，有学者估算清代前期江南棉布产销的总数量，指出当时"整个江南年产布兴盛时，多达7800万匹，进入市场的商品量当在7000万匹之谱"。[6]所谓江南大约包括苏州、松江、常州、镇江、杭州、嘉兴、湖州七府和太仓一州，也就是以太湖流域为中心的三角地带。[7]不只大量棉布进入市场，集散于江南地区的稻米、豆饼、蚕丝、丝绸、棉花、铁器和木材，也都成为联结江南与全国其他地区长程贸易的重要商品。[8]

江南的商业交通位置正在长江航线、大运河航线和沿海航线这三条长程贸易主干道的辐辏带内，而苏州又是江南的经济中心。乾

---

[5]　吴承明，《中国资本主义与国内市场》，页217-246、247-265。

[6]　范金民，《明清江南商业的发展》，页29-30。

[7]　洪焕椿，《长江三角洲经济区的历史变迁和历史问题》，收入洪焕椿、罗仑主编《长江三角洲地区社会经济史研究》，南京：南京大学出版社，1989，页1-22。另外，有学者主张另将明代应天府（清代改称江宁府）一并算入江南地区，参见：李伯重，《明清江南与外地经济联系的加强及其对江南经济发展的影响》，《中国经济史研究》，2（1986）：117。

[8]　李伯重，《明清江南与外地经济联系的加强及其对江南经济发展的影响》，《中国经济史研究》，2（1986）：117-134。以此而论，则布罗代尔（F. Braudel）所描写的"中国经济的底层，只由数以千计的原始经济体"所构成，并无互相联系的复杂网络（Fernand Braudel, *Afterthoughts on Material Civilization and Capitalism*. Trans. by Patricia Ranum. Baltimore, Maryland: Johns Hopkins University Press, 1979, p. 35.），其对中国前近代市场规模的估计恐怕太低。

隆时人沈寓曾如此描述苏州的优越商业中心位置:"长江绕于西北,大海环于东南,苏郡为奥区耳。山海所产之珍,外国所通之货贝,四方往来。千万里之商贾,骈肩辐辏。"[9]苏州有长江与大海提供的优越的水运条件,大量国内外物产通过水运运至苏州。此外,具有"南粮北调"和"南货北运"功能的大运河也以苏州为转运中心,加上苏州近郊太湖流域的绵密水运网,不仅降低了太湖流域农工产品的运输成本,也扩大了当地农工产品的行销腹地。

苏州地处太湖流域中心,同时更因位居南北大运河与娄江的交汇处,苏州兼具内河航运和海上交通的便利。[10]通过娄江,苏州商贩可直通东北邻区的太仓州,再由太仓州而联结海外市场。太仓州于十七世纪即号称"六国马头",与琉球、日本、安南、暹罗、高丽有频繁的海上贸易。[11]苏州以太仓州为贸易港,乾隆二十七年(1762)时人即如此描述苏州货物远销国内与海外的实况:"苏州为东南一大都会,商贾辐辏,百货骈阗。上自帝京,远连交广,以及海外诸洋,梯航毕至。"[12]北京以至广州,乃至"海外诸洋"的东北亚、东南亚,都是苏州商品的出口地区。

苏州同时也是丝织与棉布产销中心。明代苏州城分别辖于吴县与长洲县两个行政区,西半城属吴县,东半城属长洲县,而无论是吴县或长洲县,其丝织手工业在十六世纪即已十分发达,不仅吴县、长洲县城内"比屋皆工织作",而且所织作的"绫锦纻丝,纱罗绸

---

[9]　(清)沈寓,《治苏》,收入(清)贺长龄编《皇朝经世文编》,影印清刊本,台北:世界书局,1964,卷23。

[10]　傅崇兰,《中国运河城市发展史》,成都:四川人民出版社,1985,页97。

[11]　(清)郑光祖,《一斑录》,影印清刊本,北京:中国书店,1990,《杂述一·六国马头》:"太仓州城外,有一处地名六国马头。土人犹能举六国之名,曰:大小琉球、日本、安南、暹罗、高丽也。前(明)朝以来,刘河、吴淞江皆广阔,六国商贩聚集。"(页20下–21上)

[12]　《陕西会馆碑记》,收入苏州历史博物馆等合编,《明清苏州工商业碑刻集》,页331。

绢"等手工产品"转资四方",时人称这些产品为"吴之大资",可证当时苏州早已成为中国重要的手工业中心。[13] 到了十八世纪,苏州的丝织市场更加旺盛,即使同样生产或经营绸缎的杭州商人也以苏州为最重要的行销据点。乾隆三十七年(1772),一群于苏州经商的杭州籍商人即称其贩卖绸缎"尤以吴阊为绣市",绸缎由此销往河北、山东、陕西、山西、两湖、四川、云南、福建、广东等地。[14] 清代前期,苏州、杭州、南京的生丝原料与丝绸制品销往国外的数量更多,欧洲商人称十九世纪由广州出口的生丝为"南京丝"(Nankeen silk),大量采购出口。[15]

　　苏州棉布市场于明末已愈形重要,清代前期的苏州,更已是全国性的棉布加工业中心。[16] 十八世纪苏州城的棉布业"字号"与绸缎商铺同样聚集于城西北郊内外的地段,"金、阊市肆,绸缎与布,皆

---

[13]　杨循吉(1456—1544)的嘉靖《吴邑志》(据明嘉靖刊抄补本影印,收入《天一阁藏明代方志选刊续编》,上海:上海书店,1990,册10)记载十六世纪苏州丝织业繁荣景象:"绫锦纻丝,纱罗绅绢,皆出郡城机房。产兼二邑,而东城为盛,比屋皆工织作,转资四方,吴之大资也。"苏州与江南丝织业的生产概况,可见:横山英,《清代の都市絹織物業の生産形態》,收入横山氏著《中国近代化の经济構造》,东京:亜紀書房,1972,頁19-60;范金民、金文,《江南丝绸史研究》。至于明代苏州经济繁华在世界史上的特殊意义,则可见:Michael Marme, *Suzhou: Where the Goods of All the Provinces Converge*, Stanford: Stanford University Press, 2005。

[14]　"吾杭饶蚕绩之利,织纴工巧。转而之燕,之齐,之秦,晋,之楚,蜀,滇,黔,闽、粤,衣被几遍天下,而尤以吴阊为绣市。"(《明清苏州工商业碑刻集》,页19)

[15]　全汉昇,《略论新航路发现后的海上丝绸之路》,《"中研院"历史语言研究所集刊》,57,2(1986):233-239;全汉昇,《明清间中国丝绸的输出贸易及其影响》,收入陶希圣先生祝寿编委会编《国史释论:陶希圣先生九秩荣庆论文集》上册,台北:食货出版社,1987,页231-237。Zen E-tu Sun(孙任以都),"Sericulture and silk textile production in Ch'ing China," in W. E. Willmote ed., *Economic Organization in Chinese Society*, Stanford: Stanford University Press, 1972, p. 92.

[16]　全汉昇,《鸦片战争前江苏的棉纺织业》,收入全氏著《中国经济史论丛》,香港:新亚研究所,1972,页634。

列字号，而布业最巨"，[17]点出当时布业"字号"资本规模最引起时人瞩目。乾隆二十四年（1759）九月完成的徐扬《盛世滋生图》，则对十八世纪包含棉布商铺在内的苏州城商业肆市有具体的描绘，在这幅长十米、宽三十六厘米的图卷轴册中，总计画上了二百三十多家、五十多个行业的苏州商铺，而单是棉布商铺，即有"京口芜湖梭布"和"松江大布标布"等以不同名色的产品招徕顾客的店招。[18]

　　作为面向全国市场的一座商业中心城市，苏州各行业商业店铺林立城内的现象相当显著，从而引起时人瞩目，如《扬州画舫录》作者在描绘杭州、苏州与扬州这三座当时最称繁华的城市时，即对三座城市的主要特征做了比较："杭州以湖山胜，苏州以肆市胜，扬州以园亭胜。"可见在十八世纪时人心中，苏州即以众多商铺林立、市街繁华的所谓"肆市胜"而闻名。[19]

　　长程贸易也为苏州带来众多外地商人，其中部分客商则经营手工业。清代苏州城内知名手工行业不少，丝织、印染、踹整、造纸、印书、冶炼、铜锡、钢锯、张金、包金、金银丝、漆作、红木巧木、红木梳妆、蜡烛、钟表、刺绣、眼镜等，都是其中从业人数较多的行业。[20]有些冶坊业还雇用不少外地工匠，如乾隆六年（1741）有史料指出："苏城冶坊"所雇冶匠多来自邻近无锡、金匮两县。[21]

---

[17]　乾隆《吴县志》，引见洪焕椿编，《明清苏州农村经济资料》，南京：江苏古籍出版社，1988，页275。

[18]　李华，《从徐扬〈盛世滋生图〉看清代前期苏州工商业的繁荣》，《文物》，1（1960）：13–17。

[19]　明清苏州园林亭榭固然有名，但在清中叶以前，基于苏州的商业发达以及扬州园林景观的出色，两相对照下，便显得苏州是以"肆市"取胜。只是，清末以降，"市肆中心已移上海，园亭之胜，应推苏州"（童寯，《江南园林志》，北京：中国建筑工业出版社，1984，页28）；清末民国上海工商业加速崛起，苏州反而更以园林闻名全国。

[20]　段本洛、张圻福，《苏州手工业史》，南京：江苏古籍出版社，1986，页128。

[21]　《明清苏州工商业碑刻集》，页154。

较晚的一份道光年间的调查则指出苏州西城开设了众多冶铜工场：
"今郡中西城，业铜作者，不下数千家。精粗巨细，日用之物无
不具。"[22] 此外，绍兴府商人也在苏州城内与邻近乡镇开设许多烛铺，
"城乡共计一百余家"，[23] 这些蜡烛手工作坊也雇用众多工人。不过，
苏州商人介入手工业资本规模最大者，仍是丝织加工业和棉纺织加
工业两项，特别是如福建、安徽客商经营的棉纺织加工业"字号"，
以及丝织业商人开设的"账房"，两者都以"放料制"从事手工业生
产，也都为苏州本地与外来工匠带来了更多的就业机会，使苏州城
工人总数大幅增加。晚明苏州城内丝织业工匠人数即已不少，清初
更不断增加。康熙《长洲县志》记载：苏州"东城之民多习机业，
机户名隶官籍"，[24] 但承继十六世纪以降官营手工业衰落的趋势，加
上清康熙二十六年（1687）之后更切实地执行"买丝招匠制"，苏州
织造局内原先"名隶官籍"的许多"机户"至此都已成为在丝织市
场上出卖劳动力的民间手工业者，就算承接官府交付的丝织品生产
的任务，也是以买卖方式为之，并非无偿的徭役性质。[25] 而且，苏
州城的"机户"也开始更显著地出现规模分化，有些机户已有能力
雇用更多的机匠工人从事生产，雍正十二年（1734）的《长洲县永
禁机匠叫歇碑》，即记载当时"苏城机户，类多雇人工织。机户出资
经营，机匠计工受值"，[26] 这是苏州城内已有颇多"机户"扩大生产
规模雇用工人生产丝织品的明证。

---

[22]　（清）石韫玉等修，道光《苏州府志》，清道光四年（1824）刊本，卷18，页38下。

[23]　《明清苏州工商业碑刻集》，页267。

[24]　（清）蔡方炳等撰，康熙《长洲县志》（清康熙二十二年［1683］序刊本）。

[25]　王翔，《中国资本主义的历史命运：苏州丝织业"账房"发展史论》，南京：江苏教育出
　　　版社，1992，页48。

[26]　《明清苏州工商业碑刻集》，页16。

　　苏州丝织业"账房"的名称，正式出现在"1840 年鸦片战争前夕"，并与"纱缎（庄）"连称；[27] 但依相关史料判断，其实际兴起的时间至少可在十八世纪二十年代到三十年代之间的康熙末、雍正初，而略晚于十八世纪初康熙末年出现的南京丝织业账房。[28] 同时，苏州城账房的开设地点也多集中在城内东半部，[29] 该地正是明代中期以来丝织业小作坊"机户"最密集的地区，[30] 此则与苏州棉布字号集中于城西北郊的空间分布形态有异。

　　康熙《长洲县志》记载机户雇用的机匠工人可分为两大类：一类是"计日受值，各有常主"的契约型机匠，另一类则是"无主者，黎明立桥以待唤"的零工机匠。[31] 直至十九世纪前期的道光年间，第二类所谓的"无主"机匠，仍维持每日清晨"立桥以待唤"的工作习惯，但聚集地点已出现专业性的分化："花桥，每日黎明，花缎织工群集于此。素缎织工聚白蚬桥。纱缎织工聚广化寺桥。锦缎织

[27]　例如：（清）顾震涛，《吴门表隐》（据清道光年间刊本点校，南京：江苏古籍出版社，1986）："此举责成经造纱缎账房。"（页 352）值得注意的是，十九世纪后期苏州和南京虽都通称账房，但两者又分别有"纱缎庄、缎号"的不同别称，反映了双方经营项目的不同：苏州账房"主要经营缎、部分兼营纱、少数专营纱"，故也可通称"纱缎庄"；南京账房则"基本上只经营缎，故称缎号"（上海社会科学院经济研究所、上海市丝绸进出口公司编写，徐新吾主编，《近代江南丝织工业史》，页 48）。

[28]　徐新吾，《中国经济史料考证与研究》，上海：上海社会科学院出版社，1999，页 154–160。

[29]　即使到十九世纪后期，苏州账房仍集中开设在"城内砂皮巷、间邱坊巷、古市巷、白塔子巷等多处"（《近代江南丝织工业史》，页 47）。

[30]　（明）杨循吉，嘉靖《吴邑志》，卷 11："绫、锦、纻丝绢，皆出郡城机房，产兼两邑，而东城为盛，比屋皆工织作，转资四方，吴之大资也。"此处从徐新吾先生引文与断句（徐新吾，《中国经济史料考证与研究》，页 150）。

[31]　引见：（清）蔡方炳等撰，康熙《长洲县志》（清康熙二十二年序刊本）：苏州"东城之民多习机业，机户名隶官籍。佣工之计日受值，各有常主。其无主者，黎明立桥以待唤"，这些机匠工人"什百为群，粥后始散"。

工聚金狮子桥。名曰立桥，以便延唤，谓之叫找。"[32] 至于在这些零工机匠中，有多少是每日由邻近乡村进城打工，又有多少已是较长期居住于苏州城的外来移民，都尚待考证；但是，无论住于城内或近郊，这些不同专业的丝织工人都反映当时聚集于苏州城工作的丝织工人已经为数众多。

　　"账房"这种丝织业生产组织在十八世纪二十年代到三十年代（康熙末、雍正初）之间成立。经营此种生产组织的商人以大量资本预先采购包含经丝与纬丝在内的生丝原料，再将原料发给机户或织工生产；等机户或织工完成纱缎织造与加工，则收回成品并将其行销到国内外。因此，虽然没有出现集中工人生产的工厂制度，但账房商人仍已将丝织工匠的生产活动与丝绸的销售活动一样，一体纳入自己的资本经营与管理的范围。除了原先拥有资本的商人可经营账房外，在道光二年（1822）以前，也已有不少苏州"机户"扩充成这类资本较为雄厚的账房。[33] 尽管无法估计人数，但每家账房雇用丝织工人的平均数目则肯定要比一般机户所雇用的织工人数为多。

　　和丝业"账房"经营方法类似的另一种棉布"字号"组织则成立得更早，在明末即已有记录。经营字号的棉布商人也以预发资本的方式，逐渐加强对染坊、踹坊、其他收购棉布的商人以及众

---

[32]　（清）顾震涛，《吴门表隐》，页22。

[33]　王翔，《中国资本主义的历史命运：苏州丝织业"帐房"发展史论》，页57-70。范金民，《明清时代苏州丝织业生产形式和生产关系初探》，收入洪焕椿、罗仑主编《长江三角洲地区社会经济史研究》，南京：南京大学出版社，1989，页211。直至清末，丝织业仍是苏州工业的最大宗，经营账房的商人在当时仍自称："苏郡工界，以敝业之织匠为大宗。"（引见：《苏州商会档案丛编》第一辑，武汉：华中师范大学出版社，1991，页650）

多所属工匠的控制。[34] 十七世纪七十年代的康熙初年，苏州棉布字号家数已约在四五十家到六七十家之间。[35] 乾隆年间，在苏州城开设"字号"棉布商人的资本规模已相当可观。这种棉布生产组织虽然并未采用集中所有工人在同一地点生产的工厂制度，字号下属的各项生产组织都仍分散于不同的生产空间，但是，史料所记载的字号组织与经营概况，"自漂布、染布，及看布、行布，各有其人。一字号，常数十家赖以举火，惟富人乃能办此"[36]，仍清楚点出众多以"按件计酬"的方式领取字号商人发放工资的棉布从业人员，包含职司漂染布料的"漂布、染布"者，以及负责验货与行销的"看布、行布"者。这些人都由字号商人雇募，他们分散或来往于各个染坊、踹坊等不同的工作地点，虽然并不聚集于一处共同的"工厂"厂房，但一些字号商人间接或直接所雇用的工人，却也十分多，因而字号所需庞大资本便绝非一般人可以负担，是以史料称"字号"这种经济组织"惟富人乃能办此"。

　　苏州城的棉布字号及其雇用工人的数目有多少？雍正元年（1723），苏州织造胡凤翚有报告反映其所见及的苏州棉布"字号"营业情形："阊门、南濠一带，客商辐辏，大半福建人民。"胡凤翚并指出当时苏州棉布工人同样聚集于阊门近郊的概况："又有染坊、踹布工匠，俱系江宁、太平、宁国人民，在苏俱无家室，总计约有

[34]　傅衣凌，《论明清时代的棉布字号》，收入傅氏著《明代江南市民经济试探》，页127–130；全汉昇，《鸦片战争前江苏的棉纺织业》，收入全氏著《中国经济史论丛》，香港：新亚研究所，1972，页625–649；横山英，《踹布業の生產構造》，收入横山氏著《中国近代化の经济构造》，页63–143；寺田隆信，《蘇州踹布業の經營形態》，收入寺田氏著《山西商人の研究：明代における商人および商業資本》，京都：京都大學文學部内東洋史研究會，1972，頁337–410。

[35]　《中国资本主义发展史》第一卷《中国资本主义的萌芽》，页404。

[36]　（清）许治修、沈德潜纂，乾隆《元和县志》，卷10，《风俗》，页106。

二万余人。"[37] 说明当时棉布工人主要是来自江苏、安徽等邻近苏州城地方的移民，这些工匠大多"在苏俱无家室"，[38] 故可能主要并非长期定居苏州的移民。雍正七年（1729）、八年，又有李卫所做的两次调查，第一次调查提及苏州阊门一带"砑匠"（同指踹匠）已是"数盈万余"，第二次报告内容则较为详细：

> 现在细查苏州阊门外一带，充包头者，共有三百四十余人，设立踹坊四百五十余处。每坊容匠各数十人不等，查其踹石，已有一万九百余块，人数称是。[39]

李卫这次调查是针对踹坊与其所雇踹匠做统计。开设踹坊者被称为"包头"，他们负责备置踹布所需用的"踹石"，而当时苏州城内"包头"人数约有三百四十多人，不过，因为有些包头拥有不止一家踹坊，故当时苏州城踹坊计有四百五十余处。每家踹坊依其规模不同而雇用"数十人不等"的踹匠，李卫计算当时苏州城踹匠人数约有"一万九百余"。乾隆十七年（1752）另一份官方调查则记录苏州踹坊、踹石与踹匠数目的减少："今现在止存（踹）坊三百三十五处，计石九千二百零九块，踹匠九千余人。"[40]

要注意的是，无论是"一万九百余"人或是"九千余人"，这两

[37]　《雍正朱批谕旨》，15 函 4 册，胡凤翚奏（册 9，页 5185）。

[38]　另外，如康熙九年史料也称踹匠"从江宁属县远来雇工者甚多"；康熙三十二年史料则记苏州踹匠多"非有家土著之民"（《明清苏州工商业碑刻集》，页 54、55）。

[39]　分见:《雍正朱批谕旨》，13 函 4 册，李卫奏（册 8，页 4457-4458）；13 函 5 册，李卫奏（册 8，页 4515）。

[40]　《宫中档乾隆朝奏折》，台北：台北故宫博物院，1982，第 5 辑，页 63-64。有学者首先介绍此条史料：陈国栋，《介绍一条有关长江下游踹布业的史料》，《思与言》，19，2（1981）：135-138。

个数字都并未算入棉布"字号"组织棉布生产加工所需"漂布、染布"与"看布、行布"等全部从业人员，特别是"染匠"，即很可能不在李卫等人调查的数字内。有记录显示，康熙五十九年时，苏州城染坊至少有六十四家，[41] 就算染坊平均工人数目比不上踹坊的"数十人不等"，则只以每坊十人保守估算，则染坊工人也至少在六百人以上。正因为胡凤翚报告记录的"二万余人"应是包括染坊工人在内，故其统计数字要比李卫等官员调查的"一万九百余"人与"九千余人"多了将近一倍。即便依然假定胡氏报告数字可能夸大，则取最保守估计，十八世纪苏州城的踹布、染布工人总数也肯定在一万人以上。而十八世纪苏州城市人口总数，一般估计有五十万，则单是从事棉布业加工的工人，其所占城市人口比例也已是五十分之一。

棉布、丝织及前面提及的其他手工业行业的发展，使苏州城聚集众多工人，工人众多，则进一步为苏州城的罢工运动提供了基本条件。棉布工人数目最多，罢工活动也最频繁，其他行业罢工记录亦复不少。根据不完全统计，由康熙九年到道光二十五年（1670—1845）间，苏州共发生至少十九次工匠抗争、罢工或是控告作坊主商人的事件，这些事件大都与工资纠纷有关；其中，踹布业发生十次，丝织业发生两次，染纸业五次，印书业两次。[42] 若再加上乾隆四年（1739）、乾隆六年冶坊业两起工匠"干预把持、讼棍殃民"的事件，道光六年（1826）、道光二十七年（1847）蜡烛店业工匠的"霸停工作、勒派敛钱"事件，以及道光十七年（1837）箔作坊业工匠的"霸众停工"事件，[43] 则目前有记录可查的清代前期苏州城工资

---

[41]　许涤新、吴承明主编，《中国资本主义发展史》第一卷《中国资本主义的萌芽》，页 404。

[42]　《中国资本主义发展史》第一卷《中国资本主义的萌芽》，页 719。

[43]　分别参见：《明清苏州工商业碑刻集》，页 154、268、273、165。

纠纷事件，至少有二十四件。[44]

在这二十四次工资纠纷事件中，棉布加工业的踹布业即占十次。以刚要进入十八世纪前夕的一次踹匠罢工事件为例，苏州踹匠在康熙三十九年（1700）四月发起了这次罢工，据棉布字号商人在事件过后的康熙四十年所做的描述，此次罢工造成的"变乱之势"，"比诸昔年尤甚，商民受害，将及一载"。发起这次 1700 至 1701 年间将近一年之久的罢工运动领袖，被棉布商人叱骂为"流棍"。这些气愤的棉布商人对罢工情景描述道："流棍之令一出，千百踹匠景从。成群结队，抄打竟无虚日，以致包头畏避、各坊束手，莫敢有动工开踹者。"同时，踹匠工人也自行发展了类似"罢工准备金"的制度："或曰某日齐行，每匠应出钱五文、十文不等；或曰某匠无业……每匠应出银二分、三分不等，而众匠无一不出……积少成多，已盈千万。"[45] 在"千百踹匠"的配合下，这笔"积少成多，已盈千万"的踹匠捐款，乃使这场踹匠大罢工得以由 1700 年持续至 1701 年。而字号商人所谓的"商民受害，将及一载"，固然陈述了棉布商人在罢工事件中的利益损失，但也真实反映了十八世纪苏州城作为一座"罢工之都"的情景。

---

[44]　商人与雇用工匠发生的许多工资纠纷，在当时常被称为"商匠争端"（《明清苏州工商业碑刻集》，页 75）。对清代前期苏州及其他地方"商匠争端"的分析至少可见：刘石吉，《一九二四年上海徽帮墨匠罢工风潮——近代中国城市手艺工人集体行动之分析》，收入《近代中国区域史研讨会论文集》，台北："中研院"近代史研究所，1986，页 411-429；邱澎生，《由苏州经商冲突事件看清代前期的官商关系》，《文史哲学报》，43（1995）：37-92；巫仁恕，《明末清初城市手工业工人的集体抗议行动——以苏州城为探讨中心》，《"中研院"近代史研究所集刊》，25（1998）：70-72；巫仁恕，《激变良民：传统中国城市群众集体行动之分析》，北京：北京大学出版社，2011；余同元，《江南市镇早期工业化中工业行业与职业团体之发展》，《安徽师范大学学报（人文社会科学版）》，37，（2009）：214-219。

[45]　《明清苏州工商业碑刻集》，页 63。

　　十八世纪苏州与江苏地方政府屡次发布管制工人罢工的法令。自康熙四十年颁立《苏州府约束踹匠碑》规定以保甲编查踹匠的具体办法：命令十家踹坊编成一"甲"，于其中选立"老成者，充任坊长"，然后令这些"坊长"约束踹匠，每家踹坊"设循环簿"，记录新收踹匠"何处籍贯、何人保引、何日进坊、何日出坊"等个人资料，规定这些个人资料要"分列旧管、新收、开除三项。每逢朔望，必与坊长倒换"，同时还责成专门官员稽查与弹压。康熙五十九年再颁立《长洲吴县踹匠条约碑》，执行"连环互保"与"夜间关闭在坊"等更为严苛的管束踹匠办法。乾隆五十八年（1793），苏州的元、长、吴三县知县则联合援引康熙年间颁布的《踹匠章程例》，如法炮制了一套防止苏州城纸业工人罢工的《纸匠章程》。[46] 政府在十八世纪不断颁布管理苏州城工人的法令，这应该是传统中国都市史上极特殊的现象，也正好侧面说明了苏州这个城市如何在十八世纪成为一座名副其实的"罢工之都"。

第二节　质检验收、工资谈判与新工作规训的形塑

　　由十八世纪苏州城棉布业中的工资纠纷与罢工事件，可以观察到当时的工作习惯与"工作规训"内容的转变。然而，要掌握当时新出现的"工作规训"的内容，则需先理解当时苏州棉布业生产结构的变化，特别是要先探究所谓的"质检验收"流程究竟如何被嵌入当时的棉布字号"放料制"的生产结构，在字号老板借助各种"看布朋友"帮助检查棉布原料与加工成品的质量的同时，棉布工人

[46] 《明清苏州工商业碑刻集》，页 63–64、68–70、92–95。

也在日常工作中日益感受到一种由"写账、按件计酬"而带来的诱因与压力，这构成当时工人将这套新工作规训予以"内在化"的主要内容。同时，随着各种工资纠纷与所谓"齐行、叫歇"等罢工运动的展开，在商人与工人之间的工资谈判过程中，官方不仅介入工资纠纷仲裁，也颁布了更严格的踹匠管理法令，这些工人、商人与官方的复杂互动，也形成了当时出现的一种新工作规训的外在机制。因而，"质检验收"及"齐行叫歇"正是当时新工作规训兴起的关键，本节将做分析。

（一）"质检验收"的背景与理论

苏州城在十八世纪成为全国最大的棉布加工与贩卖中心，主要有三个关键成因：一是前节所述苏州城在全国商贸网络中的优越交通位置，二是地近全国棉布生产中心的松江府地区，三是城内染坊、踹坊工匠对"青蓝布"等棉布加工工艺的较高技术水平。[47] 松江地区虽然产布最多，但因并不兼具苏州这三项长处，故松江地区由清初到乾隆年间也愈来愈以苏州城为销售中心，从而形成一种"布店在松，发卖在苏"的产销格局。[48] 所谓的"布店在松，发卖在苏"，固然再次印证苏州优越的商业交通地位与更好的棉布加工技术，但其实也同时涉及棉布产销中的农村与城市关系，要对后者先做些分析。

苏州城主要是作为棉布染色、踹整等工序的加工与销售中心，每年由苏州城发售全国各地的棉布原料，并不在城中生产，主要是

---

[47]　王家范，《明清苏州城市经济功能研讨：纪念苏州建城两千五百周年》，《华东师范大学学报》，5（1986）：16。

[48]　顺治十六年四月的《苏、松两府为禁布牙假冒布号告示碑》，即已由当时松江"金三阳"等布号商人提及其"布店在松，发卖在苏"的事实（《上海碑刻资料选集》，页84）。

来自江南地区的许多农村与市镇。江南农村与市镇生产很多不同种类棉布，而由棉花制成棉布，则需包括以下几道基本工作程序：轧棉、弹絮、搓条、纺纱、摇筒纤、刷经、盘轴、穿筘、穿综上机。根据纺织者工作熟练程度的差异，由棉花到棉布所需时间当然无法一概而论，但勉强取江南农家纺织的一般技艺水平估算，则上述九道工序所需花费的工作时间可折算如下：纺纱，需四个工作日；织布，需一个劳动日；织前一切准备工作，需要一个劳动日。织成一匹棉布，总计大约需要六个劳动日。[49] 在农民家庭中，这"六个劳动日"当然由家庭许多男女成员共同协作完成。但农家所织成的棉布主要是素色，基本上都未经染色等加工程序，当时统称为"白布"。江南各地农村所产白布也有高下之别，当时许多收买棉布的牙行或商人，对各地出产的不同棉布的质量优劣，都要有一定程度的掌握。

江南农民生产的棉纺织品，通过商人资本的介入，愈来愈与市场密切关联起来。江南地区的棉布市场可区分为农村集镇与城市两个层次，在城市进行的棉布交易一般规模较大；而农村家庭生产的大量棉花、棉纱与棉布，则主要在农村集镇交易。在商人与农民家庭之间，则是遍布各地农村集镇市场上的棉业小贩、牙行等大小规模不一的中间商，这些中间商负责在各地农村集镇上与农民交易各色棉纺织品。随着对棉布市场依赖程度的加深，投入棉纺织工作的农民家庭也愈来愈直接面对市场上季节性价格波动的折磨。[50] 不过，

---

[49] 徐新吾主编，《江南土布史》，页 216。有学者则估计稍微不同：一个成年劳动力从事由弹棉到成布的全部过程，共需七个工作日；其分配大体是纺纱四日，织布一日，另二日是弹花、浆纱、接头等准备工作。见：《中国资本主义发展史》第一卷《中国资本主义的萌芽》，页 390。

[50] 徐新吾，《中国经济史料考证与研究》，页 78-79、87。

若从交易成本的角度看，则这个农民在市场贩卖棉纺织品的过程，其实也反映了当时江南棉业市场上遍布于众多农民与棉业商贩之间的契约谈判和签订过程，各种买卖棉布的契约谈判技术，成为当时从事棉业生产的农民家庭及各类商人所经常运用的相关知识。

棉布市场除了城市与农村集镇空间不同水平的区别外，还可另依批发规模不同而垂直划分为三大环节：第一，外地客商携带巨款，大批购入已加工完成的棉布，并向全国各地甚或是海外输出（所谓"富商巨贾，操重资而来市者"）[51]；第二，本地"布牙"接受客商委托，代为收购棉布（所谓"代客收布"）；第三，"布庄"在市镇开设分支店铺，直接派人下乡选购或是从外地大批买入棉布原料。[52]随着时间的演进，某些商人开始扩大营业资本，将这三个环节进行垂直整合，形成一种同时整合第一类大批购入已加工完成的棉布、第二类接受客商委托"代客收布"，以及第三类的"布庄"在市镇设立分支店铺收购棉布原料的商业组织；这种商业组织不仅在营业空间上兼跨城市与农村市镇市场，更随着委托加工棉布数量的日渐庞大，开始正式跨足棉布的生产加工，逐渐将与自己长期合作的许多染坊、踹坊纳入自己的资本经营范围内，进而使分属各个染坊、踹坊自行雇用的染匠与踹匠，变得愈来愈像是这类棉布商业组织所雇用的工人。因而，这类"商业组织"也发展成一种实质上的"工业组织"，一种同时结合棉布销售与生产的新经济组织于焉成立，这便是那些资本规模较大的棉布"字号"。

---

[51]　（清）叶梦珠，《阅世编》（原书成于康熙年间，新校本，台北：木铎出版社，1982），卷7，页157。叶梦珠对晚明以来松江棉布商业的兴盛有生动的描写："标布盛行，富商巨贾，操重资而来市者，白银动以数万计，多或数十万两，少亦以万计，以故牙行奉布商如王侯……牙行非借势要之家不能立也。"（《阅世编》，页157–158）

[52]　徐新吾，《中国经济史料考证与研究》，页167–174。

江南地区这类具有资本规模的"字号"的出现与发展，改变了棉布生产与销售组织中的契约关系。开设字号的棉布商人，通过自身资本的运作，使"漂布、染布、看布、行布"者这些原先只是彼此各自私下建立买卖关系的生产者与销售者，共同形成一种更长期而稳定的契约关系。无论是在苏州还是在其他江南城镇中，棉布字号的普及，都使染坊与踹坊等棉布加工业者经常接受特定字号的加工大量棉布的委托，从而使这些与字号有长期契约关系的染坊、踹坊，逐渐转变成为"一般早已都是为商人进行加工"。[53] 随着前述垂直整合程度的加深，甚至在农村、市镇中从事棉业生产的农民家庭，也通过字号派人维持更长期而稳定的收布关系，而被字号商人间接地统合在一起。

综合看来，在具有资本规模的字号普及之前，商人委托踹坊、染坊生产加工，以及商人委托布庄、牙行在市镇中收取农民生产的棉布，可以同时存在各种短期或长期的生产与销售契约，而这些契约其实都涉及买卖双方如何具体界定、确认、监督、修改与执行权利义务关系的复杂问题；当棉布字号普及并掌握更大的产销能力时，包含棉布采购与委托加工在内的各种契约，乃由短期而经常更换的形式逐渐转变为长期而较稳固的形式。[54]

本章主要关心棉布委托加工领域内的商人与工匠冲突事件，下面将针对染坊、踹坊与棉布字号商人的生产结构多做讨论。

尽管有些邻近生产棉布的农村的市镇也存在一些可为农民加工棉布的染坊，而像松江府娄县的枫泾镇及嘉定县的南翔镇，也有数

---

[53]　徐新吾，《中国经济史料考证与研究》，页89。

[54]　清代前期苏州棉布字号出现之后，究竟如何影响江南棉布市场短期、长期契约中存在的有关"调查与信息成本、谈判成本、执行成本"等不同"交易成本"的个别变动，可见本书第二章的分析。

目不少的踹坊与踹匠，[55] 然而，苏州城的染坊与踹坊，无论是以营业
规模或是加工技术而论，都仍在江南地区独擅胜场。苏州城的染色、
踹整具有独到的技术，聚集了一批优秀的染坊与踹坊工匠。乾隆以
后，苏州城的染坊更加兴盛，不仅技术精良，并且能够印花，时称
"苏印"。只是，相对于现存的踹坊史料，我们对清代前期苏州染坊
的生产经营与雇佣关系所知仍然不多。[56] 踹布这种加工程序最初常
由染坊兼营，其规模大小不一，但后来踹坊逐渐自染坊中区分出来。
一般而论，清代前期苏州一座踹坊内的踹匠经常是"20 至 30 人，
在同一场所，在同一资本支配下，进行集体劳动"[57]，单一踹坊内的
踹匠工人数目已不能算少，而那些被称为"包头、作头"的踹坊老
板则要负责添置与更换"踹石"等生产设备。有学者不将包头视为
踹匠的真正老板，其理由在于："踹匠的工资是按匹计价，由布号发
给"，"在经济关系上，应当说踹匠是布号的雇佣劳动者，付给计件
工资"。[58] 这是主张"包头"更像是代收、代发字号商人薪水的中间
人，而不是踹坊工作场所内的真正老板。[59]

　　无论当时踹匠心中认定踹坊包头或字号商人谁才是其真正的
"老板"，至少，由字号对踹坊预发等待加工的布匹，同时参与一笔
棉布加工订单的踹坊在空间上相对分散，以及踹坊工匠要到完成加

[55]　枫泾与南翔这两个市镇，在十八世纪也曾发生不少棉布业工资纠纷与罢工事件，现有资
　　　料至少可查得康熙三十七年、康熙五十四年与乾隆四十年等三次罢工与工资纠纷，参见：
　　　《上海碑刻资料选辑》，页 98、99。

[56]　《中国资本主义发展史》第一卷《中国资本主义的萌芽》，页 404–405。

[57]　《中国资本主义发展史》第一卷《中国资本主义的萌芽》，页 409。

[58]　《中国资本主义发展史》第一卷《中国资本主义的萌芽》，页 407。

[59]　寺田隆信对此略有不同看法，他认为：康熙、雍正及乾隆初期，踹坊包头与布商字号之
　　　间，"似乎并没有直接的金钱往来关系"（寺田隆信，《苏州踹布业的经营形态》，收入寺
　　　田氏著《山西商人研究》，张正明、道丰、孙耀、阎守诚译，页 332）。

工后才以按件计酬的方式领取棉布商人发放的工资，这些特征都反映了当时苏州棉布生产主要以"放料制"为基本特征。或者，我们也可换个方式描述：当时许多踹坊与字号之间转而签订较为长期而稳固的契约，从而取代了原先常见的短期而不稳定的契约关系。踹坊如此，染坊应也相去不远，许多染坊同样与字号商人存在较长期的委托加工契约关系。

　　然而，接受字号委托加工的踹坊、染坊并不集中在一处，而且，那些按件计酬领取字号商人工资的工匠人数也不少，在组织技术上，字号商人究竟要如何减少加工棉布的质量不稳定、工人怠惰偷懒，甚或是盗卖原料等监督管理方面的问题呢？有学者强调字号商人借助棉布的"机头、牌号"来降低这方面的管理成本，或者直接提出字号可以"质检验收"程序有效解决此类管理问题。

　　徐新吾指出：棉布业"字号"与丝织业"账房"都在自身产品上加附"机头、牌号"；在棉布生产方面，康熙、雍正年间凡经苏州、松江等地棉布字号加工的棉布，在布匹的"机头"或包装上便印有"某某某号监制"或是"某某某号自制"的字样；[60] 而在丝织生产方面，苏州"账房"的经营方式则是"只经营放丝收绸，不再兼营收购缎匹，这是因为各家账房均有自己的牌号与固定的规格品种"。[61] 李伯重也强调"机头、牌号"反映了江南字号对棉布质量的"鉴择尤精"，以及账房对丝织品进行"雠货"，从而能对棉、丝织商品的生产流程有效进行"严格的质检验收"。[62] 李伯重进而指出：江南棉布字号与丝业账房的放料制生产，不仅"通过发料、收

[60]　徐新吾，《中国经济史料考证与研究》，页 172。

[61]　上海社会科学院经济研究所、上海市丝绸进出口公司编写，徐新吾主编，《近代江南丝织工业史》，页 48。

[62]　李伯重，《江南的早期工业化（1550—1850）》，页 79–80、83。

货这一基本形式"而将"手工作坊、个体劳动者、家庭妇女、小生产者、各种手艺人"的各种工序都组织起来，"形成一个庞大的工业体系"；更通过上述"质检验收"的作用，而对纺织工业起到了重要贡献："可以减少获取市场和货源信息所需费用、更有效地规划产销组织内部设备与人员的利用效率"，从而"提高了生产效率，并降低了成本"。[63]

尽管字号通过"质检验收"可以排除不适任的踹坊与染坊，但是，以无法通过"质检验收"流程而欲排除继续委托既有踹坊、染坊加工的这种商业行为，其实仍要看当时的司法运作是否真能有效维护此种民间承揽契约的具体协议内容。事实上，苏州染坊与踹坊即可以自己有长期契约保障为借口，控告字号商人违反契约，并要求官员不准字号商人另换别人承揽棉布加工。一般说来，这类踹坊、染坊控告字号商人不得撤换自己，继续承揽棉布加工契约的诉讼案件，仍是清代地方官员面对的挑战，在维护"禁止把持"市场的自由原则，以及保护染坊、踹坊的"小民"生计之间，地方官其实并不一定容易做出明确而果断的裁决。[64]

即使考虑各种司法流程与法官法律推理的差异因素，字号商人通过"质检验收"可以有效降低管理监督成本的提法，笔者也认为确实有其基本道理。只是，我们仍需留意棉布字号究竟通过何种机制与人员来实际从事"质检验收"。依现有史料看，帮助棉布字号商人质检验收的主要人员，是一些专精棉布产销知识的人物，他们自

---

[63] 李伯重，《江南的早期工业化》，页79。

[64] 相关分析可见本书第二章。

称为"看布朋友",这些人物同时称字号商人为"东家"。[65] 在不同的棉布产销流程中,字号商人聘请许多"看布朋友",用以协助收买各式棉布原料并对棉布加工流程与成品进行包括各种细节的"质检验收"。

　　字号商人雇用的"看布朋友"各有所司,其职务分工主要可分为"看白布"、"看缸水"与"看光布"等三类:"看白布"是对布牙搜集的农家纺织的各种素色棉布进行分级采购,"看缸水"是对染坊加工的"青蓝布、翠蓝布、月白布"等等众多不同色布进行质量鉴别及成本管控,"看光布"则是验收端坊加工的"光布"的质量优劣。"看布朋友"需要兼具棉布产销与加工方面的各类知识,并要常与各式各样的棉布从业人员打交道。当帮字号"东家"到附近农村集镇收布时,"看布朋友"不仅要必备判别江南各地农家"织手"优劣的知识,还得常与集镇中各种谈判手段高强的"庄客、行家"往复议价;同时,更要能敏锐地意识到棉布市场上变动不居的行情,依白布质量、种类与市场行情的变动而采购数量不同的各类白布,此工作也泛称为"配布"。配布要依照"行情涨即多买,行情将落则宜少收"的原则,绝不可"稍存私意",因为"字号生意,赚钱折本,都在涨落之间,其中因时用事,为东家者,不知全在看布之人也",这是"看布朋友"看重自己身为"字号之栋梁"的自勉与期许。[66]

---

[65] 所谓:"盖朋友只为东家,代天行事,若东家疑,为朋友者,岂能尽心竭力耶!"(《布经》,清抄本,安徽省图书馆藏,页36)王振忠教授曾抄录此书,承其美意慨慷赐借阅读,谨此致谢。又,此抄本原无页码,笔者此处征引原抄本时,暂依王振忠教授手标页码。针对"贾师"的更多分析,可见:邱澎生,《18世纪苏松棉布业的管理架构与法律文化》,《江海学刊》,2(2012):143–157。

[66] 《布经》抄本,页13–14、19。

在讲究"看白布"配布能力的同时，"看布朋友"更是协助字号商人检验染坊、踹坊加工棉布质量的关键人物。在这些"看布朋友"口中，染坊业者通称为"缸上"，而踹坊业者则泛称为"石上"。乍看之下，"看布朋友"常表露他们对染坊、踹坊全体业者的鄙视，如所谓"缸上人，蠢者多，而好者少""石上小人，反复不常"；[67]然而，细究其实，这却主要反映了质检验收过程中"看布朋友"与"缸上、石上"之间的一种结构性紧张关系。

每当检验出不合格的染布与踹布时，"看布朋友"便须采取各种轻重不一的手段：情节重者，退还不收；情节轻者，则"写账"罚款。这种罚款或退布手段，让"看布朋友"与染坊、踹坊间常面临一种紧张关系。以"看光布"这类主要检验踹坊加工棉布质量的工作而论，"看布朋友"即曾自述其间艰辛：

> 看光布一事，俸金虽重，乃是非衙门，却好，亦不好也。既叨重任，不得不认真究工，岂知招怨。石上货不能出，而东家不悦；稍为宽容，布又不好，东家又不悦。此乃至难之事。盖石上原不知礼义，究工太甚，鬼计百出，或停工不踹，或私送礼物，谗言流语，甚至离间宾主。一俟东家辞出，轻则辱骂，重则谋害，于无人之处，被石上打伤者，亦往往而有。[68]

由此可见，如果检验棉布太过认真，则"看布朋友"经常要面临踹坊或送礼贿赂，或直接到字号商人"东家"处讲坏话，或罢工抗议，甚至在私下无人处被踹坊派人"打伤"。"看布朋友"批评

[67]《布经》抄本，页20、36。
[68]《布经》抄本，页44。

"缸上人，蠢者多，而好者少"，而"石上小人，反复不常"，恐怕真有些切肤之痛。但质检验收乃"看布朋友"职责所在，更是"缸上、石上"向字号"东家"按件计酬领取工资的主要根据，染坊、踹坊希望字号多收加工棉布，而字号则担心不良加工棉布无法在竞争激烈的棉布市场中顺利卖出去，而且也要减少加工成本的支出，双方有一定的利益冲突，"看布朋友"身处第一线并为字号商人的利益代理人，各种紧张冲突势所难免，这正反映了质检验收内部存在的结构性紧张。

如何消减这种结构性紧张关系？有些"看布朋友"提了建议。基于实际经验，老于此道的"看布朋友"并不建议在质检验收中轻易采取重罚或退布手段，这倒不是真要徇情放水，而是因为若验收踹布时一律采取"凡有破布，必写账，与包头扣算"的方式，则很可能会影响到踹坊内其他"好踹手"的工作意愿，反而让踹布品质更形低下。何以故？因为踹破棉布常肇因"低踹手"技艺不良与不认真，而一座踹坊如果每月都因破布太多被"写账"扣算许多工钱，则不仅踹坊拿不到字号发下的全额工价，而低踹手也因自知踹破棉布将会被扣工资，故便预先向踹坊借钱而"透支工银"，环环相扣，最后必使每月结算工银时"连累好踹手无银支"用，如此，则此座踹坊便面临"好踹手去，而有低踹手在，则破者皆从此而不免"的不利结局。为避免此种字号与踹坊两蒙其害的结果，有些"看布朋友"便建议要尽量轻罚，"有破碎甚者，或罚二、三分一疋"，或是不要太严格验收，"或有活绐破，可以去得，亦当收"；如此一来，则"包头省力，石上不致透支，而低踹手自然去，而高踹手自然来，破布之病，永无矣"。到染坊验布时，也建议不要过于严格："朋友随机应变，不可执自己意见，妄听人言。要看本家生意多寡，亦要看天色及缸水高低，如其布色彷佛，即当收下，切勿误退"，"亦乃各人活变，不但东家生意好，而缸上亦极心服"。[69] 这也都是明显要求有志学习"看布朋友"技术的人，一定要以大局为重：要在保证"东家生意好"的同时，还要能既让"缸上人心服"，而且"石上不致透支"。

当然，对于有些质量太离谱的加工棉布，明显是"缸上"或"石上"错误时，则"看布朋友"仍是强调"必要写账重罚"。而且，在验看棉布的当场，也仍有操作的基本原则："主意拿稳，不必多言，不可生火。惟以眼光射在布子眼内，好即收，次则带，不好即退，万勿狐疑。凡石上进来，叫他毋许啰唆，只好言忍慰骗之。"对于棉布加工过程中的各种细节不仅要能掌握，对于"石上、缸上"可能用来骗人的小把戏，"看布朋友"也必须要能洞察其弊。诸如"石上端布"可分"夹背端、抽套端、提削端、擦皮端、擦纸端"，即能一一由这些端布技艺的优缺点中看出工人是否是"好端手"："背端法极难，新学手不敢背端"，"提削端法，乃偷工端也，容易发亮，重水不能端干，则外面亮、内里黑，又绺破者多，不可取也"，"用擦皮、擦纸端者，因人不识货，故将此法欺之，并害他生意，其布必然上霉也"。[70] 因此，验布时究竟是要严格还是要稍宽，既考验"看布朋友"对棉布产销与加工各项细节的熟悉程度，也能充分展现一位优秀的"看布朋友"如何讲究人情世故，以及如何获致所谓"公私两利"的权衡技艺。[71]

要之，"看布朋友"在棉布产销与加工方面所具备的各项工商业知识及应对人事的技巧，确实是当时棉布字号这种"放料制"生产在实际执行"质检验收"工作时的关键，故《布经》曾针对端坊加

[69] 《布经》抄本，页39、20。

[70] 《布经》抄本，页42、41、43。

[71] 《布经》抄本，页37。

工质检验收发表以下评论:"看光布一事,原不是勉强做的。如朋友手段高强,必然重俸。若不重,则不能遂朋友之心;若既重俸,而朋友实无手段,徒负虚名,又何以遂东家之意。自古道为君、为臣不易,此事亦然。"[72] 这里只是要求"看布朋友"要在真能拿捏各种令"公私两利"的权衡技艺的同时,字号东家不仅提供"重俸",更重要的是要能对"看布朋友"充分授权;"看布朋友"甚至以"君臣之道"来形容此中关系。

我们虽然缺乏棉布工人自己记录的语言文字,但《布经》仍透露了当时棉布加工行业如何进行"质检验收"的第一手史料。在检验棉布时,不必向工人强调"时间即是金钱",因为字号施行的这种"写账"制度,本来即使得踹坊与染坊都必须使技艺不达水平与不慎弄坏棉布的工人被一并"扣除"每月工银。在"质检验收"按件计酬与"写账"制度里,"看布朋友"对于城市的"好踹手"与部分农村的优良"织手"是很看重的。当《布经》作者提及"认真好踹手,一日只踹八疋;若踹手低者,要防他起不良之心,有鬼布放在内",并提醒对这些"低踹手"的种种"小人见识"与伎俩,"看布者,必当时时留心"时,[73] 也一样是对提升工人的工作道德与工作规训等问题显得几乎是漠不关心,好像只要"看布朋友"自己本领高强,则自然不会被"低踹手"骗到。

由此可进一步看十八世纪苏州棉布加工业的"工作规训"问题。好的"看布朋友"可以设法以自己的知识与智能让字号、缸上、石上达成"公私两利"的结果,进而让更多从事棉布加工业的工人享有更好的工作环境,不会因为一时出错而被扣掉太多工资。优秀的

---

[72] 《布经》抄本,页35。

[73] 《布经》抄本,页37。

"看布朋友"并非只想着自己的好处，他们也确实关心字号"东家"以及那些签订长期契约的"缸上、石上"棉布加工业者的共同利益；只是，有趣的是，《布经》里的"看布朋友"不仅对劝人努力工作的道德论述毫无兴趣，对于设法增加工人工作时数以及要求工人准时上班的制度设计，也并不关心。这些现象都从侧面再次验证当时苏州棉布加工业的"工作规训"本来即是工人依自己努力程度赚得更多工资的一套"内在机制"。

（二）工资谈判中的工人、商人与政府互动

由"看布朋友"从侧面反映的棉布工人中那种"高端手、低端手"得为自己领取工资多少负责的态度，还可以连带提出一个十分重要的观察：在《布经》中，我们完全看不到有任何棉布工人团体运作的影子，那些在欧洲中古与近代初期对纺织业有重大影响的工匠"行会"，从来便不是苏州城如此发达的棉布手工业中曾经有过的历史现象。在此种"按件计酬"的制度下，所谓"高端手、低端手"等技艺不同的工人，自然会领到不同的工资。要想多领工资，便得设法改进技艺并且谨慎工作，这便成为工人自己要负起责任的"工作规训"，没有类似"行会"的工人团体力量可以抵抗这个"不同工、不同酬"的"按件计酬"与"写账"制度，踹匠、染匠个人要承担起勤劳、谨慎与否的工作后果。

然而，工人认同于依个人工作能力领取不同工资，以及在日常工作生活中看不出来有棉布工人团体组织运作的迹象，当然并不等同于字号商人与棉布工人没有严重的工资纠纷，踹坊、染坊等棉布加工业者也绝不可能对字号商人订立的"按件计酬"工资水平总无抱怨。而且，"看布朋友"本领再如何高强，也不能靠着个人专业知识与处理人际关系手段的高强而使商人与工人间不发生工资纠纷。

苏州棉布业踹匠、染匠与其他丝织业工人的生活如何？我们其实很难一律以"贫困"来概括其间细节的变化。在苏州附近的南翔镇，有两则与踹匠的生活相关的实例。一例是有位商人罗采，先由徽州到扬州经营盐业，后来再跑到南翔镇开设棉布字号；他不仅在雍正十一年（1733）曾在南翔镇参与徽州同乡捐款设厂煮赈救济贫民的活动，还曾因为"踹坊各匠逋金无偿，当众悉焚其券"，这个类似古人义行的烧毁债务契据的举措，据说令受惠的踹匠们"感泣者载道"。[74] 姑且不论这些较富社会正义感的"手工业资本家"商人有多少，至少，踹匠积欠债务的"逋金无偿"现象，容易令人联想到前述《布经》提及的"低踹手"向踹坊预支工资，以及每月结算工资时"高踹手"不满"低踹手"领去太多字号发给踹坊工银的那种"写账"制度，只是，这里透露了进一步的信息：借钱给踹匠的人，有时候已经不再是踹坊，而是字号商人。这也是十八世纪南翔镇棉布字号商人罗采烧毁踹匠积欠债务契据义举相关史料所呈现的一项重要信息。

《南翔镇志》编者程攸熙（1752—1810）在十八世纪后期补充这部镇志内容时，还采集了另一件有关踹匠日常生活的事例："王氏，小家女，适踹匠某，生一女。某负坊甲银，甲固棍恶，禁不令踹布。某无生业，贫难度日，计维鬻妻偿负，犹可踹布自活。氏侦知之，恐死后，鬻女为人婢，遂伺深夜，以绳自系，并系其女共沉于池，见者酸鼻。"[75] 这件凄惨的"烈女"事迹，被编者置于镇志《列女》一章，并系其事于一则明代史实。因为担心自己死后女儿被卖为婢女，故这位出身"小家女"而错嫁一位积欠踹坊债务而被禁止

---

[74]　（清）张承先著，（清）程攸熙订，《南翔镇志》，朱瑞熙据民国十二年（1923）铅印本点
　　　　校，上海：上海古籍出版社，2003，卷7，页89。

[75]　（清）张承先著，（清）程攸熙订，《南翔镇志》，卷8，页114。

继续端布的端匠的"王氏"，乃与女儿一起投水自尽。编者谓此事于明代是"见者酸鼻"；而由生产结构看，王氏错嫁的端匠何以会被端坊"禁不令端布"？恐怕也同样是前述《布经》指出端坊担心"高端手"被"低端手"连累而必须开除王氏丈夫的结果。此外，那些在史料中经常被形容为没有家室的外来端匠们，也在晚明的南翔镇上出现了一件娶妻生女的事例，虽然此桩不幸的婚姻实例当然会令后代读者同感凄凉。

　　端匠的生活便是充满债务方面的沉重负担的吗？当宣称要用些许事例重建十八世纪苏州与邻近江南地区工人的生活水平，甚至是进而将江南工人的平均所得概括为下降或上升，实在令不少学者不能不感到为难。然而，十八世纪苏州包含棉布业在内的工资纠纷与罢工事件频传，则是确实的史实。与其设法估算当时工人的生活水平是否下降，甚至是推论当时中国已然面临"人口压力"等经济生计问题，笔者觉得倒不妨再仔细讨论当时的工作如何作为一种"文化的活动"，以及当时是否出现与如何出现一种新的"工作规训"。

　　在十八世纪苏州的工资纠纷中，有些端匠曾经发挥过组织方面的才能。不少学者留意到在康熙五十四年（1715）的苏州端匠罢工运动中有些端匠曾经试图组建"会馆"，在那些对端匠团体组织充满敌意的字号商人眼中，这是不良端匠以"欲助普济院、育婴堂"为名而共同"结党创立会馆"的"敛银"阴谋。[76] 布商在法庭上提出有关端匠"敛银"阴谋的指控，其实应细分为两项不同的行为：一是"欲助普济院、育婴堂"，一是要"结党"建立"端匠会馆"。在官府与商人同样畏惧工人结社的心理背景和政策方向下，"端匠会馆"最后并未能成功援用苏州商人与手工业工匠设立"会馆、公所"

[76]《明清苏州工商业碑刻集》，页66。

的既有前例，那些使同业或同乡捐买、捐建的专属建筑物取得地方政府合法保障产权的"立案"前例，踹匠其实未能享有这种"前法人"的法律地位。然而，与讨论踹匠是否能成立团体组织的关心不同，夫马进观察到极富启发的一项事实：苏州的"普济堂"其实是康熙四十九年（1710）一位苏州地方民间人士陈明智提倡建立的。陈明智是位民间唱戏人，但可能是他在结识某位达官显贵而有机会去北京参观过"普济堂"后，便在苏州倡建一座与北京"普济堂"主要功能略有不同的同名组织，苏州"普济堂"主要收养"贫而病者"，这使其功能相对来说更接近于我们今天所说的医院。苏州普济堂成立后，康熙五十三年（1714），有位年已八十岁的苏州老人家王三锡，他在与小孩分家后，将自己用来过晚年生活的"膳田"拨出一百亩捐给苏州普济堂。康熙五十四年苏州踹匠王德等人"欲助普济院、育婴堂"的事迹，在夫马先生看来，其实反映了捐助普济堂在苏州当地"似乎成了一种时髦"，[77] 这确实是值得留意的现象。而由本章关注的"工作作为一种文化的活动"的角度看，则部分踹匠在前一年王三锡捐地给苏州普济堂之后不久，同样响应对这座专收"贫而病者"的慈善组织发动同业工人捐款，如果我们不以商人指责的"结社阴谋"观点看，则这也是苏州工人参与地方慈善活动的具体反映，工人们不是只关心自己的生计问题，也希望捐款帮助地方上的"贫而病者"。学者指出，明末清初江南城镇已有不少手工业工人以"札焚神马、身背黄布冤单、赴城隍庙告状"等等"祀神唱戏"展现其集体抗议活动以及源出某种宗教意识的"工人文化"；[78] 与此

---

[77]　夫马进，《中国善会善堂史研究》，伍跃、杨文信、张学锋译，页 437–439。

[78]　巫仁恕，《明末清初城市手工业工人的集体抗议行动——以苏州城为探讨中心》，《"中研院"近代史研究所集刊》，25（1998）：70–72；巫仁恕，《激变良民：传统中国城市群众集体行动之分析》。

同时，夫马进指出的工人倡捐地方上这种并不标榜救济同业同乡特殊对象的"普济堂"，是工人主动参与地方公共慈善事业的表现，也很值得留意。

踹匠没能成功创建"会馆"，政府同意商人的说辞，以危害社会治安为理由禁止踹匠成立团体组织。不过，政府取缔工人团体，也绝非同意商人可以不理会工匠增加工资的要求。早在十八世纪以前的康熙九年（1670），苏州知府已为布商与踹匠重申订立了协议工资："照旧例，每匹纹银一分一厘。"地方政府要求双方遵守此协议，希望劳雇双方都能自此在工资纠纷冲突中自我节制："店家无容短少，工匠不许多勒。"康熙三十二年（1693）以前，地方政府则已将踹匠工资的相关规定，刊刻在苏州当地称为"皇华亭"的公众场所，[79]要求商人与工匠一体遵守协议。进入十八世纪，苏州与松江地方政府处理商人字号与棉布工匠的司法诉讼并介入工资协议，更已成为常态。如乾隆二年四月踹匠殷裕公等人向苏州地方官抗议布商未能随"米价昂贵"的市场变化而增加工价，踹匠要求援引"松郡之例"，希望苏州地方官员能以松江府的地方司法行政为前例，强制那些在苏州开设字号的布商增加工资。可能是不满意苏州府、县级衙门的处理方式，同年十月，踹匠王言亨等人采取径行"越控督、宪"的上控手段，[80]要求上级长官直接介入踹匠与商人的工资纠纷。

整体看来，苏州与松江府所属地方政府介入棉布加工业中的工资纠纷，有个较长期的学习过程。十八世纪之前，官府在宣布商人与工人协议的"旧例"仍然有效时，不太考虑米价与银钱比价等因素，所谓的"每匹纹银一分一厘"，是一种规定平均计价的方法。但

---

[79]《明清苏州工商业碑刻集》，页 54、55。

[80]《明清苏州工商业碑刻集》，页 74。

进入十八世纪，在康熙四十年至五十四年（1701—1715）间，政府在同意踹匠工资由"每匹纹银一分一厘"提高为"每匹纹银一分一厘三毫"的同时，还进一步规定了粮价上涨期间的货币工资究竟应该如何换算的法定标准问题："其米价贵至一两五钱，每踹布千匹，加银二钱四分。米价一两二钱，则止。商店给发工价，每两外加五厘，名曰捐助。"[81] 在工资发放的方式上，地方政府也逐渐习得一些可以较好保障工人的细节，如乾隆六十年（1795）的《元长吴三县会议踹布工价给发银两碑》，即规定："嗣后坊户给匠工价，即照所发陈平九八兑九六色银"给匠，并让踹匠能"听其自行换钱，毋庸坊户代为经理"。[82] 之所以如此规定，是因为布商发给踹坊的工资，原本多属于白银货币，而踹坊坊主假借代换铜钱之便，在银钱比价折算的价差上，可能克扣了踹匠所得到的实际工资。地方政府于此处介入，仍有保护踹匠利益的考虑。

在棉布业之外，苏州地方政府也逐渐实行类似的行政与司法技术。如乾隆二十一年（1756）即由元和、长洲与吴等三县知县联合为纸坊坊主与纸匠订立工资给发标准："长、元、吴三县会议，各坊工价，总以九九平、九五色，按日按工给发，钱照时价高下。倘敢再将工价折扣给发，请照'示应重律'，杖八十；工匠持伙涨价，应照'把持行市、以贱为贵律'，杖八十。如纠众停工，请予照律问拟之外，加枷号两个月。"政府也已经预先规定银钱比价中的"九九

---

[81] 《明清苏州工商业碑刻集》，页 68–69。有学者曾对比苏州踹匠领取的铜钱货币工资以及当期的米价与银钱比价，可见：Paolo Santangelo, "Urban Society in Late Imperial Suzhou," in Johnson, Linda Cooke, ed., *Cities of Jiangnan in Late Imperial China*, Albany: State University of New York Press, 1993, pp. 81–116。巫仁恕，《明末清初城市手工业工人的集体抗议行动——以苏州城为探讨中心》，页 65–66。

[82] 《明清苏州工商业碑刻集》，页 79。

平、九五色"的细节,只是,这时介于纸坊老板与工人之间,并不
像棉布加工业中仍有踹坊"中间人"一层人物,而是直接规范纸
坊老板给发工人的铜钱工资。这份议定纸匠工资的碑文,还规定
了另一项可观的细节:依照纸业中的"推、刷、洒、梅、插、托、
裱、拖"等不同工技与工序,政府同意劳雇双方议定而罗列出来的
二十四项不同的工资计算标准。[83]

在十八世纪苏州城的纸业工人罢工事件中,地方政府加意严惩
那些展示组织才能而能"纠众停工"的工匠,对这些工运领袖采取
"照律问拟"并"枷号两个月"示众的刑责,这恐怕也寓有打击工运
领袖在同业工人与地方社会上名望的用意。不过,与此同时,政府
对纸坊老板"折扣给发"踹匠工资以及纸坊"工匠持伙涨价",则也
依据《大清律例》规定,分别订立了依据"示应重律""把持行市、
以贱为贵律"的明文定罪内容。这似乎也反映了清代江南地方政府
确实可以在当时现行《大清律例》的框架下纳入依法处理工资纠纷
的有用案例。至于那些由政府预先规定资方支付劳工工资货币形式
的办法,也由十八世纪稳固地传承到十九世纪,并由传统白银扩及
"洋银"与铜钱的换算,如道光二年元和县知县处理二十六名"开庄
机户"的"账房"所提出的工资纠纷讼案,即同时规定账房给付机
匠"应给工价"时,"如各户用洋,悉照每日钱铺兑价作算,不得图
减滋衅",[84]这是将本地"钱铺"提供的兑换包括"洋银"在内的银
钱比价服务机制,一并纳入有关工资纠纷的判案与行政命令。从地
方政府耐心处理工资纠纷中各项细节的行政与立法趋势看,这正是
十八世纪至十九世纪一脉相继的地方经济如何可与司法审判互动的

---

[83] 《明清苏州工商业碑刻集》,页 90–92。

[84] 《明清苏州工商业碑刻集》,页 25。

江南地区的"商业传统"。

地方政府也是个复杂的机制，苏州各级官员在包括棉布加工业在内的十八世纪苏州城各次工资纠纷与罢工事件中，究竟是否曾经有意偏袒布业字号等商人？我们可以私下贿赂能力这项因素为考察点，假设不少官员其实已收受商人好处而暗中做出不利于工人的判决。而且，就算是官员在商人与工人的工资冲突事件中，因为意图省事而采取"尊重旧例"的办法，在无法真正认真处理工资如何随物价上升而订立增加比率的前提下，要求工人遵照以前的商人与工匠协议，若然如此，则工人生计恐怕将难以被有效维护。毕竟，在美洲白银大量流入而造成清代前期物价上涨的大背景下，十八世纪后半叶的苏州米价不仅远较十七世纪为高，而且长期停留在较高价位上。[85] 由康熙四十多年至乾隆、嘉庆年间，苏州地方政府规定踹坊每踹一匹布即得若干白银的"法定"工资，如果我们不相信在白银工资之外，布商可能在任何其他诸如年节或棉布行销畅旺时增加正式工价以外的"酒资"，则这个"法定"工资的增加幅度看来是颇为缓慢的。以此而论，这应不利于十八世纪苏州棉布工人实质工资的提升。十八世纪苏州棉布工人屡屡发动罢工并提起司法控告，也许正反映了工人联合起来维持生计的集体努力。

政府处理罢工的标准论述，和商人的口径颇为一致，诸如乾隆二年地方政府处理工资讼案时即与商人一样先批判罢工的踹匠："良匠各安本业，食力糊口，俱系愚民，易为奸棍煽诱，借端齐行，敛钱滋事。"[86] 这可谓是当时政府与商人希望工人接受的"工作规训"论述：先要工人"各安本业"，再将发起抗争与"齐行"罢工的工人

[85] 全汉昇，《美洲白银与十八世纪中国物价革命的关系》，收入全氏著《中国经济史论丛》，香港：新亚研究所，页 475–508，特别见页 484。

[86] 《明清苏州工商业碑刻集》，页 74。

形容为"奸棍"。

现在看来，这种区分"各安本业"好工人与"奸棍、流棍"坏工人的论述，其实并不能扩散到其他公共领域上，更不用说实际面临日常工作生活与工资上升总赶不及物价上涨幅度的工人。更何况，工人群众中，肯定也会出现不错的组织者。康熙五十四年，当王德、张先进、杜云升、陈晋侯等踹匠倡议捐助苏州公共慈善组织"普济院、育婴堂"时，尽管政府官员依然重复商人们的这些工运领袖只是借事端"敛银"的奸棍而其他踹匠只该"各安本业"的言论，然而，此类区别工人的二分法，也并不能阻挡工人自我组织的技巧，而苏州地方社会的其他民众对工人也有自己的观察与理解。有趣的是，当商人这次又以"一班流棍"批评王德、张先进、杜云升、陈晋侯等工运领袖时，却不经意提及这些工人的另一项组织才能："以增添工价为由，包揽告状，肆行科敛。"[87] 若此种批评也算真的反映十八世纪苏州工人运动部分实情的话，则踹匠们借以发动捐款的理由除了捐助普济院、育婴堂之外，看来至少还有"包揽告状"一项。商人将"包揽"与"告状"连在一起，其实是用一种负面语词，借以区分商人们自己的告状更有正当性，踹匠们的告状只不过是因为"流棍煽诱"而已。然而，这个区分却正好透露了当时踹布业中的工运领袖确实已采用共同筹募诉讼经费的方式来与商人在地方衙门里"对簿公堂"；看来，在以司法诉讼解决工资纠纷的问题上，当时苏州工人也已培育出一些不错的技巧。商人财力当然比踹匠好，但工人联名控告商人，对地方官员而言，也是不能不认真响应的压力；更何况，县级衙门以上，苏州还有更方便的条件：府级与省级衙门同在这座城市中，空间上近在咫尺，更方便工人"上控"。同时，早

---

[87] 《明清苏州工商业碑刻集》，页66。

自十六世纪以后，苏州等江南地区即有众多讼师可以聘请，当讼师出马为工人操刀写状词，商人与大多数官员仍会感到不能不在工资纠纷中处理好工人所受委屈与"冤情"的压力，否则，一层层的上级司法覆审机制，仍会让官员疲于应付。[88] 从这个意义看，向各层级地方政府控告棉布字号商人，在十八世纪实已成为当时苏州工人可用以要求增加工资的一项重要手段。

在各次工资纠纷当中，因为工人抗争手段的加强，更多的苏州商人真正感受到工人们的集体压力，这不仅表现为商人在司法诉讼上的策略——不断自参加"齐行、叫歇"的罢工工人当中，刻意区分出"流棍亡命""退业并不踹布"的那些"坏工人"，同时，棉布商人也开始成立自己的团体组织。棉布字号商人并非早在踹匠罢工事件加剧之前即已成立了所谓"行会"或是任何名为会馆、公所的团体；棉布字号商人何以之前并不组成团体，可能是因为他们彼此在棉布市场上主要处于一种颇为激烈的棉布售价竞争关系，也并不掌握任何政府授予的特权以保障他们自身在棉布市场上的垄断权利，因此，明末苏州虽然早已出现棉布字号，但作为棉布字号行业的商人团体组织的"新安会馆"，却要迟至乾隆中期才告成立。以这项史实为基本背景，再结合十八世纪苏州棉布工运领袖"以增添工价为由，包揽告状，肆行科敛"等工人打官司的现象看，或许可以推论字号商人成立"新安会馆"的主要动力，很可能即是为了更有效地

---

[88]　乾隆《元和县志》即曾描述苏州地区讼师的可畏：吴中"讼师、民间凡有狱讼，出为谋主"（卷10，页107）。明清时代苏州讼师活跃情形，可见：夫马进，《明清时代的讼师与诉讼制度》，王亚新译，收入王亚新、梁治平编《明清时期的民事审判与民间契约》，北京：法律出版社，1998，页406。至于因清代司法覆审机制的加严加密，"意图之外地"同时给予讼师与幕友更多发挥才能的权力运作空间，相关分析可见：邱澎生，《以法为名：明清讼师与幕友对法律秩序的冲击》，《新史学》，15，4（2004）：93—148。

与借由罢工和诉讼要求增加工资的工人们"对簿公堂"。颇为巧合的是，苏州纸业作坊商人也是在乾隆末年才成立"仙翁会馆"，这似乎也可视为是纸业作坊商人为了有效响应当时纸坊手工业愈益明显的工资纠纷与工人打官司，故而彼此有了更积极的结社意愿，因而最终才组成了"仙翁会馆"。

至于丝织业的账房商人，则是到十九世纪前半叶的道光初年才正式成立"云锦公所"这一团体组织。道光十六年（1836）苏州账房业因为生丝来源受损，加上丝业市场波动，在接下来的几年内，账房商人逐渐减少甚或是暂停发丝放料，这造成苏州出现了"匠户嗷嗷莫济，死于沟壑，惨不忍言"的现象。在道光十八年到十九年间，地方政府与社会人士发起救济："所恤机匠，共三千六百余口，共糜制钱一千万有奇。"在这次救济活动中，账房商人确实是出资捐款的主力，然而，在捐款救济机匠工人的同时，这些"经造纱缎账房"被要求"秉公开呈"那些需要救济的"机匠户口"。只是，商人们看来对那些昔日经常发动罢工的"坏工人"仍无法释怀，他们开出来的救济机匠的标准是："专救善良"。在出钱救济工人的同时，商人也不忘顺便请政府再次明令："嗣后，倡众叫歇停工，永禁严究。"[89] 很明显，商人口中所提及的真正值得救济的"善良"，主要即是那些不参加罢工的机匠，更不可能是发起罢工的"流棍"。包括丝业账房与棉布字号在内的商人，他们没有可以相互唱和的"小册子作家"一起高颂"时间就是金钱"的意识形态，也没有教会等宗教组织在"主日学"时劝民众好好认真工作，只有等到这种应政府要求救济失业工人或是与工人群众对簿公堂之际，这类宣称"专救善良"以及区分"流棍、各安本业"不同工人的"工作规训"，才会

[89]　（清）顾震涛，《吴门表隐》，页 351–352。

成为较公开的论述。

如果怀疑商人"专救善良"之类的道德论述是否有效，那么，十八世纪清朝中央与地方政府对处置苏州"齐行""叫歇"等罢工事件的决心与效果，便仍要特别重视。康熙四十年（1701）《苏州府约束踹匠碑》将踹坊老板编为彼此带有连坐责任的保甲，"一家有事，九家连坐"，规定每家踹坊都"设循环簿"，将新来踹匠的"籍贯、保引人"与"进坊、出坊"时间等数据，按照"旧管、新收、开除三项"等政府常见的会计审核公文书形式，以"每逢朔望"的十五天为一期，要求轮值保甲编组的坊长定时更新（此在史料中被称为"倒换"）；同时，因为顾虑"踹匠伙而强，包头寡而弱，若尽责包头，势难弹压"，苏州官员乃仿照松江府已实行的弹压办法："委文、武弁员专董"其事，由"城守营与典史，互相稽查"踹坊的众多踹匠。[90] 这些管制措施的背后，流露着政府官员对江南这股新兴工人力量的深刻戒惧。当康熙五十四年（1715）禁止工人成立"踹匠会馆"时，这份禁令上载明："倘会馆一成，则无籍之徒结党群来，害将叵测。"[91] 这充分反映了官员防范踹匠危害的戒心。

为了防阻罢工对政权稳定与官员考成带来的危害，康熙五十九年（1720）苏州官员颁布的《踹匠条约》，其实已进一步针对踹匠日常作息进行了更积极的管理，不仅要求在踹坊附近加强"兵校巡察"时要将"如有酗酒、奸盗"的踹匠"指名报官严究"，更规定"踹匠五人连环互保，取结册报，一人犯事，四人同罪。日则做工，夜则关闭在坊"。不仅如此，字号商人担心的工人"拐布盗逃"等偷窃原料的经济问题，也被统合到对踹匠"赌博、行奸、斗殴"，以及"聚

---

[90] 《明清苏州工商业碑刻集》，页 63-65。

[91] 《明清苏州工商业碑刻集》，页 66。

众插盟、停工科敛、闲闯花鼓、纠众不法"等行为的管制，若有任一问题，则踹坊"坊长报明包头，会同甲长，填簿交坊总，申明拿究"，而若不然，"如有徇隐发觉"，则"互结保人、本坊坊长，一体同罪"。[92] 由此看来，政府管制确已由查核工人"赌博、行奸、斗殴"增加到对"聚众插盟、停工科敛、闲闯花鼓"等可能透露抗争信息的禁止。而且，政府也站在商人的立场帮助管理与"弹压"踹匠，特别是将字号商人关心的"拐布盗逃"等监督成本问题一并放入，更显示了康熙五十九年（1720）《踹匠条约》的非比寻常。只是，商人得到的仍然是地方政府的空白支票，如果工人真因商人始终不增加工资但粮价上涨最后无可忍耐地群起抗争，则商人与地方官员都要面临来自上级官员的极严峻的压力。

　　大概看来，这些积极甚至是严格管理踹坊工人的行政命令，应有一定的规范或是震慑作用；只是，在这些管制措施之下，十八世纪苏州踹匠与其他行业的某些工人，似乎仍然找到了可与棉布字号等商人集体谈判工资的好用武器：他们一方面以各种方式持续私下串联，另一方面则直接到各级衙门控告字号商人、踹坊与染坊业主以及其他相关行业的商人。职此之故，政府保甲连坐与"夜则关闭在坊"等严格规定，固然构成十八世纪苏州棉布等业工人"工作规训"的有机一环，使工人参加"齐行、叫歇"面临的风险愈来愈高，但从某个意义看，我们仍可以说"工人运动不死"，只是转换成"以增添工价为由，包揽告状，肆行科敛"的"工人打官司"现象。如果有愈来愈多的工人相信通过工人的集体诉讼也可能解决工资纠纷问题，则这个十八世纪工人打官司的现象，便不可能不构成当时新形态"工作规训"中的有机一环。

---

[92]　《明清苏州工商业碑刻集》，页 68–69。

小　结

位居全国市场重要交通汇集处的苏州，不仅是当时全国的商业中心，也因为棉布、丝织加工等行业的发展，于十六世纪之聚集了众多行业的工人。而随着十八世纪苏州工资纠纷与罢工事件的频频发生，也可以看到一种新的工作规训正处于发展之中。值得注意的是：这个新工作规训的兴起，是由同时来自"外部"与"内在"的两股重要力量所共同促成的。

在外部力量方面，分别有来自政府与字号、账房、纸坊等商人的两层压力：政府既采取更严格的保甲连坐与踹匠宵禁制度，也尝试以更重视细节的依粮食价格、银钱比价变动来订立调整工资的一些行政原则；而商人也在对付"齐行、叫歇"的罢工运动中，加强那些区分"各安生业、良善"好工人与"流棍"坏工人的论述。然而，棉布等业工人的工资抗争事件，并未被这股由政府与商人组成的外部压力震慑，一些工人领导人物仍然将旧有的"齐行、叫歇"的罢工运动成功地转化成工人集体募款，以与商人对簿公堂的另一种"工人打官司"的抗争方式。

至于内在力量方面，则主要是在放料制生产所必要的"质检验收"过程中，由字号"东家"聘请种种"看布朋友"来落实按件计酬的"写账"制度，在"看布朋友"与"石上、缸上"等棉布加工业者的互动中，诸如"低踹手、好踹手"等不同加工技术等级的工人，便可以更有效地在验布过程中被筛选出来，形成每月字号商人结算踹坊、染坊工价银时的一套工资差异机制。只要"东家"聘得适任的"看布朋友"，通过这些专业管理阶层对棉布产销与加工专业知识的运用，以及他们弹性调节验布过程中的宽严程度，便能使那些技术高而又认真谨慎的工人可以获得更好的工资，并使与棉布字号有长期契约关系的染坊与踹坊主动淘汰不适任的棉布工人。无须加强对工人进入工厂时间的严格管理，主要由"看布朋友"负责落实的这套"写账"机制，在理论上可以统合分散的踹坊、染坊工人，从而成为当时形塑新工作规训的一股内在力量。

这些来自外部与内在力量的共同形塑，使十八世纪的苏州城随着以棉布加工业为代表的工资纠纷与罢工运动，出现了一种新的工作规训。因为史料有限，加上没有适当的辨认框架，我们现今对此种工作规训的诞生与演变，仍然缺少足够的认识。如果我们不是一定要找伴随着英国工厂制度而发生的那种工作规训变迁，则十八世纪苏州城的棉布加工业曾经出现的另类工作规训，仍是我们在理解当时中国江南地区的市场发展与都市化现象时不可不正视的历史变迁内涵。

第四章　十八世纪滇铜市场中的官商关系
　　　与利益观念

　　明清市场经济自十五世纪后半叶至十九世纪中叶之间出现不少值得注意的发展，无论是全国市场上流通商品的规模与主要商品性质的转变，或是农工原料、手工业产品的区域经济分工，都有颇多重要的变化。本章针对十八世纪滇铜市场的发展，以"官商关系"与"利益观念"两方面的变化为主轴，探究了明清市场经济的某些重要特征。此处讨论的"官商关系"主要包括政府资本如何帮助商人经营铜厂，以及滇铜产销的相关市场规范如何受到政府法律的影响。至于所欲探究的利益观念则大致包括：铜厂商人以何种心态经营铜厂？官员根据何种理由提出改良铜政的政策主张？这些心态与理由既涉及商人用以评量何种经营方式最为有利的价值标准，也涉及官员如何区分国家、百姓与商人各方利益的优先级；这些评量与区分"利益"的标准和观念，正是本章主要分析的所谓"利益观念"。

　　本章分三节。第一节介绍明清政府铸币需求扩大后云南的铜材流出与白银输入。第二节分析官商关系，主要讨论铜厂商人对于政府提供资金的运用方式，以及铜政制度如何影响当时滇铜的相关市场规范。第三节分析围绕滇铜市场而形成的两种主要利益观念：一是铜厂商人的经营心态，二是官员改良铜政时经常借以援用的重要理由。

第一节　政府铸币需求与铜材市场规模的扩大

　　无论由需求面还是供给面来看，明清铜材市场可谓经历了一段长期的规模扩张过程。先看铜材的需求面。明代铜材用途至少包括制器、造炮和铸钱三大类，[1] 这个分类也大体适用于清代前期。十六世纪到十八世纪的中国铜材市场需求愈来愈大，这固然与人口增长带动铜器的消费数量有关，但更关键的影响则来自政府铸造铜钱需求的扩大。十八世纪滇铜产量的急速增加，正是直接受政府铸币铜材需求扩大的影响。在铜材供给方面，此时期发生的最大变化即是自十八世纪三十年代开始，滇铜逐渐取代日本进口"洋铜"而成为全国最占优势的铜材供给地。铜材供给与需求两方面成长的长期变动趋势，造成了云南铜材的大规模输出，以及相应的内地白银通过购买滇铜而流入云南境内。

（一）政府铸币需求的扩大与云南省内铸币的发展

　　明代以前，中国本土早已形成了铸造与使用铜钱的悠久习惯。明初承续宋元以来的钞、钱二元货币制度，并侧重推行"大明宝钞"，甚至还曾一度禁用铜钱而单行宝钞；虽然不久后政府又放松了铜钱禁令，但明代前朝政府很少铸钱。明中期的宝钞发行与流通问题已很严重，[2] 白银不仅逐渐取代了宝钞在市场上的地位，政府也逐渐承认了白银的法偿能力。[3] 元、明初以来的钞、钱复本位币制，正式变为银、钱复本位币制。

---

[1] 罗丽馨，《明代的铜矿业》，《文史学报》（台湾中兴大学文学院）25（1995）：45。

[2] 叶世昌，《论大明宝钞》，《平准学刊：中国社会经济史研究论集》第四辑下册，北京：光明日报出版社，1989，页 637–664。

[3] 张瑞威，《一条鞭法的开端：论明宪宗一朝的货币政策》，《明代研究》，10（2007）：123–139。

明代铜钱流通不善，考察十六世纪以后明中央政府岁入与岁出中的银、钱比率，铜钱对白银百分比由万历元年（1573）的大约不到百分之零点一，增加到天启六年（1626）的百分之二点九；[4] 其中原因不仅是铜钱占政府财政岁入的比重甚低，同时还因为白银在民间的市场地位愈来愈高，某些地区甚至出现了白银取代铜钱的现象，铜钱流通因而严重受阻。[5] 明代后期开始有更多官员建议政府加强铸造铜钱。

政府铸钱政策自嘉靖朝以降转趋积极，从而更重视铸币铜材的供给问题。在"因铜于矿，不劳买办"[6] 的考虑下，有官员建议在购铜以外也该更重视开采铜矿，云南与陕西、四川、广东等省的铜矿资源乃愈受官员注意。[7] 由嘉靖、万历、天启到崇祯年间，铸钱政策引发许多官员讨论。[8] 晚明中央与地方政府多次购买铜材、开局铸币，虽未成功，但也预告了十八世纪政府铸币铜材需求的大规模扩充。

---

[4] 全汉昇，《自宋至明政府岁出入中钱银比例的变动》，收入全氏著《中国经济史研究》，香港：新亚研究所，1976，页355—367，特别见页359—362。

[5] 万历年间即有官员评论明代铜钱流通不佳的情形："二百余年来，钱法不修。"（孙承泽，《春明梦余录》，台北：大立出版社，1980，卷47，《工部》2，"宝源局"，页782）

[6] 孙承泽，《春明梦余录》卷47，《户部》4，"宝泉局"，页782。

[7] 万历年间，郝敬向政府建议铸钱铜材的几种可能来源："天下废铜在民间为供具什器者，不知几千万亿；其产于各处名山者，豪姓大贾负贩以擅厚利，又不知几千万亿"，"今云南、陕西、四川、广东各省有铜矿，为奸商专擅；或封闭未开，为土人窃发"（孙承泽，《春明梦余录》卷47，《工部》2，"宝源局"，页782）。

[8] 崇祯元年（1628），御史赵洪范描述他在湖北看到"天启新钱"的使用情形："臣令楚时，见布政司颁发天启新钱，大都铜止二三，铅砂七八。其脆薄，则掷地可碎也；其轻小，则百文不盈寸也。一时胥吏不欲领，市井不得行……一处如此，他处可知。"（《明实录·附录·崇祯长编》，"中研院"历史语言研究所校印《明实录》，台北："中研院"历史语言研究所，1966，卷14，页790）晚明铸钱政策的争论与过程，可见：滨口福寿，《隆庆万历期的钱法の新展开》，《東洋史研究》，31，3（1972）：73—92；Richard Von Glahn, *Fountain of Fortune: Money and Monetary Policy in China, 1000—1700* (Berkeley: University of California Press, 1996), pp. 142–206。

　　经过明末的政治动乱与顺治、康熙前期的休养生息，十八世纪中国经济空前繁荣，无论是货币供给、总国民生产，还是物价水平，都有显著提升。十八世纪货币供给量的剧增主要来自两种货币部门的增长：一是代表金属货币部门的白银、铜钱增加，一是代表私票部门的以银、钱为准备的信用货币增加。货币制度由原来的银、钱复本位演变为"银、钱、私票多元本位"。在不同的货币部门中，政府其实只对铜钱供给采取了较积极的控制；尽管私铸、私销问题严重而使政府的铜钱供给政策效果大打折扣，但清朝政府确实相当重视铸币铜材供给的相关问题，[9] 希望借以增加铸币数量。无论是官方铸钱量的剧增，或是民间不断私铸、私销铜钱，[10] 其实都带动了全国铸币铜材需求的急速扩大。

　　晚明以至清代，政府扩大铸币铜材来源的主要做法有二：一是多方购买国内外铜材，二是调整矿业政策支持民间开矿采铜。然而，直至清初，云南仍不是购铜或采铜的重要地区。尽管云南铜器早见

---

[9] 王业键，《中国近代货币与银行的演进（1644—1937）》，页 5, 10–11, 25–26, 37；和文凯，《乾隆朝铜钱管理的政策讨论及实践——兼与 18 世纪英国小额货币管理的比较》，《中国经济史研究》，1（2016）：125–141。

[10] 仅以《清实录》所载顺治、康熙、雍正三朝的铸钱数量看，九十年间共铸造了大约四百三十四亿文的铜钱，平均每年铸造四亿三千万文，而且"这恐怕只是北京宝泉局的数字，不是全国的数字"（彭信威，《中国货币史》，上海：上海人民出版社，1965，页883）。由康熙五十年到雍正十二年（1711—1734）间的分年铸钱量，可见：陈昭南，《雍正乾隆年间的银钱比价变动（一七二三—一九五）》，台北：中国学术著作奖助委员会，1966，页 39。政府年年大量铸币，但各省官员却经常指陈民间缺钱流通造成银钱比价波动影响民生安定，学者认为这是人民大量销毁制钱私铸铜钱的结果（陈昭南，《雍正乾隆年间的银钱比价变动（一七二三—一九五）》，页 39–40）。

于记载，[11] 但终明之世云南一直不是重要的铜产地；[12] 十七世纪中国境内铜材的主要来源有二：一是由日本进口的"东夷铜"，一是四川、贵州等地出产的铜材。[13]

元代矿厂以官营方式为主体，[14] 明承其绪，以签派卫所军人、坑冶户，或是征调民夫等方式采矿。十五世纪中叶，全国各地官矿已趋衰败而民营矿厂渐渐兴起，[15] 但是云南铜产量与政府税铜数量都很

---

[11] 云南铜器的铸造历史很早，可上溯先秦两汉，除留下不少"铜鼓"实物外（王大道，《云南铜鼓》，昆明：云南教育出版社，1986），东汉也曾有云南"铜洗"流入内地，但基本上由汉至宋间有关云南铜器的记录仍然不多（李埏，《汉宋间的云南冶金业》，收入李氏著，《中国封建经济史论集》，昆明：云南教育出版社，1987，页202-214）。

[12] 直至十七世纪中叶，主要的铜材供应地仍不包括云南："今中国供用者，西自四川、贵州为最盛；东南间自海舶来；湖广武昌、江西广信皆饶洞穴。其衡、瑞等郡，出最下品。"（宋应星，《天工开物》，钟广言注释，北京：中华书局，1978，页355）

[13] 当时文献特别提及日本铜与四川铜："东夷铜又有托体银矿内者，入炉炼时，银结于面，铜沉于下。商舶漂入中国，名曰日本铜，其形为方长板条，漳郡人得之，有以炉再炼，取出零银，然后写（泻）成薄饼，如川铜一样货卖者。"（《天工开物》，页356）尽管四川、贵州贩卖的铜材可能部分来自云南，但滇铜仍不著称。

[14] 元代后期虽然出现民营矿场，但仍以官营矿场为主体，由政府签派"冶户"采矿。元代铜矿的开采与生产情形远比宋朝式微。可见：王颋，《元代矿冶业考略》，收入复旦大学中国历史地理研究所编，《历史地理研究》，上海：复旦大学出版社，1986，页156-173。

[15] 白寿彝，《明代矿业的发展》，《北京师范大学学报》，1（1956）：95-129，特别见页112-115，119。罗丽馨，《明代的铜矿业》，页43-44。

有限,[16]铜厂也时开时闭,[17]十六世纪虽曾一度以云南铜材铸钱,[18]但开采与铸钱成绩不佳,都以失败收场。[19]

事实上,在交通运输成本的限制下,滇铜售价也难以在铜材市场上竞争。晚明政府在云南采铜基本上仍是着眼于供作云南本地铸钱,主要用意其实是财政性而非货币性的。地方政府铸造铜钱,一方面可搭配发放铜钱以减少驻军薪饷所需白银数额,另一方面则可在铸钱过程中赚取白银(时称"钱息")。[20]无论是搭发军饷还是赚取钱息,都可改善地方财政。嘉靖三十四年(1555)云南开局铸钱

---

[16] 以正统十年(1445)云南路南州铜课为例,仅为一千零八十斤,见:许涤新、吴承明主编,《中国资本主义发展史》第一卷《中国资本主义的萌芽》,页171。

[17] 成化十七年(1481)"封闭云南路南州铜场,免征铜课。其私贩铜货出境,本身处死,全家发烟瘴地面充军"。成化二十年(1484)再公布:"令:云南宁州等处军民、客商,有偷采铜矿私煎,及潜行贩卖出境者,照路南州例究治。"(万历《大明会典》,《续修四库全书》本,据万历内府刻本影印,上海:上海古籍出版社,1995,卷37,《课程》6《金银诸课》,册789,页661)《明史》(台北:鼎文书局,1982),卷81,《食货志》5,册4,页1974。成化年间严格禁止商贾贩卖滇铜出境,可能与国防考虑有关,当时滇铜一度销往安南(越南)铸造武器,据说这还是当时最能获利的铜材市场(许涤新、吴承明主编,《中国资本主义发展史》第一卷《中国资本主义的萌芽》,页171)。

[18] 嘉靖三十四年,曾以北京、南京"两京铜价太高,铸钱得不偿费",给事中殷正茂建议"直采云南铜,运至岳州鼓铸"。户部复议"云南地僻事简,即山鼓铸为便",明廷下令云南巡抚"以盐课银两万两为工本"在云南铸钱(《明史》卷81,《食货志》5,册4,页1966)。

[19] 史称:"嘉靖、隆(庆)、万(历)间,因鼓铸,屡开云南诸处铜场。久之,所获渐少。崇祯时,遂括古钱以供炉冶焉。"(《明史》卷81,《食货志》5,册4,页1974)

[20] 钱息基本上即是由铸币者自铸币的铜材市价(实质价值)与铸币铜钱面值(名目价值)间的价差所获得的铸币利润。天启年间,王家彦的疏文具体表达了财政性的考虑:"初设钱局,原为借钱息济军兴。"(孙承泽辑,《山书》,杭州:浙江古籍出版社,1989,卷8,《户部·钱局》,页180)

后，万历初与天启初又两度再铸，[21] 尽管云南铸币面临不少困难，[22] 但地方政府还是希望能借以稍微纾解财政问题。

然而，政府以发行铜钱解决财政问题的想法，经常只是一厢情愿。和元代想在云南推行纸钞一般，[23] 晚明铸钱发行也失败了。晚明在云南铸钱失败的关键之一，是云南境内使用铜钱的汉族人口有限，[24] 当地多数少数民族在交易活动中使用的货币是海贝和白银，铜钱用途很有限。[25] 即使如房屋买卖等大笔交易，在十六世纪的云南也有用贝不用银的记录。[26] 铜钱既难流通，加上云南输出铜材、

---

[21]　倪蜕辑，李埏校点，《滇云历年传》，卷 12，页 570–571。明代中后期铸钱的重要研究，可见：张瑞威，《论法定货币的两个条件：明嘉靖朝铜钱政策的探讨》，《中国文化研究所学报》，60（2015）：183–196；张瑞威，《足国与富民？——江陵柄政下的直省铸钱》，《明代研究》，8（2006）：117–124；张瑞威，《皇帝的钱包——明中叶宫廷消费与铜钱铸造的关系》，《新史学》，22，4（2011）：109–147。

[22]　除了铜钱无法流通外，缺少铸钱工匠也是严重问题。天启年间的云南铸钱，即面临如此窘境："滇有余于铜，偏不足于业铜者，遍索郡国，寥寥二十余，并目不识钱为何物，如责鸟走，如教兽飞，此无匠之难也。"官员要专程聘请南京铸钱局的工匠到云南协助铸钱（闵洪学，《抚滇奏草》，天启六年朱国桢序刊本，卷 9，《条答钱法疏》，页 3–4）。

[23]　元代在云南推行钞法失败的情形，可见：方慧，《略论元朝在云南的经济法制措施》，《云南社会科学》，5（1996）：59–60。

[24]　明末崇祯年间，政府登记的全省人口数字是"滇省户口人丁，共二十三万七千四百丁零"（王宏祚，《滇南十议疏》，收入师范《滇系》，《丛书集成续编》本，上海：上海书店，1994，册 56，卷 8 之 12，《艺文系》，页 45），虽然政府登记数字偏低，但汉族人口确实有限。

[25]　天启年间主持铜钱铸造的官员即说："滇夷俗沿用海贝，骤夺之以钱，蚩蚩之氓哗然，不以为便，翻以为厉。在嘉靖、隆庆之间，经两次铸钱，竟格不行。"（闵洪学，《抚滇奏草》卷 9，《条答钱法疏》，页 3）

[26]　在云南民间现存的许多明代契纸中，多用贝做货币，而"尤以各地寺庙的常住田碑及修桥补路碑记"，多以贝币做记录。参见马德娴，《明嘉靖时用贝买楼房的契纸》，《文物》，12（1963）：14–17。有学者统计各类史料，将云南贝币的使用场合分为八类：购买土地以捐赠庙宇、宗教性铸钟与助印佛经、售屋、购买书籍衣服鞋子、短期贷借、部分折抵官员米俸、判别人们财富高低的标准（Hans Ulrich Vogel, "Cowry Trade and Its Role in the Economy of Yunnan: From the Ninth to the Mid-Seventeenth Century, Part 2," *Journal of the Economic and Social History of the Orient* 36,4[1993]: 309–353，特别见页 313–319）。

铜钱到内地的交通条件也未改善，地方政府铸钱政策的财政性目标也很难达成。

直至明末，云南通用的海贝主要都是用白银自外地购入的"紫贝"。[27] 贝币在十七世纪以后才逐渐退出云南，其中因素约有三项：十七世纪以后汉人移民大增，[28] 云南的社会经济加速被中国内地

---

[27] 明末刘文征（1555—1626）在云南所见情形如下："滇之产，或凿穷于山、纵斧于石，或泅水而入龙蛇之幽宫，或跰足而走岚瘴之乡，冒虎狼之险，贸而得之，皆长物也，滇人无所用之。五方良贾，贱入而贵出，利之归本土者，十不一焉。铜以供天下贸易，近为圜法之府，而本地人又自以兼金易紫贝，其价日益月增。"（刘文征纂修，古永继校点，《天启滇志》，卷3，《物产》，"小序"，页112。该书《校勘记》作者说："具"疑为"贝"之误 [同书，页155，注11]，本段引文从之改正）刘文征先祖本为山西大同人，洪武初年在江苏江浦县"从戎伍平滇"，从而迁入云南，定居昆明县城南。其生平可见：阚勇，《〈刘文征墓志〉考》，《昆明师院学报》，4（1982）：20-23。

[28] 由十六世纪初期到十八世纪七十年代，云南人口至少由两百万增加为四百万，到道光三十年则"可能增加到一千万"，而其人口增长的主要动力"并不取决于农业产量的提高"，而是开矿移民增加的结果（李中清，《明清时期中国西南的经济发展和人口增长》，《清史论丛》第五辑，北京：中华书局，1984，页59，71，81，86-87；李中清，《中国西南边疆的社会经济：1250—1850》，林文勋、秦树才译，北京：人民出版社，2012）。这些汉人移民带来了更多的用钱习惯与机会，尤其是汉人增加带动的都市化程度的加深，更使主要市场的交易机会不再限于明末以前形成于少数民族居住的农村附近的"街子"（李元阳纂，邹应龙修，万历《云南通志》[民国二十三年据明万历元年刊本铅字重印]，卷1，页64载："[市肆] 俗呼街子，日午而聚，日夕而罢，交易用贝。"有关云南以少数民族为主体的"集场"研究，可参见：龙建民，《市场起源论——从彝族集会到"十二兽"纪日集场考察市场的起源》，昆明：云南人民出版社，1988）。汉人人数的增加，配合汉人偏好集中于城市居住的生活习惯，更使市场上铜钱的流通机会增加。清代云南汉人多来自江西与湖广两省，这些汉人虽多居住于城市，但也往邻近乡间地区开店并且置买田产：滇省"至今城市中皆汉人，山谷荒野中皆夷人。……至于歇店……以及夷寨中客商铺户，皆江西、楚省两省之人，只身至滇经营……以至积趲成家，娶妻置产，虽穷村僻壤，无不有此两省人混迹其间"（吴大勋，《滇南闻见录》，收入《云南史料丛刊》第十二卷，昆明：云南大学出版社，2001）。云南境内汉族商人的分布，可见：刘文明，《清代云南境内的商贾》，《云南民族学院学报（哲学社会科学版）》，2（1996）：31-35。

吸纳,[29] 以及十七世纪以后荷兰、英国等国贸易公司有效推动海上贸易吸走大量原可流入云南的海贝。[30] 在此三项因素的综合影响下,云南贝币价格产生了严重波动而终被排出云南货币市场。在贝币退出市场前,铜钱的流通空间相当有限。此外,云南与内地交通不便,更限制了政府推广铜钱。直至十八世纪清政府大力改善滇铜运道前,云南对外运输铜材与铜钱的条件十分有限。特别是明后期政府试图增铸铜钱时,贵州、四川、云南土司常与明朝交战,更增添了滇铜运至内地的困难。[31]

明末清初以来,云南屡有试铸铜钱的努力,尽管清初顺治年间贝币在云南的流通范围已经缩小,但政府铸钱的结局仍是"云南地广人

---

[29] Hans Ulrich Vogel, "Cowry Trade and Its Role in the Economy of Yunnan: From the Ninth to the Mid-Seventeenth Century, Part 1," *Journal of the Economic and Social History of the Orient* 36,3(1993): 211–252. 作者将十七世纪中叶云南境内铜钱取代贝币分为内部与外部原因,凸显云南在经济与文化层面脱离东南亚而进入中国内地(Vogel,上引文,页213–214)。

[30] 张彬村曾经详论第三项因素:十七世纪之际,不仅作为云南贝币原产地的南亚次大陆孟加拉(Bengal)地区开始使用更多贝币因而减少原先对外出口的贝币数量,欧洲人也使用贝币向西非购买奴隶,因而"云南在十七世纪被卷入当时世界贸易体系的海贝竞争中,很快地成为西非、孟加拉等海贝通货区面前的失败者"(张彬村,《十七世纪云南贝币崩溃的原因》,收入张彬村、刘石吉主编《中国海洋发展史论文集》第五辑,台北:"中研院"中山人文社会科学研究所,1993,页172–173)。明末文献提及当时云南贝币价格上涨("民间贸易,海贝专行,贩自广南,价近腾涌,更苦于贵,无益以害有益",刘文征,《天启滇志》卷23,《艺文志》,《条答钱法疏》,页795),当与张文所分析的现象相关。另外,有些学者则强调铜钱比贝币"进步"(如:杨寿川,《论明清之际云南"废贝行钱"的原因》,《历史研究》,6[1980]:109–116)。铜钱是否真比贝币"优越"?有些熟悉云南事务的明代士人反而强调铜钱比贝币其实更不利于当地交易:"盖用钱,则有检选;用贝,则枚数而已,五尺童子适市,而人不欺者,其以此耶?故曰简易而资也……故货贝在云(南)中独不变者。"(李元阳,万历《云南通志》,页65)

[31] 天启年间,有官员说:"滇居荒裔之中,旧少耕桑之业,惟是产铜之区,不一其处。年来黔、蜀梗道,弃掷等于泥沙,几欲置有用为无用。"(刘文征,《天启滇志》卷23,《艺文志》,《条答钱法疏》,页795)

稀，行销颇少，不十年而钱多贯朽"，康熙九年（1770）再停铸钱局铸钱。[32]康熙十二年（1673），吴三桂于云南起事，次年又铸"利用钱"。康熙二十年（1681）十月，清军入昆明控制云南全境。[33]

随着清朝云南驻军人数的增加，地方政府也想铸钱"搭发军饷"用以节省军费中的白银支出。康熙二十一年（1682），云贵总督蔡毓荣建议在云南省城重新设局铸钱，此后又在临安府城等地设局铸钱。[34]康熙二十七年（1688）因军人拒收铜钱引发省城兵变，总督范承勋将军饷全部改以白银支付，[35]康熙二十八年（1689）中央政府下令"概行停止"云南五处铸钱局。[36]看来政府在云南铸币的政策仍未成功。

进入十八世纪，这个局面完全改观，云南省内铸币开始有效流通。雍正元年，重开省城、临安府城、大理府城、沾益州城铸局，其后并陆续在东川府城、广西府城、大理府城、顺宁府城、永昌府保山县城、广南府城等地，设置炉座数目不等、铸钱规模有别的十三个铸钱局，虽然其间有些铸局时开时停，但铸钱数目不断

[32] 如明末清初孙可望铸"兴朝钱"，顺治十七年（1660）吴三桂遵清廷规定的钱式铸钱（倪蜕，《滇云历年传》卷12，页570–571）。吴三桂于此期间在云南铸钱时，曾以两种方式扩大滇铜流通：一是"占据冶场"，将所得铜材"拨民夫运送楚、粤行销"；一是在蒙自县近郊设置"钱市"，将云南钱局所铸铜钱贩入内地省份，甚至卖给交趾（越南）商人（鄂尔泰等修，李洵、赵德贵主点校，《八旗通志》，卷197，《名臣列传·蔡毓荣传》，册7，页4610。相关讨论可见：李治亭，《吴三桂大传》，香港：天地图书有限公司，1994，下册，页415–416）。吴三桂强拨民夫运送铜材到湖北、广东发卖的做法，使云南当地"刻无宁晷，民不聊生"，康熙九年乃为云贵总督甘文焜奏令禁止（倪蜕，《滇云历年传》，卷11，页528）。

[33] 倪蜕，《滇云历年传》，卷11，页531–535。

[34] 阮元等修，道光《云南通志稿》，道光十五年（1835）刊本，卷77，《食货志》8之5，《矿厂》5，《鼓铸》，页9–10。

[35] 倪蜕，《滇云历年传》卷11，页541–543。

[36] 清高宗敕撰，《清朝文献通考》，台北：新兴书局，1963，卷14，《钱币考》2，页4975。

增加。[37] 云南省局铸钱总数，据严中平估计，以乾隆中叶的每年铸钱六七十万串为最盛，雍正一朝与乾隆朝晚年的十八、十九万串为最少，其余各年大致维持在三十万至四十万串不等。[38] 数目庞大的云南省铸造铜钱，除供省内各项搭发军饷及铸局工匠、修河工人薪资等经费开支外，也向广西、四川、湖北、陕西等省输出铜钱。尽管云南钱局铸钱的用途有三，即为京师与别省代铸铜钱、为本地货币市场的需要而铸钱、为财政上增加铸息而铸钱。之所以"开炉日久、铸量庞大"，最重要的目的仍是第三项的获取铸息，政府借以充实省库、搭放驻军兵饷、府州县招募巡防土炼等、疏浚金沙江水道，以及补充向铜厂购铜所需的"官本"。[39]

何以过去铜钱无法在云南流通成功而雍正以来却又可以如此大量铸钱？以下三项背景至为关键：一是大规模内地移民移入云南；二是欧洲、南亚、西非区域间贸易的扩大引发十七、十八世纪间云南贝币的进口量锐减；三是此期间云南对外水运与陆路交通的改善。前两项因素增加了省内铜钱的流通空间，第三项因素则使云南铜钱流入全国各地的流通成本降低、流通速率提升。

（二）云南省内的铜材输出与白银流入

除了云南地方政府铸币所需铜材外，中央与外省地方政府在云南的购铜数量也在十八世纪开始大幅增加，云南成为全国最主要的铜材供应地。滇铜独霸全国铜材市场的局面，是在十八世纪二十

---

[37] 道光《云南通志稿》卷 77，《食货志》8 之 5，《矿厂》5，《鼓铸》，页 10-24。严中平，《清代云南铜政考》，上海：中华书局，1948，页 15-17。

[38] 严中平，前引书，页 16。

[39] 严中平，前引书，页 17-18。

年代到四十年代间形成的。[40] 乾隆三年（1738）中央政府公布《云
南运铜条例》，更在制度上确立了滇铜供应北京铸钱局全部铜材的
政策。户部随即议定：云南每年运至"京局铜觔"的总数为："正、
耗、余三项，共铜六百三十三万一千四百四十斤。"[41] 这即是乾隆四
年（1739）起每年固定向北京输出六百三十三万斤的京局滇铜。

　　和地方政府铸钱偏重财政性的考虑不同，中央政府每年购入
六百三十三万斤滇铜，主要出于货币性考虑，希望借此增加铜钱供
给进而解决北京与直隶地方的"钱荒"。康、雍、乾时期发生在中国
内地各省的普遍"钱荒"现象，以及主要由铜钱数量不足所引发的
"钱贵"与银钱比价波动，[42] 严重影响了当时的物价稳定与社会民生，
加速了清政府以改革"钱法"为主的货币政策的形成。[43]

　　购买铜材增铸铜钱，是"钱法"的核心内容。乾隆三年（1738）
滇铜供应"京局"全部铸币铜材的命令，对此至关紧要。中央政府
铸币铜材专靠滇铜供应，其实是个逐步演进的过程。据估计，由顺治
八年到十四年之间（1651—1657），清政府鼓铸铜钱文数，一直稳定在

---

[40]　严中平，前引书，页 12-13。

[41]　道光《云南通志稿》卷 76，页 41。

[42]　张德昌，《近代中国的货币》，《人文科学学报》（昆明：中国人文科学社），1（1943）：
　　　73-92，特别见页 75-80 的讨论。陈昭南，《雍正乾隆年间的银钱比价变动（一七二三—
　　　九五）》；王宏斌，《晚清货币比价研究》，开封：河南大学出版社，1990，页 7-32；郑永
　　　昌，《明末清初的银贵钱贱现象与相关政治经济思想》，台北：台湾师范大学历史研究所，
　　　1994，页 45-79；谢杭生，《鸦片战争前银钱比价的波动及其原因》，《中国经济史研究》，
　　　2（1993）：107-115。

[43]　佐伯富，《清代雍正朝における通貨問題》，收入東洋史研究會編《雍正時代の研究》，京
　　　都：同朋舍，1986，頁 618-687；黨武彥，《乾隆九年京師錢法八條成立過程およびその
　　　結末：乾隆初年における政策決定過程の一側面》，《九州大学文学部東洋史論集》，23
　　　（1995）：39-86；黒田明伸，《中華帝国の構造と世界経済》，名古屋市：名古屋大学出版
　　　會，1994，頁 24-61。Hans Ulrich Vogel, "Chinese Central Monetary Policy, 1644—1800,"
　　　Late Imperial China 8, 2（1987）: 1-52。

二十亿到二十六亿之间；但由顺治十五年至十八年（1658—1661）间，正项钱文鼓铸数额突然锐减至每年两亿文左右，其根本原因之一即是铜、锡、铅等铸币原料无法充分供应。终顺治一朝，"严重缺铜和要求扩大鼓铸间的矛盾，一直未能解决"。到康熙朝，才能以优惠条件向日本购买"倭铜"以及积极开发云南铜矿，双管齐下借以解决此矛盾。[44]

　　十七世纪后半叶以来，清朝中央政府每年铸钱所需的巨额鼓铸铜材，都由全国各省地方政府负责采买。规定各省采买运交的办法则有多次改变，[45] 雍正八年（1730）订立了"八省分办洋铜、滇铜"的购铜政策，[46] 乾隆三年（1738）下令中央政府铸币铜材全用滇铜。除购铜地区有变化外，购铜人员的身份也有变化：中央委派"内务府"商人购铜，地方则以盐差、关差在内的各级地方官员购铜，而地方官员则经常委请商人协助购铜。[47] 在十七、十八世纪全国铜材市场的扩大过程中，政府

---

[44]　韦庆远，《顺治朝铸钱及其存在的问题》，韦氏著《明清史新析》，页 339–341。

[45]　康熙二十一、二十二年间（1682—1683）改"盐差办铜"为"关差办铜"，康熙六十年（1721）"八省办铜"，雍正元年改由江苏浙江"二省办铜"，雍正二年以后增加他省协助江浙办铜。有关此中制度改变的基本史料，可见：《清朝文献通考》卷 14 至 16，《钱币考》，页 4973、4980–4982、4988、4995。

[46]　其中江苏、安徽、江西、浙江、福建五省办"洋铜"，湖北、湖南、广东三省办"滇铜"。详细变化过程，可见：刘序枫，《清康熙—乾隆年间洋铜的进口与流通问题》，收入汤熙勇编《中国海洋发展史论文集》第七辑，1999，页 96–99。

[47]　办铜商人可分"官商、额商（民商）"，反映了不同采买制度的变化。清政府委派"内务府商人、官商、民商"买铜的制度性变化，可见：劉序楓，《清日貿易の洋銅商について——乾隆～咸豐期の官商・民商を中心に》，《九州大学文学部東洋史論集》，15（1986）：107–152，特别见页 110–115；韦庆远、吴奇衍，《清代著名皇商范氏的兴衰》，收入韦庆远，《档房论史文编》，福州：福建人民出版社，1984，页 42–69，特别见页 47–50；香阪昌紀，《清代前期の関差弁銅制及び商人弁銅制について》，《東北学院大学論集：歴史学・地理学》，11（1981）：115–153；Helen Dunstan, "Safely Supping with the Devil: The Qing State and Its Merchant Suppliers of Copper," *Late Imperial China* 13, 2（1992）：42–81；商鸿逵，《清代皇商介休范氏：〈红楼梦〉故事史证之一》，收入明清史国际学术讨论会秘书处论文组编《明清史国际学术讨论会论文集》，天津：天津人民出版社，1982，页 1009–1020。

收购的铜材由以日本"洋铜"为主转变到以滇铜为主，乾隆三年（1738）下令京局全采滇铜，正具体标志了这个变化历程的最后结果。

　　十七、十八世纪间中国铜材市场由以洋铜为主转为以滇铜为主的现象，有两方面原因：一是洋铜进口数量的减少，二是云南地方政府有效掌握的铜材数量的增加。自康熙二十三年（1684）清政府开放海禁后，海外贸易更加畅旺，对日贸易更因清政府鼓励中国商人赴日买铜而发达，洋铜进口日多。[48] 然而，自康熙五十四年（1715）开始，不仅日本本国铜材的出产减少，同时，日本政府也更积极地执行减少铜材出口的政策，日本正德五年（即康熙五十四年）公布的"正德新例"，将中国商人赴日贸易船的输出铜材额度限定为每年三百万斤，[49] 清政府也连带感到国内铸币铜材不足的严重压力。

　　另一方面，十八世纪伊始，云南政府因抽税与购买而持有的滇铜数量持续而稳定地增长。这和康熙四十四年（1705）云贵总督贝和诺查核未经抽税的铜厂，以及以预发"官本"的方式扩大收铜的做法大有关系，[50] 其间又经过雍正元年（1723）中央政府下令对云南"官本

[48]　由康熙二十三年到四十九年（1684—1710）的二十七年间，洋铜大量进入中国，以日本每年出口铜材的平均数量来看，前十二年间（1684—1695）中国进口的年平均数量为三百万至四百万斤，后十五年间（1696—1710）则增为四百万到七百万斤。参见：刘序枫，《财税与贸易：日本"锁国"期间中日商品交易之展开》，收入"中研院"近代史研究所编《财政与近代历史论文集》上册，1999，页282—284。

[49]　日本减少向中国出口铜材，除本国铜产量减少外，也有本国贸易政策改变的影响。十七世纪以降，将近两百年间，日本对中国输出的主要商品有三期变化：一是十七世纪初年以银为主，二是十七世纪末到十八世纪前期以铜为主，三是十八世纪中期至十九世纪中期以海产品为主。十八世纪开始，日本政府借发展国内丝织与制糖手工业，试图改变原先以出口铜材换取中国丝绸、砂糖的贸易结构（参见：刘序枫，《财税与贸易：日本"锁国"期间中日商品交易之展开》，页312-313）。

[50]　"本朝自蔡毓荣于《筹滇疏》内四议理财，将金沙江金场、石羊南北衙银场、妈泰等白铜场、诸州县铁场，诸case定额，此为额课之始。然为数尚少，及今二十分之一也。至是而后，年增月加，盖又倍矣。"（倪蜕，《滇云历年传》卷11，页555）

收铜"制度进行改革，以及雍正四年（1726）以后原属四川的东川地
区划入云南省，东川府所属几个蕴含丰富铜矿的矿厂大举增加了云南
地方政府可供抽税与购买的铜材额数。以上诸种因素，使云南地方政
府能够贮存更多的铜材，因缘辐辏，也适时加速了清政府铸币铜材由
滇铜取代洋铜的进程。[51]虽然当时滇铜市价高于洋铜，在价格竞争上
处于劣势，[52]但是洋铜进口的减少以及云南地方政府贮存铸币铜材的
增多，仍使京局铸币在乾隆三年（1738）以后由滇铜取代洋铜。

　　此外，云南对外运输条件的不断改善，也是政府决定滇铜京
运政策的重要背景。在乾隆三年公布滇铜京运政策前，洋铜进口减
少的趋势已迫使愈来愈多的内地各省官员与商人到云南购铜，在购

---

[51]　直至乾隆元年，还有官员担心滇铜产量不够稳定，主张仍然设法多买洋
　　　铜，专取足于滇、蜀两省，恐矿砂出产无常，有误户、工二局之需。"（《朱批奏折财政
　　　类》微卷，"中研院"近代史研究所藏，乾隆元年三月十七日，顾琮奏折）但那些熟悉滇
　　　铜产销事务的官员则对当时云南政府掌握的铜材存量较有把握："尝考乾隆二年，滇有余
　　　铜三百七十四万，故能筹洋铜之停买。"（王太岳，《铜政议》，收入贺长龄编《皇朝经世
　　　文编》，册4，页9下）

[52]　以雍正初年滇铜至京与洋铜至京的政府购铜实际成本来比较，前者约是每百斤费银十六
　　　两二钱，后者则约每百斤费银十四两五钱；加上滇铜的平均成色也比不上洋铜，两相比
　　　较，滇铜"实不能和洋铜竞争"。雍正五年（1727）曾发生江苏省官员宁愿受延迟京运铜
　　　材程限处分，也不愿多花成本改购滇铜的例子，有学者即认为："要不是进口洋铜不断地
　　　减少，云南铜矿业能否大大的发达起来，实是很有疑问。"（严中平，《清代云南铜政考》，
　　　页12）刘序枫也强调雍正至乾隆初年间，政府之所以将购铜重心由洋铜改为滇铜，其实
　　　是"原本不在计划之中、不得已的选择"（刘序枫，《清康熙—乾隆年间洋铜的进口与流
　　　通问题》，页127）。根据王太岳在乾隆年间对外省购买滇铜与洋铜所做的实际价格比较：
　　　"闽、浙、湖北及江南、江西，旧买洋铜，每百斤价皆十七两五钱，而滇铜价止十一两，
　　　较少六两五钱，其改买宜矣。然此诸路者，其运费杂支，每铜百斤例销之银，亦且五六
　　　两，合之买价，当有十六七两……加以各路运官贴费自一二千至五六千，则已与洋铜等
　　　价矣。以此相权，滇铜实不如洋铜之便，则此数路者，并可停买也。"（王太岳，《铜政
　　　议》，页10下）然而，王太岳此文只是建议停止外省采买滇铜，以使滇铜能够专供京局
　　　采买。

铜与运铜的过程中，云南的对外运输能力也得到改善。雍正五年
（1727），政府即下令动用六万两江苏省"盐务银"收买云南省局鼓
铸余铜"二百数十万觔"，"委员以一百余万觔运至汉口，以备湖北、
湖南采办之用；以一百余万觔运至镇江，以备江苏采办之用"。[53] 乾
隆三年（1738），具有主持云南铜政工作经验的直隶总督李卫，因为
对购买、运送足够数量的滇铜出境有较大把握，才敢建议由江、浙
两省承购的京局额铜改归云南购办。[54] 李卫此议，成为云南巡抚张
允随成功规划《云南运铜条例》的前奏。

　　无论洋铜减少的压力和滇铜库存的增加哪一种原因比较关键，
至少，滇铜作为中央政府每年六百三十三万斤铸币铜材唯一来源的
政策一旦确立，这就成为十八世纪滇铜发展的最大契机。此后，洋
铜仍用为一些地方政府的铸钱铜材，乾隆年间仍占全国铜材的百分
之十二左右。[55] 另外，湖南、贵州、四川、广西等省也在此时期中
陆续开采了一些铜材。但在乾隆四年以后，滇铜即成为年办铜材
"一千万余觔，供京局及各省局鼓铸"的全国最重要的币材供给。[56]
如此巨额的政府铸币铜材需求量，增加了采炼滇铜的获利空间，吸
引了众多商人资本与矿工劳动投入，也使云南铜业在十八世纪至清
末引进西法采矿的这两百年间，成为中国境内规模最大的采矿事业。

---

[53] 《清朝文献通考》卷 15，《钱币考》，页 4986。

[54] 李卫的理由是："滇铜旺盛，江苏浙江现已停办洋铜，但若仍令委官前往采运，万里长途，
　　 呼应不灵，致辗转贻误，不若竟令云南管厂大员办理，委官押运至京，较为便益。"李
　　 卫这个建议，"经九卿等议定，江浙应办铜二百万斤，自乾隆四年为始，即交滇省办运"
　　 （道光《云南通志稿》卷 76，页 7）。

[55] 刘序枫，《清康熙—乾隆年间洋铜的进口与流通问题》，页 128。同时，日本铜因为含铜纯
　　 度较高，不仅有官员强调在铸钱时洋铜比滇铜质量为高，"夫洋铜细条，原比滇省大片蟹
　　 壳铜较净"（《朱批奏折财政类》微卷，乾隆元年二月二十五日，顾琮奏折），乾隆年间洋
　　 铜有时还被政府指定作为"铜瓦"建筑材料使用。

[56] 道光《云南通志稿》卷 63，《食货志》5 之 1，《经费》1，页 1 下。

由乾隆五年至嘉庆十五年（1740—1810），滇铜每年产量皆在一千万斤以上，多时则达一千四百万斤（乾隆三十四年，1769）。此期间，同时开采的矿厂常在三十个以上，最盛时达四十六个，而这些尚只是"母厂"数目；各母厂附近陆续加开的数目不等的"子厂"，以及母厂、子厂之外未经申报、未列官方统计数字中的其他铜厂，都远超过母厂数目。据估计，乾隆朝滇铜开采极盛时，云南铜厂"实有300余厂"。[57]其中全省铜厂分布区域，可分滇北、滇西与滇中三个集中区。滇北大厂以东川府属各厂为主，汤丹、碌碌两厂最盛；滇西大厂以顺宁府属各厂为主，宁台厂最著；滇中则多为小厂。[58]

滇铜出产的极盛时期，是在雍正初年到嘉庆中期之间。单以政府统计数字论，政府每年购得的滇铜分为三大类：一为"京运"，由云南运至北京宝泉、宝源两个中央铸币局的铜材数额，从乾隆四年起即一律规定为每年六百三十三万一千四百四十斤；二为"省局"，指云南铜材供做本省各铸钱局的数额，从雍正元年到嘉庆十五年（1723—1810）的八十七年间，云南曾先后开设十三个铸钱局，每年用铜最多达到三百七十万九千一百六十二斤（乾隆三十二年，1767）；三为"外省采买"，指供给外省到云南采购铜材的数额，采

---

[57]　《中国资本主义发展史》第一卷《中国资本主义的萌芽》，页490；严中平，《清代云南铜政考》，页10；全汉昇，《清代云南铜矿工业》，《香港中文大学中国文化研究所学报》，7，1（1974）：155-182；陈慈玉，《十八世纪中国云南的铜生产》，收入陶希圣先生祝寿编辑委员会编《国史释论：陶希圣先生九秩荣庆祝寿论文集》上册，台北：食货出版社，1988，页286-289。有关清代前、中期的云南铜厂数目、产量估计及各府属铜厂的概况，自严中平以来即有许多学者不断试做整理，目前似仍以《中国资本主义发展史》第一卷《中国资本主义的萌芽》最便参考（页491-496）。至于清代矿业"子厂"的新出研究则可见：温春来，《清代矿业中的"子厂"》，《学术研究》，4（2017）：113-121。

[58]　严中平，前引书，页31-32。

买外省前后包括十个省份，其中采买最多者为贵州，最少者为湖南，外省采买数量合计最多曾经达到三百八十七万零四百二十一斤（嘉庆七年，1802）。[59]

　　十八世纪的一百年间，特别是从乾隆五年到嘉庆十五年（1740—1810）的七十年间，滇铜维持了一千万斤以上的年产量，这些铜材都由政府和商人用白银向铜厂商民购得。民间商人的购铜支出难以计算，但各级政府每年购买云南铜材的数量确实可观。自雍正五年（1727）江南各省"动支盐务赢余银两"六万两购得滇铜后[60]，各省官员赴云南采购铜材的次数愈来愈多，云南流入大量购铜白银。[61]乾隆四年（1739）始，户部每年至少编列一百万两白银作为购买滇铜的"铜本"，这些白银或由中央拨给，或由外省拨入，都流入云南购铜。十八世纪的百年间，云南铜材与外省白银大规模交换的过程，不仅是政府铸币需求扩大的结果，也构成了当时中国

---

[59] 嘉庆初年，滇铜的供给开始日益艰难，嘉庆中叶更不得不将京运减为二百万斤。嘉庆二十二年（1817）开始采买四川乌坡厂铜以济滇铜之不足；至于此时外省来滇采买者，更是已无滇铜可发。至道光初年，合全省所产以及乌坡厂购入之铜，仍不足以供应各方需求。参见：夏湘蓉、李仲均、王根元，《中国古代矿业开发史》，台北：明文书局，1989，页172–177。

[60] 道光《云南通志稿》卷76，页2。

[61] 至今仍留下一些当时各省官员赴云南购铜的白银开支报告。乾隆三年一个贪污购铜公款的案例，也由反面说明了当时各省每年编列白银购铜的情形："（广东）海南道王元枢残忍贪黩，兼有恶才，前在肇庆府任内，承办铜觔，豫领帑银四万余两，乘黔省苗疆用兵，道路梗阻，竟将公项分发各商营运，勒令加三、加五起息，毫无顾忌。"（《清高宗实录》，台北：华文书局，1964，卷63，乾隆三年三月上谕）

市场经济的重要一环。[62]

第二节　滇铜产销组织中的官商关系

十八世纪云南与全国铜材市场上流通的每年至少一千万斤滇铜，由民间商人与矿工合力采炼得来。随着滇铜产量的急速增加，不仅采炼铜矿商人投入的资本扩大了，政府也每年提拨白银作为商人办矿的"官本"，希望能够获得各级政府每年所需的巨额铸币铜材。无论是民间商人自筹资本，或是政府提拨包买铜斤的官本，都使矿厂商人可以不断扩充人力、设备，因而扩大了铜矿的经营规模，并且改变了铜厂的组织结构。

此外，政府更通过一系列攸关铜政的制度改革，诸如"官本收铜、官铜店、运官运铜制、七长制"等，不仅提供了关于开矿纠纷的产权协调机制，也提高了有效利用铜厂附近有限运输条件的可能性，进而降低了铜材产销过程中的交易成本。

（一）铜厂中的商人资本与政府资本

十六世纪以后，不断有外省商人进入云南开矿，其中又以江西抚州等府的商人最为著称。江西商人赴云南经商的普遍现象，至少

<hr>

[62] 唐炯对十八世纪白银流入云南购铜的现象，有如下观察："国初，京师及东南数省鼓铸铜斤，率购自东洋。雍正初，李敏达（李卫）、鄂文端（鄂尔泰）相继开办滇铜，停止东洋购买。自是以来，逐年加增，京师岁运铜六百数十万斤，东南数省，岁千余万斤，商运不与焉。他省银到滇省者，岁无虑千万两，以是滇民富饶。"（唐炯，《成山老人自撰年谱》，台北：广文书局，1971，卷6，页7-8）有学者则强调当时内地各省购铜白银对云南资本累积的作用（张朋园，《落后地区的资本形成——云贵的协饷与鸦片》，《贵州文史丛刊》，2［1990］：55）。

始于晚明。[63] 随着云南矿厂的开发，外省商民赴云南开矿者更多，湖北、湖南、四川与广东商人也日渐著名，[64] 这些外省商人在云南铜厂上投入了不少资本。十八世纪清政府逐渐实行了"官本收铜"制度，借放官本给部分铜厂商人开矿。

　　无论是商人出资或是政府提拨官本，都发生在明中期以来的官营矿场衰落的背景下。十五世纪以来，随着明初建立的官营手工业与匠籍制度的逐步解体，[65] 矿场也出现由签派"矿冶户"、卫所军人

---

[63]　方志远、黄瑞卿，《明清江右商的经营观念与投资方向》，《中国史研究》，4（1991）：73-74。艾南英（1583—1646）为江西抚州府东乡县人，他在明末时说"吾乡富商大贾皆在滇云"；而且，据艾氏了解，当时江西商人在云南"恒长子孙，称雄于其邦"。他曾记载本县"白城寺"僧人为修建寺院而三次赴云南向同乡商人募款的梗概：第一次是正显和尚为募建寺旁的堤防而到云南"金齿、洱、苍"；第二次为正演和尚募修观音阁，"历寒暑凡三载，所至缅甸、腾、川、姚、永、临、丽，足迹遍七千里，而仅得百金以归"；第三次则同为正演和尚为续修"观音阁"时深感款项不足"乃复有滇、黔之行"。在第三次到贵州云南募款前，正演和尚请艾南英指点化缘的"募辞"，艾氏指出：在云南的江西商人，因为"所以致财者远且难若是，故虽父母妻子有弃捐不顾者矣。其辈数十缛而归，铢悉握算，不爽毫毛，至于财如此，其于施可知也"，面对如此俭啬的同乡商人，艾氏建议募款时除了要应用乡邻姻戚等人情关系外，还要能"诚足以感之"，让他们相信自己绝非那些"他僧之不职者，往往以乞化为由，背师门逃数千里外，所得财物，尽以渔酒色，故人共骇而不之信"，要能向这些旅居云南经商的同乡证明"寺僧向所建立，莫不有成"（艾千子，《天佣子集》，卷9，《白城寺僧之滇黔募建观音阁疏》，页38–39）。

[64]　据光绪年间调查，时人描述十九世纪前期、十八世纪云南出资经营铜厂的"外省富民"，已由以明末江西商人为主转变成："从前厂利丰旺，皆由三江、两湖、川、广富商大贾厚积财本，来滇开采。"（王文韶等修，唐炯等纂，光绪《续云南通志稿》，卷45，《食货志·矿务·厂员》，页2887）

[65]　参见：陈诗启，《明代商品货币关系的发展和官手工业的演变》，陈氏著《明代官手工业的研究》，武汉：湖北人民出版社，1958，页1–41；徐泓，《中国官匠制度》，收入于宗先主编《经济学百科全书》第2册《经济史》，台北：联经出版公司，1986，页38–44；罗丽馨，《十六、十七世纪中国手工业的生产发展》，台北县：稻禾出版社，1997，页11–69。

开矿的官营形态转为民营形态的趋势。[66]十六世纪形成的云南民营矿业，更分化为"报准开采""自由开采"两类。[67]不过，此时商人资本的作用仍不明显，开矿工人与出资商人间的雇佣关系并未得到政府认可。[68]尽管如此，云南民营矿业的开采形态已在十六世纪基本确立，政府逐渐放松对开矿人的签派，将管理重点转到抽收矿税上。[69]由晚明到晚清，云南矿业经营的基本形态，即是商人筹集资本、招募矿工而由政府抽税，即使在"官本收铜"制度建立后，

---

[66]　明代云南官矿衰败，成化九年（1437）三月，政府"诏减云南银课之半，矿夫称是"，即源于云南监察御史胡泾等官员上奏的矿场凋敝情形："云南所属楚雄、大理、洱海、临安等卫军，全充矿夫，岁给粮布。采办之初，洞浅矿多，课额易完，军获衣粮之利，未见其病。今洞深利少，而军夫多以瘴毒死，煎办不足，或典妻鬻子，赔补其数，甚至流徙逃生，啸聚为盗。"（《明宪宗实录》，"中研院"历史语言研究所校印《明实录》卷114，页2212）有关十五世纪以降明代官矿衰、民矿兴的概况，可见：白寿彝，《明代矿业的发展》，页95–129。

[67]　当时王士性看到了如下情况："滇中矿硐，自国初开采至今，以代赋税之缺，未尝辍也……其未成硐者，细民自挖掘之，一日仅足衣食一日之用，于法无禁。其成硐者，某处出矿苗，其硐头领之，陈之官而准焉，则视硐大小，召义夫若干人。义夫者，即采矿之人，惟硐头约束者也。"（王士性，《广志绎》，收入周振鹤编校，《王士性地理书三种》，卷5，《西南诸省》，页384）

[68]　晚明云南矿工还称"义夫"，仍然可见其在官矿制度下近似无偿"徭役"的劳动性质。天启六年九月十三日，地方官上奏云南全省水灾灾情，说及云南南安州时，在报告当地"表罗场"矿课损失时说："久雨连绵，山溪大发，以致山行土倾，将表罗场各硐渰没无踪，硐头、号夫、班夫四散，矿课失额甚多。"（闵洪学，《抚滇奏草》卷9，页53）这里"号夫、班夫"的矿工名称，仍十足反映了官匠徭役制度的痕迹。

[69]　万历末年，谢肇淛记载当时政府登记有案的云南各矿场数量："滇银矿共二十有三所，置场委官，以征其课，岁约二万缗。然脉有盛衰，课随盈缩。又有铜矿十九所、铅矿四所、碌矿一所。"（谢肇淛，《滇略》，《四库全书珍本》三集，台北：台湾商务印书馆，1972，卷3，页21–22）可见所重者在矿税而非对矿场工匠的组织与管理。

政府提拨的各种资金也主要交由商人经理运营。[70]

　　民矿政策到清初有所转变，清政府一度严格封禁全国矿山，原则上禁止民间开采。[71]自康熙十四年（1675）、十八年（1679）陆续颁定《开采铜铅之例》，封禁政策开始有所变化，政府针对铸钱最主要的铜、铅两种原料的矿场，以法律形式确立了两个基本管理原则：一是由本地人呈请、官府审查的核可制度；二是税后余矿由商人处分的自由发卖制度。以矿产所得十分之二纳税、十分之八听民发卖的民营矿厂制度，[72]至此大体确立。此后，政府屡次针对各地矿厂制定不同的法定抽税与商人自卖比例；同时，也在部分矿厂添入不同比例的税后余矿"政府收买"规定。[73]综合看来，十八世纪清政

---

[70] 晚清为解决滇铜产量大减以及招商不易等问题，政府开始试将滇铜改为"官办"。光绪五年（1879），云南巡抚杜瑞联上奏将部分铜厂改归官办："顺宁厂之宁台厂，前委钟念祖督办，所获之铜不敷所用之本，且铜质甚低，必经七次锻炼方能解供京运，绅商亏折甚巨。迨二年夏间，该郡办理军务，砂丁闻警逃亡，绅商亦即星散。事平后，招徕再四，应召无人。"（光绪《续云南通志稿》卷45，《食货志·矿务·厂员》，页2881–2882）但这次官办铜厂的尝试并未成功。

[71] 一般清代文献常说这是鉴于明代万历年间"矿税之祸"引起民变的教训。如谓："清初鉴于明代竞言矿利，中使四出，暴敛病民，于是听民采取，输税于官。"（《清史稿》，北京：中华书局，1976，卷124，《食货志》5，《矿政》，页3664）但事实上，政权初立，也无暇发展矿业政令。

[72] 这包含了康熙十四年、十八年的两条关键法律规定："康熙十四年定开采铜、铅之例，户部议准，凡各省产铜及黑、白铅处，如有本地人民具呈愿采，该督抚即委官监管采取。至十八年，复定：各省采得铜铅，以十分内，二分纳官，八分听民发卖。监管官准按勣数议叙，上官诛求逼勒者，从重议处。如有越境采取及衙役扰民，俱治其罪。"（《清朝文献通考》卷30，《征榷》5，《坑冶》，页5129）

[73] 乾隆年间，《清朝文献通考》编者即对当时政府抽税与收买制度的演变历程做了简要说明："今则湖南、云、贵、川、广等处，并饶矿产。而滇之红铜，黔、楚之铅，粤东之点锡，尤上供京局者也。大抵官税其十分之二，其四分则发价官收，其四分则听其流通贩运；或以一成抽课，其余尽数官买，或三成抽课，其余听商自卖。或有官发工本，招商承办；又有竟归官办者，额有增减、价有重轻，要皆随时以为损益云。"（《清朝文献通考》卷30，《征榷》5，《坑冶》，页5129）

府对全国矿厂的基本管理形态可分为三大类：第一大类是"核准商办"，商民呈请开矿核准后，政府依"抽税、官买、商人自卖"三种成分，针对不同地区不同矿厂进行弹性调整；[74]第二大类是商民领取政府工本的"招商承办"；第三大类则是政府自己设官经管的"官办"。事实上，清代官办矿厂应属少见，核准商办与招商承办才是政府主要的矿厂管理形态。[75]

十八世纪云南铜厂基本上由民间商人负责实际经营，但政府投入铜厂的资本也在部分铜厂中愈形重要，有必要对云南铜厂的商人资本与政府资本做些区分与讨论。

除准许民间"自行开采"不必纳税的小铜厂之外，清政府管理云南铜厂一般采取"核准商办"与"招商承办"两类。"核准商办"的铜厂在办矿商民报呈官府核可后，[76]即将矿厂所出铜矿订成"抽税、官买、商人自卖"三种不同的成分，分别由政府与办矿商人所拥有。

---

[74] 诸如："税其十分之二，其四分则发价官收，其四分则听其流通贩运"；或是"一成抽课，其余尽数官买"，或是"三成抽课，其余听商自卖"（当然还可以有其他组合方式）。

[75] 乾隆三年（1725），广西巡抚金𬭊分析广西矿厂何以"开采之必须商人、不归官办理者"，曾举出三点理由："官办则需员必多，员多则役多。利之所在，胥役家人，难保其不需索生事。故不若商人各自为计，设厂纳税"；"粤西钱粮甚少，归官办理，则所用浩繁，无项可垫，不若招募商人，各挟资本，量力开采"；"粤西地杂猺、僮，经官雇觅，必多疑畏不前。惟商人皆所熟悉，彼此相须，呼应必灵"。（北京第一历史档案馆藏《户科题本》，"工业类"，引自：中国人民大学清史研究室等编，《清代的矿业》，北京：中华书局，1983，上册，页283–284）韦庆远认为，当时像金𬭊如此考虑矿业必归官办而不能由官办的官员，其实人数不少。可见：韦庆远、鲁素，《清代前期的商办矿业及其资本主义萌芽》，收入韦庆远，《档房论史文编》，页181–182。

[76] 核准商民设立铜厂的相关规定，则与全国其他地区的各类矿厂大体类似：在商民提出呈请后，"令督抚委干员，会同地方官，据实勘验。并无干碍民间田园、庐墓者，准其题请开采。其有开采之后，洞老山空、矿砂无出者，取具印结，题明封闭。其一切辟隅深箐、巡察难周之处，俱严加封禁"（《钦定户部则例》，台北：成文出版社，1968，卷35，《钱法》2，"派官管厂"门，页1）。

这基本上是一种商人主动、政府被动的开办矿厂形态。"招商承办"的铜厂则有所不同，相对来说，政府主动而商人被动，政府既然要主动"招商"，则各种优惠措施必不可少，其中，又以引入政府"官专买"制度与预发"官本"为最主要的优惠手段。政府当然也希望"招商承办"铜厂的办矿商人本身即饶富资本，但在"官专买、预发官本"等各种优惠手段的运作下，政府资本却愈来愈在"招商承办"铜厂中扮演重要地位，这是与"核准商办"铜厂的基本差异。

政府对铜厂的"官专买"，本可分为"矿后收买"和"矿前收买"两种，前者是商民出矿后再由政府收买，后者是商民出矿前即由政府预发"工本"包下日后所出矿材。在"官专买"制度下，商人原则上可以不必太操心铜材的销路问题，因为政府基本上负责一律购买。只要政府购买铜材的价格"合理"，"官专买"对办矿商人的优惠性是显而易见的。无论是"矿后收买"或是"矿前收买"任一种"官专买"制度，政府每年提供资金固定承购铜厂主要出产的铜材，不仅"矿前、矿后"收买在商人账簿上很难区分，政府这笔资金究竟是"购买"还是"投资"也很难区分。从此意义而论，预借"官本"只是"官专买"的一体两面，对政府而言，借给商人的资本，既是付给铜厂商人的买铜价格，也是对铜厂的投资金额；对铜厂商人而言，领取政府官本，既是预先卖出铜材的订金，也是接受政府对铜厂的投资。整体看来，"招商承办"铜厂并不因为政府预借铜本而影响商人办矿的民营性质。[77]

自十八世纪初年政府将铸币铜材的重心改放云南，每年购买滇铜的各级政府开支大为增加，由政府"预发官本"购买铜材的云南

---

[77]　有学者即主张云南铜厂用以收购铜材的"官本"其实只是提供给铜厂商人的一笔"营运基金"，相当于政府向商人"预付货款"，很像是"国家向私营工厂长期订货"（《中国资本主义发展史》第一卷《中国资本主义的萌芽》，页512–515）。

铜厂数目也愈来愈多。在此趋势下，原先属于"核准商办"的铜厂，当其售予政府的铜材数量不断增加，则政府资金对该厂经营也日益重要，此时，原有"核准商办、招商承办"的分野可能也渐难区别。随着铜厂销售对象及经营获利情形的变动，其实很难真正区分十八世纪云南铜厂究属"核准商办"还是"招商承办"。

在政府记录的各主要铜厂购铜记录中，那些完全未列"定额通商"数字的铜厂，应该即由政府买下该厂所有铜材；假设这种铜厂即是以政府资本为其经营资金的主要来源，[78]反之，假设列有"定额通商"的铜厂即是以民间资本为主体的"核准商办"铜厂，则进入十八世纪末，云南"核准商办"的铜厂数目只占当时铜厂总数的三分之一；而在负责京运的铜厂中，"核准商办"铜厂的比重更少，只占百分之二十二；至于负责省局、外省采买的铜厂，"核准商办"的铜厂比重则为百分之四十。[79]

---

[78] 虽然列有"定额通商"的云南铜厂数目，也会随时间变动。以《铜政便览》（台北：学生书局，据嘉庆年间抄本影印，1986）所列马龙厂为例，此厂原系银厂，但因矿洞夹有"铜气"足以炼铜，每年所得铜斤由一万二千至二万余斤不等，这座矿厂出铜的管理方式即由乾隆二十五年（1760）奏准"每办百斤，抽课十斤、公廉捐耗铜四斤二两、官买余铜八十五斤十四两"（按：公廉捐耗铜亦可视为政府额外开征的税课）；乾隆三十八年奏准通商后，则加列"每百斤给厂民通商铜十斤"，官买余铜减为七十五斤十四两；嘉庆年间编成《铜政便览》时，此厂又已取消分成定额通商的规定（卷2，《厂地》下，页125-126）。有关"公廉捐耗铜"的说明及细节，可见《铜政便览》卷8，《杂款》，"公廉捐耗"条（页523-524）。

[79] 以嘉庆年间《铜政便览》所列三十八处云南铜厂（母厂）做统计，列有"通商额铜"者共十一座。若再依政府收买该厂所出铜斤的"京运、省局、外省采买"三类用途划分，列入"通商额铜"的铜厂，又可以有无京运做区分：在有铜斤负责京运的二十三座铜厂中，只有五座列有"通商额铜"（得宝坪厂、大功厂、双龙厂、发古厂、紫牛坡厂）；专供省局或外省采买的十五座铜厂，则有六座列有"通商额铜"（回龙厂、秀春厂、万宝厂、狮子尾厂、绿碌碙厂、鼎新厂）。参见：《铜政便览》卷1至2，《厂地》上、下，页17-180。

　　看来，政府资本对十八世纪云南铜厂的作用确实很大，但因为政府官员不直接涉入矿厂经营，政府资本只是铜厂商人可以调度运用的预付订金或是经营资金，所以，政府资本并不影响铜厂经营仍属民营的根本性质。无论是"核准商办"还是"招商承办"，铜厂基本上都以商人为经营主体；负责铜厂事务的政府官员，[80] 主要只负责监督治安、查缉走私，以及代政府抽税、购买、运送铜斤等事宜。即使政府预发工本、招商承办开矿，也不代表这是"官办"而非"商办"矿厂，其中的区分在清代应有相对清楚的界限。[81]

　　政府资金对云南铜厂的作用，集中表现在"官本收铜"制度，而这个制度有其演变过程。十八世纪初，当清廷对滇铜的需要量日益扩增，政府一方面在云南加强清查未税铜厂，更进一步提供"厂委盘费"给经营铜厂的"硐民"，由硐民以所得铜材"抵还官本"，其目的当然是增加政府收购铜斤的数量，这是康熙四十四年（1705）云贵总督贝和诺（1647—1712）草创"官本收铜"制度的基本架构。[82] 历经雍正、乾隆年间，"官本收铜"制度又有所改良，一方

---

[80]　"滇省铜厂，悉归地方官经管。倘有繁剧地方，离厂较远，正印官不能照料，亦改委州县丞倅等官经理。酌量地方远近、厂分大小，分派各府厅州县及试用正印人员承办。"（《钦定户部则例》卷 35，《钱法》2，"派官管厂"门，页 3）依《铜政便览》（卷 2，页 175），这是乾隆四十二年立案的法规。

[81]　有史料旁证，政府发给价银预订、收购矿材，并非区别"官办"与"商办"的标准："臣前于请归官办案内，议免抽税，按百勔给价十二两，部未准行。又于仍归商办案内，议抽税外，按八十勔给价十一两二钱八分，复经部驳。"（杨锡绂，《四知堂文集》，乾隆年间乙照斋刊本，卷 11，《奏明铜铅价价不敷实难核减疏》，页 1 下）这是乾隆十四年（1749）左右湖南郴、桂二州铜铅矿场的例子。

[82]　"自康熙四十四年以前，通省银、铜各厂，俱系督抚各官私开，原未奏报，亦无抽收款项案册可稽。因事久显露，经前督臣贝和诺折奏，始委员分管……又给管厂头人，名为厂委盘费……硐民即将所得之铜，抵还官本。"（高其倬、杨名时，《奏为遵旨查奏铜斤利弊事》，见中国第一历史档案馆编《雍正朝汉文朱批奏折汇编》，册 2，页 432–433）

面提高购买铜材的"官价",[83] 另一方面则增加商人"定额通商"自由发卖铜材的额数。[84] 然而,官本收铜的基本架构未变,都由政府预将白银发借厂民,借以支付铜厂中采炼铜材的各类开销,待采炼得矿、扣除课税铜材后,再由政府向借支官本的厂民收购铜材。[85]

当时所谓"官本",其实具有广狭二义。狭义官本专指上述预借给办铜商人的政府资金;广义官本则至少包含三类:第一类是发给铜厂商人的购铜银价,第二类是协助商人采铜、炼铜的贷款,第三类则是支付各类运铜人员与交通工具的费用。第二类官本有时也泛称"工本银两"或是"工本厂费银",主要分为"接济银两、底本银两、水泄工费"等不同项目,大致都是用以协助商人发放矿工米粮、薪资,以及维修与添购采矿、排水等设备;其中"底本银两"的发放方式,大致是以"预借两月"为准,偿还办法如下:"于交铜百斤之外,扣收铜五斤,计四十个月。扣清之后,再行酌借。"[86] 实质上是一种政府给予商人的三年期贷款。第三类官本则主要是付给运铜官员、脚夫、运户、船户、水手等各类人员的薪资与雇用费用,大致包括"官役廉费银、脚价银、盘费银、舵水工食银"等不同名目,这类经费并不付给办矿商人,而主要是运铜方面的开支。

---

[83] 清政府在云南铜厂收购铜斤的价格不一,除铜材市价涨落的因素外,政府也依各厂铜材的质量,或是各厂向政府预借官本的多寡,订出不同的收购"官价"。以嘉庆年间《铜政便览》所列数字来看,每百斤铜材的收购官价可由五两到八两多不等,最普遍的是六至七两之间,最高的是茂麓厂的每百斤"给价银八两一钱五分一厘"。参见:《铜政便览》卷1至2《厂地》所列购铜官价统计(页17–180),茂麓厂购铜银价数字见页57。

[84] 有关康熙、雍正、乾隆年间政府对云南铜厂进行的提高收购"官价"、调高"定额通商"额度等较详细的讨论,可参见:彭雨新,《清乾隆时期的矿政、矿税与矿生产发展的关系》,《中国社会科学院经济研究所集刊》,8(1986):118–159,特别见页132–138。

[85] 严中平,《清代云南铜政考》,页27–29。

[86] 《铜政便览》卷8,《杂款》,页527–537;"底本银两"见页529。

　　自乾隆三年（1738）议定滇铜京运后，中央政府每年固定拨出一百万两白银购买滇铜，其来源主要包括中央户部颁发，以及天津道库、直隶司库、湖北省司库、江苏司库等几个京运滇铜经过地方政府财库的协拨。[87]而其他赴云南采买铜材的外省地方政府，也固定提拨"秋拨留协银、盐务银"等银两购铜。[88]除了这些通过政府财政税收由外省流入的"官本"外，云南铸钱局也经常提拨铸钱余息作为滇铜官本的重要来源。[89]由乾隆年间熟知云南铜政的官员奏议来看，中央与外省流入的官本经常不敷使用，大概只能用来支付京运与外省采买，真正用于贷款给办铜商人者，仍是云南地方政府铸钱局通过铸币收入所累积的"余息"，[90]以及云南政府自银厂所获得的税课收入。[91]铸钱余息与白银税入，应是当时云南铜厂中预借商人办矿的政府资本主要来源。

　　尽管云南政府、中央政府及全国其他办理滇铜的地方政府都提

[87]　《钦定户部则例》卷35，《钱法》2，"铜本"门，页25-26。

[88]　清代外省官员带入云南购铜"秋拨留协银"的相关奏折，为数颇多。兹引乾隆十年四月二十九日的一份奏折为例："云南乾隆十年办铜工本，于湖南秋拨留协银内，拨银二十五万两。今委湘潭县县丞沈章领解银五万两，零陵县县丞孔传瑄领解银五万两，永顺府同知商思敬领解银十五万两，前赴云南，支纳出数，粘批给发，委员回销。"（张伟仁编，《"中研院"历史语言研究所现存清代内阁大库原藏明清档案》，以下简称《明清档案》，台北：联经出版公司，1985—1997，A137-059）

[89]　一个实际官本运用的例子，可见乾隆二十年（1755）云南布政使觉罗纳世通的奏折："汤丹等厂，每年约办铜七八百万斤，所需工本厂费银五六十万两。又，每年办运京铜四百万斤，约需脚价、官役、盘费银十余万两。又，每年应解司库余息银二十余万两。应准按年具题，就近拨给银一百万两，存贮司库，陆续动用，据实报销。"（《明清档案》A190-082，乾隆二十年七月二十六日之四）

[90]　"乾隆十八年，东川增设新局五十座，加铸钱二十二万余千，备给银船工本之外，岁赢息银四万三千余两。九年之间，遂有积息四十余万。自是以后，云南始有公贮之钱。而铜本不足，亦稍稍知有取给矣。"（王太岳，《铜政议》，页10上）

[91]　严中平即认为，十八世纪云南白银产量的增加，是当时铜厂能够出产巨额铜材的"一个有力的稳定因素"（严中平，《清代云南铜政考》，页18）。

供了狭义或广义的"官本"，但是，"工本不敷"仍是云南铜政官员
经常面临的问题，[92] 若工本不敷问题继续恶化，即可能形成严重的
"厂欠"。一旦中央政府认真清查"厂欠"，官员轻则赔补，重则革职
查办。[93] 为了有效解决厂欠问题，由雍正初年到嘉庆年间，政府即
不断发展出向商人追讨、由官员赔补、呈请中央政府豁免、加铸铜
钱获取余息等多种填补厂欠的方法。[94] 除却真正官商勾结、侵吞公
帑的官员不论，许多铜政官员之所以甘冒厂欠难偿、连坐赔偿甚或
革职查办的风险而预借官本给办铜商人，主要仍是因为自己肩负着
办铜考成的巨大压力，[95] 每年京运六百三十三万斤滇铜的责任，若无
办矿商人与矿工的努力采炼，[96] 所系官场前程与身家安全非轻。铜政
官员借放官本给办铜商人，固然有中央政府法令可依循，但也确实
有与办铜商人成败与共、不得不然的考虑。

　　政府预发官本给铜厂商人，大都由领帑商人实际运用，诸如购

---

[92] 以乾隆七年（1742）云南巡抚张允随奏折为例，即可看到政府对铜厂商人借支官本的紧
　　张情形："汤丹铜厂每月需本，不下六七万两，为数繁多。道库所收各款银两，除发各
　　厂收买铜斤外，只存银八万五千二百余两，尚不敷汤丹厂闰九、十两月工本，其十一、
　　十二等月，无银放给，请于司库通融借给银五十万两。"（《明清档案》A112-090，乾隆七
　　年六月十一日之二）

[93] 乾隆三十三年（1768），乾隆即下令"逮治综理铜政及司厂之员，着赔银七万五千余两"；
　　乾隆三十七年，再度下令"钩考厂库，以稽厂欠。前后厂官赔补码万勋外，仍有民欠
　　十三万余两"（王太岳，《铜政议》，页8上）。

[94] 可见《铜政便览》卷8，《杂款》，"厂欠银两"门，页539-541。

[95] 如以下规定："凡各厂办获铜斤，校计多寡，酌定年额，划分十二股，按月计数勒交。如
　　有缺额，令于一月内趱补；倘三月之后不能补足，即将本员撤回，于考成案内议处。若
　　能于月额之外多办，即于考成案内议叙。"（《铜政便览》卷2，《厂地》下，"办铜考成"
　　门，页177）

[96] 当然，并非所有领取官本开矿的人都会努力采矿和协助官员办矿："又硐民皆五方无业之
　　人，领本到手，往往私费，无力开采。亦有开硐无成，虚费工本。更或采铜既有，而偷
　　卖私销。"（王太岳，《铜政议》，页7下）

买矿工粮食、矿坑照明油灯、抽水通风设备等最重要的开矿支出，都由领帑商人做规划。官本收铜制度在云南建立后，商人采炼铜材又增加了新的资本来源。那些不接受政府资本而由厂民独资或合办的铜厂，在官方资料中被称为"自备工本"铜厂，接受官本者则称为"官发工本"铜厂。

官方文献一般将出资采矿的商人通称为"厂民"或"硐民"，有时也称"硐户、管事、锅头"。名称有别，但其实同一。这些人在铜厂的最主要工作，即是调度资本借以组织矿厂上的人力、原料与设备。此外，向地方政府申请核可，或是领取与协商借用官本的办法，也是办矿商人的重要工作。办矿商人组织资本与劳力，政府也在部分矿场委派"厂员"驻厂，管理治安、抽税与发放官本等事务。官派厂员，有时为来自省内府州县的承佐官员，有时则委派民间商人或官员亲信担任。由商民出资、集结矿工、报呈官府乃至官员委管，大致是一个有规模矿厂的形成历程，"滇南宿学士"[97] 王崧对此有所陈述：

> 凡厂之初辟也，不过数十人裹粮结棚而栖，曰伙房。所重者，油、米。油以燃灯，米以造饭也。四方之民，入厂谋生，谓之走厂。久之，由寡而渐众，有成效，乃白于官司，申请大府，饬官吏按验，得实，专令一官主之，称为厂主。[98]

王崧的观察，反映了"厂主"与那些当时习称为"走厂"的矿工间最重要的关系：提供每日矿坑内部所需燃油，以及矿工所聚

---

[97]　查林，《云南备征志弁言》（原文作于道光十一年，1831 年），收入王崧编，道光《云南备征志》，页首。

[98]　王崧，《矿厂采炼篇》，收入吴其濬《滇南矿厂图略》，见任继愈、华觉民主编《中国科学技术典籍通汇：技术卷》第一分册，页 1140–1142。

"伙房"内的粮食。尽管有时办矿商人也受官府委任而成为兼具官方身份的"厂主",但这并不妨碍办矿商人根据专业办矿知识调度、运用各类资本。

十八世纪云南铜厂商人的办矿花费,主要分为工本、公费两大类。"工本"分为采矿、炼矿两项。第一项采矿工本至少包含六种:找寻矿苗的探矿费用;支付矿工与各类矿厂管理人员的粮米与工资;矿坑内架设"镶木";配发矿工"亮子"(系于头顶上,以备坑内照明);穿凿"水窦"、安放"水车"排水(时称"安龙、拉龙");设置"风柜"通风。第二项炼矿工本至少包括四种:选取、分辨矿砂品质的花费;购置炼矿所需的炼炉设备;支付每日炭、煤燃料与作为熔剂的原料费用;聘请炼矿矿师。第二类"公费",则可分为"神、公、山、水"四项,分指"庙祀及香资"、"以备差费"、缴纳矿山"山主之租"以及"用农田沟水"的租金。[99]

采炼矿石的各类技术,对办矿商人的投资获利十分重要,矿厂技术人员的专业化十分明显。采矿出现"镶头、领班"等劳动管理者,炼矿也出现"炉头"等专门人员。"镶头"负责坑道内的支架工作,主管何处架设镶木、何时安排风柜与水车,以及如何将矿工安排在不同的开采区中。"领班"听命于镶头,负责调度矿工进入矿洞的时机、数目,并选择最有效的开采方法与器具。在炼矿方面,"炉头"扮演关键角色,要能"熟识矿性,谙练配煎,守视火候"。[100]对办矿商人而言,无论是支付矿工的食粮与工资、雇请各类技术与

---

[99] 吴其濬,《滇南矿厂图略》,"规"。公差费用,应指各种官府临时指派给铜厂商人的开支,大概就是送往迎来,以及各种额外规费、馈赠节礼等花费。这类经费应是非正式的支出,或许接近商人办矿的公关费用。

[100] 这些专门技术人员都有其重要性,以"镶头"而论,时人称其:"凡初开硐,先招镶头,如得其人,硐必成效。"以上均见:吴其濬,《滇南矿厂图略》,"丁"。

6

管理人员，或是购置开坑、架坑、出碴、通风、排水、运矿、照明、炼炉、氧化法燃料及配炼熔剂等各项设备与原料，在在需要资本。资本是否足够，成为攸关铜厂成功与否的关键。十八世纪许多"外省富商"自备的民间资本，[101] 以及政府提供的官本，都是云南办铜商人采炼铜矿所需要的资本。

在资本规模扩大、采炼工序分化与富矿铜数增加等不同因素的汇合下，清代前期云南矿厂内部也形成了更复杂的经营组织方式。铜厂可分为独资制与股份制两种，"厂民"也兼指独资商人与众人出资的"硐户"。[102] 在股份制矿厂中，习用"石分、米分"筹募资金，这种募股制度取义于："分数人伙办一硐，股分亦有大小。厂所首需，油米，故计石而折银焉。"[103] 可见提供资金仍是办矿的关键。以"石分、米分"股份制合伙开矿的"硐户"，和经常是独资制的"厂民"并存，成为商办矿厂的两种基本形式，"厂民"与"硐户"也都可指称矿厂的重要出资人。

众多厂民与硐户共同调度资本，应是当时铜厂经营的常态，所谓"厂民十百为群，通力合作，借垫之费，极为繁巨"，[104] 说明当时办铜商人调集资本的重要与频繁。在厂民、硐户合资开矿的过程中，也发生过云南官员以私人名义介入矿厂经营的例子：

---

[101] 光绪年间云南官员对云南铜厂规模所作的访问报告说："向来办厂，见功迟速，不能预期。而分尖、泄水，置备器具，修桥开路，以及油米柴炭，需费甚巨，从前皆赖外省富商，挟资本来滇开采，百物流通，民间生计借以裕饶。至于本省，户鲜殷实，不过零星凑集，朋充伙办。"（光绪《续云南通志稿》卷45，《食货志·矿务·厂员》，页2883）

[102] 大概即是因为许多"厂民"可能根本就由众多"硐户"合伙经营而来，如此也能理解厂民办矿支出中的"山主之租"、引取农田沟水等费用何以被列入"公费"项。

[103] 吴其浚，《滇南矿厂图略》，"规"。另见："合伙开硐，谓之石分，从米称也。"（吴其浚，《滇南矿厂图略》，"丁"）

[104] 王太岳，《铜政议》，页11下。

大厂，非常人之所能开者，则院、司、道、提、镇衙门，差委亲信人，拥赀前去。招集峒丁，屏辞米分，独建其功，并不旁贷。虽获万两，亦与商民无与。[105]

所谓"院、司、道、提、镇衙门"，指的是云贵总督、云南巡抚、布政使司、按察使司、粮储盐法等道，以及提督、总兵等地方文武高官。[106] 不过，由于银厂获利更快，官员偏爱暗中拿钱办矿的"大厂"可能仍以银厂为主。

在经营组织上，矿厂内部形成上、中、下三层人物，上层是出资者，中层是技术管理者，下层则是各类雇佣劳工。上层出资者有"厂民、硐户、锅头、管事"等不同名称。[107] 中层则有两类主要矿工管理者：一是记录每日出矿与卖矿所得账簿的"监班书记"，一是前述的"镶头"和"领班"。[108] 雇佣劳工则时称"弟兄、小伙计"，其中以砂丁为最大宗。[109] 要之，矿厂的实际生产组织方式如下：厂

---

[105] 倪蜕，《复当事论厂务书》，《滇系》卷 2 之 1，《职官系》，页 120–121。

[106] 师范曾记载云南省高官职称与当地人的"俗呼"："总督部堂，俗呼东院"，"巡抚部院，俗呼西院"，"布政使司，俗呼后司"，"按察使司，俗呼前司"（《滇系》卷 2 之 1，《职官系》，页 82 ）。

[107] "雇力称硐户曰锅头，硐户称雇力曰弟兄。"（吴其濬，《滇南矿厂图略》，"丁"）"主之者，名曰管事，出资本、募功力；治之人，无尊卑，皆曰弟兄，亦曰小伙计。"（王崧，《矿厂采炼篇》）

[108] 吴其濬，《滇南矿厂图略》，"丁"。

[109] 云南布政使司唐炯在光绪八年（1882）整顿云南铜政时，提及铜厂砂丁的规模与来源："从前，大厂动辄十数万人，小厂亦不下数万，非独本省穷民，凡川、湖、两粤力作功苦之人，皆来此以求生活。"同时，唐炯更指出砂丁对开采铜矿的重要性："滇谚所谓，丁由利集，铜由丁出也……砂丁既少，虽有美矿，无凭攻采。"（光绪《续云南通志稿》，页 2882-2883）对清代矿厂工人的综合性研究，可参考：任以都，《清代矿厂工人》，《香港中文大学中国文化研究所学报》，3，1（1970）：13-29。

民（硐户）→管事（锅头）→镶头→领班→砂丁。[110]

当部分铜厂对政府抽税与收购铜斤愈形重要，办矿商人所领取的政府官本也日益增加，政府开始在矿厂设置"七长"："一曰客长，掌宾客之事。二曰课长，掌税课之事。三曰炉头，掌炉火之事。四曰锅头，掌役食之事。五曰镶头，掌镶架之事。六曰硐长，掌磕硐之事。七曰炭长，掌薪炭之事。"[111]这是协助官员与厂民管理厂务的七个重要职务，但因为并非政府明令设置，在不同矿厂上可能会出现差异。同时，由"七长"名称与职责看来，也与商办矿厂本身固有的"锅头、镶头"重叠，"硐长"职务也类似于"领班"。除了"课长"协助政府收税、"客长"负有调解矿厂纠纷的任务外，[112]"七长"大致只是政府赋予铜厂固有中层技术管理人员的一种体面称呼，并不真正妨碍铜厂商人决定如何运用资本。

铜厂的劳动主体是"砂丁"。砂丁基本上是各种采矿劳工的统称，一般可依工作内容分为三类：锤手、錾手及出磕背矿者。当时云南铜厂的主要挖矿工具仍属人力操作，和中国其他各地传统矿厂的情形一样，并无使用火药开矿的记录。[113]矿坑有通风与排水等设备，但砂丁的工作条件仍然甚为艰辛：

> 弟兄入磕硐，日下班，次第轮流，无论昼夜。视路之长短，
> 分班之多寡。以巾束首，曰套头。挂灯于其上，铁为之柄，直

---

[110] "凡硐，管事管镶头，镶头管领班，领班管众丁，递相约束，人虽众，不乱。"（吴其濬，《滇南矿厂图略》，"规"）

[111] 王崧，《矿厂采炼篇》。

[112] 所谓客长"掌宾客之事"，大体上即是调解矿厂上各类人事纠纷，详见下一小节的讨论。

[113] 葛平德（Peter Golas），《火药在中国采矿中的作用何在？》，收入李国豪等编《中国科技史探索》，香港：中华书局，1986，页437–442。

上长尺余，于末作钩，名曰亮子。所用油铁，约居薪米之半。硐中气候极热，[114] 群裸而入。入深苦闷，掘风洞以疏之，作风箱以扇之。掘深出泉，穿水窦以泄之……水太多，制水车推送而出，谓之拉龙。拉龙之人，身无寸缕，蹲泥淖中如涂附，望之似土偶而能运动。硐内虽白昼，非灯火不能明。路直则鱼贯而行，谓之平推，一往一来者，侧身相让。由下而上，谓之钻天，后人之顶，接前人之踵。由上而下，谓之吊井，后人之踵，接前人之顶。作阶级以便陟降，谓之摆夷楼梯。两人不能并肩，一身之外，尽属土石。非若秦晋之窑可为宅舍，释氏所称地狱，谅不过是，张僧繇变相未必绘及也。[115]

　　矿厂全日无休以及矿工全裸工作，反映了当时矿工的辛苦工作环境，也与矿坑的空间结构密切相关。因为矿坑深入地底，早已不是昔日露天矿苗可以不必深挖可比；而深挖采矿，作为照明设备、通风设备与排水设备的"亮子、风箱、水车"等等开矿工具乃愈形重要。尽管受限于当时的技术，这些设施的效果有其一定限度，矿坑内部依然是闷热、潮湿，矿工也经常要在狭窄的坑道内工作；然而，这些有限的开采设备毕竟也都是办矿商人用众多资本堆成的工作场所。

　　铜厂商人花费了巨大资本，也累积了不少矿场采炼技术。以

---

[114]　虽然王崧并未明言所述是否专指铜矿矿坑，但由占云南矿厂数量主流的铜厂、银厂、锡厂或金厂来看，其中只有铜矿会因为开采时的氧化作用而矿坑内温度大幅上升，比较符合文中所述"气候极热"的情形。

[115]　王崧，《矿厂采炼篇》。

"攻采"与"煎炼"两类最主要矿场的技术而论，[116] "攻采"包括了探矿（寻苗）、估矿到采矿，"煎炼"则包括选矿、配料与炼矿。"攻采"讲究的是如何由曲折细微的"矿苗"，[117] 辨识出经久耐采的"成堂大矿"，以及采掘到高品位的矿砂；"煎炼"的重点则在于如何拣选含铜品位较高的富矿砂，依照不同的矿砂成分配炼出不同的"带石"（相当于现今炼铜工业中的"熔剂"），以及对炉火温度的掌控。这里面既存在技术传承与实务经验的累积，[118] 也是众多资本与人力投入的结果。通过商人资本与政府资本的投入，十八世纪云南铜厂累积了不少宝贵的采炼技术与知识。[119]

　　无论成功与否，十八世纪云南的办矿商人不断投入资本开采云

---

[116]　"铸山为铜，大要有二，曰攻采，曰煎炼。"（倪慎枢，《采铜炼铜记》，收入吴其濬《滇南矿厂图略》，页1142–1144）

[117]　所谓"矿有引线，亦曰矿苗，亦曰矿脉"（王崧，《矿厂采炼篇》）。

[118]　如煎炼时要"访求老匠，多方配锻"（吴其濬，《滇南矿厂图略》，"患"）。咸丰年间，蔓延云南全省的回汉争斗，原本即由银厂争矿所引发，当时银厂的情形也反映了"矿师"煎炼技术对矿厂获利与否的重要性："石羊厂系楚雄府南安府属，于道光中，老厂衰微，新厂渐旺，惟矿积如山，常不分汁，厂委亏空累累，参撤赔累已有多员，而识矿者知质佳，不肯弃。炉户亦时而得银盈千累万，而又数月不融化，时亏时赚。延至道光末年，委佐职崔绍宗来办，到后，商之厂绅武举金鼎（旱谷地回人）、迟某（新平县界人）、贡生王某（独田人）、武生李本开（南安城内回人），使马钟秀聘得矿师马蛟（河西县西乡回人），用代石配炼，无照不红（原注：照子红，矿分汁；照子黑，矿不分汁），无矿不化，一连数年，出银无算。众呼蛟为财帛星。蛟尤疏财仗义，博施济、广交游，到厂者但往会……均极力引导赞助。厂既旺，课自丰，日至少亦抽数百，多或千余。崔委因功，保知县，旋委署南安州，仍兼厂委。"（《他郎南安争矿记》，收入《回民起义》，上海：神州国光社，1953，册1，页252–253）

[119]　尽管如此，比起近代欧美发展的采炼技术，清代滇铜生产长期累积的采炼经验仍有其局限，不仅缺少采炼技术的突破，也无法有效解决采炼铜矿过程中出现的坑洞愈挖愈深、坑内水患严重、矿砂含铜品位降低、炼铜燃料供应困难等问题，造成清代后期滇铜生产成本的不断上升。参见：全汉昇，《清代云南铜矿工业》，页172–176；陈国栋，《"回乱"肃清后云南铜矿经营失败的原因（1874—1911）》，《史学评论》，4（1982）：73–97。

南的各种矿厂，带动了一股开矿、白银由外省流入云南矿厂的资本流动现象，王昶对此有以下的观察：

> 且凡珍重之物，理自深藏。大矿曰堂，言深邃也。当民物之滋丰，各财力之优裕，办厂之人，携有资本。此或无力，彼复继之，家中之败子，乃厂上之功臣。故有一硐，经一二年，更三四辈，而后得矿。进山既远，上下左右，路任分行，故其旺也久，而其衰也渐；迩只附近居民农隙从事，旷日而不能持久，朝树木而即冀暮凉，得矿即争，无矿便散，故衰不能旺，而旺亦易衰。[120]

那些不惜倾家荡产、筹募资本投入矿厂经营的人，造成了内地白银资本与云南铜材间的大规模流动。实际驱动这个资本流动过程的办矿商人，其实兼具了两种角色："家中之败子，乃厂上之功臣。"

铜厂商人面对开矿的巨大花费与高度风险，在自己筹募资本之外，政府提供的官本的确具有融资投资与保证收购等正面作用。当然，运用政府资本是否真能多利少弊，也要铜政官员的道德操守与行政能力能够配合。对此，清政府实施了一套兼具奖励与惩处作用的"铜政考成"法规。在康熙二十一年（1682）蔡毓荣建议开采滇铜时，已设计了铜政考成的雏形。[121]雍正、乾隆年间，铜政考成法

---

[120] 吴其浚，《滇南矿厂图略》，页1191。

[121] "凡有司招商开矿，得税一万两者，准其优升。开矿商民，上税三千至五千两者，酌量给与顶带，使知鼓励。又严禁别开官硐，严禁势豪霸夺民硐，斯商民乐于趋事，矿夫既集，矿税自盈。且予此辈以逐利之途，而渐息其为非之念，是理财而兼弭盗之一法也。"（《八旗通志》初集，卷197，《名臣列传·蔡毓荣传》，页4611）

规又不断加详加严。[122] 对于那些能力与机缘足堪办铜成功的官员，
十八世纪滇铜的出产与流通，正为他们升官的"利禄之途"提供了
一条制度性方式。[123] 以清代滇铜全盛时期出产铜材最多的东川府汤
丹铜厂与顺宁府宁台铜厂而论，办铜能力高超的官员即经常成为全
省长官倚重的对象。[124]

　　十八世纪云南铜厂商人运用政府资本之所以流弊较少，也不只
是因为政府铜政考成的作用，否则律例有时而穷，贪官污吏总是自
有巧取豪夺的门道。所幸，清代前期全国平均吏治状况较好，同时，
清政府也加意讲求云南地方官的素质，[125] 被选充任滇铜管理工作的
各级地方官员一般素质较高。这对提升云南吏治乃至铜政官员的水
平，是有正面作用的。铜政弊端固然时或发生，然而，整体看来，
十八世纪云南铜政官员的操守与能力具有一定水平，铜政考成法规

[122]　"滇省每年应办额铜，按月分股，计数勒交，如缺少铜觔之厂，一两月不能补足，量予
　　　　记过。倘至三月以后，将本员撤回，入于铜政考成案内，声明议处，另行委员管理。若
　　　　能于月额之外，多获铜觔，小则记功，大则议叙。"（《钦定户部则例》卷 35，《钱法》2，
　　　　《办铜考成》）

[123]　即使在道光初年，云南官员仍有如下的"鼓励"人事的命令："以景东厅同知陈桐生接管
　　　　宁台铜厂，在正额外，多办铜至百万余斤。奏请鼓励，以为通省厂员之劝。乃请赏加知
　　　　府衔。"（张鉴等编，《雷塘庵主弟子记》，约为咸丰元年［1851］刊本，卷 6，页 23-24）

[124]　诸如："以办厂著名者，东川则萧君文言，顺宁则曹君湛，皆因办铜功，一进东川守，一
　　　　进顺宁同知。大府倚之如左右手，谓之萧曹。"（檀萃，《厂记》，收入《滇系》卷 8 之 4，
　　　　《艺文系》册 4，页 79）

[125]　师范《名宦说》即指出清代与明代云南地方官素质的差异："滇处天末，前明以处迁谪……
　　　　至我朝，列圣相承，于边远尤为加意，督抚监司，每简其素负德望者。府厅州县，选授
　　　　迁擢，一同于他省。倘不法，虽大吏必惩……大吏易于见功，亦易于见过。朝揭一令
　　　　于辕，而间阎已夕被其泽。暮夜受金，未旦已喧传于衢巷。"（《滇系》卷 2 之 1，《职官
　　　　系》，页 50）受政府谪戍不一定即是贪官，明代也有才行高超的官员被谪戍云南（如杨
　　　　慎），但是，作为中央政府安置贬官之地，云南吏治毕竟受到影响。清代不再将云南列
　　　　为流放官员的处所，同时也并不低抑云南各级地方官员的升迁，相信这有助于提升云南
　　　　一般吏治的水平。

也能有效运作，这才能使铜厂商人同时运用民间资本与政府资本而流弊较少。十八世纪的百年间，每年至少一千万斤滇铜源源流入全国各地，是其明证。

（二）滇铜产销中的政府法规与市场规范

办铜商人调集资本投入铜矿采炼工作的主要动机，是希望铜材能在市场上卖得好价钱。然而，单靠投入资本、雇募劳力，并不能保证铜材在市场上顺利卖出、换成白银，因为其间还涉及"市场规范"如何形成与维持的问题。

无论是在采铜、炼铜或是卖铜的过程中，都面临着许多市场规范问题，诸如"米分制"下出资的股东间如何分配利润，厂民与矿山地主间如何划分矿山产权，厂民、炭户、炉户、买铜商人间如何结账，运铜商人与脚夫、马户、船户间如何分担运输风险，甚至像是采矿过程中矿坑归属权的纠纷以何种形式解决，这些问题在在涉及与铜材产销活动密切关联的市场规范。

市场规范虽常在商民交易铜材的过程中产生，但政府在云南推行的"铜政"制度也影响了市场规范。这些影响主要包括两方面：一是铜政法令的规定，特别是有关"官本收铜"与"运官运铜"制度的成文法律；二是在铜政官员的支持下有效运作的不成文规约。无论是成文法律或是不成文规约，都为滇铜产销提供了必要的市场规范，使滇铜进入全国铜材市场受到较少的阻碍。政府推行铜政的主要目的，当然并非在于便利商民在铜材交易中获利，而着眼于抽课与购买所得的滇铜可以有效而按时地运到北京，或是供应云南本地与他省地方政府以鼓铸铜币。然而，这些和铜政密切关联的成文法律与不成文规约，却为铜材产销提供了足以降低交易成本的市场规范。

影响铜材市场规范的成文法律或者不成文规约，可概括区别为
"律例"与"规约"两类。吴其浚曾区分二者之不同：

> 官之所奉者，例也。民之所信者，规也。例所不载，规则
> 至悉，相沿之习，实可久之经矣。定于初开时易，改于既旺后
> 难。无碍田园庐墓、踩有引苗者，皆准开采，例如是而已。[126]

"官之所奉"的政府律例要比"民之所信"的规约来得少，固
然不错，但对铜材产销活动有重要影响的铜政法律，却也并不限于
"无碍田园庐墓、踩有引苗者，皆准开采"而已，特别是官本收铜与
运官运铜两类铜政法律都有相当的重要性。

铜厂上那些"民之所信"的规约可分为九项：报呈、石分、讨
尖、洪账、废硐、支分、火票、察莬、打顶子。这九类规约至少涉
及以下四种不同的市场规范：一、厂民资本成立与变动时的股份规
范（"石分"）；二、厂民成本计算（时称"洪账"）与矿工薪资发放
的习惯（时称"支分"）；三、矿坑产权的认定、分割与仲裁（时称
"报呈、废硐、讨尖、打顶子"）；四、矿石冶炼与发卖流程中的数
量与成交价格规定（时称"火票、察莬"）。虽然里面并未包括铜材
产销的所有流程，但也确实呈现了当时铜材市场上的许多重要市场
规范。以下分别做些讨论。

厂民资本的股份规范涉及股份成立与股份变动两部分。股份成
立的一般方式，是以"数人伙办一硐"时，预先计算开矿所需的矿
工米粮、矿油灯费用的总数，"计石而折银"；股份变动的一般方式，
则是"退出、添入，或相承顶，令其明立合同，后即无争"。有关矿

---

[126]　吴其浚，《滇南矿厂图略》，"规"。

石冶炼与发卖流程中的数量与成交价格规定方面，则分别以"火票"和加征课银来做规范。"凡炉起火，必请印票"，可见"火票"是冶炼矿石时的必要手续，其作用是便利矿厂"七长"在冶炼"泼炉时，遣役看守"，这固然具有政府监督炼矿、不使漏税的考虑，但事实上也便利了厂民、炉户彼此核算冶炼铜材的总数。所谓"察荒"，是指："生课银厂，定限时刻出矿，不准参差，并不准不卖。如此矿炉户还价一两，不卖者，逾时即令硐户加价一二钱上课。"[127] 这种要求硐户不得惜售、否则多征税课的规定，立意应是避免卖矿厂商等待市场银价上升而间接加剧市场上银钱比价的波动。这种规定目前虽只在银厂规约上看到，但应也可以增加对当时铜材市场规范形成过程的理解。这些规范大都不是政府的铜政法律条文，但却是在铜政官员支持下而为"民之所信"的规约。

在矿坑产权的认定、分割与仲裁方面，不成文规约也很重要。矿坑产权的成立，固然来自地主出租矿山给予厂民开矿，但其间也包含政府法令如何依法认定的问题，其中主要涉及"报呈"与"废硐"两类规定。前者是："凡择有可开之地，具报官房，委硐长勘明。距某硐若干丈，并无干碍，给与木牌，方准择日破土。"后者是："伙房无人，灶不起火，准其报明官房，委勘属实，给与木牌，插立硐口，俟二三个月后，无人来认，方准别人接报。其或出措工本及有事故者，报明，亦准展限一二个月。废尖如之。"这里的"硐长"亦是矿厂"七长"之一，在这里其作用是协助政府确立新开矿坑的产权界限，以免与其他矿坑发生矿石归属的纠纷。包括矿硐与矿尖在内的所有矿坑，一旦厂民废弃离开或新接承办，也都有相关

---

[127]　吴其濬，《滇南矿厂图略》，"规"。

的认定程序。[128]

有关矿坑产权分割的规约，当时称为"讨尖"，其法如下："就人之硐，分开窝路，即客尖也。本硐愿放，亦合明立放约、讨约。各头人居间，得矿之后，抽收硐分，或二八，或一九。客尖亦有独办、伙办之不同。"其中涉及的是开矿时必要的借道通风，以及衍生出来的矿权使用权的再分割问题。借用他人原有坑道开挖另外的矿坑即形成"客尖"，必须交纳使用权上的权利金，通常还要委由双方当事人认可的"头人"出面担保，一同订立"放约"与"讨约"，按日后得矿数目的二成或一成交付原矿坑权利人。以现今观点来看，租用矿山固然代表着厂民取得了使用权而非所有权，但在开矿借道的过程中，厂民的使用权又被进一步分割，可以通过出租"客尖"而获取权利金。

矿脉走势复杂，不同资本开挖的矿坑经常发生争夺矿石的情形，矿坑产权的界定与仲裁乃成为矿厂上的重要事务。所谓"打顶子"，正好可以具体说明当时预防与仲裁矿坑产权纠纷的部分细节：

> 凡两硐对面攻通，中设圆木或石，尖头折回，各走各路。或此硐之尖前行，而彼硐攻通在后，则关后硐之尖以让先行之尖；或此硐直行，而彼硐横通，则设木为记，准其借路行走，抑或篷上底下，分路交行。有矿之硐，遇此等事，最宜委勘公断。既无争夺，即无滋闹。即或两硐共得一堂矿，双尖并行，中留尺余，以为界埂，俟矿打完，再取此矿平分。[129]

---

[128] 云南个旧锡厂商民在嘉庆三年（1798）议定的一份《公议厂规》碑记上也载："今将公议条规列后：铜尖无论新旧，以三月不打为废尖，三年不打为废硐。"（方国瑜，《云南史料目录概说》，北京：中华书局，1984，页1279）

[129] 吴其濬，《滇南矿厂图略》，"规"。

这里描述的"打顶子"的做法，大体即是在矿坑设立界标，设立圆木或石头，使其成为区分矿坑产权的标志。打顶子也有不同种类，有的是在界标范围内"各走各路"，有的则是要有"准其借路行走"的手续，因而也涉及前面所提的制订"讨尖"契约等问题。"打顶子"的各项细节很重要，因为"有矿之硐，遇此等事，最宜委勘公断。既无争夺，即无滋闹"。矿厂上的争夺滋闹事件非同小可，处理不公，不仅双方厂民不会善罢甘休，大规模的矿工集体械斗更会形成激烈的流血冲突。[130] 铜材来源会因矿权纠纷冲突而减少，铜材市场也难以顺利运行：矿坑产权的仲裁绝非无关铜材交易。当时矿厂上经常发生"争尖、夺底"的矿坑产权纠纷："两硐相通，并取一矿，曰争尖。此硐在上，而彼硐从下截之，曰夺底。厂所常有之事也。"同时，当时矿工流行的"烧香结盟，谚曰无香不成厂，或结党而后入，或遇事而相邀"的风气，[131] 更使矿坑产权的纠纷加剧，政府官员不能等闲视之；支持"打顶子"这些民间的不成文规约，对官员而言，可以防乱于未萌；对铜材产销活动的参与者而言，可以形成预防、调解矿坑产权纠纷等的市场规范。

政府支持上述大多数未列入铜政律例的不成文规约，对铜材市场的顺利运作确实有帮助。不过，其中措施也并非经常有效，可举蒙自县锡矿厂的情形做比照：

> 硐口繁多，开采丛杂，虽地外之井口不皆相连，而硐内之窝路常常相通，上下皆硐，或彼硐通于此硐、（此硐）通于彼硐。无论获矿藏于硐内者，间被邻盗去；即未获矿之硐，微有

---

[130] 王崧对矿厂上争夺矿产冲突的描述是："相争无已，杀伤亦所不顾。"（王崧，《矿厂采炼篇》）

[131] 吴其浚，《滇南矿厂图略》，"禁"。

引线，而邻闻之，往往抄尖夺底，哓哓不休。不宁惟是，硐口亟需莫甚于风，无风，即硐内有矿亦不能运于硐外，是以有借风之说。窃见某硐借风、某硐写立合同以为确证，迨后某硐获矿而通风之某硐见矿生计，因而需索，因而阻风，遂至彼此讦告，争讼无已。[132]

　　这是十八世纪末蒙自县官员实地观察到的"厂务大概"，其中所说的"抄尖、夺底"等情形，应和铜厂矿坑大体类似。而由官员所举的锡厂矿权纠纷案例看来，即使订立借道开矿的合同（"写立合同以为确证"），也依然会发生"见矿生计，因而需索，因而阻风，遂至彼此讦告，争讼无已"的局面。然而，若连"打顶子、讨尖"等矿权规约都没有，矿厂上便于铜材交易的市场规范大概就更难形成。

　　除了上述九项产权与交易规约外，官员在矿厂上认可推行的"七长制"也具有便于铜材交易市场规范形成的作用，特别是其中的"客长"，其实被官方赋予了某种调停矿厂上各类纠纷的权力，其中也包括矿坑产权归属的仲裁："或有东西……各攻一路，迨深入而两线合一，互争其矿，经客长下视，定其左右。两造遵约释争，名曰品尖子。"[133] 因为客长在维系矿厂秩序上具有重要作用，同时，某些矿厂上出现了更明显的来自外省的汉族与回族商民同时聚集于矿厂等现象，大小冲突不断，政府更加重视在矿厂上所设的区别族群、

———————————

[132] 李焜修，乾隆《蒙自县志》，台北：成文出版社，乾隆五十六年影抄本，1967，卷3，《厂务》，页62。

[133] 王崧，《矿厂采炼篇》。所谓"尖子"，即相当现代矿厂中的"采区"（或称"工作面"，working faces）。当时以"把"作为计算"尖子"的单位，富矿铜厂甚至拥有"多至数十把"的采区。有学者估计，十八世纪云南铜厂上较具规模的"大硐、大尖"，可同时容纳二百人采矿。参见：王明伦，《鸦片战争前云南铜矿业中的资本主义萌芽》，《历史研究》，3（1956）：39–46，页42。

省籍的层级式"客长"管理制度：

> 客长，分汉、回，旺厂并分省，而以一人总领之，掌平通厂之讼。必须公正老成，为众悦服，方能息事，化大为小。用非其人，实生厉阶。此役最要，而银厂尤重。[134]

政府以汉回族群及省籍籍贯划分各自"客长"的协助管理厂务的范围，并设立了一个居于所有"客长"之上的"总客长"（"以一人总领之"），其任务即在协助政府解决矿厂纠纷，"掌平通厂之讼"。有些客长同时也是当地"会馆"的负责人，而当时矿厂商民设立会馆标举的目的是："各设会馆以为厂规约束之地，而奉香火以崇祀典。"[135]

以上介绍了清代前期云南铜厂上便于铜材市场交易的九种"规约"和"七长制"中客长调停纠纷等作用，下面再分析形成铜材市场规范的相关法律，特别是"铜政"制度中的"官本收买"与"运官运铜"相关法条的演变与作用。

"铜政"也称"铜务"，基本上是清代前期逐渐发展出来的一套管理铜矿开采、抽税、收买、运送等相关事务的制度。铜政可区分为"厂务"与"铜运"两大部分，"官本收铜"属于厂务，"运官运铜"则属铜运，前者初创于康熙四十四年，修正于雍正元年。后者则正式建立于乾隆三年。两者对于形成足以降低铜材交易成本的市场规范，大有帮助。

---

[134]　吴其濬，《滇南矿厂图略》，"役"。

[135]　可参证乾隆年间临安府锡厂的情形："个旧银、锡二厂尤为福国而庇民，是以各省士民商贾往采者络绎不绝，云集如响，几遍天下焉。且各设会馆以为厂规约束之地，而奉香火以崇祀典。"（个旧锡厂《临安会馆碑记》，收入方国瑜《云南史料目录概说》，页1282）

自康熙二十一年（1682）云贵总督蔡毓荣建议在云南开办铜厂获准后，政府即以康熙十四年（1675）的呈报核可制以及康熙十八年（1679）的二成抽税制管理铜厂。但在铜政初创的过程中，出现了许多矿厂不申报纳税的情形。康熙四十四年（1705），贝和诺除加强落实"呈报核可制"与"二成抽税制"外，也在铜厂实施"官本收铜"制度，并借官本收铜获取"铜息"。[136] 政府通过"官本收铜"赚取"铜息"的方法，主要是以设立"官铜店"为凭借：

> （康熙四十四年）又议令云南省城设立官铜店。时，云南广开铜厂，总督贝和诺题定："按厂抽纳税铜，每年变价将课息银报部，复请于额例抽纳外，预发工本，收买余铜。各铜厂每勐价银三四分以至五六分不等，发运省城，设立官铜店，卖给官商，以供各省承办京局额铜之用，每百勐定价九两二钱，除归还铜本及由厂运省脚费等项外，所获余息，尽数归充公用。"从之。[137]

云南地方政府通过昆明"官铜店"统筹收购并贮存铜材，一方面以低于市价的价格买入厂民抽税之后所采炼的所有"余铜"，另一方面则转手以市价卖给包含各省官员、官商、民商等所有来云南买铜的人，在一低一高的转手贩卖间赚取"铜息"。通过预发工本，政府以较低的官价收购厂民采炼的铜材，由政府雇募牛户、马户、人

---

[136] 高其倬、杨名时，《奏为遵旨查奏铜斤利弊事》："各厂铜色高低不齐，价亦不一，自三两八九钱至四两一二钱不等，名为出山毛铜，其课名为铜息。自四十四年前督臣贝和诺报出之后，递年加增，尚无一定之额，至四十九年，征获息银九千六百二十余两，此后即为定额。"（《雍正朝汉文朱批奏折汇编》册2，页432–437）

[137] 《清朝文献通考》卷14，《钱币考》2，页4977。

夫，将铜材运至省城等地的"官铜店"存贮。"官铜店"是"官本收铜"制度的重要配套措施。

实施"官本收铜"制度的初期过程中，产生了收购铜材时"每易短少价值，加长秤头，以致矿民赔累"等弊端。[138]雍正元年（1723）六月，官员建议"皇上严敕，革去官铜店名色"。[139]尽管"官本收铜、官铜店"制度对厂民造成了损失，但其中也的确存在对厂民有利的作用，一方面是"官本"给予了亟须资本的厂民相当的经费的融通，另一方面是官铜店使铜厂商人面对铜材市场的波动时能有较好的"避险作用"。一份雍正元年的调查报告很可说明其中的道理：

> （铜厂）凿矿之人，日需盐米油薪、锤钻器具、麻线衣等物，而煎矿炼铜，用炭过于银厂，件件皆须购买。惟银砂可以随煎随使，铜虽煎成，必须卖出银两，方能济用。况俱产于深山穷谷之中，商贩多在城市，贩买不肯到厂，必雇脚运至省会并通衢之处，方能陆续销售。若遇铜缺之时，半年一载，即可卖出，若至铜滞难销，堆积在店，迟至二三年不等。[140]

白银在云南可以直接在市场上买到米粮衣物器具等各种货品，

---

[138]　道光《云南通志稿》卷76，《矿厂》4，页1下。雍正元年六月二十日，刑科给事中赵殿最在"素闻滇省盐法、铜觔之弊，未知底细，因凡遇云南人，出其不意，留心采访"之后，通过实际调查，他更具体地指出了当时收铜的弊端："矿民入山采铜，官祇给价银四两，收铜百觔，至倾销出时，抽国课二十觔，加长秤头三十觔，共称一百五十觔，准作百觔收入。"（赵殿最，《谨奏为敬陈滇省盐法铜觔利弊以裕国课事》，《雍正朝汉文朱批奏折汇编》册1，页554）

[139]　赵殿最，《谨奏为敬陈滇省盐法铜觔利弊以裕国课事》："革去官铜店名色，照市秤、市价，每百觔定价五两，实给矿民。利之所在，人心必趋，如此，则铜觔所出，自必数倍于寻常矣。"（《雍正朝汉文朱批奏折汇编》册1，页554）

[140]　高其倬、杨名时，《奏为遵旨查奏铜斤利弊事》，页433。

也可以直接作为发给矿工的工资，但是"铜虽煎成，必须卖出银两，方能济用"。不仅如此，铜材生产者还得担心运铜发卖过程中的贮存与运输费用等问题，购买铜材的民间商人"多在城市，贩买不肯到厂"；若是铜材市场不景气，则"铜滞难销，堆积在店，迟至二三年不等"。正因为铜厂商人面临这些销售铜材上的实际问题，即使努力扩充规模增加铜材采炼，也要面临资本调度不灵的严重难关。官本收铜与官铜店制度正可为办铜商人解决此方面的问题。正如官员所指出的：

> 硐民无富商大贾，不能预为垫出一二年工本脚价，是以自行开采抽课者寥寥。从前曾经部议，着多发工本，委贤能职大官员，专管开采，息银可以多得……此官发工本，召募人夫开采之所由来也。云南铜厂自定额以来，即系借给工本，官开官收，又发脚价运至省会及通衢，盖房收贮，拨人看守，招商销售，完课归本，故有官铜店之名色。[141]

接受政府"预发工本"的条件，铜厂厂民不仅可以赖以融通资本，更可将销售铜材的运输、贮存，甚至寻找买主等问题，都一并委由政府协助解决。政府不仅在"省会及通衢"处"盖房收贮，拨人看守"，设立"官铜店"，更在官铜店"招商销售"，这种做法有如由地方政府提供设备、场地而形成一所大规模的铜材"拍卖所"，政府在各处指定的官铜店，集中贮放由邻近铜厂运来的铜材，再由各处买铜官员与商人齐聚一堂，买卖铜材。

就办铜商人而言，接受政府官本固然所得铜价较低，但短期而

---

[141] 高其倬、杨名时，《奏为遵旨查奏铜斤利弊事》，页433。

言，却可以立即得到一笔融通资本，同时，还可由政府协助雇用当地有限的人力脚夫与各式交通工具，将大量铜材更有效地运至官铜店所在的交通便利处；铜材贮放于官铜店，不仅节省了矿厂商人租赁贮存场地与雇人保护铜材安全的花费，更降低了发卖双方接洽、协商、订约时所必要的交易成本。如果厂民可以同时将铜材以官价卖给政府，又以市价卖给民间商人，则只要政府的"官本收铜、官铜店"制度可以尽力防范人为弊端（主要有官价与市价的差距，以及官员胥吏的贪污），对办铜商人仍是大有帮助。

　　若铜政官员的操守与能力能维持一定水平，则官本收铜、官铜店制度为铜厂商人带来的降低市场风险与交易成本的作用就愈明显。除了官员的风纪素质问题影响铜厂商人的经营利润外，铜材市场的波动当然也很重要。市场上铜材贩卖愈困难，铜厂商人即愈能通过官本收铜而避免风险；反之，铜材市价愈高涨，铜厂商人以"官价"卖给政府的铜材数量愈多，其损失即愈大。有学者强调贝和诺建立的放本收铜制度使原已兴盛的云南铜矿业遭受很大打击，[142] 其实这片面强调了后者的情形而忽略了前者的可能性，忘记了铜材市价也会波动、铜厂商人卖铜也会有市场风险与交易成本等问题；同时，也忽略了官本收铜制度的逐步改良对铜厂商人的经营利润带来的不同作用。即以雍正元年改革官本收铜制度而论，其主旨即在减少铜厂商人的利润损失，改良后的官本收铜制度是："所产之铜，除抽税及官买供本省鼓铸外，有余，听民间自行贩卖流通，毋得禁遏。"[143]

---

[142]　严中平，《清代云南铜政考》，页6、14。另有学者认为放本收铜政策有其合理性，一方面是地方政府着眼在如期上缴铜额避免受惩处，另一方面是中央政府希望借此保证政府铸钱用铜的数量不为私铸所"侵蚀"（常玲，《清代云南的"放本收铜"政策》，《思想战线》，2［1988］：85–89）。

[143]　道光《云南通志稿》卷76，《矿厂》4，页1下。

铜厂商人可以"自行贩卖流通"若干数量以市价卖出的余铜，再配上以官价卖给政府官铜店的铜材，既能得到较高利润，又能享有政府提供的避险机制与官铜店贮存设施。当政府官铜店愈开愈多，乾隆初年进而搭配推行运官运铜制度，许多官铜店都分布在铜材流通的关键运输节点上，[144] 这等于是为铜厂商人设置了扩大销售规模的铜材集散站，具有降低铜材买主与卖主间交易成本的功能。

在官本收铜与官铜店之外，运官运铜制度也影响了本地铜材市场的规范。运官运铜制度奠基于乾隆三年云南巡抚张允随主持规划的《云南运铜条例》，[145] 主要有三项重点：一是扩大"官本"银两的数额与应用范围，由办铜工本扩及运铜经费，并由中央每年统筹一百万两经费，用以支付购铜、运铜的运输费和人事费；[146] 二是统合云南与京运沿线的地方官，以既有的官员考成办法要求涉入铜政的官员共同分担责任；三是在云南铜厂与四川泸州之间，通盘而合理地规划本地有限的陆运、水运资源。在由乾隆三年（1738）到嘉庆、道光年间的十九世纪前期，政府不断

---

[144] 嘉庆时，至少已有十四处官铜店，其详细名称与位置可见《铜政便览》卷4，《陆运》，"各店店费"条，页309–315。

[145] 条例内容略有以下十项："铜斤起程，宜分八运，每年额铜应以五十万斤为一运"；"委滇省现任府、佐，或州县官一员为正运，杂职官一员为协运"；"铜斤出厂，宜分两路，各二百万斤"；"于正额百万之外（加）带余铜三斤"；责成京铜上运沿线各省督抚等地方官"运脚之雇募"事宜，"如有迟误，分别查参"；直隶通州张家湾地方，"设立铜房一所"；"铜斤经过地方，文武各官均有巡防之责"；酌给运官养廉银；预筹办铜运铜之工本银一百万两。（道光《云南通志稿》卷76，页8–11）

[146] 张允随《云南运铜条例》："汤丹等厂出铜甚多，每百斤需价银九两二钱，每年约需工本厂费等项银五六十万。其中拨运京铜四百余万斤，又约需脚价及官役盘费银十余万两。应令按年具题，就近拨给银一百万两，存贮（滇省）司库，陆续动用报销。如有余剩，留作下年之用。"（道光《云南通志稿》卷76，页10下）

修补"运官运铜"制度，[147] 但基本架构已见诸张允随主持规划的《云南运铜条例》。

"运官运铜"制度对滇铜本地的市场规范影响最大的，是上述第三项内容，也就是由政府出面整合云南铜厂到四川泸州之间的各种水陆交通资源，由政府统筹工具与运价，运用当地有限的陆运、水运资源。可以乾隆三年（1738）的一份奏折为例，借以说明当时云南铜材运送的困难：

> 滇省各铜厂，均产在深山穷谷之中，道路崎岖。雇牛驮运，脚价可省；牛不能行走者，雇马驮运，脚价稍增；牛、马皆不能行走之处，即雇募人夫背送，脚价不得不为添给。[148]

牛、马与人力是当时由铜厂运铜出山的主要运输方式，船运则受限于有限的水道以及不利航行的水文条件，因此"牛户、马户及脚夫"即成为当时铜厂出山时的一段运铜线的主力，其运价则依序升高。这些畜力与人力的来源，常与铜厂附近的"夷民"有密切关系，而且不同地区又有不同的"配置"情形，这些都通过运官运铜制度的规划，由铜政官员根据不同地区的独特运输条件，订立相应

---

[147]　如乾隆三年定"云南运铜期限"，乾隆五年更定《云南运铜条例》，乾隆十三年更定《云南办铜分路起运之例》，乾隆十五年定《沉失铜铅处分》，乾隆二十三年更定云南办解京铜并为四运，乾隆五十九年奏准沉溺铜铅者"运员赔七分，地方官赔三分"（道光《云南通志稿》卷76，页11下－35下）。

[148]　《明清档案》A87-045。直至二十世纪四十年代，曾是十八世纪滇铜最大产区的东川府铜厂所在地，其交通之困难情形仍是："东川铜矿区地形，起伏特甚，现时交通，多系羊肠小道，登山越岭，困难异常……惟赖驮马与人背。"（李洪谟、王尚文，《东川铜矿地质初报》，《地质论评》，6［1941］：47）也可想见十八世纪清朝铜政官员调度有限的牛户、马户、脚夫之困难。

的运输方式。例如："普毛厂运至东川府，计程六站。该厂产在东川府属极边之金沙江外，夷民不畜驼牛，俱系自东川府雇马，往厂驼运。米粮、食物高昂，每雇运铜一百斤，核定给脚价银七钱七分。又，惠隆厂运至茂密白铜厂，计程七站，该厂发运茂密，不顺大道，俱系山僻小路，鸟道羊肠，牛马不能行走；雇夫背运，兼有江河阻隔，食物腾贵，每百斤核定给脚价银一两一钱。其余各厂雇运程站，远近不一，地方冲僻各殊，又有牛运、马驼、人夫背运之异，脚价多寡不同，均系实给确数造销。"[149] 这只是一个例子，背后反映了许多运铜官员如何根据各地铜厂周遭的运输条件，筹集有限的运输工具、订立不同的运输价格，使巨额铜材可以分批、分运地由铜厂送到附近的"官铜店"贮存，或者上运至北京与外省政府，或者让其他商民购买。

在乾隆三年的《云南运铜条例》中，张允随规划的由"厂"至"店"的运铜路线，其实背后搭配着协调、管理有限运输工具的制度性设计。王太岳在乾隆年间对此有详细说明："东川、昭通之马牛，亦非尽出所治，黔蜀之马与旁近郡县之牛，常居其大半。雇募之法，先由官验马牛，烙以火印，借以买价，每以马一匹，借银七两；牛四头、车一辆，借以六两。比其载运，则半给官价，而扣存其半，以销前借。扣销既尽，则又借之，往来周旋，如环无端，故其受雇皆有熟户，领运皆有恒期，互保皆有常侣，经纪皆有定规。日月既久，官民相习。虽有空乏而无逋逃，亦雇运之一策也。"[150] 这些地方性的制度设计，反映了十八世纪在一些重要的云南铜厂周遭，已逐渐形成了一个较有保障而又相当有效率的本地运输市场。由政府出

---

[149] 《明清档案》A87–045。

[150] 王太岳，《铜政议》，页 12 下。

面协调、管理各种运输工具，并提供较合宜的管理法规，不仅便于官员完成京局铜运任务，也为铜厂商人提供了销售余铜的较好运输条件，并且降低了铜厂商民与运输行业订立运输契约的交易成本。

同时，自乾隆三年颁行《云南运铜条例》后，清政府更不断扩展与加强滇铜京运沿线的各项水陆道运与交通设施。由云南到北京的滇铜京运路线，既是一套全长超过六千公里的水运系统，同时也是晚清长江通行火轮船前运输铜钱原料的大动脉。滇铜而外，贵州铅、湖南黑铅与广东锡等铸币原料，也一起由此方式运入内地。这条路线可分为四大段，第一段由云南至四川泸州，其中又再分为四条支线，即金沙江线、南广河线、纳溪水线、赤水河线[151]；第二段则由泸州经重庆到汉口（长一千五百九十四公里）；第三段由汉口到扬州；第四段由运河通京师或是另转他省。[152] 滇铜京运后，其他各省虽然已基本免除了上运京铜的责任，但仍委派官员继续到云南采购，以供各省所需的铸币铜材，这些铜材也在上述的长江、运河线上行走。[153] 以滇铜为主的这些巨量铸币原料，每年即由云南与各

[151] 第一段运道可称为"厂运集散线"，由滇北、滇西、滇中三区的铜材集散地，将各区铜厂的铜材运至四川的泸州，此段以陆运为主、水路为辅（严中平，《清代云南铜政考》，页31–32）。清代滇铜的厂运集散线，有学者挑选了其中的滇北铜厂区，绘成《滇铜解运路线地图》（中岛敏，《清朝の铜政における洋铜と滇铜》，收入中岛氏著《东洋史学论集》，东京：汲古书院，页175–176）。

[152] 川胜守，《清、乾隆期云南铜の京运问题》，《九州大学文学部东洋史论集》，17（1989）：34；张永海、刘君，《清代川江铜铅运输简论》，《历史档案》，1（1988）：87–91。严中平曾将滇铜厂地、泸州、重庆、汉口、江宁（南京）、仪征、天津到通州间滇铜路线的里数，综合制成《云南各铜厂起运京铜路线里程表》（严中平，《清代云南铜政考》，页32）。

[153] 仅以乾隆五年到嘉庆十六年间（1740—1811）的一些史料做统计，在这七十一年间，共有江苏、浙江、江西、湖北、湖南、四川等六省官员，采买了六千多万斤的滇铜。参见：罗传栋主编，《长江航运史（古代部分）》，北京：人民交通出版社，1991，页348。

省各级官员护送来往于这套长达六千公里的水运系统内，加上被雇用运输的各种大小不等的民间船只，构成了一个重要的国内市场运输部门。

　　铜材自出云南境后，沿途所经四川、湖南、湖北、江西、江苏、安徽、山东、直隶等八省地方，地方官员上自总督巡抚，下至府州县官，都有监督、协助云南运官运送铜材的责任。[154] 铜材自云南分运起程，乾隆三年（1738）以后，由每年八运、四运变为后来的六运，陆路不计，单是每年在长江、大运河沿线航行的铜铅即不可胜计，沿途受考成影响而动员的官员也为数众多。这些官员不仅要保护滇铜入境时免于天灾（风浪船覆）与人祸（盗贼偷抢），更要协助云南"长运官"雇募当地船户、马户与脚夫。[155] 与铜厂办铜官员一样，运铜官员也有考成[156]，特别是负责运铜进京的云南"长运官"，

---

[154]　滇铜入京沿途各省的各级官员都有保护管辖境内铜斤安全的责任，可见《钦定户部则例》卷 36，《钱法》3 "沿途护送查催"节内的规定。另外在一些由外省赴滇采买铜斤的路线上，官员也负有保护过境铜船安全的责任，如《粤东省例新纂》（道光二十六年［1846］序刊本，台北：成文出版社，1968），卷 3《户例》，《铜铅》门，即录有"邻省铜船过境"的法令规例："江西省采运滇铜，由广西苍梧县入广东……本省接到文行，即移行沿途地方文武照例护送，并将出境入境日期，及有无风雨耽延各情由，具结申报。"（页 213–214）

[155]　滇铜入京沿途雇募脚夫、船只、水手，甚或更换大小不同船只的细部规定，可见《钦定户部则例》卷 36，《钱法》3 有关"京铜运脚、雇办铜铅船只水手、铜船起拨"等的各节规定。有学者更由运铜雇用民间船只的规定，留意到清代铜运与漕运这两种涉及大规模物资运送制度的不同：政府漕运配置有专门而常设性的漕运机构与漕船漕丁，而铜运则是以地方官员配合云南长运官沿途雇募船户、马户与脚夫。参见：E-Tu Zen Sun, "The Transportation of Yunnan Copper to Peking in the Ch'ing Period," *Journal of Oriental Studies* 9(1971): 147.

[156]　除了详列的到达各运站的期限不能延误，对于沉失铜材也要打捞或补补，否则一律议处，而推举该运员的云南长官也要连坐处分；若运官能将滇铜顺利运至京师，"并无短少核扣，程限亦无迟逾，带领引见后，知照吏部，升补选用"（《钦定户部则例》卷 36，《钱法》3，《运员事宜》，册 6，页 2517–2533）。

每年运铜的压力更是相当沉重，一份清代抄本《滇南竹枝词三十首》描写了当时云南运铜官员的心理压力："此间最苦是官僚，四大穷州怎样熬！更有一宗坑性命，生生铜运不能饶！"[157]

十八世纪的长江上、中、下游沿岸水运，很大程度因为滇铜京运而发展起来。长江沿途的可行运道与航运安全等措施也不断加强，如乾隆七年张允随整浚金沙江下游航道，乾隆五十五年（1790）朝廷针对泸州至重庆间长江上游的沿线水运，令沿岸"各州县刊刻险滩名目，于两岸插立标记，传知船户水手留心趋避，俾免冒险行"。乾隆五十六年（1791）"奏准：各处险滩仿照救生船之例，酌募滩师四五名，按所在州县，捐给工食，令其在滩，专护铜铅船只"；同年奏准"铜铅遇有沉溺，雇募水摸，探量水势，设法打捞"。[158]这些设施都是十八世纪清政府对公共运输条件的投资，虽然不能说是大规模的公共投资，但仍有效加强了滇铜对外运输的能力，同时背后也反映了全国涉及运铜事务众多官员的辛劳开创与经常维护之功。

十八世纪的铜政官员固然有贪官与庸吏，但要说"运官运铜、官本收铜"制度背后反映了众多"铜务能吏"的心力，也是实情。"铜务能吏"的操守与心力，以及身为筹资办矿商人的"厂上功臣"，为十八世纪的滇铜市场提供了许多可以有效降低交易成本的市场规范，这里面反映的"官商关系"也带有一种有助于促成市场规范的作用，这种官商关系既在十八世纪滇铜市场的发展过程中成为制度性的存在，也促使每年至少一千多万斤的滇铜能够有效地流入全国铜材市场。

---

[157]　转引况浩林，《鸦片战争前云南铜矿生产性质再探》，《中央民族学院学报》，4（1989）：70。

[158]　道光《云南通志稿》卷76，页32–33。

第三节　滇铜流通过程中的利益观念

通过分析十八世纪滇铜的产销过程，可以同时看到两方面变化：一是商人资本与政府资本大量流入铜厂，改变了矿厂组织形态；一是铜政法规的运作与改良，为滇铜市场提供了足以降低交易成本的市场规范。这些都涉及官商关系的调整与变化。官商关系变化的同时，一些不同的"利益观念"也在滇铜产销过程中形成与发展。

在前述铜厂组织与铜政制度的运作下，有些商人经营矿厂的心态发生转变，部分官员则对矿业政策与铜政制度提出改良主张。这些商人的办矿心态与官员的铜政主张，背后都反映了某种"利益观念"的转变。商人对于"何种经营方式最有利益"的评量标准，以及官员判别"国家、百姓、商人利益"的优先级，这些评量与判别"利益"的标准和顺序，正是笔者本章所谓的"利益观念"。这些利益观念的变化，在十八世纪云南铜厂组织与政府铜政制度中具体显现出来。这些显现在组织与制度上的经商心态与政策理由，不见得总是清楚计算的结果，与其称为"行为动机"，不如说是"利益观念"。

（一）铜厂商人的"发财"

无论是厂民组织资本与人力进行铜材采炼工作，还是政府雇用牛户、马户、脚夫与船户运送大量铜材，在探矿、开矿、炼矿、运铜等的不同流程中，商人与政府投入的资本与人力都很可观，连带使铜厂附近的粮价上涨，所谓的"近厂之地，食物必贵"，[159] 正是时人的实际观察。粮价上涨和铜厂聚集了大量矿工有关，乾隆年间铜厂最密集的东川地区正是如此：

---

[159] 倪蜕，《复当事论厂务书》，页 121。

> 东郡地方，山多田少，土瘠民贫，既无邻米之流通，全资
> 本地之出产。况附近厂地最多，四处搬运。是乏食之虞，惟此
> 地为最。[160]

为因应矿工人口增加而带动的粮食需求，东川府粮食市场出现了更活络乃至更紧张的变化："各乡所出米粮，凡汉、夷人等赴市售卖者，原本不少。乃有一种嗜利奸徒，竟于城外私开米店，凡四乡米粮驼运来城，即先行拦买。"[161] 政府官员注意打击囤积米粮的不肖商人；包含贩卖粮食的"汉、夷人等"在内的本地居民，则设法提高粮食供给，从而在当地农业生产中引入了更多的水碾设备。[162]

大量铜材的出产与流通，不仅冲击了当地粮食市场，也为铜厂附近城镇带来了巨大变化。乾隆二十六年（1761），在云南产铜大厂"汤丹、大水、碌碌"所在的东川府，廖瑛有以下的观察：

> 商民云集汤丹、大（水沟）、碌（碌），三厂之铜，岁以数
> 百万输纳天府，陆运水递，浮江沂淮，骆驿踵接。"宝云钱局"

---

[160] 廖瑛，《严禁囤积米粮斗升出入不公之积弊以裕民食事》，乾隆《东川府志》，乾隆二十六年刊本，卷20，《艺文》，页54上。当时云南限于交通条件，不仅外省米粮较难运入，即使省内粮食运送的成本也高。因此，清代许多云南官员都注意仓储政策，如雍正二年（1724）杨名时所说："积贮为备荒善策，滇省不通舟车，粟难远运，尤宜随处广为储蓄，令民食有资。"（杨名时，《议社仓疏》，收入杨氏著《杨氏全书》，清乾隆五十九年［1794］江阴叶廷甲水心草堂刊本，卷17，页5下）在省内与省外米粮运输条件的限制下，矿厂聚集众多人口对该地农业生产的影响当更为巨大。

[161] 廖瑛，《严禁囤积米粮斗升出入不公之积弊以裕民食事》，乾隆《东川府志》卷20，《艺文》，页55下。

[162] 乾隆年间，廖瑛撰《劝民培筑新河堤埂并插柳以期永固告示》上说：东川府城"近城一带田亩，全借新河之水引流分灌……不日雨水时行，山水涨发……凡沿河有田各户，以及安碾之人，均当未雨绸缪"（乾隆《东川府志》卷20，《艺文》，页53下）。

鼓铸之炉，七十座有奇，足以资昭通、曲（靖）浔（甸）二
镇，及列营之兵食。滇、黔、楚、蜀之民，倚开采、锻冶、转
运以给衣食者，以数万计，实滇省上游之望郡，非昔之东川
比矣。[163]

大规模的铜材流通以及巨额白银流入铜厂附近的城镇，使铜厂
有如磁石一般，吸引了各色各样的人物到此活动：

> 厂既丰盛，构屋庐以居处，削木板为瓦，编篾片为墙。厂
> 之所需，自米粟、薪炭、油盐而外，凡身之所被服、口之所饮
> 啖、屋宇之所陈设、攻采煎炼之器具、祭祀宴飨之仪品、引重
> 致远之畜产毕具。商贾负贩，百工众技，不远数千里，蜂屯蚁
> 聚，以备厂民之用。而优伶戏剧、奇衺淫巧，莫不风闻景附，
> 觊觎沾溉。探丸肶篋之徒，亦伺隙而乘之。[164]

无论是米、油、炭、盐，乃至屋宇陈设、矿厂设备、祭祀仪品、
运输牲畜等物品，或是"商贾负贩、百工众技"、优伶戏子甚至小偷
等人物，都齐聚铜厂附近。许多少数民族也承接政府与铜厂商人雇

---

[163] 廖瑛，《东川府志书序》，乾隆《东川府志》卷首。

[164] 王崧，《矿厂采炼篇》。

募运铜的工作，成为运铜的牛户、马户或是脚户。[165]

铜厂商人与为数众多的矿工，以及那些在矿厂上参与各种日常交易活动的人，由后代人的眼光看来，都从事着与开矿事业有关的生产与交易活动，富者可称是经商求利，贫者则算是糊口谋生。当时有人以"发财"来总括这些人从事的经商与谋生行为：

> 凡厂人获利，谓之发财。发财之道，有由碙碉者，有由炉火者，有由贸易者，有由材艺者，有由工力者，有由赌博者。其繁华亚于都会之区，其侈荡过于簪缨之第。嬴縢履跞而来，车牛任辇而去。又或始而困瘁，继而敷腴，久之复困瘁，乃至逋负流离，死于沟壑，是故厂之废兴靡常。甫毂击肩摩，烟火绵亘数千万家，倏为鸟巢兽窟，荆榛瓦砾，填塞溪谷。然其余矿弃材，樵夫牧竖犹往往拾取之。语曰：势有必至，理有固然。市，朝则满，夕则虚。求存，故往；亡，故去。其此之谓与！[166]

---

[165]　雍正元年，有官员即指出：为铜厂运铜的"脚户，多系彝猓，自赶牛、马、领运铜斤"（高其倬、杨名时，《奏为遵旨查奏铜斤利弊事》，页433）。早自明代后期以来，云南许多地方都发生了汉人移民通过各种或欺骗或购买的方法，侵夺少数民族世代相传的田产的事件，一个典型的侵夺方法如下："奸商黠民，移居其寨，侵占田产，倍索利息。稍不当意，罗告撼词。不才有司乘之以上下其手、左右其袒。彼夷民畏城市如陷井，见差役即魂销。宿怨深，怒业结，郁而不可解矣。"（陈用宾，《罢采宝井疏》，收入乾隆《云南通志》，影印《文渊阁四库全书》本，台北：台湾商务印书馆，1983，册570，卷29之3，页341）这情形直至清代皆然。铜厂的出现，则在"田产"之外，成为当地汉族与少数民族间相互交涉的另一个重要"经济"领域。只是，"民族"的分别，于明清云南在汉民逃役等因素的影响下，也形成了"民族辨识"上的模糊地带，如雍正二年杨名时即指出当时云南有些汉人贫户为逃避赋役而躲入少数民族居住地内："他省虽有逃丁，仍属内地之民，独云南逃丁多归外番土司，久之，变为夷猓，深堪悯恻。"（《条陈滇省事宜疏》，杨氏著，《杨氏全书》卷17，页8上）

[166]　王崧，《矿厂采炼篇》。

不管在矿厂上从事的是采矿、炼矿、买矿卖矿还是赌博，活动种类虽不同，但在当时身处其中的人们看来，都是在追求"发财"。[167] 尽管记录者王崧慨叹矿厂获利与衰败的无常，认为其中存在某种"朝则满，夕则虚"的道理；但对那些身处矿厂的厂民、矿工等各类人物来说，他们宁可在矿厂上谋求各种"发财之道"，而不会像王崧一样在一旁慨叹矿厂"废兴靡常"。

许多在矿厂上追求"发财"的商人与矿工，大多是来自外省的汉人或回民。至于那些为厂运铜的牛户、马户与脚户，则有许多是世居本地的少数民族。据雍正元年当地官员调查，为铜厂领价运铜的"脚户，多系彝猓，自赶牛、马，领运铜斤，多就山谷有草之处，住宿牧放，不住店房，图省草料"，[168] 这些"彝猓"脚户宁愿露宿山谷，以便让牛马吃野草，为的是不用另外花钱支付店家供应的牛马草料，节省运铜赚来的收入。但是，这种精打细算的省钱方式，与等待"发财"的铜厂商人有同有异，脚户计算如何省下牛马草料的花费，和铜厂商人筹计米、油、炭火的开销相比，尽管计算内容不同、计算金额大小有异，但就盘算如何节省成本与多得利润而言，大概仍是性质相同的。最不同的，恐怕是矿厂商人面对"厂之废兴靡常"时的基本心态："或始而困瘁，继而敷腴，久之复困瘁，乃至逋负流离，死于沟壑。"尽管采矿与炼矿成功的机会盛衰无常，但矿厂商人仍然不断地投入大量民间资本与政府资本，继续购买米食、油火、设备，等待"发财"。

---

[167] 从中性的角度看，是为了"发财"；从负面的角度看，则是"贪利"。当时即另有人指责矿厂上的"贪利"现象："大抵厂商聚楚、吴、蜀、秦、滇、黔各民，五方杂聚，谁为亲识？贪利亡躯，盖不知其凡几。"（崔乃镛，《东川府地震纪事》，乾隆《东川府志》卷20，《艺文》）

[168] 高其倬、杨名时，《奏为遵旨查奏铜斤利弊事》，页433。

由于矿厂上日常人力与设备的巨额支出，以及铜材采炼过程的高度风险，厂民一方面不断面临资本调度上的困窘与压力，另一方面却是充满着挖得质优量丰的"成堂大矿"的热情与期待，展现了一股"发财"的强烈欲望。王崧对此做过一段深富戏剧性的描写：

> 常有管事资本乏绝，用度不支，众将瓦解，徘徊终日，寝不成寐，念及明日天晓，索负者、支米油盐柴者，纷沓而至，何以御之！无可如何，计惟有死而已！辗转之际，硐中忽于夜半得矿，司事者排闼入室告，管事喜出望外，起而究其虚实，询其形质高低，踰时，更漏既尽，门外马喧人闹，厂主及在厂诸长，咸临门称贺。俄顷，服食什器、锦绣罗绮、珠玑珍错各肆主者，赠遗络绎，充物阶墀，堆累几榻；部分未毕，慧仆罗列于庭，骏马嘶鸣于厩，效殷勤、誉福泽者，延揽不暇。当此之时，其为荣也，虽华衮有所不及；其为乐也，虽登仙有所不如。[169]

这段文字没有这位"管事"商人的姓氏，但里面情节却不会是王崧的凭空想象、信口开河。以王崧对当时矿厂实况的熟悉，他笔下的这段文字应反映了当时铜厂商人对开矿获利的渴望，渴望不已甚至成为一种梦寐以求的焦虑。厂民挖到成堂大矿时的"其为荣也，虽华衮有所不及；其为乐也，虽登仙有所不如"，正是当时"发财"心态的极致表现。由这段文字看来，矿厂上为"夜半得矿"而欢天喜地的人也不只是厂民，至少还包括了矿坑旁的"司事者、厂主、在厂诸长"、各类"肆主商人"，应征家中厮役的"慧仆"也"罗列

---

[169]　王崧，《矿厂采炼篇》。

于庭"，卖"骏马"的，另外还有"效殷勤、誉福泽者"。这是一出在矿厂上扮演的"发财"悲喜剧。

为什么厂民要如此"徘徊终日，寝不成寐"地苦筹资本与算计成本？若只是要获得更多利润，卖矿之后，改业放债生息的典商，或是其他可获利的行业，不是也可以照样"发财"吗？何必如此辛苦地筹资办矿呢？并没有史料显示当时开矿的利润必然比其他行业更高，铜厂商人拿同样的巨额资本经营其他行业，应该可以获得更多利润。从投资的回报率来看，十八世纪云南的铜厂商人努力筹资开矿，很可能不是一种经过"深思熟虑、理性进行投资回报率比较"的经商方式选择。

铜厂商人并非是被强迫经营铜厂的。十八世纪云南铜厂不由政府经营的，无论是"招商承办"还是"核准商办"的铜厂，政府实施"官本收铜"，基本上都是向矿厂商人"预买"铜材，商人交付铜材给政府是因为"订购"而交铜。假使政府没钱，商人当然可以不卖。[170] 尽管政府规定，某些领取官本的铜厂不得将税后余铜贩卖旁人，一定得卖给政府，但基本上仍是"预买、订购"的契约关系。商人卖铜有若干自由选择权，就算自己决定改行不再经营铜厂，相信也可由商人自由决定。法律强制上的"身不由己"比较不可能，但是出于背负债务或其他原因而"身不由己"呢？乾隆初年，有官员在上奏中央政府要求提高购铜官价时，对铜厂商人因积欠"官债"、无法改行提出说明：

---

[170] 康熙五十九年，江西巡抚白潢发现本省负责购买的康熙五十五年份的铜材，竟然"领价未解"，细察之下，才知是领价官员亏空公款，因为官员"欠铜价银二万两，商人不肯发行"（收入中国第一历史档案馆编《康熙朝汉文朱批奏折汇编》，册8，页2842）。虽不见得是云南铜厂商人的实例，但也从旁证明了理论上政府无钱则商人拒卖的当时铜政的基本精神。

官债难以久欠，而课长之追呼尤急切也！其所以不至舍厂而他事者，徒以长年用力，不忍弃前功。[171]

舍不得长年投资的资金与心血，当然也是理由。但若是让其他商人接手经营铜厂，多年投资，总不至于不能售得相当卖价，再用这笔资金经营其他生意，仍是可有作为、可以"发财"，何需忍受此等"追呼尤急切"之苦？

既乏铜厂商人的自述，后世也难以真的弄清铜厂商人为何甘冒风险将各类资本不断投入铜厂，甚至是不惜亲尝"徘徊终日，寝不成寐"与"追呼尤急切"之苦。但由王崧对云南矿厂的理解与描写，十八世纪商人经营铜厂的"发财"心态，可能真的不是核对成本、计算利润所能包括的，那种追求成堂大矿的强烈欲望，确实令人印象深刻。矿厂商人不断投入资金、添增人力与设备，为的是开挖到成堂大矿，这种获取利润的"发财"心态，其实伴随着高度的渴望与不确定性，在当时中国各行业的商人中，云南矿厂商人的"发财"心态应很特别。

铜厂与金厂、银厂不同，铜价有限，而且多为政府以官价收购，但却和各种矿厂一样，无论是采矿还是炼矿，都存在投资甚多而收获甚少的高度风险。十八世纪在云南经营铜厂，其实是一种高风险但不一定高获利的投资，然而，商人却仍然不惜耗尽财产投资铜厂，宁愿冒着采矿失败沦为"家中败子"的风险，也要筹资办矿成就一位"厂上功臣"。

铜厂出铜畅旺，商人获利，购建华宅、坐拥婢仆，这些"侈荡过于簪缨之第"的消费风光并不稀奇，其他商人与地主也都可以办

---

[171]　莫庭芝、黎汝谦，《黔诗纪略后编》（清宣统三年［1911］筱石氏刊本），卷5，页15。

到。然而，一旦探得走势难料的矿脉引线，进而寻得质美耐采的成堂大矿，则平日所有筹措资本、管领矿工的辛劳统统有了报偿，得矿当天，不仅"效殷勤、誉福泽者，延揽不暇"，连铜政官员、"厂主及在厂诸长"，也"咸临门称贺"。这种官员与民众齐聚一堂、庆贺自己办矿获利的"发财"场景，在当日中国大概难有其匹。如果一并考虑这些"虽华衮有所不及"的荣誉感觉，以及"虽登仙有所不如"的刺激心理，那么，商人选择经营铜厂，其实已经不是一般的成本、利润考虑所能统摄的。那种"利益"考虑的内容可能包含得更多，既夹杂着成本利润的计算，也包括了个人的成就感，甚至还带着一种刺激心理。如果铜厂商人真的在经营铜厂的过程中体会到其间的道理，则这些商人界定何种"利益"更值得追求的心态，其实已和一般市井商人的"发财"观念不同，这是一种"利益观念"的微妙转变。

铜厂商人的特殊"发财"利益观念的形成，应有两个主要原因：一是随着矿厂投入资本的增加，无论是筹集民间资本，或是接受政府资本，借贷利息的支出与政府收铜的期限，都使商人期待得矿的心理不断加深加强；二是在政府办铜考成压力的增加下，各级铜政官员与铜厂商人的利益更加紧密结合，这不仅仅是收受贿赂与否的问题，更关系到商人成功出矿则官员加级升官，商人出矿失败则官员赔补贬官。十八世纪云南铜厂商人的"发财"，和大规模铜材流通带来的大量的资本投入与严格的铜政考成，不仅构成了当时一种特殊的官商关系，也出现了商人"利益观念"的转变。

（二）铜政制度中的"公利之利"

十六世纪以来，矿厂商人期待开矿获利，但却经常受到来自社会舆论与国家政策等不同权力的节制。十六世纪以来的民间开矿活动，一直充满着紧张与对立，即使朝廷官员中也是赞成与反对者同时并存，双方各自提出不同的主张与理由。对于开采铜、铅等铸币矿材，支持者可以如此立论："上可以供鼓铸，下可以益贫民。"[172] 反对者则经常提出开矿活动威胁治安、破坏"风水"甚至是自然环境的证据。即使在矿厂林立的清代云南，也还是有人一直强调开矿破坏自然环境：

> 煎炼之炉烟，萎黄菽豆；洗矿之溪水，削损田苗……有矿之山，概无草木，开厂之处，例伐邻山，此又民之害也。[173]

矿厂伤害河溪、田苗与山林，是明显的事实。[174] 即使到十九世纪前半叶，当云南矿厂已经大量合法存在百余年后，仍然出现了"藏亡纳叛，不问来踪，大愍巨凶，因之匿迹""舍其本业，走厂为非，剪绺赌钱，诈骗无忌"[175] 等指控矿厂矿工的字句，这类"流亡日集，奸匪日滋"的说法，对身负治安职责、手握军政权力的地方官而言，是难以轻易放松的疑惧。尽管矿厂商人较难被归类为"流

---

[172] 康熙六十一年（1722）七月，为替商人裴永锡具呈代求准予开采江宁、安庆等地"铜铅洞口"，李煦在给皇帝的奏折上说："（裴永锡等）具呈求奴才代奏，叩乞天恩，准其自备工本，照例一体开采，每年所得铜铅，上可以供鼓铸，下可以益贫民。"（《康熙朝汉文朱批奏折汇编》册8，页2997）

[173] 倪蜕，《复当事论厂务书》，页121。

[174] 铜厂比云南的其他矿厂更耗费炭材，当时平均每炼铜百斤，至少要用炭千斤。若以铜产量每年可达一千万斤的东川府汤丹铜厂计算，该厂每年用炭便要超过"一万万斤"，而这些炭都要靠铜厂周遭的林木来供给（严中平，《清代云南铜政考》，页64）。尽管云南铜厂已开始将煤矿"炼焦"（李晓岑，《明清时期云南移民与冶金技术》，收入云南省社科院历史研究所编《中国西南文化研究》，2（1997），页233），但对附近林木的砍伐伤害仍十分巨大。

[175] 倪蜕，《复当事论厂务书》，页121。

亡、奸匪",但因为云南矿厂商人籍贯多属外省,[176] 有时也难免遭到本地居民或是性喜"锄强扶弱"的官员点名批判,被视为造成贫富不均的潜在敌人。

简言之,开矿固然可以增加政府税收,也可以使贫民共享"天地自然之利",但是,诸如治安、风水等疑惧却也同时并存,厂民、矿工在铜厂上追求"发财之道",绝非可以顺利无阻地自然发展,其中充满着各式各样的不同利益观念与政策主张的冲突与竞争。[177] 在云南铜材市场的发展过程中,影响铜厂组织的"发财"观念若要持续带动铜矿事业的进一步发展,其实相当程度上取决于政府如何调整矿业政策与铜政制度。

晚明至十八世纪间,政府铸币的铜材需求固然巨幅扩大,但许多围绕开矿政策的争议仍然不断出现。铸造钱币,至少涉及铜、铅、锡矿原料的购买与开采,而铸币之外,民间也存在对各类民生日用与白银货币的不同矿材需求。随着人口与政府铸币需求的增加,早自十六世纪开始,全国各地即陆续兴起开采银、金、铜、锡、煤、铁矿的社会风潮。对于这波民间开矿的风潮,政府究竟应该禁止或

---

[176] 例如:光绪《续云南通志稿》卷5,《地理志》,《临安府·蒙自县舆图表》"风俗"栏内记载:"民多流寓,谨愿而勤贸易,亦罕出境。虽矿厂栉比,惟四方商贾专利。"尽管都是外来人口,但也有新旧"流寓"的差别,这段方志文字不敌视外来商贾,但也使用了当地矿厂为"四方商贾专利"的字眼。

[177] 里井彦七郎也曾注意到十八世纪湖南省铜、铅矿业开采中的"官利、私利"冲突的情形,并使用了一些当时的刑案案例做说明。参见里井彦七郎,《資本主義萌芽問題研究》,收入里井氏著《近代中国における民衆運動とその思想》,東京:東京大学出版会,1972,頁106–117。

是开放，也在中央朝廷屡屡形成正反意见对立的政策论辩。[178] 整体看来，由十六世纪至十八世纪，禁止民间采矿的官方意见确实是愈来愈小；然而，即使到清代前期，也未真正形成全国通行的鼓励民间开矿的政策，清政府是否开放民间采矿，基本上仍是因时、因地制宜，而且也常随矿材种类的不同而制订或开或禁的政策。直至十八世纪初年，政府对民间开矿的政策经常摆荡在两类意见之间，即一是着重于"防患未然"的禁采政策，一是着重于增加税收以及照顾"穷民"生计的开采政策。

　　随着明代后期以来民间开矿活动的增多，政府官员对矿业开采的态度也日趋复杂，主采与主禁双方其实都各有道理。即使是支持采矿的官员，也经常面临矿场经营方式何者为宜的问题。海瑞（1514—1587）在淳安知县任上，虽然实行禁止当地采矿的政策，甚至将盗采的外来矿徒全部遣送回籍，但是在遣送矿徒的同时，他仍无奈地慨叹："矿乃天地自然之利，官开以应朝廷诸用、军门不得已之费，减省吾民一二；利之所在，人必趋之，且免盗掘接济之害，不亦可乎！"可见海瑞基本上并不反对开矿，只是，海瑞理解到，开矿固然可以带来财政收入增加、农民赋税减低，以及避免盗采破坏治安等好处，但却很可能同时带来官员横征暴敛的新问题："官开，则必立官、设衙门，取掘矿夫役，种种费用，十倍矿利。矿利尽日，且必并其赋于吾民。宁受盗开之害，不可受官开无穷之苦。"

[178] 黄启臣，《万历年间矿业政策的论争》，《史学集刊》，3（1988）：26–32，35；邱仲麟，《明代的煤矿开采——生态变迁、官方举措与社会势力的交互作用》，《清华学报》，37，2（2007）：361–399；唐立宗，《坑冶竞利——明代矿政、矿盗与地方社会》，台北：台湾政治大学历史学系，2011；韦庆远、鲁素，《有关清代前期矿业政策的一场大论战》，收入韦庆远《档房论史文编》，页70–148。

海瑞根据他家乡的经历，[179] 慨叹地指出：

> 私开为盗，盗开为害；官开为正，正开亦为害。廊庙上当事诸公，不知何一无所建明、一无所处置，至弃此天地自然之利，使民不蒙其利、反受其害也！ [180]

明朝万历年间发生在全国许多地区的矿税之祸，即为"官开为正，正开亦为害"的明证。

海瑞感慨的"廊庙上当事诸公，不知何一无所建明、一无所处置"，到了清初在云南铜厂逐步建构铜政制度的过程中，似乎终于在"官开、盗开"中间找到制度性的解决办法。不过，这里存在一个制度改良的过程，并非立即达到。以"官本收铜、官铜店"为主的初期铜政制度中，仍然存在不少商人与政府间利益相互冲突的问题。对政府而言，滇铜增产固然可以为中央政府与地方政府分别带来货币性与财政性的不同好处，但是，在推行铜政制度的同时，究竟要如何处理开矿商人的经商利益，仍然是要严肃面对的课题。

康熙四十四年贝和诺在云南设立"官本收铜、官铜店"后，随着政府抽税与收购所得滇铜数量的快速增加，云南官员开始更强调财政收入带来的利益，如同康熙五十六年（1717）云南巡抚甘国璧奏文所强调的："滇省矿厂，关系国课。奴才分檄各属，令民访查开

---

[179] 海瑞曾说："瑞，琼人也，溯思采珠之苦，诚若议者之言。年年戍守珠池，防盗采。临采，照丁、照亩，起珠夫、起供给。官府诸费，大约民间每珠银一两可买者，计采珠，并进珠、交珠之费，有二十余两之数。官开，诚不可也。宝产于地，反不得取之以济国用、少纾吾民，天地自然之利，反生劫夺、接济，重为民害。"（《海忠介公集》，康熙四十七年［1708］刊本，卷2，《条例·开矿》，页29—30）

[180] 海瑞，《海忠介公集》卷2，《条例·开矿》，页30。

采，督臣蒋陈锡莅任，又复遍行晓谕，共图裕课。"[181] 这种片面强调
"裕课"而不正面考虑办矿商人商业利益的说辞，反映了重视商人
经营矿厂有益于"国课"而忽略商人如何持续经营铜厂的问题。重
点若只是放在裕课，则商人经营矿厂是否一定比政府经营更有效率，
根本不会成为这类官员在意的课题，在此情况下，很可能又会在云
南铜厂发生海瑞担心的"官开为正，正开亦为害"的情况。只要政
府官员不能确立开矿商民追求开矿利益的正当性，商民"发财"之
道所面临的威胁仍然实际存在。

　　然而，雍正初年发生的"官铜店"存废争议，以及接下来的
"官本收铜"制度改革，则使官员的"共图裕课"与商民的"发财"
想法间，出现了另一类表达利益观念的主张与说辞，这就是以李绂
为代表所提出的"公利之利，无往不利"。

　　雍正初年，中央政府严肃讨论了关于当时云南官本收铜与官铜
店存废的政策争议。李绂（1673—1750）在肯定"滇中之利，莫大
于铜"的事实后，针对贝和诺"自滇省设立官铜店，而滇铜遂不出
矣"的官本收铜弊端，做了以下评论：

　　　　夫山海之利，公之于人，则普而多；私之于官，则专而少。
　　公之于人，则可以富国而裕民；私之于官，则至于害民而病国。
　　至民逃铜乏，而官课亦亏。专利之弊，反至于无利，往往然也。
　　今滇省开局鼓铸需铜之时，势不能不设官店。但官店可设，而
　　官价必不可发。若能出示晓谕，除无干田园庐墓外，招民肆行
　　开采，照市价发给矿民，则利之所在，人争趋之，铜勷所出，
　　自必数倍于寻常矣。上可以佐朝廷鼓铸之用，既有利于钱法，

---

[181]　《康熙朝汉文朱批奏折汇编》册 7，页 960。

而铜觔既多，抽收必广，又有益于课银。下可使穷苦之民入山采铜，得铜获银，食天地自然大利，既有益于民，而铜觔多出，办铜官员不受缺额之罚，又有利于官。铜觔既多，则买铜之银，归之滇省，有益于游食习悍之徒聚之矿地，使得衣食，渐知自爱，盗贼鲜少，讼狱衰息，风俗政治，咸受其益。盖公利之利，无往不利，此亦必然之势，当事者所宜急加之意也。[182]

李绂提出的"公利之利"并非中国传统文献上的新名词，类似的主张早已存在于前人典籍、奏章与著述中；但是，清代滇铜流通的特殊时空背景则为这样的主张及其背后的利益观念，增添了实际操作的场域——政府推行的矿业政策与铜政制度，从而使这类利益观念得到了当时人们的更多讨论与认同，进而可以持续改良铜政。

在"官本收铜、官铜店"等制度的实施过程中，李绂提出了开采"山海之利"等自然资源的政策原则："公之于人，则普而多；私之于官……则至于害民而病国。"他主张的"公利之利，无往不利"其实是一种"必然之势"，既然矿产属于"天地自然大利"，则只要矿区"无干田园庐墓"，即该将铜矿"招民肆行开采"。在实际做法上，李绂建议既维持"官铜店"也保留民营矿厂，但是政府向民营矿厂收购铜材一定要废除"官价"改采"市价"，才能避免"专利之弊，反至于无利"，并使"矿民"觉得有利可图，使"利之所在，人争趋之，铜觔所出，自必数倍于寻常"。

李绂考察了当时矿业政策与官本收铜制度的流弊，提出以"公利之利"的原则改革铜政可为国家、社会带来三组好处："既有利于

---

[182] 李绂，《李穆堂诗文全集》（又名《穆堂初稿》，有雍正十年序，道光十一年重刊本），卷424，《与云南李参政论铜务书》，页4–6。原文选入贺长龄编《皇朝经世文编》卷52，《户政》第27，《钱币》，页14下–15上。

钱法、又有益于课银；既有益于民、又有利于官"，同时还能安置矿
徒以使"盗贼鲜少，讼狱衰息"。这些好处都是对称的，重点在强调
国家与社会可以两蒙其利。比起当时官员奏章中流行的"国计民生，
大有裨益"的说辞，[183]李绂提拟的"公利之利"原则更为全面与清
晰。再进一步做区分，李绂所提三组好处中的"有益于民"，表面上
仍是指入山采矿的"穷苦之民"，并未特别为矿厂商人的利益说话，
但若由文中主张的"招民肆行开采，照市价发给矿民"来看，李绂
又确实将维护铜厂商人的利益带入了"公利之利"的讨论范围。通
过"专利之弊"与"公利之利"的对比，以及建议以市价向民营铜
厂买铜，铜厂商人的利益已被带入李绂分析铜政制度的利弊得失的
论述中。

　　李绂的评论发表在乾隆三年（1738）之前，当时政府仍未下令
每年京局全采六百三十三万斤滇铜，李绂对设立"官铜店"的必要
性也只限于"滇省开局鼓铸需铜"。当政府的铜材需求愈来愈依赖于
滇铜，滇铜担负的"公利之利"的角色更加突显。随着雍、乾年间
"官本收铜、官铜店、运官运铜"等一系列铜政制度的逐步改良与创
新，政府不仅积极统合矿场附近有限的运输工具，"官本"也由预付
厂民的铜价变为提供给厂民的融资，同时，具有降低交易成本作用

---

[183] 有关开矿政策中涉及"国计民生、国课民生"利益观念的言论很多，略举雍正六年
　　　（1728）八月二十四日广西巡抚郭珙支持采矿的奏章为例："足民之事非止一端，惟因民
　　　之所利而利之，斯取之不穷而用之不竭。如五谷之在地中，利本自然，不过用人力以治
　　　之，为利无涯，终古不易也。臣窃以为，矿砂之事，虽不可与农事同语，而实可以济农
　　　事之不足，同一产于地中，亦不过资于人力，上而足以充国课，下而足以裕民生，弃之
　　　则等于泥涂，取之则皆为财货。"（郭珙，《敬陈开采末议以裕边民事》，《雍正朝汉文朱
　　　批奏折汇编》册13，页251）更多讨论可见：常建华，《康熙朝开矿问题新探》，《史学
　　　月刊》，6（2012）：34-44；唐立宗，《采矿助饷：18世纪初期山东的开矿热潮与督矿调
　　　查》，《思与言》，52，2（2014）：1-61。

的法律规约也得到陆续制订与执行，这些都是李绂未能得见的铜政制度后续发展。然而，李绂在雍正初年的矿业政策与铜政制度的辩论过程中，明确反对"专利之弊"并提出"公利之利"的主张，巧妙地将铜厂商人的办矿利益纳入对经济政策的考虑，这对于纾解当时质疑商人办矿求利的紧张性，应有相当作用。由雍正到乾隆，改良后的铜政制度陆续实施，虽然未能尽如李绂的建议废除官价，但经铜政官员报请中央政府同意，收铜官价也几次得到调高。[184] 同时，政府还视各铜厂产量的变化而增加官本，提高对部分铜厂商人的贷款额度，让商人有更多资金可以投入矿厂。

在十八世纪之前的中国，官员贷放官本给铜厂商人，原本很可能是会引发争议、非难甚或干法犯纪之事。早自十六世纪盐业专卖制度发生"纲商制"改革以来，政府盐务官员和承包盐税的大盐商（时称"纲商"或"窝商"）的关系日益密切，当盐商周转不灵时，政府不仅给予赋税优惠，甚至贷借公帑给盐商。[185] 在盐业专卖的领域中，官员与盐商间的金钱往来已不限于私下受贿或者贷借投资，而是在特殊情况下由政府财库提供资金供盐商周转，这种正式的融资制度，其实也和部分官员提出由盐商承包盐税、流通官盐足以"裕课裕民"的主张有所关联。然而，除了政府对盐商贷款，以及雍

---

[184]　至少分别在乾隆十九年（1754）、乾隆二十一年、乾隆二十七年、乾隆三十三年等年份，政府在汤丹等铜厂提高了收铜官价，可见王太岳在乾隆年间的整理（王太岳，《铜政议》，页6上）。

[185]　徐泓，《明代后期的盐政改革与商专卖制度的建立》，《台湾大学历史学系学报》，4（1977）：299–311。清代地方政府与盐商的关系也很密切，经常会在销售过程中予以协助，请见：黄国信，《区与界：清代湘粤赣界邻地区食盐专卖研究》，北京：生活·读书·新知三联书店，2006。

正、乾隆年间出现的各级衙门设置当铺的活动外，[186] 在大多数场合下，由政府财库给商人融资的制度并不多见。尽管清代官员或皇帝也可能借钱给商人，但一般多为秘密进行。[187] 康熙五十六年（1717），两淮盐商通过皇帝亲信李煦向康熙皇帝转达的一份信件，透露了皇帝不愿张扬和商人间金钱往来的明显态度：

> 两淮众商于康熙四十二年蒙我万岁天恩，借给帑银一百万两。据众商口称：自借皇帑之后，靠万岁洪福，生意年年俱好，获利甚多，万岁发的本钱极其顺利，我们四十二年借的，已完在库。今求代题再借皇帑一百二十万两，商等认利十二万两，分作十年完纳。我们再领圣主本钱，两淮生意就好到极处了，务求据呈题本。[188]

李煦强调他之所以转呈两淮商人上述再借"皇帑"的意见，是因为"钱粮重大，何容冒昧具疏，而事关商情，又不敢壅于

---

[186] 清代地方政府将公库资金借予地方典铺商人，官府将公库存款借予典商，再由典商按月、按季或按年支付政府利息。雍正年间以后，中央政府公开实施的"发商生息"制度，则是以照顾八旗生计为名，提存一笔政府基金，交借典商取利。参见：潘敏德，《中国近代典当业之研究（1644—1937）》，台北：台湾师范大学历史研究所，1984，页39–131；韦庆远，《论清代的"生息银两"与官方经营的典当业》，收入韦氏著《明清史辨析》，北京：中国社会科学出版社，1989，页113–127；赖惠敏，《乾隆朝内务府的当铺与发商生息（1736—1795）》，《"中研院"近代史研究所集刊》，28（1997）：133–175。

[187] 清代自康熙年间以后，即由内务府代替皇帝营运内帑资金，基本上并不直接通过民间典商，其中的营运项目包括收取皇庄地租、投资经商、开设当铺以及放债取利。在当时，这些内务府经营内帑的账目都"被严格密藏，绝不许外泄"（可见：韦庆远，《康、雍、乾时期高利贷的恶性发展》，《档房论史文编》，页24）。

[188] 《康熙朝汉文朱批奏折汇编》册7，页823。

上闻"。[189] 康熙在李煦奏折文末批示:

> 借帑一事,万万行不得,再不要说了。[190]

不管两淮盐商究竟是从政府公库支用还是向皇帝本人商借,也不论文中所谓"商等认利十二万两"究竟是给政府还是皇帝的利息,至少,由康熙的反应看来,商人借用"皇帑"总是件不好公开提起的隐秘事情。十八世纪云南铜厂中的官本收铜制度,则逐渐由政府预付收购铜材的价格转变为公开贷借给铜厂商人周转使用。由隐秘到公开,这种政府资金融借开矿商人制度的出现,或许正反映了"公利之利"利益观念对纾解铜政官员公开贷款给铜厂商人的疑惧的正面作用。

除了原本在观念上可能疑惧公开贷款的铜厂商人的调度使用外,铜政官员也面临着执行贷放官本的实际困难。乾隆初年,有官员即指出:

> 地方督抚屡饬各厂员谕令招募采买,且许先给资本,得铜之日,始令照本还清。乃各厂员每畏给本之后厂民开挖无效,或至潜逃,必多赔累,往往不敢预借。而在各厂民,更虑领本之后,价值不敷工本,所得不偿所费,官债难以久欠。[191]

这是一个铜政官员与铜厂商人同时面对的两难局面,双方对"官本"其实都是既害怕又喜欢。"官本"在手,铜政官员即可尽力

---

[189] 《康熙朝汉文朱批奏折汇编》册 7,页 823。

[190] 《康熙朝汉文朱批奏折汇编》册 7,页 823。

[191] 莫庭芝、黎汝谦,《黔诗纪略后编》卷 5,页 15。

买齐铜材而加级升官，而铜厂商人也得以继续投资采铜、获取利润，这本是皆大欢喜的局面；然而，官员既怕商人领取官本后无法按期交铜，甚或潜逃无踪、累己赔补，商人其实也怕领取官本过低，致使"所得不偿所费"。这不仅需要铜政官员的操守与能力，也需要中央政府对官本收铜制度的全力支持，更需要铜厂商人真能挖到成堂大矿。无论如何，由官员称商人领支官本为"官债"，称官员发放铜本为"先给资本，得铜之日，始令照本还清"看来，至少到乾隆初年，即有官员认定官本收铜制度中的部分"官本"，其性质实接近"借贷周转"而非"预付铜价"。借钱给商人获取利润，不仅在执行上有困难需要克服，在观念上也有疑惧等待打消。李绂有关"公利之利，无往不利"与政府"专利之弊"观念的分析，对其后铜政官员调整政府角色与看待铜厂商人办矿利益的问题，会有一定的影响，从这个意义而言，"公利之利"为日后官员区分铜政制度是否有利、对谁有利等的问题，提供了一种界定"利益观念"的重要标准。

"利益观念"在历史变迁的过程中不断被重新界定与具体实践。利益观念的源头各有不同，有些存在于神圣的经典文字中，有些则存在于支配、占有财货的欲望中。在滇铜大规模流通的过程中，铜材市场上的生产、贩卖与运输活动日趋复杂，政府购铜政策的讨论与执行也更加细致，使铜厂组织与铜政制度都发生不少变化。此时，来自不同源头的利益观念，无论是厂民努力筹资、渴求成堂大矿的"发财之道"，还是官员制订矿业与铜政政策时的"公利之利"主张，不仅在铜厂组织与铜政制度改革中被具体实践，也反过来影响了民间经济组织与政府经济政策的未来发展。

小　结

　　十八世纪滇铜每年一千万斤的巨幅流通，直接反映了当时全国铜材市场的扩大，中央与各省官员以及众多民间商人，每年花费大笔白银到云南交换巨额铜材。以贸易形式而论，滇铜每年由僻处西南中国的云南，远销北京、江南、福建、两广与华北，成为一种典型的长程贸易；以商品性质而论，滇铜又是铸币基本材料及日用器皿原料，成为民生消费的非奢侈性商品。滇铜不断地大规模流入国内市场，既是十八世纪中国区域性经济分工的表现，同时又反映了长程贸易商品的性质的变化。

　　随着滇铜流入国内市场规模的扩增，无论是商人与政府投入资本的增长，还是矿工人数的增加，都在云南铜厂上持续发生。从乾隆五年到嘉庆十五年（1740—1810）的七十年间，滇铜每年维持了至少一千万斤的产量，促使云南铜厂组织发生了很大的改变。通过民间与政府资本的源源接济，矿厂商人得以投入资金添购原料、设备与各种劳动力；无论采矿、炼矿，各种工序组织也在铜厂资本的支配下更加专业化。同时，矿厂商人不断投入资金采炼铜矿，背后更伴随着一种渴求挖得富矿的特殊"发财"心态。商人选择经营铜厂而不改业其他风险较低的行业，除了成本、利润考量之外，也夹杂着个人成就感和某种追求刺激的心理。在经营铜厂的过程中，铜厂商人展现了一种更甘愿冒投资风险、更有成就动机的不同的"利益观念"。

　　另一方面，十八世纪政府在云南推行"预发官本、官铜店收铜、运官运铜"等铜政制度改革，以及铜政官员支持"七长制"等解决矿洞产权纠纷的习惯规约，主要用意虽然不在于便利市场交易，但铜政改革法规的相继实施，却为铜材产销提供了足以降低交易成本的市场规范。同时，随着雍正到乾隆年间铜政制度的实施，不仅使"公利之利，无往不利"的论述由形成而普及，官员在参与铜政制度改革的过程中，也对"公利之利"的利益观念有着更多体会，进一步再回过头来影响了铜政制度的改革。"公利之利"对铜政制度与铜政官员的影响，为铜厂商人提供了更大的正当性与更多的保护。

十六世纪以降明清中国的官商关系愈趋复杂，在盐、铜这类大宗物资的流通领域中，出现了商人资本与政府资本密切结合的现象。以十八世纪滇铜为例，铜政制度的立意，固然是政府为了保障铸币铜材来源的稳定；但对开矿商人而言，尽管使用政府资本经常有"官价"太低的坏处，但在当时民间融资条件有限的情况下，政府提供官本确实具有借贷利率较低的好处。"发财"及"公利之利"等利益观念，在十八世纪滇铜流通的过程中得到了更多的调整与结合，不仅使铜厂商人更愿意投资开矿、炼矿这类获利风险较高的生产事业，更有助于减少社会对商人追求"私利"现象的疑虑、冲突与对抗。官商关系与利益观念的变化，具体反映在十八世纪滇铜流通的过程中，成为当时中国市场经济的重要特色。

十八世纪滇铜大量流入中国内地，一方面将众多资本与劳力吸纳到云南铜厂，另一方面也使政府法律支持市场规范的现象加速出现，这里面同时反映着官商关系与利益观念的转变。十八世纪滇铜市场的急速成长，固然来自政府京局铸铜全采滇铜政策的建立，使商民可以全力从事采炼而不必担心铜材销路，中央政府每年要求将六百三十三万斤滇铜有效送达京师，确实是铜材市场成长的原动力，但是，这种表面上看似单纯的"需求带动供给"现象，其背后却深藏着官商关系的调整与利益观念的转变。

第五章　清代中期重庆船运纠纷中的国法与帮规

　　随着国内长程贸易逐渐扩展于长江上游，清代前期每年通过长江水道输入与输出四川的商品数量都有可观的增长，四川愈来愈被整合到当时中国全国的市场范围之内。特别是在雍正、乾隆年间，政府投入大笔经费修辟长江上游航道，使得四川省内的粮食、食盐、木材，乃至于邻省借道四川输出到长江中下游的滇铜、黔铅，都能借由水道条件的改善而扩大了整体运输量，长江上游与中、下游间的航运行业也因此出现巨大的发展契机。随着航运量的增加，来自四川与邻省的民间商船的船主、船长，以及负责行船劳务的船工、水手、纤夫，乃至于负责船务中介的牙行、出租仓储与搬装货物的行栈，民间众多的造船与修船业者，都成为投身这波商业航运业扩张的主要从业人员。

　　重庆船运市场的发展，正是清代前期全国市场长期扩张的一环；随着重庆船运市场的发展，不仅出现了众多"船帮"等经济组织，"八省客长"等移民社团领袖也在官员的支持下介入各种船运纠纷。同时，地方政府管理船运事务的法令规章也产生了若干变化。无论是船帮团体支持的"帮规"，还是地方政府执行成文法典的"国法"，都对当时船运市场涉及的各种承揽、雇募、贮货、赔偿等相关契约带来了重要影响。同时，市场上的契约行为也会冲击既有的"帮规"与"国法"。帮规与国法的互动如何具体影响民间市场种种契约的订立与执行，乃至于当时支撑船运相关经济行为的价值观与意识形态是否出现连带变化，这些都是本章关心的制度变迁课题。

以清代前期重庆府巴县衙门的现存司法档案与契约文书为主要史料，笔者将分析当时重庆船运业纠纷的解决机制，进而论证其间可能出现的制度变迁。本章主要分为三节。第一节介绍重庆航运业的发展，并对航运业逐渐出现的不同"船帮"团体略予分类。第二节分析船运纠纷的不同形态，说明地方政府对不同类型的船运纠纷的调解与审理方式，以及民间团体于其间介入的过程。第三节综述政府法律与船运帮规如何影响船运契约的订立与执行，进而探究当时的制度变迁问题。结论将以清代商业法律在重庆的演变历程为例，讨论当时经济秩序与法律规范互动的演变轨迹。

第一节　重庆航运业的发展、经社结构与船帮团体的形成

本节讨论重庆当时主要船帮团体的形成过程，分为两小节：第一小节略述全国市场的扩张与长江上游地区的商业贸易，以说明重庆作为四川最大转运港口的兴起过程。第二小节将重庆船运业区分为"长程货运、短程货运、短程客运"三类，并据以介绍不同船帮团体的形成与演变。

（一）清代前期全国市场扩张下的重庆航运业成长

位于四川东部的重庆，原本即具有总汇长江上游干支流的优越水文条件。在宋代全国商品经济发展的过程中，重庆虽远比不上成都在四川省内的重要性，但也仍逐步成为重要的商贸城市，许多四

川本省及云南、贵州等地的货物在当时都经由重庆转口贩运。[1]优越的水文条件，实为重庆市场经济发展的重要基础，市场规模愈扩大，其发展潜力便愈雄厚，清代前期重庆的经济发展比宋代时更显著，甚至逐渐追上成都在四川省内的中心城市地位。

重庆城的水文优势，主要即是地当嘉陵江与长江交汇处。嘉陵江在汇合涪江与渠江后，下行至重庆城北郊而注入长江。重庆的城南、城东方向，则有长江横越而过。沿长江往东，可以直下湖北宜昌、汉口，远接长江中、下游各省。一路沿长江往西，则有赤水河、沱江、岷江分别由南或由北注入长江，其中，赤水河可通贵州，而沱江、岷江则贯通川中与川北。沿长江持续往西，则可由金沙江通至云南。清代乾隆年间，地方人士即如此描述重庆城四通八达的水运交通："内水，则嘉陵、白水，会羌、涪、宕、渠，来自秦。外水，则岷、沫衣带，会金沙来自滇，赤水来自黔。俱虹盘渝城下，遥牵吴楚、闽越、两粤之舟。"[2]可见至少到十八世纪后半叶的乾隆年间，不仅陕西、云南、贵州以重庆城为交通转运站，长江中下游的湖北、江苏，乃至浙江、福建、两广都是重庆城可以水运通连的区域。

长江与嘉陵江的交汇对重庆航运业发展具有极高的重要性，两

---

[1]　隗瀛涛，《试论重庆的城市化和近代化》，收入隗瀛涛编《重庆城市研究》，成都：四川大学出版社，1989，页3。

[2]　（清）王尔鉴纂修，乾隆《巴县志》，有清乾隆二十五年序文，"中研院"历史语言研究所傅斯年图书馆藏本，卷1，《形胜》，页8下。沫水，是大渡河的古称。同时，重庆城附近的长江水道，无论是往东去长寿县段，或是往西去江津县段，当地人都以"岷江"称之（参见：乾隆《巴县志》，卷2，《恤典》，页13上；[清]有庆监修，道光《重修重庆府志》，有清道光二十三年序，"中研院"历史语言研究所傅斯年图书馆藏本，卷1，《山川》，页44下–45上）。王士祯在清康熙十一年（1672）撰有《蜀道驿程记》（收入乾隆《巴县志》，卷12，《艺文·记一》，页66下–69下），对重庆城附近的水道有更仔细的记录。

江交汇带来的丰厚水量，使重庆城下游的长江水段得以行驶更大载运量的船只，这项水文条件使重庆城具备了发展成为四川全境最大的货物转运集散港的潜力。不过，水文条件的优越仍只是自然地理因素而已，清政府对整治长江上游水路的工作投入了较多心力，这项极重要的人文政治因素也促成了重庆航运的发展。至少自乾隆初年开始，政府即特别着力整治包含金沙江在内的长江上游航道，许多云南、四川的地方官员纷纷投入此项事业，尤其是云南巡抚张允随（生卒年约为 1693—1751）自乾隆五年至乾隆十三年（1740—1748）间的积极任事与统合协调，使得金沙江能更安全稳妥地行船运货，从而几乎打通了整段长江上游航道。[3] 清政府对水运整治工作长期投入人力与物力，奠定了四川乃至云南、贵州等省的物产可以大量且快速地进入长江水路的基础。

在自然水文条件优越，以及清政府努力整治水道的人文政治因素的相互配合下，十六世纪至十八世纪全国市场的发展，更是重庆城逐渐发展成为四川全省货物转运中心的必要条件。乾隆年间，重庆知府石韫玉在说明重庆四通八达的优越水文条件的同时，即指出当时重庆已是四川全省水路运输中心的事实，众多来自长江中下游、陕西、云南、贵州等省的商贾、士绅等人员，以及水产、盐斤、矿产、木材等货物，都以重庆城为运输转运中枢："在下游者，若楚、若皖、若江、若浙、若闽、若粤，皆溯流而上，至重庆而分。其在上游者，若秦、若黔、若滇，皆沿流而下，至重庆而合。凡夫商贾之所懋迁、仕宦之所靮掌、鱼盐金木之所转运、羁人旅客之所经临，千舻万艘，辐辏于渝城之下，岁不知其凡几也。"[4] 这种省际人员、商

---

[3]　罗传栋主编，《长江航运史（古代部分）》，北京：人民交通出版社，1991，页 86-91。

[4]　（清）石韫玉，《体仁堂善会记》，收入（清）福珠朗阿纂修，宋煊编辑，道光《江北厅志》（影印道光二十四年刊本，台北：学生书局，1971），卷 7，《艺文志》，页 1001。

货往来频繁并且齐聚重庆城的"千舻万艘，辐辏于渝城之下"景象，并非孤立现象，必须配合当时中国全国市场的发展才能获得更深入而整体性的理解。

　　随着十六世纪至十九世纪中国全国的市场规模以及内河与沿海航运路线的日形扩大，[5]长江上游地区更大程度地被长程贸易网络卷入，输出与输入商品的种类与数量都有更多增长，从而也使重庆的商贸中心地位日渐显著。不仅外省输入四川的货物在重庆城聚集分销，全川货物也愈来愈以重庆城为输出境外的集散地，特别由长江中、下游运入四川的棉花、磁器、棉布，以及自四川外销的稻米、食盐、滇铜、黔铅、木材、山货（包括皮革、桐油、白蜡、木耳、竹笋）、药材、染料（靛青、红花）。重庆作为四川全省输出与输入中心的地位，在十八世纪后半叶到十九世纪前半叶期间已愈益明显，由此进出长江的商品，不仅可到四川全省的各府州县，与四川相邻的湖南、湖北、云南、贵州、西藏，远及江西、江苏、浙江、福建、广东各省，也都成为上述商品流通的经济区域。重庆不仅成为长江上游与西南地区最大的流通中心，[6]也愈来愈明显地挑战了成都作为全省经济中心的地位，连带加速使四川商业重心由原本的省境西部转移到省境东部。[7]

　　作为四川东部最重要的经济中心，重庆商业在乾隆年间即已十

---

[5]　有学者指出：清代中期中国的"内河航运路线大体已具有近代的规模，全部航程在5万公里以上，沿海航线1万余公里。事实上，鸦片战争后的发展，主要是一部分木帆船改用轮驳船而已"（见许涤新、吴承明主编，《中国资本主义发展史》第一卷《中国资本主义的萌芽》，页271—272）。明清全国市场规模的扩张方向与数量推估，则见：吴承明，《中国资本主义与国内市场》，页217—246、247—265；李伯重，《中国全国市场的形成，1500—1840年》，收入李氏著《千里史学文存》，页269—287。

[6]　许檀，《清代乾隆至道光年间的重庆商业》，《清史研究》，3（1998）：32、36、39。

[7]　林成西，《清代乾嘉之际四川商业重心的东移》，《清史研究》，3（1994）：62—69。

分繁荣："渝州物产与全蜀同，物之供渝州用者，则与全蜀异。三江
总会，水陆冲衢，商贾云屯，百物萃聚，不取给于土产，而无不给
者"，"或贩自剑南、川西、番藏之地，或运自滇黔、秦楚、吴越、
闽豫、两粤之间"。[8]渝州为重庆府古称，这里主要指的是府治所在
的巴县县城及其近郊，笔者于本章也泛称之为"重庆城"。上述这段
对十八世纪后半叶重庆城商贸概况的描写，既指出了众多客商齐聚
这个"三江总会，水陆冲衢"的都市的现象，也综述了重庆作为转
运来自"剑南、川西、番藏"与"滇黔、秦楚、吴越、闽豫、两粤"
等地众多商品的中心地位，这些事实更能印证十八世纪后半叶重庆
城航运发展所具有的重要的指标性意义：四川的经济重心已加速由
成都转移至重庆。[9]

　　长程贸易与全国市场的发展，为四川商品经济与重庆城航运业
带来了巨大的发展契机。米粮是四川长程贸易的大宗商品，在十八
世纪的百年间，四川常为全国重要的米谷外销省份[10]：四川粮食每年
平均外运至他省的总数量，在雍正年间约有一百万石，在乾隆年间
则每年已约达三百万石；嘉庆年间以降，随着四川人口的快速增加

---

[8]　乾隆《巴县志》，卷 10，《物产》，页 14。

[9]　有学者认为重庆的经济地位迟至十九世纪下半叶才真正超越成都，此前，成都仍是四川
　　　"中心都市"，而重庆只是"区域都市"（王笛，《跨出封闭的世界——长江上游区域社会
　　　研究，1644—1911》，北京：中华书局，1993，页 263）。但若以反映商业发展概况的牙行
　　　帖税做评量，则至少到十九世纪初年，重庆牙帖税已为一百八十三点五两，而成都则为
　　　一百一十九两（常明等重修、杨芳灿等纂，嘉庆《四川通志》，清嘉庆二十一年［1816］
　　　刊本，南京：凤凰出版社，2011，卷 67，《食货·权政》，页 26、28），可见重庆商业早已
　　　比成都繁盛。

[10]　十八世纪初，浙江总督李卫即指出当时四川作为全国重要的米粮出口省份的事实："各
　　　省米谷，惟四川所出最多，湖广、江西次之。"（《雍正朝汉文朱批奏折汇编》，南京：江
　　　苏古籍出版社，1989—1991，册 11，雍正五年十二月初三日，浙江总督李卫奏折，页
　　　190–191）

等变量，川粮外运的数量才开始下滑。[11] 米谷之外，四川原也有部分棉花销往外省，但随着四川人口的增加，后来局面即变为本省的棉花不敷使用，再加上四川气候条件对棉花质量的限制，更使四川对棉花的进口需求不断扩大；据估计，道光年间四川全省的棉花需求量已是明代的十倍。[12]

无论以外销粮食还是进口棉花的数量而论，重庆都是四川全省的转运中心。四川外销的米粮先集中于重庆，由此水运至汉口，再接着转运至苏州；之后，更由各地米商由苏州分销至浙江、福建等省。[13] 输入的棉花也以重庆城为主要集散港口，即以嘉庆九年重庆城朝天门码头输入的棉花而论，当时实况为"每日，码头上下棉花四五百包不等"；[14] 若以每包棉花重一百斤估计，则十九世纪伊始，每天于重庆城朝天门码头起卸的棉花，可达四五万斤。[15]

粮食、棉花之外，木材也是长江上游外销全国的长程贸易大宗商品。明代中期已较大规模地开采西南地区的森林，清代则有更多的江西、湖广商人进入金沙江上游、嘉陵江流域伐木；四川、云南、贵州等省出产的木材，分别由金沙江、赤水河、嘉陵江汇入四川境内的长江上游水道，连带促使重庆逐渐变成木材行销长江中、下

[11] 邓亦兵，《清代前期内陆粮食运输量及变化趋势——关于清代粮食运输研究之二》，《中国经济史研究》，3（1994）：82。

[12] 林成西，《清代乾嘉之际四川商业重心的东移》，《清史研究》，3（1994）：65。

[13] 隗瀛涛主编，《近代重庆城市史》，成都：四川大学出版社，1991，页91、113。

[14] 四川省档案馆、四川大学历史系编，《清代乾嘉道巴县档案选编》上册，成都：四川大学出版社，1989，页338。

[15] 许檀，《清代乾隆至道光年间的重庆商业》，《清史研究》，3（1998）：35。

游的转运枢纽。[16] 还有药材与"山货",也是四川外销的著名商品。十九世纪初年即有时人写道:"川中财货之饶,甲于西南","而在山中"则"木耳、香蕈、药材为多"。以黄连为例,其培育与生产的情形是:"商人写地数十里",于"老林山凹山沟"中"遍栽之","须十年方成,常年佃棚户守连,一厂辄数十家。大抵山愈高、谷愈深,则所产更好;雪泡山、灵官庙一带,连厂甚多"。[17] 可见当时药材业的经营规模颇为可观,而这些药材也主要以重庆为外销集散地。

此外,云南铜矿在雍正初年至嘉庆中期的盛产期间,每年都有大量铜材穿越云南、四川境内,运抵重庆再集中运至外省。清代中央政府每年派遣运铜官员自云南矿厂出发,一路分段雇用大批民船,押解铜斤送至北京宝泉、宝源两个铸币局。自乾隆四年(1739)起,政府即规定每年运往北京的铸币铜材数量为六百三十三万一千四百四十斤;这个铜材数字既不包括云南留用本省铸钱的每年三百七十万九千一百六十二斤铜材(以乾隆三十二年为例),也未列入全国各省官员带白银赴云南购买运出的每年三百八十七万零四百二十一斤铜材(以嘉庆七年[1802]为例),更不包

[16] 经君健,《清代前期民商木竹的采伐和运输》,《燕京学报》,新 1 期(1995):145-189;李伯重,《江南的早期工业化(1550—1850)》,北京:社会科学文献出版社,2000,页330-334。至少到明代万历年间,重庆即已号称"木都";而直至清代前期,自深山林区伐得之木材,仍是经捆扎后投入溪川,然后一路漂抵重庆,故木材每年运抵重庆的数量,有时取决于当年雨量与溪水流量之变化:"抵渝木料,皆伐自深山穷谷,年丰水涨,则木筏顺流而下,一岁之中,可以发数岁之木;若遇岁旱水涸,不能漂出,则已筏之木,常积于深沟浅溪,未能抵渝。"(常明等重修,杨芳灿等纂,嘉庆《四川通志》,卷 67,《食货·榷政》,页 3 上、15 上)

[17] (清)严如熤,《三省边防备览》(影印清道光年间刻本,有清道光二年作者自序,扬州:江苏广陵古籍刻印社,1991),卷 10,《山货》,页 15。雪泡山距四川开县县北 320 里,山势险阻,往西行,可通灵官庙(详见:《三省边防备览》,卷 8,页 15)。同时,四川药商的经营范围还上抵甘肃,如岷州所产大黄、党参、黄芪等药材即有"川中人时来采取"(《岷州乡土志》,收入《陇右稀见方志三种》,上海:上海书店,1984,《物产》)。

括云南采铜与贩铜商人自行销入全国市场的"官铜"以外的铜材数量。[18]
这每年至少一千万斤以上的滇铜的绝大部分，都沿长江上游水道运抵重
庆城，再转雇大船输往长江中下游。铜材之外，铅材也是由重庆转口外
销的大宗货材。乾隆至道光年间，中央政府将贵州出产的白铅，每年拨
出二百万至五百万斤铅材运集汉口镇，让"各省采买"以配合铜斤熔铸
钱币。[19]这批铅材也是先集散于重庆，再转换大船驶赴汉口。

井盐亦是外销大宗。随着探井技术的精进、煤与天然气燃料
的普及、陕西等外省商人资本的投入，乃至筹募资金与顶让股权的
"日份制、做节制"商业制度的盛行，以及清政府扩大核可川盐的行
销区域等，十八世纪以降四川井盐产销数量的增加甚为快速：乾隆
二十三年（1758），单由官方核可的合法川盐销售量，即已折合一亿
六千二百九十余万斤。四川、贵州、云南，乃至湖北、湖南的部分
地区，都成为官方规定的川盐行销口岸；[20]到了嘉庆年间，四川食盐

---

[18] 许涤新、吴承明主编，《中国资本主义发展史》第一卷《中国资本主义的萌芽》，页491-
      496；陈慈玉，《十八世纪中国云南的铜生产》，收入《国史释论：陶希圣先生九秩荣庆祝
      寿论文集》上册，台北：食货出版社，1988，页286-289。

[19] 《清代乾嘉道巴县档案选编》上册，页435-436。

[20] 张学君、冉光荣，《明清四川井盐史稿》，成都：四川人民出版社，1984，页54-61、71-
      72、86、157-158。有关井盐业募集资本、让渡股权的"日份制"与"做节制"研究，可
      见：吴天颖、冉光荣，《引论：四川盐业契约文书初步研究》"合伙、退伙、借贷和分关
      约"［收入自贡市档案馆合编《自贡盐业契约档案选辑（1732—1949）》，北京：中国社会
      科学出版社，1985］，页70-90、251-272；彭久松、陈然，《中国契约股份制概论》，《中
      国经济史研究》，1（1994）：56-65；曾小萍，《自贡商人：近代早期中国的企业家》，董
      建中译，南京：江苏人民出版社，2014，页42-103。有学者对自贡井盐业的合伙制度做
      过一个整体性评价："自贡井盐业之成功，凭借的是其得以自亲属与非亲属的众多股东身
      上同时筹募资本的能力。"（Madeleine Zelin, "Managing Multiple Ownership at the Zigong
      Salt Yard," in Madeleine Zelin, Jonathan K. Ocko, and Robert Gardella eds., *Contract and
      Property in Early Modern China*, Stanford: Stanford University Press, 2004, p. 230.）其所指称
      的筹募资本能力，主要即涉及"日份、做节"等商业合伙制度。

的年产量已高达三亿斤，这约合明代产量的十五倍。[21]

在官方规定的川盐行销口岸中，川盐销在本省者称作"计岸"，销往贵州、云南者称为"边岸"，而销往湖北、湖南者则称"楚岸"。[22] 无论是"计岸""边岸"还是"楚岸"，这些每年一点六亿到三亿斤的井盐，大都利用水运输送。特别是销往"楚岸"的官盐，以及那些不在官方统计数字内的四川私盐（"川私"），主要也由长江运出，又使重庆成为合法川盐与非法"川私"销往"楚岸"外省的最重要的集散港。[23] 这种川盐外销湖北、湖南的趋势，愈往后愈显著，如道光二十三年（1843）任职"重庆府经历兼批验大使"的赵秉怡，他对"川盐渐漏楚境，运商捆载而下，舳舻相接"的现象，即采"体恤商艰，开放以时，不苛不扰"的乐观其成态度，[24] 这

---

[21] 同时期淮盐的年产量达六亿斤。当时井盐与淮盐的销售与消费，以归州分界，以上为井盐行销口岸，以下为淮盐行销口岸，单是通过合法贩卖方式流通的这共计九亿斤"淮盐"与"井盐"，便使长江流域每年流通盐斤的总量显得十分惊人。参见：罗传栋主编，《长江航运史（古代部分）》，页344。应该留意的是：四川井盐的更快速的发展，要等到十九世纪五十年代中后期太平军乱事阻断"淮盐"输入湖北、湖南等地之后，原先划分食盐行销口岸的方式只能改弦更张，再加上政府改采"设关抽税"，并使"官盐、私盐一概准许贩卖"，从而给予"川盐济楚"更广大的贩销空间，极大地拓展了四川井盐销售的市场规模，造成四川私人开采盐井的活动出现了空前的荣景。参见：陈锋，《清代盐政与盐税》，郑州：中州古籍出版社，1988，页94–108。笔者要向本书审查人致谢，因其指出陈锋专书论及四川井盐的销量与产量在晚清大幅扩增的史实。

[22] 张学君、冉光荣，《明清四川井盐史稿》，页115。

[23] 隗瀛涛主编，《近代重庆城市史》，页91–92。"川私"出口外省盛行，有供给与需求两方面的因素。在需求上，川盐甚受湖北民众青睐，这主要是因为当时官方规定大部分湖北民众须食用淮盐，而淮盐自产区运至湖北，难免"运远费多"，过高的运输成本转嫁到食盐价格上，故使湖北民众喜购"由大江顺流而下，运疾费省"的川盐。在供给上，川盐在湖北的售价高于四川本省，"一交楚界，则价倍于蜀；而楚民买食，犹觉价贱于淮"（乾隆《巴县志》，卷3，《盐法》，页49上），利润更好，也增加了盐贩运售川盐至湖北、湖南外省的动机。

[24] 民国《巴县志》，卷9下，页15下。

使井盐生产与川盐外销更加兴旺，也有利于四川船运业的发展。

上述粮食、棉花、木料、药材、山货、铜斤、铅材、井盐等大宗商品在清代前期输入与输出四川的过程中，都主要以重庆城为最大的集散转运地。大批长程、短程航运业的船只，于重庆城各码头区内装货、卸货与储存，使得重庆城每年的货运吞吐量愈来愈大，船运业人数也愈来愈多，连带促使重庆城成为一座具有特殊经济与社会结构的"河港移民型城市"。

（二）重庆城船运业结构与船帮团体的发展

作为一座河港移民型城市，重庆城有颇复杂的船运业结构。但为较简明地讨论重庆城的船运业发展，此处只以"货运、客运"与"长程、短程"两项标准，将其区分为长程货运、短程货运、长程客运、短程客运等四类。同时，由于笔者目前所见"长程客运"的相关史料较少，此处只能先简介"长程货运、短程货运、短程客运"三类。

先谈长程货运的船运业结构。十八世纪于重庆城从事长程航运业的船主、船长与水手，已组成了不同名称的船帮。大体而论，至少有四种因素影响了"船帮"的划分方式：一是商船航行路线乃至船身结构的不同，二是船只承载的主要商货种类的不同，三是船主所属地缘籍贯的不同，四则与政府以金钱征雇船只（所谓"和雇"）或是无偿调派船只（即指"差役"）的需求有关。上述四种影响，可分别归类成技术性、经济性、社会性乃至行政与法律性的不同性质。大致说来，船运业者因为受到航行路线、承载商货与地缘籍贯等技术、经济、社会不同因素的影响，本来即已具备区分成不同"船帮"的条件，再加上政府"和雇"与"差役"的因素，促使不同的船运业者之间形成了形形色色的"船帮"。

至迟到了嘉庆八年（1803），众多往来于重庆城的商船，便明确以"大河帮、下河帮、小河帮"等所谓"三河船帮"的名称，在巴县衙门的公文档案上出现。这个在公文上出现的"三河船帮"的名称，超越了原先因为技术、经济与社会因素而相互区别的意义，变成了官员区别船运业者身份，进而成为地方政府考虑是否对船运业者的"立帮"行为予以"定案"承认其合法效力的行政与法律用语。[25]

船帮向地方政府"立帮、定案"的行为，实有其特殊的制度背景，既有技术因素，也涉及经济与社会因素，并非纯由行政或法律因素所决定。船运业者如何认同所属船帮与成员，如何区分其他不同的船帮业者，这些问题都受到更复杂因素的影响，并非法律层面或社会经济层面所能单独决定。以"三河船帮"的名称为出发点，笔者将说明重庆船帮形成的制度性基础。

基本上，"三河船帮"是船运业者彼此认同与相互区别时可以使用的一个大的分类概念。所谓"大河帮""下河帮"与"小河帮"这个"三河船帮"的名称，确实可用以大致划分往来于重庆城的船帮水运路线："大河帮"泛指由重庆城上溯长江、行驶于长江与长江诸支流河道的航船，"下河帮"意谓由重庆城往湖北沿长江河道顺流而下的船队，"小河帮"则指行驶于重庆城北方包含嘉陵江在内诸条长江支流河道的船只。

以"大河、下河、小河"为标准所构成的"三河船帮"的区别，并不只是肇因于水运路线方向的差异，也受行船技术、船身结构与船工规模等不同技术因素的影响。"大河、下河、小河"的既

---

[25] 如清嘉庆九年《三河船帮差务章程清单》所记："三河船帮自嘉庆八年□□明定案。"引见：《清代乾嘉道巴县档案选编》上册，页402。

有水流量大小、河岸宽窄与暗礁分布等水文条件的差异，也可能进一步形塑当时船运业者所擅长的不同的船运知识。依重庆本地人的用语习惯，"大河"与"小河"都可以有更严格的定义。"大河"指的是重庆府属江津县至长寿县这段意指"岷江"的长江上游水道，如十八世纪重庆方志的编者所记述的，"岷江俗称大河，水程上至江津（县）界一百里，下至长寿（县）界一百七十里，大小险滩共七十七处"；[26] 严格的"小河"定义，则是由重庆府属合江县流至重庆城嘉陵江的水道："嘉陵江俗称小河，水程上至合州（县）界一百二十里，大小险滩二十三处。"[27] 若按此严格定义，则"下河"基本上是指长寿县以下往长江下游延伸的长江水道。

　　值得注意的是：这种"大河、下河、小河"的区别，不仅被当地民众用以标示重庆城周围的不同水道，而由方志所记各段水道具有数目不同的"大小险滩"看来，这种河道分类范畴，其实也同时蕴含着基于船运业者长期工作习惯所累积而得的航行技术与经验。影响所及，连带也成为重庆本地人对包含"险滩"在内的不同航运知识的体会与掌握。

　　不同的"船帮"也拥有不同的大、中、小型船只的配置比例。大、中、小船的区别，主要是以船只体积、吃水量及使用船工的人数做区分，这里涉及的船身结构与驾驶人员的规模，也可一并归类为前文提及区分船帮的"技术性"因素。可略举运铜船队的情形做说明。

　　一份清乾隆三十五年（1770）三月二十一日由江津县移巴县的公文书，开列了此次由官府租用的运送总计九十四万零九百九十一余斤铜材的承载船只，除了记载二十六名船户人名与二十六艘船的船体形

---

[26]　乾隆《巴县志》，卷2，《恤典》，页13上。

[27]　乾隆《巴县志》，卷2，《恤典》，页13下。

制外，还详列了二十六艘船只的装铜数量（由二万二千五百到五万斤不等）以及"船身入水"的深度（由一尺七寸到二尺四寸不等）。负责运铜的官员在公文书中，即稍稍提及长江上游各段的长程货运船只的不同分布情形："因泸州大船稀少，雇募小船二十六只，装运至渝，更换大船。"[28] 作为众多体积大小不同的船只汇聚地点的重庆城，正是转雇各种不同体积船只的中介码头。

　　这二十六艘在泸州租用的运铜船，在承载九十四万余斤铜材后，于同年三月十六日自江津县启程，三月二十二日抵达巴县。运抵巴县后，官员改雇较大船只，乃租用"中船十四只"，"内十三只，每船装铜七万斤；尾船一只，装铜三万九百九十一斤六两四钱"；四月十一日开船，[29] 往湖北境内驶去，铜斤运送终点则为北京的铸钱局。运铜官员也为十四艘"中船"制作清单，除了记载各船装铜斤数（满载的十三艘船，都装载七万斤铜材）与吃水深度（十三艘船满载后的吃水深度，由三尺到三尺三寸不等），清单所记的船只操作人员不再是一名"船户"，而是各船都有的两名"头舵家"与一名"丁工"的姓名资料。[30] 比起中船，大船的吃水深度更深，操作人员数目也更多。[31]

---

[28]　四川档案馆编，《清代巴县档案汇编（乾隆卷）》，页 345–347。

[29]　《清代巴县档案汇编（乾隆卷）》，页 347。

[30]　《清代巴县档案汇编（乾隆卷）》，页 348–349。

[31]　船只的大小自然影响了船上操作人员的数目。据二十世纪对四川木船航行操作方式的调查，当时木船主要靠人力推进，每个桡工的负荷量，于船只顺水时约为三吨。在船工配额方面，大致是约一百吨的大船配备较齐全，船工可达数十人；而十吨的小船，则只有后驾长和桡工等一至二人。在配置完整的较大船只上，船工可区分为后驾长（又名二太公）、前驾长（又名大太公、撑头）、二篙（又名闲缺）、提拖（又名爬梁架）、杂工（又名烧火）、号子、三桡（又名结尾）、头纤（又名水划子）、桡工（又名纤工）、杠子（又名岩板）等十类。参见：王绍荃主编，《四川内河航运史（古、近代部分）》，成都：四川人民出版社，1989，页 328–329。

　　若依前述"大河、下河、小河"的"三河船帮"名称作区别，则泸州经江津县驶至重庆城的这些运铜船，便可归属"大河帮"；而由重庆城往湖北驶去的运铜船，便属于"下河帮"。因此，包含运铜船业者在内的"大河帮"，其驾驶与经营的船只一般"大船稀少"，故应多为吃水量在二万至五万斤之间的"小船"；而"下河帮"运铜船业者，则多经营约略七万斤的"中船"或是更大载重量的"大船"。有时候，单是"大船、中船、小船"的船只区分标准还不够细致。如在一份嘉庆九年的巴县档案公文记录中，被分类为"忠丰帮"的船帮，便列有"大船、二号船、三号船、小船"等船只名色；"夔丰帮"项下列有"大船、中船、小船、五板拖篷船"的船只分别；"辰帮"则开列有"四百石船、三百石船、二百石船、一百石船"。[32] 可见，各个船帮拥有的不同载重量船只的配置比例，应颇不一致。要之，不同船运业者在拥有的船只类型与船只操作人员的规模方面的差别，确实是可能影响"船帮"分类的技术性因素。

　　"大河、下河、小河"的区别，除了蕴含水运路线、航行知识、船身结构与船工规模等"技术性"因素之外，还有"行政与法律性"因素在内。至迟到十九世纪初年，以"大河、下河、小河"为船帮划分判准的所谓"三河船帮"，又演变成为由船运业者自行协议并经政府"定案"承认的，有关如何公平承担政府"和雇"或"差役"的一种团体，这是一种带有行政与法律意味的船帮名称。

　　但要注意："三河船帮"成为政府"定案"名称后，仍有船运业者以其他船帮的名称向政府呈请"立帮"。如巴县档案公文书中也出

---

[32]　《清代乾嘉道巴县档案选编》上册，页 404。

现了"泸州船户自嘉庆八年立帮"。[33] 以水运路线区分，泸州船户应可归属于广义的"上河帮"，但既有"三河船帮"的"定案"名称，也并不限制泸州船户再向地方政府呈请"立帮"。嘉庆八年（1803）以降，在"三河船帮"之外，仍有更多其他船帮的名称并列于巴县档案公文书。道光二十五年（1845）地方政府颁发的公文书，在"大河帮"项下，即再开列"嘉定帮、叙府帮、金堂帮、泸富帮、合江帮、江津帮、綦江帮、长宁帮、犍富盐帮"等船帮名称；"下河帮"项下，也列有"长涪帮、忠丰帮、夔丰帮、宜昌帮、辰帮、宝庆帮、湘乡帮"等船帮；"小河帮"项下，则列出"长庆帮、兴顺帮、顺庆帮、中江—绵州帮、遂宁帮、合州帮"等船帮。[34] 可见"三河船帮"是个大分类，其下分别再有不同的船帮名称；而由这些船帮多以地域命名推测，这些船运业者可能也以"籍贯"这个社会性因素作为区分他者与我者认同的主要判准。

另外，船帮分类也涉及经济性因素。如在清嘉庆九年（1804）的一份所谓《八省局绅公议大河帮差务条规》上，[35] 不仅列出嘉定帮、叙府帮、金堂帮等十六个不同船帮的名称，每个船帮项下还列出主要装货种类，如"犍富盐帮"即是以"籍贯"加上"盐"这项商品为船帮名称；而"嘉定帮、叙府帮、金堂帮、泸富帮、合江帮、江津帮、长宁帮"项下，都同时列出"棉花、杂货药材、广布、磁器"等四项主要载运货品；至于其他商帮，则并不特别标列承载商

---

[33]　清嘉庆八年四月初一《巴县告示》，收入《清代乾嘉道巴县档案选编》上册，页402。

[34]　《清代乾嘉道巴县档案选编》上册，页403–404、417–418。

[35]　《清代乾嘉道巴县档案选编》上册，页403–404。这份《八省局绅公议大河帮差务条规》的名称似乎是由《清代乾嘉道巴县档案选编》编者自行加上的。由《差务条规》的内容看来，所列帮船名称其实并不限于"大河帮"，在未见到原始档案前，对此公文名称似应存疑。

品的种类。这可反映主要承载商品种类的不同，也是船帮间相互区分的判准，这其实是种影响船帮组成的经济性因素。[36]

更值得注意的是：在上述记载船运业者"立帮、定案"诸种名称的公文书中，并非一律是以"船帮"名称划分船运业者。如在"下河帮"项下，仍有"归州峡外、归州峡内、宜昌黄陵庙"等三个船队的二百七十余艘船只，并不属于任何"船帮"，而只是各列出一名"会首"的姓名；同样的，在"小河帮"项下，也有"渠河东乡、达县"的船队只有"会首"而不称"船帮"。[37] 可见船帮并不是任意形成的，即使有政府要求船队设置"会首"的"行政与法律性"力量，也不足以让部分船运业者组成"船帮"。

由往来于重庆城的船运业者组成不同名称的船帮，以及某些只有"会首"而无"帮"名的船队情形来看，可证明"船帮"其实是一种颇为复杂的组织，影响它的既有合作分担政府和雇、差役的"行政与法律性"因素，也有船运业者籍贯、主要载运商品种类的"社会性"与"经济性"因素，更内含着船行路线、船只大小、船工规模乃至于航运知识差异的"技术性"因素。尽管大部分船运业者在十九世纪前期已组成了"船帮"，但仍有未形成"船帮"的船运业者。这是当时长程货运业的基本结构。

介绍了长程货运的航业结构之后，接着说明十八、十九世纪重庆航运业中的"短程货运"与"短程客运"。而依既有史料看来，短程货运业主要即指"拨船"，短程客运业则指"渡船"，以下简短做些介绍。

"拨船"也称"驳船"，主要承载短程托运货物。当长程货运船只

---

[36] 《清代乾嘉道巴县档案选编》上册，页 403–404。

[37] 《清代乾嘉道巴县档案选编》上册，页 417–418。

抵达重庆城港口附近，大船货物需由拨船装卸，才能方便地在城内码头上下货物。大约也在清嘉庆年间，于重庆城码头上下货物的拨船业者组成了一个大分类意义下的"五门拨船帮"。据道光十五年（1835）拨船业者对此段设立船帮经过的回忆，由嘉庆年间重庆地方政府命令"八省客长"协调讨论，而设置了这个所谓的"五门拨船帮"：

> 金紫、储奇、千厮、朝天、太平五门拨船，历系八省议设，立帮口，装拨客货，程规无乱。[38]

由城北往城南方向，"五门"依序指的是千厮门、朝天门、太平门、储奇门、金紫门等五处码头。这些"五门"拨船业者所说的"程规"，其实并不只涉及上段引文提及的拨船业者在航运市场上承载"客货"的商业行为，也包括为政府提供"差役"和"和雇"的服务。如同年一份《五门拨船帮出船应办差务单》，即列举了此船帮承担的八项"差役"和"和雇"内容。如其中第七项即是"五门造有拨船四只，在江北停靠，日夜听差不离，一切差务并不领价"，第五项则是"渝城江北文武上下衙门，日行过江差事"，前项已明白宣示"不领价"，算是"差役"，后项则可能也无法向那些渡江往来巴县、江北厅的文武官员"领价"。但第二项所列"铜铅打捞"则应是可领取工价的"和雇"。[39] 这些当然是影响船帮设立的"行政与法律性"因素。

但与"三河船帮"的远程船运业结构类似，"五门拨船帮"项下，仍可再区分为不同的船帮。如太平门驳船业者有"磁器帮"，

---

[38] 《清代乾嘉道巴县档案选编》上册，页414。

[39] 《清代乾嘉道巴县档案选编》上册，页414。

储奇门驳船业者也区分为"嘉定拨船帮"、"湘乡帮"（又称"天湘帮"）、"宝（庆）帮"。[40] 这里依然可同时看到政府和雇、差役等"行政与法律性"因素、籍贯等"社会性"因素，以及主要承运的商货等"经济性"因素对"船帮"分类与船运业者彼此认同的影响。下节对拨船的业务与纠纷有较多分析，此处不再多述。

"渡船"主要经营短程客运。外来客商或重庆城商铺的店伙经常出入于重庆城与附近市集间，而重庆城居民与府属各县乡村居民也常进出于重庆城与附近市集，特别是贩米乡民更常搭乘渡船，时人对此有所描写："或商或佃，以溯以沿，物土于乡，货贸于市，惟舟之渡，利涉攸往，至于乡里，以米为货，易其所无者，肩云蹄雾，登岸问津，故渡口为聚米之场。"[41] 这些都为短程交通航运业提供了需求，使渡船业有较好的发展空间。往来于重庆城及近郊市集乡村的外来商贾更是渡船业的重要主顾，如道光元年巴县颁布的一份公文即指出："渝城系三江总汇，上通云南、贵州，下通湖广、陕西，每日经过客商，络绎不绝。"[42] 正形容了当时客商云集让重庆周遭的"三河渡船"业者有很好的短程航运商机。

以渡船聚集的渡口数来看，乾隆《巴县志》将重庆城附近较有名的渡口区分为"岷江上游"十八个渡口、"嘉陵江上游"十六个渡口及"大江下游"九个渡口。[43] 这些渡口聚集着经营短程客运的渡船，既为来往客商提供运输服务，也使重庆城郊与府属乡村的居民都成为渡船业者赖以赚取摆渡船资的顾客群。如谓："龙门浩上下两

---

[40] 《清代乾嘉道巴县档案选编》上册，页409–412。

[41] 乾隆《巴县志》，卷2，《津梁·津渡》，页43下。

[42] 《清代乾嘉道巴县档案选编》上册，页409。

[43] 乾隆《巴县志》，卷2，《津梁·津渡》，页41上–43上。

渡，乃渝东居民往来之要道。"[44] 再如江北厅附近的市集"洛场"，也是当地民众往来的重要的地方性小市场，清乾隆二十八年（1763）江北厅地方官在一份告示中也提及："濠洛场，场地逼河干，所有渡口，往来繁多。"[45] 可见本地居民与外来客商都为地近重庆城、经营短程客运的渡船业者带来了载运商机。

当时重庆城的渡船也有大、小之分。而由于夏秋之交水流湍急等季节变动与水文条件因素，加上不肖渡船业者为了多载或强截渡客搭乘，因而常发生翻船或乘客落水等意外。为加强渡船管理以保障乘客安全，巴县知县于道光元年规定渡船的合法搭载人数："自九月初一日起，至三月底，春冬水平，每大船装载十人，小船装载六人。自四月初一日起，至八月底止，夏秋水涨，每大船装载六人，小船装四人。"同时对船资收费标准制做了规定："大河宽阔，水大时，每人取渡钱五文；水小时，每人取渡钱三文。骑马者，水大时，每骑取渡钱十五文；水小时，每骑取渡钱九文。坐轿者，水大时，每轿取渡钱十五文；水小时，每轿取渡钱九文。小河狭窄，水大时，每人取渡钱三文；水小时，每人取渡钱二文。骑马者，水大时，每骑取渡钱九文；水小时，每骑取渡钱六文。坐轿者，水大时，每轿取渡钱九文；水小时，每轿取渡钱六文。挑担之人，不论水大水小，

---

[44]　《清代乾嘉道巴县档案选编》上册，页 401。巴县档案此份文件将"浩"作"皓"，恐为字误。重庆本地人称小港湾为"浩"，如王士祯对"龙门浩"做过解释："操小舟由龙门登岸。龙门者，江滨积石，中断如门，俗谓龙门浩。巴人谓小港为浩。"（王士祯，清康熙十一年，《蜀道驿程记》，收入乾隆《巴县志》，卷 12，《艺文·记一》，页 68 下）"龙门浩"位于重庆城南太平门码头对岸，属于巴县"廉里七甲"，乾隆《巴县志》记此渡口有"渡船七"（乾隆《巴县志》，卷 2，《津梁·津渡》，页 41 下），不过方志中所记"渡船七"应非实际渡船数目，而应只是官方有案可查的登记数，实际营运渡船应不止此数。

[45]　《清代乾嘉道巴县档案选编》上册，页 401。

止取人夫渡钱，不取货担。通往官员，不取钱文。"[46] 官方的规定虽很仔细，但渡船业者的遵行效果如何，仍得另行考察。至于官员免费乘坐渡船的规定，则涉及当时官府与重庆船运业者间的和雇及差役等法令规定的变化过程，下文将再做分析。

官府对不同渡口的渡船搭载乘客的区别标准，也有些许不同，这应与各地木船的结构有关。如道光元年（1821）九月十一日，巴县知县颁布的另一份规定，即针对木船形制订立了不同渡船的载客数目与船资收费标准："大篷船每只挠（桡）夫、水手五六名者，准载十六人；小篷船每只挠夫、水手三四名者，准载十二人。水大时，每人取船钱二十文；水小时，每人取船钱十六文。"在这份告示中，政府还严格区别了客运木船与货运木船的不同："装载米石船只，不准载人。"[47]

无论是长程货运、短程货运还是短程客运，都可见证十八、十九世纪重庆航运业的发展，这不仅是当时全国市场发展过程中的有机一环，也促使了各类商船团体的分化与整合。而重庆城船运业存在许多不同的"船帮"名称，真实地反映了货运业结构中涉及技术、经济、社会与法律因素的复杂作用。船运业者与不同船帮间，有合作也有竞争，连带出现了许多不同的船运纠纷。下节将区别船运纠纷的类型，借以分析船运业者如何在既有经济制度与法律规范下经营船运业务。

[46]《清代乾嘉道巴县档案选编》上册，页409。

[47]《清代乾嘉道巴县档案选编》上册，页409。

第二节　船运纠纷的类型及其调解、审理过程

清代前期重庆城船运纠纷的部分内容保存于"巴县档案"内。这批涉及司法诉讼的档案文书，不只反映了长江上游运输业的成长与变动，也呈现了当时包含"板主"（即船户老板）、"船工"（即船舶水手）乃至托运商人、船厂老板等人物在内的各种民间业者究竟如何建立各式商业契约，以及如何制订各种"帮规、程规、条规、旧规"。各式各样的契约与帮规，既受市场力量的调整与冲击，也受社会势力与司法运作的影响，有时固然可得到社会与法律力量的背书，有时则未能得到政府官员的支持，这些复杂现象都具体反映在各类船运纠纷所引发的诉讼案件中。本节将区分船运纠纷的类型，并分析船运纠纷的调解方式与审理方式。

长程货运、短程货运与短程客运因为船运经营的业务性质有别，发生船运纠纷的主要类别也有差异。大致而论，长程货运业的船运纠纷，主要涉及业者协议如何共同承担政府和雇与差役事务、船户盗卖客商托运货品的讼案、船户承揽的货品于运送途中受损时的赔偿纠纷、船工向船户或客商索取应得工资的冲突等。短程货运的主要船运纠纷，一是业者成员共同对外抢占市场的冲突，二是业者成员内部分配营运利益的争议。短程客运纠纷则集中表现在抢占市场的冲突上。以下即按长程货运、短程货运与短程客运三大类依序讨论。

（一）长程货运业的船运纠纷：和雇与差役类

先谈长程货运业的船运纠纷。由笔者目前所见的巴县档案相关内容看来，重庆城长程货运业的主要船运纠纷约有四项：一是业者协议承担政府和雇与差役事务的纠纷与陈情，二是船户盗卖客商托

运货品的讼案，三是托运货品受到损害时船户与客商分别承担过失责任的争议，四是船工向船户、客商索取工资的冲突。为节省篇幅，这里将第一项与后三项纠纷分为两类，并依序做说明。

第一类长程货运业的常见纠纷，发生在业者共同应付政府要求和雇与征调差役等事务的协议及冲突过程中。随着清代前期全国市场的扩张带动了重庆城船运业的发展，民间船运业者的数目不仅愈来愈多，民间船户的航运能力也稳定地成长，甚至是航行途中某些交易安全问题也能由民间船户自行协调解决；乾隆年间重庆地方官正式提请上级长官核可，废除原有的"船行"与"埠头"制度，[48] 地方政府宣布不再通过船行、埠头等人物对民间船户进行管控。

此后，重庆地方官员愈来愈依赖民间航运市场，官员也像当时客商一样到船运市场雇募商船，政府租用商船的行为即称为"和雇"。只是，政府官员毕竟仍然有别于客商，因为手握军政与司法大权，官员和雇商船时，也不乏利用各种堂皇的理由破坏航运市场供需机制的事例。特别是当中央政府调动军队应付地方动乱，以及各级大官过境出巡，都常于和雇招募商船时，发生不依市价全额给付、拖欠运费，甚或是蓄意无偿征调民船等种种不法情事。愈到清代中叶，地方政府以此种特权干扰船运市场的现象便愈加严重；特别是自嘉庆初年白莲教起事以降，四川成为清廷与白莲教众争夺的战场，非常时期，政府不依和雇规定给付船价而无偿征调民船的概率愈来愈高。职此之故，民间商船乃逐渐联合起来，以应付这个商业经营危机，嘉庆八年正式出现了所谓"三河船帮"的"定案"。

三河船帮在嘉庆八年向政府"立帮、定案"，并在嘉庆九年（1804）由众多经营长程货运的船帮共同议决了一份《差务章程清单》。

---

[48]　乾隆《巴县志》，卷3，《赋役志·课税》，页43上–43下。

这份章程的主要精神，即由船户按进入重庆码头的运货船只的载货量大小，预先缴纳运费公基金，当政府迟付、少付乃至不付雇用商船的运费时，这笔公基金便能发挥用处，以补贴被征募的商船业者的损失；如若公基金不敷使用，则再向进港装卸货物的商船抽取捐款，"如遇兵差，再行酌量照船议加收取"。而平常如何管理这笔公基金，《差务章程清单》也做了仔细规定：船帮"会首，每年三月十五日更换，进出银钱账目，每帮经管三个月，凭众清算，上交下接"。[49]

　　嘉庆九年的《差务章程清单》，应是自此前众多因承运政府和雇事例而引发船运纠纷的处理经验而总结出来的内容。这份章程不仅是船帮共同议定的行业业规，也是得到地方政府正式核可的"立案"文字，具有一定程度的法令效果。如嘉庆十三年（1808）江津船帮会首简明等人在一份诉讼文书上写道：

> 蚁等均系架船生理，因苗匪作乱，（缺一字）差浩繁，需用船只，苦乐不均，纷纷具控，荷蒙代办。府英祖札饬前恩葛主，谕令蚁等设帮分认（缺两字），以专责成，俾船户苦乐均平，每年一更，兵房有案可查。[50]

　　这段诉讼文字不仅说明了"苗匪作乱"是这些船户成立船帮的重要背景，也证明了当时船户彼此协议"苦乐均平，每年一更"的承运办法，确实是"兵房有案可查"、得到地方官核可的章程。这个章程的实际运作效力，既受限于当时地方官支付和雇运价的个人道德操守与地方政府财力，也取决于船户共同遵守诸如依照自身拥有

[49]　《清代乾嘉道巴县档案选编》上册，页 402–403。

[50]　四川省档案馆藏"巴县档案微卷"，嘉庆朝，6：511。

船只的大小抽捐公基金的共同意愿；而当时管理抽捐公基金的船帮"会首"是否具有与官员、吏胥周旋的较好能力，这些因素也都会影响船户议定的承担和雇与征调船运章程的运作效力。会首当然不见得经常有此能力，而地方官员也不一定都能兼具能力与操守，因而政府和雇与征调船运业者时，便经常引发种种问题，形成当时长程货运业者经常碰到的一类船运纠纷。

道光二十五年（1845）四月二十八日，由重庆城经营各类贸易的客商所公推的"八省客长"，在代"小河船帮会首"向地方官呈递陈情"禀状"时，即对上述由政府雇调商船所引起的船运纠纷有很具体的描写："渝城水次码头，商贾货物，上下往来，络绎不绝，均需船载。每逢省大宪按临，军重需务，封条一发，河下纷纷，无论商船已雇、未雇，上载、未上，藉端需索难堪。"[51] 然而，笔者要特别指出：这种官员、胥吏与军队胡乱给商船贴"封条"的行为，应非康熙、雍正、乾隆年间的常态，而其实是嘉庆年间地方动乱加剧之后的政府弊政。无论如何，为应付嘉庆初年以后地方政府变质的"和雇"、差役乃至于公然勒索，重庆城船帮与客商都有创设抽捐设置公基金以应付乱局与弊政的共同需要。在这份道光二十五年八省客长代小河船帮呈递的禀状上，船户们交代了嘉庆八年（1803）"三河船帮"成立的历史："公议大、小、下三河船帮，各举会首，应办各差，每船抽取厘金，存作办差公费，免致临差贻累商船。"[52] 在这份禀状中，还可看到道光十五年一份船户提出的改革章程的简要内容，三河船帮中"小河帮"项下的四帮船户（"小河四帮"），曾修订章程，要求政府更清楚地划分"差役"与"和雇"的界限，试图减

[51]　《清代乾嘉道巴县档案选编》上册，页416。

[52]　《清代乾嘉道巴县档案选编》上册，页416。

少政府与军队积欠运价不还的危害：

> 小河四帮船户会首禀请：凡遇迎接各大宪，以及军务大差，自甘雇备船只当差。其余一切杂差，仍前平雇，庶船户累轻，商民永安。[53]

所谓的"仍前平雇"，指的是政府该照昔日清平时局和其他托运客商一样付清运费。这份道光十五年的改革章程得到四川总督的核可，并且"发司、道、府行辕，遵照办理"。[54]

然而，要地方政府按市场运价和雇或"平雇"商船，在清代中叶战争与动乱频仍的大环境下，似已愈来愈难。道光二十五年（1845）五月二十二日，巴县知县在接受"小河帮"船户禀状的陈情后，颁布了一份告示，其内容即提及当时船帮捐款的内幕。内情大致如下：小河帮"会首"李廷太、杨文楷、石龙元、刘文发等四人，向巴县知县指责"小河帮"内部有"四帮"船户不按规定缴纳捐款。巴县知县即将禀状委请"八省客长"洪豫章等人调查所叙内容是否属实。小河帮会首的陈情内容道出了小河帮的捐款历程与纠纷："嘉庆八年，八省客长议举三河船帮会首，应办差徭，经理客货，禀请督宪批准立案"，捐款办法为"有船抵渝，抽取厘金一次，以作办差之费"；但年久生变，"今数十载，连年兵差杂务，三河（船帮）负账数千金，揸利未赏。近因年久，渠、保、遂、合四帮船户，前遵后违，难归划一。诚恐差临有误，只得恳恩赏委八省客长酌议章程，差务有着，庶无违误"。[55] 所谓的"三河负账数千金"，当然是与政

---

[53] 《清代乾嘉道巴县档案选编》上册，页416。

[54] 《清代乾嘉道巴县档案选编》上册，页416。

[55] 《清代乾嘉道巴县档案选编》上册，页417。

府"揩利未赏"的赖账行为大有关联，而"渠、保、遂、合四帮船户"（即前文提及的"渠河东乡、达县会首""遂宁帮、合州帮"，以及似属新出的保宁府船户）之所以不愿继续按规定捐款，则应可视为船运业者对地方政府长期"和雇"不付船价的一种抗议与抵制。

值得注意的是，拒缴捐款的抵制行为，似乎并非只有"小河四帮"船户，八省客长在调查报告上即写道："惟年年兵务、大差冗繁，虽抽取厘金支应，各帮犹负多金未填。"[56] 看来，长程航运业的船商在政府经年积欠运价的情形下，只好选择暗中抵制船帮协议捐纳公基金的既有"帮规"，这应是当时的实情。要之，这类肇因政府和雇与差役的船运纠纷，正反映了十九世纪初年之后重庆长程货运的船运业者已面临愈来愈恶化的经商环境。此时，地方官的操守与能力，更加成为影响当地船运业经营的重要制度条件。

（二）长程货运业的船运纠纷：盗卖托运商货、过失责任赔偿与工资争议类

第二类长程货运业船运纠纷，可区分为三种不同的争议事由：船户盗卖客商托运的商货、船户托运货品遭逢意外损失时的责任归属与赔偿方式，以及船工水手向船户与客商索讨应得工资。

先谈由船户盗卖承运商货所引起的船运纠纷。由现存"巴县档案"资料看来，客商无须派人押船，在当时往来重庆城的长程货运中，是颇常见的情形。如清嘉庆二十三年（1818）十月，在四川射洪县经营盐业的商人邓兴发，向巴县衙门递呈诉状控告船户江道俸盗卖自己托运的商货。邓兴发在巴县法庭上说道：自己籍隶射洪县，"在（射洪县）治地，凭萧一品，得写江道俸的船只，载装煤炭，仍

---

[56]《清代乾嘉道巴县档案选编》上册，页417。

在射洪地方发卖，议明水脚钱三十七千文，都付给了，小的并无人在船上押载"。[57] 这段口供显示射洪县的牙行制度确与巴县不同，仍依《大清律例·私充牙行埠头》的规定设置"船行"与"埠头"，故而邓兴发提及他在射洪县"凭萧一品"得写"江道俸的船只"，萧一品即是船行埠头，而江道俸即是往来嘉陵江的船户。至于邓兴发口供提及"小的并无人在船上押载"，则明白显示他不仅先将运费"都付给了"船户江道俸，且在从重庆城购买煤斤运回射洪县的旅途中也未派店伙跟随。

　　在这件案子里，托运商人不派店伙随船押送的行为，似乎触发了船户江道俸的盗卖犯行，至少江道俸的口供确实出现如此说辞：运煤途中，由于自己"往日贫苦，负欠重账无还，（邓）兴发他又无人在船经理，就起意把他煤炭私卖，是实。不料被兴发往返查知，来案具控"。江道俸在巴县法庭上表现了悔改与赔偿的诚意："今蒙审讯，沐把小的锁押，卖船缴还邓兴发的水脚（钱），并炭价钱文，结案。小的遵谕，卖船缴还，只求宽限就是。"[58] 江道俸盗卖邓兴发托运的商货，巴县知县判决他赔偿，但看来被告已是"负欠重账无还"，既无现金可偿，原告邓兴发乃获判取得日后江道俸"卖船缴还"的款项。

　　盗卖承运商货是明显的犯行，然而，未将托运商品运抵目的地，即要求托运者付清运价，这种长程货运纠纷便较为复杂。有时，相关讼案还在承运者与托运者双方外，另外牵连出造船厂老板等第三人，这类涉及承运契约的船运纠纷便较为曲折。

　　清嘉庆二十四年（1819）六月二十九日，在江北厅开设造船厂

---

[57]《清代乾嘉道巴县档案选编》上册，页421。

[58]《清代乾嘉道巴县档案选编》上册，页421。

的杨耕万,[59]控告在巴县经营"万顺魁"商铺的湖北商人朱万顺。[60]
起因是船户张仕朝向杨耕万订购了一艘"桡摆船",当时双方以
"议价钱三十五千,当收钱五千"的船价,签订了卖船契约。签约
时,张仕朝因现金不足而向杨耕万表明自己已承揽"万顺魁"托
运至湖北的"米一百石"与"银篓一个",他希望等"万顺魁"商
铺付清"装载足兑船价"后,即马上偿还船价余款;杨耕万同意
此议,乃在船价未清偿的情况下让张仕朝开走卖出船只。[61]然而,
与此同时,"万顺魁"与船户张仕朝间的承运契约却发生问题。原
本承运契约规定商人只需先付部分运价:"议水脚钱八十一千,当
付钱五十一千,下存钱三十千,付给票据,言明船过夔关始给。"
然而,张仕朝在六月二十三日派出所属船工水手开船离港后,即
于同月二十五日早晨"持票"要求"万顺魁"付清所余"下存钱
三十千"运价。托运商人朱万顺因为未确定那一百石米粮是否已安
抵湖北,乃拒绝付清运价,并要求与张仕朝一起另行搭船"一路放
船下楚",以察看粮米运送情形;结果,张仕朝当场悻悻然而去,

---

[59] 当时江北厅似是重要的造船与修船中心,辖境不仅有展现木匠技艺传统的庙宇("鲁班庙:
在金沙厢",见道光《江北厅志》,卷2,《舆地志·寺观》,页304),也有专供造船木料
的树种栽植市场,时人载有栽植黄桐树供给船厂制船的情形:"黄桐,俗呼为桐子树,结
实可榨油,土人遍山种之,以收其利。船家多用以制船,一遇价昂,利市三倍。"(道光
《江北厅志》,卷3,《食货志·物产》,页421–422)乾隆四十八年(1783)的一张巴县差
票上,开列了"江北各厂工匠头"的名色,其中即有四名"船厂头"(《清代乾嘉道巴县
档案选编》上册,页250)。而道光十六年的一份诉状,则涉及当时重庆乡民"合伙造船"
的"赚折均派"合约(《清代乾嘉道巴县档案选编》上册,页424),但未确知造船地是否
也在江北厅。

[60] "万顺魁"老板朱万顺的营业项目,即是当时作为四川输出入贸易大宗的棉、粮买卖:"民
湖北人氏,号名万顺魁,装贩棉花来治发卖,买米、携银回籍。"(《清代乾嘉道巴县档案
选编》上册,页421)

[61] 《清代乾嘉道巴县档案选编》上册,页421–422。

并且自此避不见面。[62] 如果确定粮米已安然抵达湖北，则何以张仕朝避不见面？这是启人疑窦之处，此案或者也与船户盗卖托运的商货有关，也未可知。

四天后，也就是六月二十九日，杨耕万拿着"万顺魁"付给张仕朝的"亲笔出立兑票三纸，注明兑钱三十千"，既抱怨张仕朝当时蒙骗自己未清偿船价，也控告万顺魁商号不兑现自己商铺开出的票据："既出票招兑，凉无延骗，未防伊奸，笼蚁收接伊票，乘蚁不阻，仕朝船已开去。等蚁执票向顺魁兑钱，遭伊欺蚁忠朴，支吾奸推。"杨耕万不仅表现出自己是船运纠纷中无辜受害的第三人，还将张仕朝未付清船价的事实联系到万顺魁："仕朝装万顺魁米石，蚁向仕朝追索（船价），乃万顺魁挺身招认。"[63] 这根本即是向官府捏称"万顺魁"已承诺要代张仕朝付船价，用心颇为深刻。次日即六月三十日，万顺魁老板朱万顺迅速递上禀状，禀状中的杨耕万不仅不那么"无辜"，朱万顺在点出张仕朝避不见面、杨耕万随即控告自己的这项"巧合"事实后，立即挑明指控杨、张二人根本就是同伙串通："仕朝忿恨而去，潜躲不面，复串伊腹党杨耕万，持票向民估索钱文，不依理说。"朱万顺提醒官员注意："如此恶船串勒，居心不善，难防民船中途受害。"[64] 这其实是将自己不付张仕朝运价余款而遭人控告的个案，上纲到重庆长程货运船户出现"恶船"、日后难保民间托运金钱货品不会"中途受害"的通例问题，用心也属深刻。

杨耕万与朱万顺双方的控词，都充斥着某些"阴谋论"，若谓有讼师于其间出谋划策并私下代笔作状，也不令人意外。笔者尚未见到此案的审理结果，但推测承审官员总需先查明托运船货是否已然

---

[62] 《清代乾嘉道巴县档案选编》上册，页 421-422。

[63] 《清代乾嘉道巴县档案选编》上册，页 421。

[64] 《清代乾嘉道巴县档案选编》上册，页 422。

安抵湖北。不过，在现存案例数量有限的情况下，重点其实也可放在个案所反映的"制度性事实"究竟为何。[65]

这件船厂老板与商铺客商互控的个案，不仅可见及当时运价的付款方式，更可留意其中有关商业"票据"流通效力的问题："万顺魁"开给船户张仕朝未来支付运价尾款的三张票据，是否可由张仕朝转给杨耕万来要求"万顺魁"兑清？这个票据转让第三者的商业实务问题，在当时的司法运作上如何认定其效力？这个问题并不会因为清朝没有票据立法而不实际存在于当时的经济秩序与法律规范内。在重庆城这类商业发达的城镇中，类似票据转让给第三者的问题，也已成为考验当时司法官员判案能力的法律问题。

接着讨论重庆长程货运业中存在的过失责任与损害赔偿的相关船运纠纷。乾隆五十年（1785）七月二十二日，江西商人朱元盛控告船户谢一华"恶船吞害等事"，指称东水门船户谢一华在收取运价费用后，并不依约在七月十六日开船将其于重庆采买的"笋子、红花、木耳"等山货载赴湖南湘潭交卸，反而拖拉延迟，至七月十九日夜晚"四更时分"河水急退造成船只解缆，所有船中托运货物因而都"被人抢去"。朱元盛即于事发后"忙投鸣坊长"并向巴县衙门"赴案具报"。巴县知县很快即票传被告、原告与相关证人，于七月二十五日开庭。被告谢一华供称自己无辜，纯因事发当晚"河水退销（消），把舡损坏，小的起来把缆解放，舡只下河漂流，扯不住，舡上货物都被小舡抢去"，"并非有心放舡"。[66] 由现有档案记录看来，巴县知县处理本案，着重的是追查以"裴麻子"为首的那些乘

[65]　有关在法律现象上区别"制度性事实"（institutional fact）的一些学术论述，可见：颜厥安，《规范、制度与行动》，收入颜氏著《规范、论证与行动：法认识论论文集》，台北：元照出版公司，2004，页221-227。

[66]　"清代巴县县署档案微卷"，乾隆朝，6：2998。

机抢去货物的驾"小舡"民众，并不直接审理被告是否"有心"吞取原告托运的船货，这可能是出于某种洞悉原告状词惯用"恶船吞害"这类夸大案情严重性的审案经验。在当时的法庭中，船户的无心之过基本上并不需承担赔偿责任；原告商人经常要费力地论证被告船户实属"有心吞害"。

再举一例。道光十六年（1836），商人陈荣春控告船户戴三福"盗卖"自己托运的一批运往江西吴城镇的"青豆、黑豆、冰糖、大菜"等商货，但经巴县衙门调查审理，才发现其实是承运船户在行经湖北"荆州府石首县属羊涡地方停泊"时，"陡遇风雨大作，沉溺货物"。沉货当时，船户即已向石首县报告"有案"。巴县查明戴三福"实无盗卖客货情事"后，做出判决，并要求戴三福写立一份"结状"，上面载明："蚁装运客货，自不小心防护，沐将蚁责惩，断令蚁沉溺伊货，一并免追，蚁遵断，具结备案，是实。"[67] 由这份巴县判决看来，尽管船户不够"小心防护"是事实，但官员似乎仍然认为船户"陡遇风雨大作，沉溺货物"，是无须承担过失赔偿责任的。当然，这个判决的事实基础，仍必须要有意外发生地方的官府出示"有案"可资证明的公文书才行。

如果这是当时通行的过失责任分担方式，则托运商人于商货发运过程中，便需自行承担许多风险。在未出现愿意提供船运保险商家的情形下，托运商人似也希望能以追缴给付运费的方式来处理此类过失责任赔偿的问题。道光十八年（1838）四月下旬，在重庆开设店铺的商人易三义，托杨长盛、刘玉泰、彭联升三名船户，将所购"棉花一百六十余包，稻谷六百余石"运送到四川嘉定府境，其中，杨长盛的船只"装棉花七十二包，装谷子二百零九石"。此次船

---

[67] 《清代乾嘉道巴县档案选编》上册，页 423–424。

运，托运人易三义也在船上。然而，船开离重庆港不久，因"杨长盛与驾长黎狗儿并不小心，将船擦损，全不察觉"，而托运人易三义自己也是等到船泊"黄沙溪不远新漕房"时，才惊觉杨长盛船上搭载的"棉花、谷子俱被水浸"，急忙"喊（杨）长盛提载，以顾资本"，但仍造成财货损失。在同年五月五日向巴县提呈状纸时，易三义强调自己在开船出货前，船户已经领取相当数量的运价："棉花水脚银七十余两，谷子水脚钱五百余千。"而当时双方讲明的运价为"棉花每包银五钱，谷子每石水脚钱一千文"，依此计算，船户已领得八十两棉花运价中的七十余两、六百千铜钱稻米运价中的五百余千，运价余款其实已经不多。然而，令易三义气愤与质疑的是：船户虽然已领取这么多的运价头款，但意外发生时，易三义"清查行江钱文，三船分文俱无"。他质疑船户是否根本是"有心放炮害客"，并提请承审官员能代向船户"提载追缴水脚银钱给领，以儆刁风"。[68]

　　笔者尚未读到官府对此案的判决。但由原告诉状看来，托运人易三义很可能因为知道这种"不小心，将船擦损"的航运意外事故多半无法理赔，便只能朝船户有意损害托运财货的方向做论辩，希望能借由追讨部分已支付的运价来填补自己托运商货的损失。无论官员是否接受易三义的论辩，但至少，由易三义将货船航行的意外转变为船户故意侵害托运商货的"以儆刁风"的论证手段看，船户基本上无须承担过失责任，可能是当时货运业的常态。另一份道光十三年托运商李原吉的禀状，也写明其托船户胡元由屏山县装运的姜黄"一万一千七百余斤"与"南炭一万九千余斤"，在行经巴县时"遇风搁石"，船货散落，然而，当时一批拨船业者与水摸头等救生

---

[68]　《清代乾嘉道巴县档案选编》上册，页 424。

人员，却在抢救货物的过程中，将李原吉托运的商货"搂卷一空"。
李原吉向巴县抱怨当地拨船业者"每遇客船有失，搂卷客货"，进
而控告当时假借救货而行抢掠之实的船户。[69] 提控这个案子的原告，
是托运商李原吉，而非承运船户胡元，由此看来，也可更加清楚这
类"遇风搁石"的船运意外所造成的财货损失，其过失责任多半由
托运人自行承担，这或许是因为当时官府与商人都接受了托运人要
比承运人更有能力承担风险的假定。

　　最后一项长程货运业船运纠纷，则发生于船工水手、船商与客
商之间，主因是船户、客商与船工、水手间因为工资纠纷而互相控
告。嘉庆十五年（1810）四月三十日，有船工萧茂金控告盐船帮船
主黄万年，状词指称："盐船帮原有程规，凡船主请成帮工，不得悔
退，倘有违规，请明复退，仍给身工钱文，不意（黄）万年违乱船
规，陷蚁等待数日，伊竟另情帮工。"[70] 这是船工依据业内雇用船工
的"程规"而控告船主不发给"身工钱文"的事例。所谓的"身工
钱文"，似是当时重庆长程货运业的船工水手间逐渐发展出来的一种
争取工资待遇的制度，这个工资制度和船工的互助与宗教组织有密
切关系，并成为一种能对船主甚或托运商造成一定影响力的"程规"
内容。有时双方因对"程规"的合理运作方式有不同认知而引发冲
突与讼案，由后人角度看，这其实也是船工向船户甚或是经常往来
托运的商人要求增加工资的船运纠纷。

　　如道光元年（1821）在重庆城与陕西略阳县同时开设店铺的商
人赖豫泰，即因不愿再向经常托运的船户所属的船工多付金钱，而
被船工金朝相状告至巴县衙门。被告赖豫泰常雇船装货来往于重

---

[69]《清代乾嘉道巴县档案选编》上册，页423。

[70]《清代乾嘉道巴县档案选编》上册，页406。

庆与陕西略阳县间，他在诉状中反控道："川北、略阳，一江上通，陕、甘客号在渝贸易者，其货物向皆以船装运略阳（县）卸发。近因略阳船夫在略阳修庙，名曰搭包会馆，实为陷客局地，稍不顺意，在彼辄鸣锣纠众千余人。始则仅估船户，今则并估客人。合帮无奈，是以公议蚁等在广元县，坐店收发货物。"[71] 为抗拒船工在陕西略阳县向船户与客商收取"修庙"经费，以赖豫泰为首的一批经常托运船户载货往来于陕西、甘肃与四川间的商铺老板，决定另在嘉陵江上游、四川北部的广元县，"坐店收发货物"，这似乎是陕、甘客商与船户在广元县集会重新谈判运价与船工工资的集体议价行为。看来，针对船工"始则仅估船户，今则并估客人"的要求增加工资的行径，客商与船户连手进行反击。船工与船户、客商间的劳雇争议，正反映了当时一种主要的船运纠纷类型。

根据赖豫泰的说辞，这些要求加收"修庙"经费的船工，早于道光元年五月间，即在货船行经重庆府江北厅辖境的香国寺沿岸时，由船工朱老满等"率领多人，将船阻靠，索要略阳会银"。商铺因而联合船户向江北厅提出控告，五月二十九日开庭后，江北厅理民同知断令："将朱老满掌责，其余（船工），令取保具结，不许勒取广元船会银资。"没想到，接获判决后，金朝相等船工又转向巴县知县提出控诉。赖豫泰在诉状中强调：商人与船户不愿向船工缴交"修庙"或是其他额外金钱，是因"广元距略（阳），地属两省，路隔千余（里）。今船货至广元卸交，何得出会银！况伊之庙，早已工竣，利有余金，尚在勒取，不知作何支用。窥其聚众估客之势，实为寒心。为此缕悉诉明，恳祈作主讯究"。[72]

---

[71] 《清代乾嘉道巴县档案选编》上册，页 408。选编者于原文排印时断句可能有误，笔者于此重新校点了赖豫泰诉状的部分原文。

[72] 《清代乾嘉道巴县档案选编》上册，页 408。

只是，若照原告船工的说法，则他们索取的其实只是"身工银两"，而不是"修庙"经费。金朝相在状词中向巴县知县讲述了自己这些"拉船人"的历史："蚁等均系河下拉船活生，自乾隆年间，前有拉船人等，积有银两，置买关山，凡遇老弱无力，在庙供食，病毙者给棺安埋，历今年久无恙。因略阳（县）、朝天（关）、广元（县）三处帮口，议有身工银两，自渝开船，至略阳、朝天、广元三处，议身工银二两四钱。"这才是"身工银"这项"程规"的由来。至于修庙一事，金朝相强调那是年前略阳县境的王爷庙遭遇洪水"将庙淹倒漂去"，工作地点分布在沿嘉陵江的陕西略阳县、四川朝天关与四川广元县的这群船工们，乃"共议"同出"厘金银"修庙，这笔修庙款项，"未派板主及客分厘"，表明船工修庙并未强迫船户（"板主"）与托运商（"客"）出钱。金朝相呈递的这份状词所再现的事实真相是：道光元年五月间船户杜文贵承运商货由广元开船往重庆行驶之际，杜文贵竟然听从"不法讼棍赖裕泰，与充当老官庙会首邹代板"两人的主使，"不将弟兄身价银二两四钱给发，反以钱五百文交给，以致弟兄投向蚁等理说"，船工原告要求巴县知县协助让船户"将银给领"。[73]

虽然"讼棍"各有潜藏本领，也不一定都易被抓获，但至少以本案而论，那位被船工指控为"不法讼棍"的"赖裕泰"是否即是那位开设店铺的被告"赖豫泰"，巴县知县只要派人调查该名被告的店铺究竟开设何处，仍可大致知晓实情。只是，究竟船户该不该付给船工每人二两四钱的"身工银两"？船工制定"身工银两"的这类"程规"或"帮规"，到底该不该获得政府承认？若船户不愿支付，则政府又该站在劳方或资方的哪一边？史料有阙，这些都仍待

---

[73] 《清代乾嘉道巴县档案选编》上册，页407。

考。但无论如何，不只船户需决定是否支付给船工"身工银两"，重庆官员及其聘请的刑名幕友在这类船运纠纷与讼案中，也都要被迫思考船工"程规"到底能具备多少正当性或合法性。

（三）短程货运与短程客运业的船运纠纷

除了长程货运纠纷外，还有短程货运与短程客运方面的纠纷。这里先讨论短程货运的两种纠纷：一是业者成员对外抢占市场的冲突，二是业者成员对内分配营运利益的争议。

拨船业经营重庆城各处水运码头的短程货运，原先已因为业者的籍贯、承运商货种类等因素而出现了各类船帮。然而，和长程货运业的情况类似，受到清廷动员民间船只运输军队人员与军需物资以对抗白莲教起事的影响，嘉庆初年，在重庆城八省客长的居间协商下，重庆城的拨船业者也组成了"五门拨船帮"，将千斯门、朝天门、太平门、储奇门、金紫门等五处码头的拨船业者编成一个可以共同协议提供给政府和雇与差役性质的航运服务的团体组织。

为避免过多的无偿差役妨碍自身成员的营业，"五门拨船帮"努力将政府付钱"和雇"与无偿征调"差役"间的界限划得更明确。道光十五年（1835）由巴县衙门颁布的《五门拨船帮出船应办差务单》即可谓为拨船业者这方面的努力，在八条内容中，第二条"铜铅打捞"应是可以领价的"和雇"，而第七条"五门造有拨船四只，在江北停靠，日夜听差不离。一切差务并不领价"，则已注明是不能领价的"差役"。[74] 综合看来，拨船业者提供给官府的无偿船运服务，虽然有短期损失，但长期而言，则仍可能方便拨船业内部议定的"帮规"等既有经营习惯得到官府更大的合法性支撑，在划分拨

---

[74] 《清代乾嘉道巴县档案选编》上册，页414。

船的经营地盘上，也可能使政府较易谅解与支持。这是地方政府处理拨船业航运纠纷的重要制度性背景。

　　首先谈因拨船业者对外抢占市场而出现的第一种船运纠纷。"五门拨船帮"其实是协商如何提供政府和雇与差役的团体，拨船业者内部同时另有联系更紧密的不同船帮组织存在。有时候，拨船业不同船帮间会产生严重的争占营业地盘的冲突，特别是距离较近的码头区，更容易致使拨船业者的竞争白热化。如道光十二年（1832）六月间，储奇门码头拨船户李顺彩等人，即控告经营太平门拨船码头的邓万海、邓永林跑到储奇门码头抢生意。在控词中，可以得见当时重庆拨船业的营业习惯："渝城五门拨船，历有旧规，拨运客货，以客发票为凭，接票拨送。未接发票，不持强霸争，章程久定，并无紊乱。"[75]这是一件争占营业地盘的船运纠纷。

　　李顺彩其实并未立即将这件船运纠纷呈控到官府，而是连续两次将邓万海争占市场的委曲提至"五门拨船帮"要求协调解决。第一次是邓万海"霸装"李顺彩等人长久经营的位于储奇门码头的"云太（泰）站（栈）房客货"，第二次则是邓万海竟然将李顺彩等人"已接西昌店红花十五包、钱二包，发票蚁等放船往拨"的生意，"估夺发票，将货（搬）过伊船，霸装去讫"。第一次冲突似乎暂时成功调解："经凭五门拨船，讲理众剖，嗣后，仍照旧规，接票装拨，无票不得强争。"但没多久又发生第二次冲突，虽经主持"五门拨船帮"的萧洪泰、周兴举、王正雄"三次理剖"，但"万海等横恶乱规，不遵众剖"。李顺彩只得到官府，控告邓万海"估装客货，使恃逞凶，总称打杀，众畏不管，蚁等苦贸被夺，绝路难生，情急无奈，叩恩作主，赏准讯究"，这是篇设计巧思的诉状，特别是结

---

[75]《清代乾嘉道巴县档案选编》上册，页409–410。

语部分正好配合了控词前段对邓万海其实不乏资财的描写："邓万海等，系买拨船生意，并非下苦之人，仗恃豪强，斯（欺）压蚁等朴懦。"[76] 这样的讼状，当然也难免不出自当地讼师之手。

对比邓万海诉状所提出的另外版本的故事情节，可得知此次船运纠纷的大致原委。邓万海、邓永林叔侄本即在太平门码头经营"拨装叙帮各行栈客货"，等于是专门承揽长程货运业的"叙府帮"的船只在重庆太平门码头靠岸时的装卸商货业务。道光五年（1825）四月与十月，邓万海、邓永林买下太平门码头附近两笔地产、铺面及徐恒吉、周应龙两位卖出的"拨船生意"。太平门本即是重庆城的大码头，邓万海在购入更多太平门码头地段的"拨船生意"后，业务自然扩充不少，并开始延伸到西侧的储奇门码头区。在邓万海的诉状中，特别附上了《徐恒吉卖约》《周应龙卖约》，也是想证明自己广大的码头经营范围都是有凭有据的。有趣的是，邓万海在诉状中不仅未承认原告李顺彩的指控，反而说是李顺彩"仗恃府辕快头，欺压黎民"，"强霸蚁等叙帮云太（泰）、西昌、吉叙三栈红花、山货等项拨装，绝害蚁等衣食"，[77] 这是在指控李顺彩勾结重庆府胥吏欺压良民，也是当时容易勾起承审官员注意的指控点。看来李顺彩与邓万海之间，也不是只有一方抢占、一方被占而已，双方其实都曾"霸装"，只不过两方人马对地盘所属问题有不同认知而已。

巴县知县先将此次纠纷发交太平门、储奇门"厢长"及"五门拨船帮"会首进行调查与调解，之后，官员据以做出两项主要裁定：一是"云泰栈红花，归储奇门拨运；西昌、吉叙两栈，归太平门拨运。日后不得争论滋事"；二是"如云泰栈客移寓西昌、吉叙两栈，

---

[76]《清代乾嘉道巴县档案选编》上册，页409–410。

[77]《清代乾嘉道巴县档案选编》上册，页410。

红花仍归储奇门拨运；其西昌、吉叙两栈客移寓云泰栈，红花仍归太平门拨运"。[78]云泰、西昌、吉叙等栈房，应该是经营仓储与旅馆的业者，而"栈客"则是支付运费给长程货运船只输送商货的客商，长程货运船户运送货品到重庆港，"栈客"出钱雇请拨船、将货品存入栈房，这是当时码头营运的常态。巴县的第一条裁定内容，是属于静态的分割市场方式，看来云泰栈地近储奇门，而西昌、吉叙两栈地处太平门，巴县判定的是：只要货物由云泰栈进出，便由储奇门的拨船装卸；而由另两栈进出，便由太平门的拨船帮装卸。麻烦的是第二条，这是属于动态的市场分割方式，在巴县的裁定下，无论"云泰栈客"或"西昌、吉叙两栈客"这些客商本人如何改换暂居的旅馆，也不影响"红花"这些当时船运商品大宗的装卸业者，后者依然由进出商货的货栈所在地决定。第二项裁定，似乎剥夺了客商选择拨船业者的权利。这也等于是官府正式承认拨船业者的营业地盘，不容客商选择。在此情形下，前述拨船业的营业旧规"仍照旧规，接票装拨，无票不得强争"，其中的"票"便徒具形式，因为只要船进入特定港口，便有特定的拨船业者承揽装卸业务，作为商货所有者的客商想要拿"票"给不同的拨船者，是不太容易的。巴县知县的判决，等于是更强化了这项拨船业"旧规"的特定运作方式。

前述《徐恒吉卖约》《周应龙卖约》的内容，很可说明"旧规"与"契约"在地方政府的司法运作中内容相互结合、效力彼此加强的过程。《徐恒吉卖约》订于道光五年（1825）四月二日，徐恒吉在这份出卖契约开头即写有"立出卖磁器帮驳船生意人徐恒吉"，文中则写明出卖经过："徐姓因生意无人经理，自行请凭中证说合，一并出卖于邓万海、邓永宁叔侄名下，出银承买"，"自卖之后，任从买

---

[78]　《清代乾嘉道巴县档案选编》上册，页410。

主仍然老薄（疑为'簿'之误字）旧规拨运，徐姓不得异言阻滞"，"恐口无凭，立出卖约为券"。契约最后还添加了一段文字："其生意，照老约十年，听凭原业主张、谭二姓，照价赎取，不异言。"[79]可见徐恒吉卖的这份"磁器帮驳船生意"，原本是"原业主张、谭二姓"典卖的，两名原业主仍保有"照价赎取"的权利。这份契约清楚地提及买主可以按照拨船帮的"旧规拨运"经营。

而在道光五年（1825）十月二十九日《周应龙卖约》中，邓永林以"时值九五色银一百七两正"向周应龙买下太平门码头的一段地区，这份"卖约"开头也清楚写着"立出分卖拨船生意文约人周应龙，今将上年得买太平门外大码头彭姓之全股生意，摘出叙府帮铜、铅、干货等项，凭中张春和、李清凤、周悦顺三人作中，出卖与邓永林名下，承领拨运客货"，文末写道："今恐无凭，立此分卖拨船生意文约一纸为据。"[80]这也是买卖"拨船生意"的契约，文末还有两段加注批文，一段是"石硅铅，归周姓拨。叙府上坡铅，归邓姓拨。此批"，另一段批文则加于契约外面，写着"大小夫差门面差事，周、邓二人承办"。[81]前面批文区分了周、邓二人拨运客货的地段界址与客货名色，后段则肯定是官府批示，对两名拨船业者承办差役的范围，做了清楚交代。业者区分经营地盘的"旧规"，以及民间通行的买卖"契约"，在此处做了清楚而奇特的结合。占据营业地盘的垄断性经济行为，已经成了市场上可以自由买卖、分割、转让的权利，而在这个"帮规"结合"契约"的过程中，政府"批文"关心的，则主要是差役如何由买方与卖方共同承担。

道光二十八年（1848）九月一份重庆城北面千斯门码头区的拨

---

[79]《清代乾嘉道巴县档案选编》上册，页410。

[80]《清代乾嘉道巴县档案选编》上册，页411。

[81]《清代乾嘉道巴县档案选编》上册，页411。

船业讼案，涉及拨船业的船户内部成员之间因为"伙内公共银两"
账目不清，以及内部分配装卸生意等问题而引发的纠纷。船户李裕
泰在状词中写道："千厮门码头驳船轮子，共计三十二股生意，每月
应差，装驳客货，船帮一切费用，历系公同酌议。近因生意淡泊，
补整船只，公共挪借外账银一千五百余两，合帮伙议三节抽还。惟
恃强霸恶黄化成，藉伊占生意两股，从中把持，不还外账，以致众
债逼索。今化成不惟不还众账，反亏空伙内公共银十余两、铜钱
四千文，立有字约，稳坐不耳。"[82] 由文中提及的"三十二股""两
股"等字词看来，千厮门码头的拨船业生意在当时根本已经是"股
份化"了，这种股份化的"拨船生意"不仅可以对内分配营业利益
与损失，甚至可以对外"公共挪借外账银"一千五百余两。黄化成
在千厮门码头"拨船生意"的三十二股中占了两股，而且，黄化成
在参与"公共挪借外账银"时也和其他成员一样"立有字约"答应
一起付还本息，如今却屡屡赖账不还，原告乃先"约邻杨锦堂、何
新顺等邀算"，但"化成抗不理算"，引起原告等人的公愤。表面上，
这是成员共同立约借钱而有人赖账不还的纠纷，但由状词后半部分
内容来看，这其实是一件因为业者内部"酌议拈阄，将驳船生意分
为三轮，每月每轮，应差十日，装驳客货"，但后来协议破裂而引
发的冲突，原告气愤地指出："化成霸占生意头轮，不认月小补数"，
"化成□直把持，逞凶辱骂"，故乃"扭（黄）化成赴□辕喊控，是
以补词叩究"。很清楚，这是件因为有成员不愿服从拨船业内部彼此
轮流装卸客货的"帮规"而引发的纠纷。

　　最后，对重庆城短程客运的船运纠纷做些说明。基本上，这些
纠纷主要仍是划分营业地盘所导致的冲突。如道光元年（1821）七月

---

[82]《清代乾嘉道巴县档案选编》上册，页 419。

十一日有太平渡船户涂学先等人控告玄坛庙渡口船户"胆违合约，抗差不帮"。主要案情是太平渡船户强调在嘉庆十五年间，即因为玄坛庙渡船户抢占生意，而曾在"三渡首人剖明"下达成载运协议，并且"书立合约"载明："差务仍照旧规，至船，只各靠码头生贸，不得紊乱装载。"这份合约与协调结果还得到当时巴县知县批核，"过朱息销，合约抄粘"。然而，自去年起，玄坛庙渡船户即开始破坏合约协议，太平渡船户涂学先等人乃"因差重大，被截生贸，无费难办"，希望县官"察讯严究，俾免误差"。[83] 这也同样是借着为政府提供无偿渡船差役而要求独占特定渡口渡船生意的诉讼，而巴县知县的裁定主旨是：被告"日后不得紊乱装载"，并判定原、被告双方都应"仍照前规装送，不得在码头估装"，且"不得在码头滋事"。[84] 除了渡船业者划分渡口的营业纠纷外，道光十五年（1835）七月也有渡船业"横江渡人小船"阻止"太平门码头拨船"在给孤寺一带装卸粮食的冲突，[85] 这基本上也是渡船户为保卫营业地盘而起的案例，巴县判决渡船户不得阻止拨船装卸粮食，法官的理由是：渡船户被告"日渡行人，并无拨船，亦无差役，今伊捏情混争，紊乱旧规，后祸难□"，渡船户王麻子等人不仅败诉，并被"掌责"。[86]

　　尽管第二个案例是渡船户败诉，而知县判决此案的重要理据是渡船户在该水域"并无拨船，亦无差役"。我们有理由怀疑：如果真有渡船户拥有拨船业的配备，则承审法官是否真能准许他们在该水域经营拨船业务？这个答案恐怕仍然是否定的，毕竟，渡船户有无承担差役才是本案裁决的关键。在此例中，"五门拨船帮"负担的

---

[83] 《清代乾嘉道巴县档案选编》上册，页 408。

[84] 《清代乾嘉道巴县档案选编》上册，页 408–409。

[85] 《清代乾嘉道巴县档案选编》上册，页 413。

[86] 《清代乾嘉道巴县档案选编》上册，页 413。

差役远比渡船户重要，五门拨船帮平日负担众多差役，竟达到所谓"差票成捆"的程度，[87] 这大概正是渡船户败诉的关键理由。基本上，无论是道光元年（1821）裁定太平渡船户与玄坛庙渡船户"不得紊乱装载"，或是道光十五年（1835）裁定渡船户败诉，两案的审理原则不仅类同，而且都与前述审理拨船业者要求独占营业地盘的裁定原则相一致，在业者威胁"因差重大，被截生贸，无费难办"等停办差役情势的综合影响下，法官准许业者独占营业。至于所谓船帮公议的"旧规、帮规"，以及船户间自愿签订的"合约、卖约"，便也都在政府支持的制度条件下统合在一起。

第三节　制度变迁中的"国法"与"帮规"

本章分析了清代中期"长程货运、短程货运、短程客运"三类重庆航运业的发展，以及行业内部出现的不同类型的船运纠纷。以"国法"与"帮规"的互动为主要观察角度，笔者提出三项与制度变迁相关的议题。

第一是明清全国市场的发展如何冲击既有行政与法律规范的议题。随着十八世纪长江上游长程贸易被整合到全国市场，重庆航运业也有了更多的发展机会，不仅为托运客商与航运船户带来了商业利润，地方政府的船运管理制度也发生了变化。其中最关键的制度变迁，则是重庆地方政府逐步裁撤原设官船，进而取消了既有的"船行"与"埠头"制度。

---

[87]　五门拨船帮对自身经常承担差务有颇为传神的描述："差务需用拨船，亦系蚁等供应，差票成捆。"（《清代乾嘉道巴县档案选编》上册，页 413）

先谈裁撤官船。伴随着重庆长程航运业的发展，地方政府实际掌握的官船数量也愈来愈少。明代重庆地方政府原设有官方"轮船"二十八艘，但到乾隆二十五年（1760），那些原为官方运送货品与军需的官船已全被裁撤。[88] 这个官船与隶属于官方的船工、水手逐步被裁撤的过程，与明清时代官方掌握的航运资源逐渐减少，举凡粮食、纺织品、食盐、茶叶、瓷器、滇铜等货物，都渐由全国各地民间木帆船航运业取代的大趋势，[89] 看来发展方向是基本一致的。

清代前期全国各地发生了不少地方政府裁革官船与隶官船工水手的事例，各处地方政府裁革官船或许各有其特殊背景，不能一概而论；然而，以重庆地方政府裁革官船的事例来说，这应与重庆的民间木船随着航运市场发展而愈聚愈多有着密切关联。虽然既有官船可能因为维修经费有限，而愈来愈难符合地方政府运送货品、军需与官员的实际需求，但裁革官船的关键原因应该是：政府既然可以在船运市场雇到符合需要并且信赖可靠的船只，则若非需要应付国内外叛乱或战争，平常时日又何必再继续维持政府的官船队？当齐聚重庆城的木船数量愈来愈多，沟通本地附近的短程客运、短程货运，乃至于往返各地的长程货运、长程客运路线，都能由民间船运业者经营得稳定、有效率与安全，连带使得重庆地方政府对民间船户的运输能力愈来愈具信心，因而也更能放心地裁撤既有的官船队。

---

[88] 乾隆二十五年成书的《巴县志》，记载了明清地方政府裁撤官船与官方船工、水手的历程："在城水驿：前明县属，设轮船二十八只，沿革无考。国朝康熙十九年（1680），设四桡站船四只，六桡站船四只，水手十六名，桡夫四十名"；"康熙二十八年，裁六桡船一只、水手二名、桡夫四名"；"康熙四十七年，裁四桡船一只、六桡船一只"；"今全裁"（乾隆《巴县志》，卷2，《驿站·水站》，页34上-34下）。

[89] 罗传栋主编，《长江航运史（古代部分）》，页415。

　　除了逐步裁撤官船队，重庆的"船行、埠头"制度也在乾隆年间被废除，也是一个逐步演变的过程。十八世纪初的康熙末年间，或许因为要应付与西藏战事所需的运输补给事宜，四川巡抚年羹尧（？—1726）同意编建"船行"，准备无偿征调民间船户输运军需。但此举"非民意"，未得重庆众多船户支持，而执行政令官员却强迫"严督之"，结果在重庆引来"数万人鼎沸，罢市数月"的局面。幸经时任川东道的董佩笈居中协调，当年参与重庆罢市的船户等民众才幸免被政府同列为"剿乱"对象，此事方能平和收场。[90] 重庆船户最后似仍采取了某种程度的妥协，"船行"继续设立于重庆城；但这次船户"罢市"后的半世纪左右，情况出现转变：不仅重庆本地的"船行"被正式废除，连通行全国的"埠头"制度也在重庆城被地方政府下令裁革。乾隆二十五年（1760）成书的《巴县志》，编者对废除"船行"与"埠头"一事有较完整记录，以下将对此过程稍做分析。

　　由康熙到乾隆二十五年之间，重庆"船行"原来主要承担政府运送四川粮食到湖北等省的任务："渝州每岁下楚米石，数十万计，

---

[90]　董佩笈于康熙五十三年任川东道，可见：民国《巴县志》，卷6，《职官》，页25下。有关董佩笈的更多生平事迹，可见：(清) 孙琬、王德茂等修，李兆洛等纂，道光《武进阳湖县合志》(清道光二十二年［1842］修，光绪十二年［1886］木活字排印本)，卷22，《人物·宦绩》，页5下。有关明清城市商人"罢市"的研究，可见：刘炎，《明末城市经济发展下的初期市民运动》，《历史研究》，6 (1955)：29–59；Tsing Yuan (袁清)，"Urban Riots and Disturbances," in Jonathan D. Spence and John E. Wills. Jr. eds., *From Ming to Ch'ing: Conquest, Region, and Continuity in Seventeenth-Century China*, New Haven: Yale University Press, 1979, pp. 277–320；杨联陞，《传统中国政府对城市商人的统制》，段昌国译，收入中国思想研究委员会编，段昌国、刘纫尼、张永堂译《中国思想与制度论集》，台北：联经出版公司，1981，页373–402；巫仁恕，《激变良民：传统中国城市群众集体行动之分析》，页263–289；金弘吉，《清代前期の罷市試論——その概観と事例考察》，《待兼山論叢：史學篇》(大阪大學文學部) (豊中)，26 (1992)，頁21–62；桑兵，《论清末城镇社会结构的变化与商民罢市》，《近代史研究》(北京)，5 (1990)：51–69。

而百货贩运，均非船莫济，向设船行。"但因为奉命管理"船行"的民间"埠头"，经常从中"把持滋累"，故而被地方官"奉文裁革"。官员强调：裁革船行与埠头后，不但并不影响船运，反而在航行与交易安全上，都变得比以前更好。官员对这项制度变迁的经过与结果做了以下的比较与分析：

> 川江峡险滩多，船户有荆、宜、汉、武四帮，头舵工惟归州为最。上下客商，各有信心，船户世相依结，货物银两，无庸亲押，止凭船户交卸，十无一失，名曰主户。若设立埠头，轮派先后，不由商择，所雇者不必相识，相识者不能相遇，商人与船户，两不相信，而贩运维艰。自埠头革，而商货通矣。[91]

官员所做的这段论述，既强调往来重庆城的"荆、宜、汉、武"船帮及其所雇用的来自四川归州"头舵工"的高超行船技术，借以论证民间航运市场基本上安全可靠，根本无须政府再设官方核可的航运中介业者"埠头"代为管控航运市场。同时，此段论述更清楚地反映了当时地方官员已认识到重庆航运市场中"船户"与"客商"彼此间在托运商货时"货物银两，无庸亲押，止凭船户交卸，十无一失"的市场自发秩序。因而，乾隆年间重庆地方政府废除"船行、埠头"，其实与当时撤除官船与隶官船工手水的"水驿"行政制度改革，同是信赖民间长程货运业者船运经营能力的一种政府与市场互动的趋势。

"船行"的建立与废除，是地方政府的职掌。但取消"埠头"，则有可能违反中央政府统一颁行的全国律例规定。明清政府都有颁

---

[91] 乾隆《巴县志》，卷3，《赋役志·课税》，页43上—43下。

布《私充牙行埠头》的律文："凡城市乡村，诸色牙行，及船（之）埠头，并选有抵业人户充应，官给印信文簿，附写（逐月所至）客商船户住贯姓名、路引字号，每月赴官查照。（其来历引货，若不由官选）私充者，杖六十，所得牙钱入官。官牙埠头容隐者，笞五十，（各）革去。"康熙年间注律名家沈之奇曾经详细批注此条律文："凡城市集镇，贸易物货去处，则必有牙行。各路河港，聚泊客船去处，则必有埠头。此二项人，皆客商货物凭借以交易往来者也，有司官必选有抵业人户充应；彼重身家，自知顾惜，而无非分之为、诓骗之弊，即或有之，亦有产业可以抵还，无亏折之患。"[92] 清代中国大部分港口城镇都设有"埠头"，但是，乾隆年间巴县知县却在观察当时重庆"上下客商，各有信心，船户世相依结，货物银两，无庸亲押，止凭船户交卸，十无一失"的现象之后，据以呈请上级从而裁撤了巴县原有的"埠头"与"船行"制度。

当然，若真循《私充牙行埠头》的法条内容进行文义解释，则其实中央政府也只是规定牙行与埠头不能"私充"，并未规定全国各地一律都要设立牙行或埠头。况且，若按沈之奇的法条释义，则设立牙行与埠头的主要用意是为便利"客商货物凭借以交易往来"，并且藉令牙行、埠头"顾惜"身家并"有产业可以抵还"，进而保障客商的交易安全。既然巴县知县认为裁撤埠头并不妨碍客商安全，则"就法论法"，恐怕也不能说巴县知县此举真的违反清律《私充牙行埠头》的法律规范。

重庆地方政府取消"埠头"制度，应与当时民间航运业的发展有密切关系，此项制度变动也正是当时经济发展影响行政与法律体

---

[92] （清）沈之奇，《大清律辑注》（清康熙五十四年初版，新校本），北京：法律出版社，2000，页374。

系的具体例证。虽然自十九世纪初年以后，随着四川地区战事与动乱的加剧，政府希望借重民间船户的运输工具与运送能力，开始更积极地要求船户提供无偿差役与领价和雇，官员要求各类民间船帮或者船队自行设置轮流充任的"会首"，从而促使了"三河船帮、五门拨船帮"等船帮团体的形成。然而，这些"会首"以及基于更多"行政与法律性"因素而组成的"船帮"团体，毕竟仍与过去的"船行"及"埠头"制度有所区别。这些"船帮"团体仍有较多的自主性，其与地方政府之间，其实具有若干讨价还价的能力，同时，船户成员与此类船帮团体也仍有一定程度的利害与共关系，绝非过去"船行、埠头"所能相比。以下将对此再做说明。

当地方政府撤废埠头与船行制度之后，民间船户其实也要面对发展愈来愈自由的航运业市场，特别在长程货运业方面更是如此。当客商不再需要通过官设"埠头"与船户签订承运契约，则面对市场上各类可能出现的船户携货卷款潜逃、船只遭遇风浪或暗礁致使船货损失、客商积欠托运船费、船工要求增加工资等风险，无论客商或是船户，都要面临更多样、更复杂的新挑战。有些新挑战会得到司法体系较有效的响应，或是获得商人团体的协调，乃至于出现商业制度上的创新，从而使市场秩序更加稳固而有效率；有些新挑战则似乎暂时无法获得司法体系或是经济组织的有效响应，足以降低交易风险的各种商业与法律制度仍未形成，需要靠当事人继续摸索。

司法体系足以响应市场秩序的例子，至少可由重庆地方政府处理以下两种船运纠纷的事例看出来。一是船户盗卖客货、无力赔偿时，改由卖掉船户船只作为赔偿，这原先应是逐渐出现的商业习惯，后来在不少案例中得到当时法官的确认，因而出现了一种以船户卖船赔偿客商损失的司法判决趋向。二是若船户遭逢意外、损害客商托运船货时，司法判例会在确定船户无过失责任后，令客商自行承担损失。这应是当时航运业中通行的商业习惯，此习惯也可能因为得到司法运作的配合而更加稳固。

至于司法运作无法积极响应市场秩序的事证，则可举船工水手向船户或托运客商要求增加工资的案例。当时远程航运业已出现船工水手要求增加"身工银两"的"程规"，并引来船户与客商的反弹。从市场营业自由看，客商不愿支付因为船工水手添价而增加的额外船资，希望另找别的船户承运，这固然可视为市场上自由签订船运契约的表现；然而，官员面对这类船工水手与船户、客商互控的案例，究竟该如何处理"程规、帮规"与市场契约之间的矛盾，在当时的司法实务上似乎仍看不出有较明确的发展趋势。

最后，至少到十八世纪末的乾隆晚年，清代中央政府的司法运作也出现了某些影响船运纠纷解决机制的判例与法令。乾隆五十六年（1791）有刑部官员做出"说帖"，提及当时针对船户与旅店业者侵害客商财货的犯行，中央政府已经通令全国要比一般民众侵犯他人财物的罪行援用更高刑责的法条做判决："店家、船户为客途所依赖"，客货若被拐骗，则"血本罄尽，进退无门，其情节较之寻常鼠窃为可恶，是以，各省有因为害商旅，即照实犯《窃盗》律定拟者"；"若非行路客商，止系托带银信、寄送货物，致被拐逃者，悉照《拐逃》律科断"。[93] 拉大"寻常鼠窃"与船户蓄意侵犯客商财货两种犯行之间的法律适用的刑责差别，至少在十八世纪末年之前，已是通行全国的审判通例。

---

[93]　（清）祝庆祺编次、（清）鲍书芸参订，《刑案汇览》（影印清光绪十二年刊本），台北：成文出版社，1968，册3，卷17，页1213–1214。对此问题进一步的分析，参见：邱澎生，《真相大白？明清刑案中的法律推理》，收入熊秉真编《让证据说话》（中国篇），台北：麦田出版公司，2001，页166–171。

对于乾隆五十六年（1791）刑部说帖提及加重船户、旅店业者侵犯客商财货罪责的法令，在全国范围内究竟有多少实际执行成效，我们仍可提出怀疑。但笔者在此要再次回到前文提及的有关"制度性事实"的观察角度：政府据以区别船户、旅店业者何以比一般人侵犯他人财物的"寻常鼠窃"行径更加"可恶"，以及司法官员以遭受财物损失的受害人是否为"行路客商"来判别适用较重的《窃盗》律或是较轻的《拐逃》律，这些攸关"法律论证"的具体理由，皆实存于当时具体的"店家、船户为客途所依赖"故而更加不可"为害商旅"的事实认定之中，因而使得这些法律论证成为一种制度性的存在。乾隆五十六年刑部官员说帖所反映的上述"制度性事实"，更可显示十八世纪六十年代重庆官员根据"上下客商，各有信心，船户世相依结，货物银两，无庸亲押，止凭船户交卸"等理由从而废除当地"船行、埠头"的制度变革，正反映了长程贸易与全国市场扩张对当时法律规范的具体冲击。事后看来，这个冲击在中央政府是以乾隆五十六年刑部说帖的方式呈现出来，而在重庆地方政府，则表现于官员甚有信心地废除船行、埠头制度。

由重庆城船运纠纷解决机制所引申出来的第二项制度变迁课题，则是在十八、十九世纪重庆地方政府审理各项船运纠纷时，"船帮"与所谓的"八省会馆"等民间社团组织如何在调解与审判的过程中发挥集体力量。

前文已提及，往来重庆城的许多不同名称的船帮，其于政府公文书上出现的时间，要比"会馆"来得晚。就目前资料看来，重庆船帮业者并未于重庆城设置拥有或长期使用某栋专属建筑物的

"会馆"。[94] 尽管重庆船帮的存在时间更早，但船帮名称正式出现在政府公文书中，主要仍于十九世纪初的嘉庆年间，且其明言成立船帮的目标是共同合作向地方政府承接"和雇"或是应付"差役"。

　　嘉庆初年的白莲教起事，对重庆城航运业带来了重大冲击。影响所及，使得重庆地方政府在"和雇"民间船只之外，愈来愈依赖船户所提供的无偿船运服务（差役）。无论是长程货运、短程货运还是短程客运业的船户，都受到地方政府增加船运"差役"需求的冲击，这也正是嘉庆初年设立"三河船帮"与"五门拨船帮"的主要原因。无论是"三河船帮"还是"五门拨船帮"，船户成立这些船帮的主要目的，即是借以共同协商如何公平有效地承接政府支付船价的"和雇、平雇"或是共同提供无偿的"差役"。要特别注意的是：这些船帮，并非政府官员直接下命令强制组成的，而是通过那些在重庆城长期经营贸易的知名的"八省客长"，经过协调众多船户后所形成的团体组织。尽管船户在政府和雇支付的船运服务之外，确实仍提供不少无偿差役；但是这些差役的负担方式，却是要船户自行讨论与公同议决，而不再是过去政府强迫编入册籍轮流朋充的"里甲"或是"编审团行"制度。

　　与其让官吏或无赖恶棍任意需索造成更大的损失，不如联合起来，制订船户业者可以共同承受的船运"规则"，笔者以为这是十九世纪以后重庆船户与其他工商业者共同的基本心态，同时也正

---

[94] 在重庆府东邻绥定府的达县，至少在嘉庆十一年（1806）以前，当地即已有作为"客、船两帮公所"的"水府宫"（《达县志》，卷10，《礼俗门·庙祠》，页25）。重庆是否也有船户业者公建的专属建筑物，暂不可考。但在约道光二十八年，"渠河船帮"水手们已开始募款抽捐设立"栖流所"，其筹建似乎是在"备作船夫生病死葬之需"的福利因素外，还有借以排除其他水手进入工作之目的："不许船户招留伤要桡夫，以及来历不明之人，以免遗累。"（《清代乾嘉道巴县档案选编》上册，页419）这主要仍可视为船户希望维持雇用水手的自由，而既有水手团体则协议保障自身工作机会之间的经济冲突。

是船户在八省客长的协调下愿意成立"三河船帮"与"五门拨船帮"的主要原因。嘉庆八年（1803）四月初一日巴县知县刊出一份告示，即谓："船户应差，各有分别。藉端需索，查究宜严。"这份告示起因于船户李必贤等人控告刘文兴"藉封船只装载军米为由，每过大、小两河船只抵渝，任意勒索，殊属胆玩"，巴县知县明令保护船户不受"不法差役"的"藉公勒索"，除"将（刘）文兴责惩枷号"外，也同时提及："大河及下河差务，仍归大河、下河船户承办"，"该船户人等亦不得私贿隐匿，违抗差务"。[95]"不法差役"对船户的危害，道光二十五年（1845）一份"小河帮"船户呈递禀状写得更传神："渝城船帮靠岸，每遇大小差徭，毫无章程，纷纷封船。无论客帮已雇、未雇，上载、未上，藉索难堪，酿祸不息，客商、船帮，受累无底。"为解决此弊端，"小河四帮船户会首禀请：凡遇迎接各大宪以及军务大差，自甘雇船备船当差。其余一切杂差，仍前平雇。庶船户累轻，商民永安"[96]。所谓"封船"之害，即是"不法差役"的极端表现。因而，船户选择以"船户应差，各有分别"的船帮"应差"方式，要求除高官（"大宪"）过境或是"军务大差"之外，"其余一切杂差"都应由官府出价"平雇"，借此换取官府保障业者不受"不法差役"的"藉公勒索"乃至"封船"的危害，这正是当时重庆船帮"应差"制度的真相。在十九世纪以后四川政治与社会局势日趋动荡的情势下，"应差"制

---

[95]　《清代乾嘉道巴县档案选编》上册，页402。

[96]　《清代乾嘉道巴县档案选编》上册，页416。

度应是民间业者的次佳选择（the second best）。[97]

为使"应差"制度能够顺利运作，船帮都设"会首"。会首的主要工作之一，即是向船帮成员收取公同积金，以应付政府无偿"差役"或是未能按期给价的"和雇""平雇"。嘉庆十一年（1806）四月承担"大河帮"会首的杨大顺等人即提及此中运作的概况："蚁等自设立船帮以来，不过平常收取厘金，帮给轮流（中缺三字）户费用，致大差时，停收厘金，庶船户苦乐得均。"如何才能让船帮船户"苦乐得均"？这经常要靠会首的人品正直以及本人拥有一定的财力。如嘉庆十一年六月"南纪、金紫、储奇三门柴船帮"船户即联名抗议"不艺不业、赌博为生之陈世宦"充当会首，他们希望公推前会首廖朝臣的儿子廖洪忠继任，其理由是廖洪忠不仅"忠实老诚，兼伊父在日，随同办差颇熟"，也在于"船帮人多事繁，非正直不能为首"。成员公推，应是当时出任船帮"会首"的重要条件。至于财力，则更是会首的必要条件，因为当船帮成员无法按时缴纳捐款或是有突发的军事或政治重大事件时，"会首暂行借垫"款项，既是常

---

[97] 当时重庆不同的行业团体组织所承接的政府"差役"，也有各自不同的"次佳选择"。可再以重庆城牙行为例。有论者曾谓：雍正年间的税制改革，导致地方政府需"借牙行的供奉来填补自主财源的损失"，因而要重新重视"牙行与政府间的关系"，不能只强调牙行与商人间的经济中介功能（刘铮云，《官给私帖与牙行应差——关于清代牙行的几点观察》，《故宫学术季刊》，21，2［2003］：107–123）。此固然亦有所见，但要留意，此种"应差"制度仍与旧日的里甲"徭役"制度有别，读者不宜一概归为同类。如道光十三年重庆"酒行"业者向巴县声明自己在"供应（巴县）恩辕、（江北厅）理民（督捕同知）两署差务"的同时，即建请官员于巴县与江北厅一体示禁，不准运酒商人再与其他未领牙帖的非法牙行业者做买卖："出示晓谕，俾运酒之人得以周知投行发卖，不致牙行虚设，课税有赖。"（《清代乾嘉道巴县档案选编》上册，页384）。这是以"应差"要求政府加强保障合法牙行权益的做法，与纯粹作为义务的里甲"徭役"有所不同。至于苏州、上海等地自明末至乾隆初年的地方官废止铺户与牙行无偿差役（"禁革当官"）的过程，至少可以参见以下一篇近著：山本进，《明清时代の商人と国家》，东京：研文出版，2002，页208–211。

态，也是嘉庆九年（1806）明文载于所谓《八省局绅公议大河帮差务条规》的文字。[98]

船户组成"三河船帮""五门拨船帮"这些船帮团体后，成员即可通过自愿抽捐成立的各项共同基金，以共同应付政府迟付、少付甚至不付运价的营业危机。然而，在维持自愿抽捐以应付和雇与差役问题的过程中，"三河船帮"等长程货运业者似乎不太出现试图垄断市场的联合行为，而"五门拨船帮"则在许多船运纠纷中展现出假借应承差役而试图垄断码头营业权的高度企图心，并在政府官员的多次判决中，得到一定的合法性，甚至演化出"拨船生意出卖文约"与拨船"三十二股生意"的市场营业权"股份化"现象，让分割、顶让、承接拨船生意变得更加灵活，形成一种船帮"帮规"与市场契约相互融合的特殊商业制度。

拨船帮划分彼此经营地盘的合法性愈来愈得到政府认可，连带地，业者内部共同议定的"帮规"便被赋予了更大的安定性，甚至融入民间买卖契约，从而产生了那种太平门码头"拨船生意买卖文约"及千厮门码头"三十二股生意"的商业制度，究其实，这既可谓是一种帮规的"契约化"，也可说是契约"帮规化"的过程。总体看来，若无地方政府司法运作上的承认，便会增加这种帮规与契约彼此转换、融合上的困难度，从这个角度看，拨船业中这种以"股份"从事经营权分割、顶让的市场秩序，当然是奠基在当时的法律规范上的。

然而，也要留意以下事实："三河船帮"经营的长程货运业的市场规模，远比"五门拨船帮"来得庞大。因而，重庆城航运市场中的营业垄断现象，基本上并不发生在长程货运业，这使官府支持码

[98]《清代乾嘉道巴县档案选编》上册，页 405、404。

头营业垄断权的影响，基本上只限于短程货运与短程客运这些特定范围内的航运市场，经济产值有限，不能过度夸大船帮垄断对航运业市场发展所带来的不利影响。

至于船帮与"八省会馆"在调解船运纠纷中的角色，也需再做说明。十九世纪以后重庆地方政府依赖船帮协调船户"应差"与"和雇、平雇"等事务，而在船帮协商应差事务的同时，"八省客民"也奉地方官命令，参与制定船帮的"差费条规"："查路之远近，船之大小，装载（原缺二字）足之多寡，公同酌议，按规每次照船收取。"[99] 除了协调应差事务外，船帮与"八省会馆"一样，也会介入船运业者间的私下协商。在重庆，这种业者彼此间的协商过程，也常称为"讲理"。如前引道光十二年（1832）六月储奇门码头拨船户李顺彩等人控告太平门拨船码头邓万海、邓永林的讼案，即有"经凭五门拨船，讲理众剖，嗣后，仍照旧规，接票装拨，无票不得强争"的记录。而如道光十四年（1834）三月的湖南船户刘长泰控告客商陈永春案，在向巴县衙门提起告诉之前，刘长泰即先请"船帮会首邓宇盛、左明友"等人，先找陈永春"照单割算"所积欠未还的船资"三十九千六百文"，但因为理论无效，双方互殴，原告"皮破血流"，因而提出告诉。[100]

船帮会首主要是协调船户间的纠纷，至于"八省客民"则更是广泛介入包含船运业在内的重庆城各行业的商业诉讼，而且似乎经常以重庆府城隍庙作为双方"讲理"与协商的场所。[101] 如乾隆五十六年（1791）三月二十三日江西商人余均义控告开设铜铅铺的

---

[99]　《清代乾嘉道巴县档案选编》上册，页402。

[100]　《清代乾嘉道巴县档案选编》上册，页423。

[101]　地方志编者也记载重庆城隍庙作为展演"冥诉"的重要场所："今俗有不得直于官府，焚冤状于城隍前，曰冥诉。"（民国《巴县志》，卷5，《礼俗·风俗》，页55下）

江西商人刘廷选一案，巴县知县于三月三十日第一次开庭审理，即因双方各执一词，只能先暂时裁定"准诉，候讯"，并展开调查与协商工作。四月三十日，原告第二次提出控状，巴县知县乃即于五月三日下令"仰合伙行中、客长、行邻秉公查覆"案情。五月六日，原告余均义邀请"客民"田文灿等人到"府庙"确查相关事证；大约隔天，被告刘廷选也请"客民"田文灿等人到"府庙"说明案情；五月十一日，则由"客民"邀请原、被告双方"仍在府庙理论"，双方都拿出合同契约，并且各执一词，难辨真假，"客民"只得呈覆官府：原、被告双方"两相执拗，民等民难治民，不敢徇延，理合据实缴委"。同年六月，巴县知县再次开庭讯问口供与证词，并做出判决。[102]"民难治民"，具体说出了"八省客长"介入纠纷调解并非总能顺利成功的真实情境。

再如道光二十六年（1846）二月间，重庆城丝织业"机房"老板汪正兴等人控告机房匠师熊立富等人，起因主要有二：一是这些丝业匠师不满原先制定的工资发放标准，"每公一千，合银六钱六分，定为钱价，以给工资，日后钱价无论高低，亦照合算，永定章程"；二是原先的规定"城内织匠不愿帮工，随从各机房另外雇请"，也直接威胁了织匠的生计。巴县知县批示"仰八省客长妥议章程"，因而劳雇双方即于二月二十日在"府庙"（府城隍庙）展开协商。但双方终仍不欢而散，织匠"熊立富们不听八省（客长）酌议禀复"，回到自己的"土主庙"集会，并聚集一群织匠"聚众滋事"，殴伤几位机房老板。该案仍继续于巴县衙门审理。[103]这也是一次"八省客长"无法成功调停纠纷的例子。

---

[102] "清代巴县县署档案微卷"，乾隆朝，6：1857。

[103] 《清代乾嘉道巴县档案选编》上册，页249–250。

　　尽管"八省客长"不一定能成功调停纠纷，但十八、十九世纪重庆地方司法官员确实较常命令八省客长协调纠纷与调查案情，这种公开借重民间团体协助解决司法案件的情形，在同时期苏州城的商业纠纷案例中极难得见。[104] 这可能要归因于重庆这座"河港移民型城市"的特殊性，众多外省移民在此城市中经商并定居，许多行业中可能有超过一半以上的业者都是外来移民。在此特殊情境下，官员希望借助移民间既有的人际关系，来协助调查案情与弭平争议，应是很可理解的选择。只是，随着移民经商人数的增加，八省客长也愈来愈难通过私人间的信任关系来解决争端，嘉庆六年（1801）六月二十四日的《八省客长禀状》对此情形即说得相当具体："民等虽属同省，俱系别府别县之人，大半素不相识，未能详晰周知。"[105] 这更可说明重庆城内"八省客长"调解商业纠纷的能力有其限度。

　　综合看来，官府并未赋予"八省客长"任何正式的法律权力，只是将调查案情证据与协调争议的工作，"非正式地"委托给八省客长；至于原、被告双方是否服从协调，主要是靠八省客长的个人威望，以及涉及当事人利益的严重性如何来决定，八省客长从来没有获得任何法定的商务仲裁能力。所谓的"民难治民"，正是八省客长介入商业纠纷过程的写照。但若以八省客民广泛参与协调重庆城的商业纠纷，以及船帮介入协商"和雇、差役"事务的事实看，这却可证明发生于十八、十九世纪重庆城的一种制度变迁，这些团体组织的存在与作用，使得地方政府与民间商人之间多了一些有益于加强彼此联系的方式。

　　第三项由船运纠纷引申出来而与制度变迁有关的议题，则是

---

[104] 清代前期苏州城的商业纠纷案例，参见：邱澎生，《由苏州经商冲突事件看清代前期的官商关系》，《文史哲学报》，43（1995）：37-92。

[105] 《清代乾嘉道巴县档案选编》上册，页253。

"法律多元"（legal pluralism）现象在清代中国的持续发展。在当时一些经济发达的城镇中，随着官员经常处理各类商业纠纷，当地法庭已开始累积更多的处理工商业讼案的司法实务经验；随着时间的演进，有些司法实务经验在当地社会稳固地上升为可与《大清律例》并行不悖的法律规范，乃使那些在经济发达的城镇中负责审理案件的法官，比较容易在司法审判的过程中更有弹性地选取适合个别案件的"核心价值观"。在这些城镇中，商业讼案也更有机会超越"州县自理刑案"的层级，进而上升为由府级以上官员承审的重大案件；所谓"钱债"案件一般多属"州县自理刑案"的说法，其实并不适用于这些经济发达城镇中商业讼案的实际审理情形。以下将对此种"法律多元"现象做些说明。[106]

在前述有关"五门拨船帮"的案例中，巴县知县以其提供差役而判决允许拨船业船帮独占码头经营，其实可能已违反大清律例《把持行市》条律文的相关规定："凡买卖诸物，两不和同，而把持行市，专取其利，及贩鬻之徒，通同牙行，共为奸计，卖（己之）物以贱为贵，买（人之）物以贵为贱者，杖八十。"[107] 拨船户在诉状上说："渝城五门拨船，历有旧规，拨运客货，以客发票为凭，接票拨送。未接发票，不持强霸争，章程久定，并无紊乱。"这样

[106] 尽管不同派别的学者对"法律多元"一词有不同的理解与界定，但自十九世纪欧陆"历史法学派"以来，此词语的基本含义指对待"法律"的一种反"实证主义法学"（positive law）的观察与研究倾向，强调不该以政府制定的法律条文或是司法人员的审判推理为探究法律现象的主要路径，并主张：法律体系运作背后的经济基础、认知模式乃至政治势力，都是探究整体法律现象时应注意的重要事实。参见：Warwick Tie, *Legal Pluralism: Toward a Multicultural Conception of Law,* Aldershot: Ashgate Publishing Company, 1999, pp. 47–57。

[107] （清）沈之奇，《大清律辑注》，页 376。有关明清时代《把持行市》律例内容的演变，参见：邱澎生，《由市廛律例演变看明清政府对市场的法律规范》，收入台湾大学历史系编《史学：传承与变迁学术研讨会论文集》，台北：台湾大学历史系，1998，页 291–333。

的"接票拨送"算不算《把持行市》条律文处罚的"把持行市，专取其利"，这样的拨船帮"旧规"是否违反法律，本来都是可讨论的争点。然而，在拨船业讼案中，无论是原告、被告，参与调解的中间人，还是承审法官，基本上都没人提起这条律例，即使前述道光二十八年（1848）九月李裕泰在禀状中指控被告船户黄化成"把持，逞凶辱骂，众忿难平"，但是，这个特例中也丝毫未见当事人、调解人与法官的注意。这与重庆城其他行业的讼案经常指控人"诓行霸市、心怀垄断独登、恃强滥规"或是"霸占独行，违例控害"等情形相比，[108] 两者的审理情境与所援用的法律修辞其实颇不相同。

何以拨船户讼案当事人请人代写状词时不与其他业者一样经常援用《把持行市》律例中的关键词，值得再做考察；然而，也许当事人都不太希望承审法官真的援引这条法律，这也会是一项重要因素。更有趣的是，官员自己在面对不同讼案时也有不同的推理方式，在面对个案可能适用的规范性质有所不同的多种不同法律条文时，承审法官可能有不同的考虑与抉择。如当巴县知县在嘉庆十六年（1811）颁示一份处理重庆城脚夫抢占码头搬运生意的公文中，即提及一个论点："散夫轮流次第各背各货，自有一定之规，以专责成而免争竞。"[109] 法官在这里支持的是所谓"以专责成而免争竞"的论点，采取了一种担心过度竞争反而引发市场交易秩序混乱的核心价值观，这种考虑与抉择方式，正好有别于《把持行市》条例处罚"专取其利"的经济行为背后的核心价值观：联合垄断会破坏市场自由交易，因而该予以禁止与惩处。

承审法官在面对这类民事或经济案件时，究竟如何抉择不同的

---

[108]　《清代乾嘉道巴县档案选编》上册，页239、240、251。
[109]　《清代乾嘉道巴县档案选编》下册，页3。

核心价值观？有学者综合研究了清代法官判决"找价回赎"与"典妻"的许多案例，指出当时不少法官的基本立场是："与其说是依据所定之法来判定可否，不如说是在对弱者的关照和对恶者的惩罚两极之间，探寻避免纷争最适当的点"，"实际上，府、县层级在处理每一件纷争案件时，通常都会考虑当事者的感情和经济情况，而不拘泥由律法来解决"。[110] 巴县官员支持拨船业垄断经营码头装卸货物权的帮规，但不一定支持其他行业业者的类似要求，其中确实有更多元的考虑标准，有专人负担差役，这固然不是太堂皇的法律理由，但是，若重庆港码头上的拨船业真能够"以专责成而免争竞"，则未始不是码头上等待装卸商货的众多商人的期待。

如何更整体地理解清代法官判决个案时的"核心价值观"，这其实不是中国法制史学界常称引的"情、理、法"原则即能概括清楚的。只以船运纠纷而论，防止竞争、支持垄断，抑或是支持竞争、禁止垄断，表面上看是两种不同的考虑，但在实际运作上，两者都是法官判决时可能抉择选取的"核心价值观"。然则，这些同时并存于当时司法体系内的多元价值观，究竟何者属于"情、理"范畴，何者属于"法"的范畴，这仍是个不易断定的问题。

作为一座河港移民型城市，重庆城外来客商之间经常出现各类商业纠纷，巴县法庭也常要处理这类讼案，连带促使某些法官对自己处理商业诉讼的能力颇具自信。如乾隆四十七年（1782）巴县知县批覆江西客商萧瑞宇控诉住宿"万盛站房"时"将钱与钱铺掉银"而为"豫盛钱铺"王元祚所骗，巴县知县即批示："渝城为水陆通衢，以现钱兑现银，立时可得，何致受人愚弄也！且尔贸易多年，

---

[110] 岸本美绪，《妻可卖否？——明清时代的卖妻、典妻习俗》，李季桦译，收入陈秋坤、洪丽完主编《契约文书与社会生活（1600—1900）》，台北："中研院"台湾史研究所筹备处，2001，页 256。

经纪出身，银钱交易，何必假手他人……显因索欠不遂，捏词耸控耳。"[111] 意思是根本便怀疑原告只是因为追索欠债不成而"捏词耸控"，只是希望用较严重的罪名控诉被告以要求还钱而已。这位县级法官对自己理解重庆经商环境的自信，真是跃然纸上。在重庆这类商业发达而商人众多的城镇里，要说地方官仍对商业诉讼不闻不问，那恐怕才是令人无法想象的事。将重庆这类经常发生商业诉讼的城镇的法庭进行司法审判的方式，等同于其他工商业较不发达的县的法庭的方式，其实是不合时宜的。

除了核心价值观的选择可以更加多元之外，包含船运纠纷在内的许多重庆城的商业诉讼，有时也可上升为知县以上官员承审的讼案，并非只停留于作为由州县官员自行审理决断的"细事"案件层级而已。

嘉庆十年（1805），两名来自江苏、浙江的商人宋万茂与章三昌，向四川按察使提呈状词，指控张尧等船户在嘉庆六年五月承运他们托交的磁器杂货的船行途中，私自"出卖与顾自俊、王元清等，计实本银一千六百余两"；原告商人虽已发现船户盗卖的犯行，并且获得铜梁、合川、巴县等三县衙门判决船户被告的犯罪事实，"拿获伙犯等，屡审供认盗卖，均已确凿有据"，但是，在嘉庆六年到十年（1801—1805）之间，巴县知县却未积极协助原告追讨赔偿款项。原告的两位江浙商人认为，这其中主因即是："顾自俊、王元清等，家道巨富，自恃监贡，出入衙门，串同蠹役，矜棍午弄，蒙蔽巴主。"原告向按察使直指巴县知县，"被蠹朦蔽，迄今五载，并未严追给领"，并在强调自身处境可怜的同时，也哀诉自己追讨欠债的决心："蚁等控累多年，血本无着，命难聊生，断不灰心。"四川

<hr />

[111]　四川档案馆编，《清代巴县档案汇编（乾隆卷）》，页336。

按察使接受呈词并初步调查属实后，立即发文要求重庆知府严查此案："迄今四载，并未审详，似此泄泄不职，大属非事。"嘉庆十年（1805）七月七日，重庆府乃发札文给巴县："即将宋万茂等上控顾自俊等案内一干有名人证，限三日内差唤到案，并检齐卷宗封固其文，专差协同来役□□府以凭讯详。毋再回护迟延，致干咎尤。"[112] 这是重庆知府在按察使施加的压力下，对巴县知县发出的很不留情面的公文。

限于史料，笔者仍未能知晓此案的最后审理结果。但是，由江浙商人将船户盗卖托运商货的案件"上控"到按察使司，可见这种属于"钱债"纠纷的船运讼案，也有机会发展到超越州县官员即能审结的"自理刑案"的层级，而成为呈送给四川按察使审理的"上控"。这正可以证明当时有些钱债纠纷绝非总是停留在司法案件层级中的"细事"而已。特别是像重庆府巴县这类经常发生各种船运纠纷的港口型城市，无论是巴县知县还是重庆知府，乃至省级的四川按察使等地方司法官员，他们在实际审理各类船运讼案的过程中，恐怕早已不将此类商业讼案简单地视为是州县层级即可审断完毕的"细事"，不能一概因为案件属于"钱债"性质即认定其不受较高层级地方官员的重视。

商业讼案经常涉及民间各种契约的实质内容，因而，法官如何取得各类书面或口头契约、账册与字据等文书证据并判别其有效性，在商业讼案中便需要更加讲究。如前引乾隆五十六年（1791）三月江西商人余均义控告该铺昔日伙友刘廷选的案件，经过八省客民调解无功而返，最后让巴县知县做出原告败诉的判决的，即是在双方罗列的相关账本与合约之外，被告另外提供了一封由原告雇主姜宣

---

[112] 《清代乾嘉道巴县档案选编》上册，页420。据文意，这份重庆府的札文应是发布于嘉庆十年七月七日，不该是《清代乾嘉道巴县档案选编》编者所加的"嘉庆二十年七月七日"。

才写于乾隆四十一年（1776）的私人信件抄本。这封信件的主旨是
姜宣才开革当时在铜铅行任职伙友的余均义，信件大意是指责余氏
"一出一入，总是乘轿""自尊自大"等骄奢行径，姜氏强调自己对
待余氏"宽而且厚"，并提及余氏"此两年可谓大发，支银者，非数
千两即数百两，且又多加尔俸四百两"。[113]这封信具体证明了原告
的身份其实真的只是领取俸金的"伙友"，并非原告宣称的是这家铜
铅行的"合伙人"。此案双方以各种文书证据铺陈在巴县法庭，而巴
县知县开庭之迅捷与调查各项证据之细心，也都清晰可见。

　　我们不妨再将如何调查商业文书证据的场景拉开到重庆城之外。
十九世纪中叶，穆翰于所著《明刑管见录》的《审案总论》中，针
对审理案件时的各类相关书面与口头证据，做了清楚罗列与重点提
示："凡审理案件，查看卷宗，新卷无多，不难于阅看，若旧卷头绪
纷繁，一时何能记忆清楚，最要紧者""如户婚田土案之文契、身
契、婚书，钱债案之合同、老帐、退约、借券等（原注：万金老
帐、日用流水钞帐、钞契，均须逐细查阅），因何两造尚未输服之原
委（原注：或因要证未到，或因尚须覆勘之处，务要记清），将诸紧
要之处，熟记于心，然后将一干人证先讯一堂，须和容悦色，任其
供吐，不必威吓驳诘"。在审理完户婚、田土、钱债等案件之后，则
要妥善处理双方"所呈出契据，应发还者（原注：用朱笔在契空处
画一记号），当堂发还，取具领状附卷，以免书差勒索领费。如应存
查者，亦于堂单内注明，即粘连堂单之后，以免遗失（原注：如钱
票、银票，即饬役同本人至铺对明，示以因讼存案，以防案未结而
关闭。对明后，其钱若干、票几张，用纸包好，朱笔画封，粘于堂

---

[113]　"清代巴县县署档案微卷"，乾隆朝，6：1857。

单之后）"。[114] 面对商业讼案，像穆翰这类承审法官，也显得极为仔细，基本上不因"细事"与"重案"不同而有粗略、仔细态度之别。

清代是否甚少穆翰这类法官？笔者以为，这类问题实不宜草率做出肯定或否定的泛泛之论。在出现更多相关证据前，此处想强调的是：在审理民间田土、钱债或是商业争讼等"细事"案件时，像穆翰这类态度依然严肃而且仔细的法官，在当时确实存在于清代司法体系里，我们不能粗率断定其为"特例"而不予重视。在《审案总论》中，穆翰具体阐述了商业诉讼中各项契约、账册、钱票、银票等文书证据的重要性，这是他任官时实际操作的审案经验与技巧，并非徒托空言而不见诸行事。然则，清代各地法官审理商业诉讼的实际方式究竟为何，到底有多少商业讼案可不受限于"州县自理"层级而"上控"至府级、省级的地方司法衙门，这些问题仍可再做更多考察。

小　结

随着十六世纪到十九世纪明清全国市场的长期发展，重庆城这类以商业贸易著称的城镇也愈来愈多。如何更妥善地处理本地工商业者间因经济秩序变动而不断翻陈出新的各种契约与"帮规"，这是当时许多法官审理讼案乃至于国家修订法令时所必须面对的挑战。

十八、十九世纪重庆船运业者遇到各类商业经营与劳雇纠纷时，经常寻求地方衙门的调处或审理。而于审理过程中，地方官也常要求各种"船帮"或是"八省会馆"等社团组织介入调解。无论是民

---

[114]（清）穆翰，《明刑管见录》（清道光二十七年刊本，收入 [清] 葛元煦编《临民要略》，据清光绪七年 [1881] 序刊本影印，收入《丛书集成续编》，上海：上海书店，1994），《审案总论》，页 1。

间团体的居中调解，还是政府官员的直接审理，这些包含航运契约、债务纠纷与劳雇争议在内的各种商业问题，都直接或间接地冲击了当时既有司法体系所赖以运作的法律核心价值观或是意识形态。当官员在既有法律体系与意识形态框架下对商业争端进行调处或审理时，既有的法律规范也便因此而微调，从而加速了当时市场秩序的变动，并最终形成某种"制度变迁"。

已有学者指出：当明清时代中国商人于本国内地、西北、西南、东北边区乃至东南亚等海外地区从事商业活动时，包含合伙、股份等不同形态的契约行为，便不断地传递与演化。[115] 而当时在中国参与签订各项契约的民众，他们在"想象、创造、维持与终结（各类契约中的）交换关系"时，究竟如何受到当时既有各类"团体规范"（group norms）的影响与形塑，会是很有意义的课题。学者建议不再偏重法官与法学家如何建构"契约法"这类所谓"法学中心论者"（legal centralists）所关心的议题，改采团体规范与"契约行为"互动的研究路径，可能会更有启发性。[116] 笔者对此研究转向也深有同感，但是，在讨论包含契约行为在内的明清商业法律的课题时，如何兼顾"法学、法律推理逻辑"以及团体规范的互动，这仍是富有挑战性的课题。以本章讨论的清代中期重庆城船运纠纷的解决机制而论，包含"帮规"在内的团体规范如何形成与运作固然很重要，但重庆地方官在审理案件时，面对既有"国法"范围内的一些可能内容有别的"法律核心价值"，究竟如何抉择并做出具体的裁量，也确实是关键课题。

---

[115]　Madeleine Zelin, Jonathan K. Ocko, and Robert Gardella, "Introduction," in *Contract and Property in Early Modern China*, pp. 2–3.

[116]　Jonathan K. Ocko, "The Missing Metaphor: Applying Western Legal Scholarship to the Study of Contract and Property in Early Modern China," in *Contract and Property in Early Modern China*, p. 197.

第六章　十九世纪前期重庆城的债务与合伙诉讼

　　位处四川东部的重庆，原本即具有总汇长江上游众多水路干道与支流的优越水文条件，在宋代全国商品经济的发展过程中，重庆虽远比不上成都在四川省内的重要性，但仍逐步成为重要的商贸城市，许多源出四川本省及云南、贵州等地的货物，在当时都经重庆转口贩运。到了明代中期之后，特别是随着十六世纪至十九世纪中国全国市场规模以及内河与沿海航运路线的日形扩大，长江上游地区更大程度地被长程贸易网络卷入，输出与输入商品的种类与数量都有更多的增长，从而也使重庆的商贸中心地位日渐显著。

　　由长江中、下游运入四川的磁器、棉花、棉布，自四川出口销售的稻米、井盐、木材、山货（包括皮革、桐油、白蜡、木耳、竹笋）、药材、染料（靛青、红花），以及借道四川向外贩卖的云南"滇铜"、贵州"黔铅"，都加速提高了重庆作为四川全省商品输出入中心的经济地位。这个趋势在十八世纪后半叶到十九世纪前期变得更加显著，不仅让重庆成为长江上游与西南地区最大的商品流通中心，也愈来愈挑战了成都作为全省经济中心的地位，致使四川的商业重心由原本省境西部转移到省境东部。[1]

重庆城在十八、十九世纪之交发展成为长江上游最重要的商业中心，其原因主要有二。一是重庆城地处嘉陵江与长江交汇处的水文优势，两江交汇为重庆带来了丰厚的水量，使重庆城以下的长江水段得以行驶载运量更大的船只，连带使得重庆城发展为四川全境最大的货物转运集散港。到了十八世纪后半叶的乾隆年间，不仅陕西、云南、贵州以重庆城为交通转运站，长江中下游的湖北、江苏，乃至浙江、福建、两广都是重庆城可以水运通连的区域。

重庆城成为长江上游商业重心的第二个主要原因，则可归诸清政府用心整治长江上游水路。至少自十八世纪前期的乾隆初年开始，清政府即着力整治包含金沙江在内的长江上游航道，许多驻辖云南、四川的地方官员纷纷投入此项水利交通事业，尤其是云南巡抚张允随自乾隆五年至十三年（1740—1748）间的积极任事与统合协调，使得金沙江能更安全稳妥地行船运货，从而几乎打通了整段长江上游航道。[2]这项长期投入人力与物力的水运整治工作，奠定了四川乃至云南、贵州等省物产可以大量而且快速地进入长江水路的基础。这项政治因素也连带让重庆城既有的优越的水文位置更加可以发挥其经济功能。结合水文优势与水运整治这两项因素来看，重庆城的兴起实可谓是十八、十九世纪之间发生的一个经济与政治相辅相成的历史进程。

本章以"巴县档案"收录的清代乾隆、嘉庆年间几件商业诉讼档案为基础，分析十八世纪末、十九世纪初在重庆这个当时中国长

---

[1]　林成西，《清代乾嘉之际四川商业重心的东移》，《清史研究》，3（1994）：62—69。但也有学者认为重庆在四川的首要经济地位其实出现较晚，在十九世纪下半叶之前，成都仍是四川的"中心都市"，而重庆只是"区域都市"（王笛，《跨出封闭的世界——长江上游区域社会研究，1644—1911》，北京：中华书局，1993，页263）。

[2]　罗传栋主编，《长江航运史（古代部分）》，北京：人民交通出版社，1991，页86—91。

江上游地区最重要的水运商业城市里，一旦发生商业方面的债务与合伙纠纷时，商人彼此间的冲突、对抗与协商究竟如何反映在司法运作的程序上；地方官员受理商业诉讼时，又是如何借助重庆城内商人团体的力量来处理商业契约、账册与书信等"证据"问题。同时，对重庆商人团体当时协助官员进行调查与调解的这一现象，如何能够借以论证清代中国社会团体"公共性"的相关议题，笔者也将一并做些讨论。

第一节　重庆城的经济与社会

笔者所欲分析的重庆城，同时包括了重庆府治所在的巴县县城、嘉陵江南岸的巴县县城城郊地带，以及嘉陵江北岸属于"江北镇"（后称"江北厅"）的部分地区。以清代的地方行政区划而论，重庆城的主体实为巴县县城，但因为重庆府署位于其所管辖的巴县县城内，故也可泛称为重庆城。然而，以城市的经济功能而论，则重庆城的范围并不限于巴县县城，而是应以巴县县城为主，再加上嘉陵江北岸的"江北厅"城厢地区和嘉陵江南岸的城郊地带，结合这三个区域，才是较具完整意义的重庆城。

巴县城乡全境，辖区面积大约东西宽二百四十五里、南北长二百七十里，[3] 位居其中的巴县县城面积不大：清代城墙是"高十

---

[3] 这是光绪年间巴县县令傅松龄委人测绘之数字（民国《巴县志》，卷1上，页45上）。但即使在民国初年也仍有作者沿袭旧籍，将巴县疆域记录成"东西二百八十五里、南北一百一十五里"（周询，《蜀海丛谈》，收入沈云龙主编《近代中国史料丛刊》，台北：文海出版社，第1辑第7种，卷1，《制度类上·各厅州县》，页193），两者差距不少；民国《巴县志》编者因而批评这类巴县疆域数字乃"臆度之词"（民国《巴县志》，卷1上，页45上）。

丈"，而四周长度则为"十二里六分"，约计二千二百六十八丈；[4]这是一座筑有不规则四方形城墙的城市，有学者估计清代巴县县城"东西约 4 公里，由南至北约 1.5 公里"，城墙围合面积则约为二点四一平方公里。[5]以地理形势看，巴县县城位于一座有如伸入嘉陵江与长江交汇处的小半岛上；同时，巴县县城与嘉陵江北岸之间则"不过一里"，相隔甚近。[6]

随着清代前期巴县县城的人口增长与商业繁荣，嘉陵江北岸也日益繁荣，政府乃开始调整既有政治辖区。乾隆十九年，将原驻巴县县城的"理民同知"改驻对岸同属巴县辖区的江北镇。乾隆二十三年又以巴县辖境"辽阔"为理由，将巴县"江北之义、礼二里"与"仁里上六甲"地方改隶江北镇，并将江北镇升格为江北厅。[7]

要注意的是：早在江北厅成立前，巴县辖境中属于城市行政区划单位的"坊、厢"地区，即已延展到嘉陵江北岸江北镇内的若干区域。康熙四十六年（1707）重列巴县县城与城郊行政区的"坊、厢"清单时，即开列有"城内二十九坊、城外十五厢、江北六厢"；[8]所谓江北六厢，指的正是同属巴县辖境的嘉陵江北岸"城市行政区"。因此，单以清代既有的"坊、厢"城市行政人口有别于"里、甲"乡村行政人口的差别而言，则本章讨论的重庆城范围，原本即该跨越嘉陵江南、北两岸，包括当时所属巴县的"城内二十九坊、城外十五厢、江北六厢"的城市行政区范围。

---

[4]　（清）黄廷桂等监修，张晋生等编纂，雍正《四川通志》（收入《文渊阁四库全书》，台北：台湾商务印书馆，1983），册 559，卷 4 上，页 155。

[5]　何智亚，《重庆湖广会馆——历史与修复研究》，重庆：重庆出版社，2006，页 105–106。

[6]　民国《巴县志》，卷 1 上，页 45 上。

[7]　道光《重修重庆府志》，卷 1，《沿革表》，页 6–7。道光《江北厅志》，卷 5，《职官志》，页 648。与此同时，原有的"理民同知"一职也改称"理民督捕同知"。

[8]　乾隆《巴县志》，卷 2，《坊厢》，页 21–22。

依照清代当时的行政区划，嘉陵江北岸设籍江北六厢的民众在乾隆二十三年改隶江北厅之前，原也和巴县"城内二十九坊、城外十五厢"住民同样，都属于巴县管辖的城市居民，[9] 因而便与康熙四十六年巴县所辖"十二里、一百二十甲"的乡村居民有所不同。[10] 而即使在乾隆二十三年江北镇升格江北厅之后，重庆城的含义也仍需包括原来这"江北六厢"的空间范围。特别是重庆城的经济实以船运为大宗，而当时同样拥有许多码头、栈房、商铺的江北厅，其船运活动同样频繁，实在不能因为地处巴县城墙之外而被排除不论。

重庆城的经济发展主要与其作为一座"河港移民型城市"密切相关，而从事这些经济活动的人口又多为外省移民。清代前期的重庆城市人口包含许多外省移民，这与清初以降大量外省移民填补明末四川全省人口急速减少造成的空缺的现象相一致。大量的外省移民，不仅填补了包括重庆在内的明末清初的四川人口空缺，也改变了当地的经济与社会结构。

明末清初发生在四川的连年灾荒与疾疫，以及长期的社会动乱与猛烈战事，造成了全省居民大量死亡与流散，[11] 原有耕地也多半芜废。自康熙十年（1671）清廷发布招徕外省客民及各项实质奖励措施的诏

---

[9]　清嘉庆二年（1797）以后，江北厅始筑城墙（道光《江北厅志》，卷5，《职官志》，页662-663），可见筑城与否并不真正关系到"坊、厢"的城市行政区划单元的成立。江北厅的"坊、厢"数目，在康熙四十六年后也有些许变动，据道光年间的方志载，当时江北厅已划分为"城内五厢"与"城外二厢"（道光《江北厅志》，卷2，《舆地志》，页191-192）。

[10]　清康熙四十六年，巴县知县孔毓忠将乡村地区的民众扩编为"忠、孝、廉、节、仁、义、礼、智、慈、祥、正、直"十二里，每里又区分为十甲，故巴县乡村地区共划分为一百二十甲（参见：乾隆《巴县志》，卷2《乡里》，页26下）。

[11]　据估计，明朝初年四川人口约一百八十万，1600年左右增至约五百万。自十六世纪末万历年间到十七世纪前半叶明末清初期间，严重的灾荒、疾疫、社会动乱与长期战事，使四川全省人口锐减，仅余约五十万人（曹树基，《中国移民史》第六卷《清·民国时期》，福州：福建人民出版社，1997，页68-77）。

令以来，历经康熙、雍正年间，许多优惠移民的政策有效落实，直到乾隆中期（十八世纪七十年代），大规模的移民入川运动才约略停止。在这段长约一世纪的时间里，约有来自两湖、陕西、广东、江西、福建等省的数百万移民先后涌入四川定居，这不仅致使四川人口总数快速增长，[12] 也成为四川经济复苏与发展的重要动力。[13]

移入四川的外省移民中，有人几乎分文俱无地进入川省讨生活，有人则为发家致富而来。后者常采"农、商并举"的经营方式，培植各种经济作物，如江西、福建移民将烟叶、甘蔗栽植经济带入四川，陕西、江西等省之商人投资四川井盐业，以及湖南商人开采四川煤矿，[14] 都成为移民发展四川经济的重要例证。

---

[12] 有学者估计乾隆中期四川人口已约至一千万，嘉庆中期则约达二千万以上（清末更增至四千八百余万），这已是明代四川全省人口最高值的四倍，可见乾隆后期至嘉庆年间四川人口曾"出现一个巨大的飞跃"。道光年间四川出现"全局性的人口压力"，不仅大批汉族流民进入四川边缘山区成为矿徒，也开始更多地流入云南与贵州（见：曹树基，《中国移民史》第六卷《清·民国时期》，页 103–105）。关于清代四川的人口变动及政府人口统计制度如何可能影响相关统计数字等问题，学界仍有不小争议，可见：G. William Skinner, "Sichuan's Population in the Nineteenth Century: Lessons from Disaggregated Data," *Modern China*, 8,1(1987): 1–79；刘铮云，《清乾隆朝四川人口资料检讨：史语所藏〈乾隆六十年分四川通省民数册〉的几点观察》，收入《中国近世家族与社会学术研讨会论文集》，台北："中研院"历史语言研究所，1998，页 301–327；曹树基，《中国人口史》第五卷《清时期》，上海：复旦大学出版社，2001，页 266–326。

[13] 郭松义，《清初四川外来移民和经济发展》，《中国经济史研究》，4（1988）：59–72；郭松义，《清初四川的"移民垦荒"和经济发展》，收入叶显恩主编《清代区域社会经济研究》，北京：中华书局，1992，下册，页 826–837。

[14] 郭松义，《清初四川外来移民和经济发展》，上引文，页 66–67。森纪子，《清代四川的移民活动》，收入叶显恩主编《清代区域社会经济研究》，下册，页 838–849。除了烟草、甘蔗、玉米、地瓜以外，江西的双季稻、福建的楠竹，以及江西的豆豉，甚至是鸦片，都成为外省移民引入四川的重要经济作物，详见：曹树基，《中国移民史》第六卷《清·民国时期》，页 113–118。陕西商人投资四川等省的概况，也可另见：钞晓鸿，《明清时期的陕西商人资本》，收入钞氏著《生态环境与明清社会经济》，合肥：黄山书社，2004，页 222。

　　同时，随着长江上游的航运愈加便利，航运业不断发展，因而吸引了众多短期或长期的外省移民来到重庆城应募水手、纤夫等所谓"拉把手"的工作："大江拉把手，每岁逗留川中者，不下十余万人，岁增一岁，人众不可纪计。"[15] 这每岁"不下十余万人"的外省佣工，成为四川航运业的重要劳动力来源，从中也可见证十九世纪前期四川船运业的兴盛。外省移民进入重庆城，同样也有讨生活与发财致富两类不同的情境。只是，重庆城所提供的经济机会，更多的是与长程贸易特别是船运业有着直接或间接的关系。

　　随着长江上游整合到全国市场，愈来愈多的从事商业与航运业的外来移民定居或是较长时间停留于十八、十九世纪的重庆城。乾隆年间，有人描写众多外省商人搭船抵达重庆城参与贸易的繁荣景象，"吴、楚、闽、粤、滇、黔、秦、豫之贸迁来者，九门舟集如蚁。陆则受廛，水则结舫"，从而加速了重庆城商业街区的发展，"计城关大小街巷二百四十余道，酒楼、茶舍与市阛铺房，鳞次绣错"。但对这位十八世纪的观察者而言，商业繁荣也同时意味着城市治安与交易安全的危机，"文武兵役，虽曰供使令，保无悍蠹，局赌阄娼。市井牙侩，虽曰评物价，保无奸猾，骗客吞商"；至于众多谋充水手工作的移民进入重庆城，"附郭沿江之充募水手者，千百成群"，则被这位观察者不太友善地形容为"暮聚晓散，莫辨奸良"。商业繁荣意味着某种需要预防的危险，这位观察者将水手与出入"酒楼、茶舍、市阛、铺房"、赌场、妓馆的民众，归类为威胁重庆城治安的"可深为隐忧者"。[16]

　　在上述描写重庆城商业与治安的文字里，可见到外省商人自

---

[15]　（清）严如熤，《三省边防备览》，卷9，《山货》，页15。

[16]　作者担心城市治安问题的原文为："此皆渝州坊厢可深为隐忧者。"（乾隆《巴县志》，卷2，《坊厢》，页24上）"渝州"虽为重庆府古称，但此处文义主要是指府署所在的重庆城。

江南、湖北、福建、云南、贵州、陕西、河南乘船载货出入重庆城
"九门"的热闹场景。[17] 这些外省客商或是在城内"受廛"买租铺面
开店，成为各行业的"坐贾"；或者委请船户托运商品，变成经营
商品进出口贸易的"行商"；甚至是自己开办航船业务，成为安排
各式商船"结舫"业务的航运业老板。至于在"附郭沿江"寻找工
作的水手，则是"千百成群，暮聚晓散"地成为重庆城的特殊景观。
无论是来自各省的客商开设店铺、行船贩货甚至经营航运业，或者
是众多水手聚集于码头区找寻上船机会，乃至于码头区协助装卸货
物的众多挑夫、脚夫，兴盛的航运业活动，促使清代前期的重庆城
快速发展成一座商业发达的内河港口型城市。

　　重庆城虽然是座内河港口型城市，但地势结构上却基本是座山
城。在这座山城的顶巅，"康熙以前，应是寺庙区域，绝少有人住
居"；行政与商业中心都不在城中心，清代设于城内的川东道署、
重庆府署、巴县署，以及府学、县学等各级文、武衙门，都分布于
重庆城"岸埠的毗近处"。同时，最能反映重庆商业繁华的那些由
外省商人捐款建成的会馆，也都位于城门"以内毗近岸埠处"。[18] 因
而，早有学者称重庆城的"小区中心"其实"是在地理的边缘"，[19]
指的正是这个行政与商业区都不处于城市地理中心，反而位居城市

---

[17]　巴县城有十七座城门，平常"九开八闭"，只开放九门。其中原因有"九宫八卦"等风水
　　　考虑，如清初人转述："记称：渝城有门十七，九开八闭，以象九宫八卦云。"（王士祯，清
　　　康熙十一年，《蜀道驿程记》，收入乾隆《巴县志》，卷12，《艺文・记一》，页69上）开
　　　放的"九门"为朝天、东水、太平、储奇、金紫、南纪、通远、临江、千厮；常闭的
　　　"八门"则为翠微、金汤、人和、凤凰、太安、定远、洪崖、西水（民国《巴县志》，卷2
　　　上，页1下）。另有学者将"西水门"做"福兴门"、"人和门"做"仁和门"，见：孙晓
　　　芬编著《清代前期的移民填四川》，成都：四川大学出版社，1997，页83。

[18]　窦季良，《同乡组织之研究》，重庆：正中书局，1943，页82。

[19]　窦季良，《同乡组织之研究》，页82。

地理边缘的沿江码头区的现象。

不仅政府公署与商铺聚集于码头区附近，不断增加的外来移民也主要居住于此地段，乃至促成都市住宅出现了更为显著的贫富分区化现象：一方面是朝天门与太平门两大码头区附近货栈与商铺林立，促使地价与房租上扬；另一方面则是许多民众无力于城内租赁房舍，并不断进占沿江岸边的无主土地，逐渐变成码头区附近的"沿江棚民"。[20] 沿江棚民愈聚愈多，使原本即不敷使用的公共设施更加紧张，不甚良好的卫生条件更加恶化，不仅易有疾疫流行，这些居民更成为每年季节性洪水侵袭的首当其冲的牺牲者。[21]

同时，火灾也愈来愈成为威胁城市居民的公共安全问题。太平门、朝天门一带，既包括大宗商货进出频繁的码头区与延伸而来的商业区，还有众多贫苦外来民众搭建简陋房舍而构成的沿江棚民区；繁荣的码头仓储设备与商业店铺林立，加上邻近密集的贫民棚户，使这个区域成为重庆城最易受火灾威胁的地方。所谓太平门外"商贾鳞集"，"列廛而居，动遭回禄"。[22] 重庆城东北角的朝天门也是常发生火灾的商业区，朝天门附近居民在道光六年提出的一份诉状中，述及乾隆二十五年（1760）当地的一场大火："因城外蔴柳湾失火，延烧进城，把朝天门地方的街道、民房、铺户，都烧

---

[20] 隗瀛涛主编，《近代重庆城市史》，页 424–425。

[21] 隗瀛涛主编，《近代重庆城市史》，页 425。

[22] 清康熙四十五年（1706）重庆知府在兴修包含府署丰瑞楼在内的城市公共建筑物时，曾谓："太平门外，为商贾鳞集之区。列廛而居，动遭回禄。"由康熙四十五年至四十七年间，重庆城陆续兴建的丰瑞楼等一系列城市公共建筑物的经纬如下："太平门外，为商贾鳞集之区。列廛而居，动遭回禄。因议建楼二所，令经历涂君廷俊端督工，奉水火二德星君，以压其气。至于千斯、东水、临江各门，控带雄势，辐辏肩摩；城隍为一郡司命，岁时伏腊，于焉祈祷，皆宜辉煌生色，不得简陋者。节次捐修，于丙戌（康熙四十五年）、丁亥（康熙四十六年）、戊子（康熙四十七年）三岁内，先后告竣。"（引见：陈邦器，康熙四十七年，《丰瑞楼记》，收入乾隆《巴县志》，卷12，《艺文·记一》，页75下）

尽了。"[23] 事隔约六十七年，城区居民仍口耳相传、记忆犹新，也可推想当日火灾势头之大与损失之巨。[24]

太平门、朝天门码头区的人口密集现象，正是当时重庆城市人口快速增加的反映。现存道光四年的一份人口调查资料《巴县保甲烟户男丁、女口花名总册》，开列是年巴县总人口为八万二千零五十三户、三十八万六千四百七十八人，其中巴县所辖"城内二十八坊、城外十四厢"的城市人口数，则是一万七千八百五十户、六万五千二百八十六人，[25] 两组数字相权，则当年重庆城市人口占巴县总人口比例如下：以户数计，是百分之二十一点八；以人口计，则为百分之十六点九。[26] 但要注意：这个道光四年（1824）"城内二十八坊、城外十四厢"的人口调查数字，并未包括前文提及的自康熙四十六年至乾隆二十三年（1707—1758）间原属巴县管辖的嘉陵江北岸"江北六厢"的城市居民数字。如此，则十九世纪初的重庆城城市人口，要高于此处百分之二十一点八（户数）与百分之十六点九（人口数）的估算比例，有学者粗估十九世纪初年巴县县城加上江北厅城厢人口的重庆城城市人口，当为八万人左右。[27]

---

[23]　四川省档案馆、四川大学历史系编，《清代乾嘉道巴县档案选编》上册，成都：四川大学出版社，1996，页61。"麻柳湾"（应该即是"蔴柳湾"）位于千斯门外（见《清代乾嘉道巴县档案选编》，上册，页384），可见这场大火由千斯门附近一直往东延烧到朝天门，火势想来甚大甚猛。

[24]　笔者此处并未全面搜罗清代重庆城的火灾纪事，但根据方志所录，另一场大火则起自清乾隆二十三年三月朔夜："太平门内外大火，文昌祠灾。"（见：民国《巴县志》，卷21《事纪》下，页43）

[25]　四川省档案馆、四川大学历史系编，《清代乾嘉道巴县档案选编》下册，成都：四川大学出版社，1996，页340–341。

[26]　许檀，《清代乾隆至道光年间的重庆商业》，《清史研究》，3（1998）：36–37。

[27]　有学者依据此道光四年巴县县城的人口数，再加上江北厅城厢人口的推估数，合计是年"重庆城"城市人口"当在八万人左右"（参见：隗瀛涛主编，《近代重庆城市史》，页100）。

接着讨论重庆城的人口职业结构。现存乾隆三十八年（1773）一份记载重庆城"定远厢"居民职业的调查资料，[28] 反映该地登记的三百家商铺当中，从事"驾船、驾户、渡船、抬木、抬石、抬米、背货"等运输行业者有七十一户，占总户数（三百家）的百分之二十三点七。此数字不仅显示了船运业在重庆城的重要性，也表明当时重庆是个水运码头的商业城市。[29] 虽未见到朝天门、太平门码头区的相关资料，但这两处商业与航运既较定远门码头区繁荣，则肯定不仅有更多的"千百成群，暮聚晓散"的水手，而且有更多的"贸迁来者，九门舟集如蚁"的外省商人。如此，则朝天门、太平门附近居民的船运职业比重，应比乾隆三十八年定远厢百分之二十三点七的居民从事运输业的比例更高。而与船运业密切相关的诸如仓储、中介、零售等职业的从业人员，也会随船运业发展而增加，致使重庆城的商业人口更加可观。

许多重庆城居民从事船运业与其他种类的工商业，而在船运与工商业人口当中，则有很高的比例是外来移民。虽然目前缺乏直接证据，但当时从事中介业务的牙行业者的主要籍贯，或可反映外来移民从事工商业的巨幅比重。明清政府规定合法的商业中介行业"牙行"，必须要领取政府颁发的"官帖"。[30] 一般说来，从事牙行这类商业中介行业，不仅要熟悉本地市场买主与卖家的信息，还要能掌握本地的交易习惯与市场行情变动，因此，经常是以长期居住本

[28]　《清代乾嘉道巴县档案选编》下册，页 310-311。

[29]　许檀，《清代乾隆至道光年间的重庆商业》，页 37-38。当时重庆城也有纺织机房、漕房等
　　　手工业作坊，不过，城内区域基本上仍以牙行与各类店铺为主，郊区则是"无牙行，作
　　　坊多"（参见：冉光荣，《清前期重庆店铺经营》，收入叶显恩主编《清代区域社会经济研
　　　究》，下册，页 802）。

[30]　清代官牙制度的实施概况，参见：吴奇衍，《清代前期牙行制试述》，《清史论丛》，6
　　　（1985）：26-52；邓亦兵，《牙行》，收入方行、经君健、魏金玉主编《中国经济通史·清
　　　代经济卷》，北京：经济日报出版社，2000，中册，页 1311-1352。

地的居民为牙行职业的主要人口。[31] 但在重庆这个移民城市中，情形则颇有不同："渝城各行户，大率俱系外省民人领帖开设者。"嘉庆六年巴县核定设置的牙行官帖数目为一百五十一张，而据当年统计资料，在这一百五十一张官帖之中，光由江西、湖广、福建、江南、陕西、广东等外省移民所领取者即有一百零七家，这些外省商民开设牙行的行业包括铜铅行、药材行、布行、山货行、油行、麻行、锅行、棉花行、靛行、杂粮行、磁器行、花板行、猪行、酒行、烟行、毛货行、纱缎行、丝行等等，由此看来，外省商民持有的官帖数目，约占当年重庆城官牙总数的七成以上。[32] 此与苏州等其他商业城市的牙行业一般主要是以本地人开设为主的情况十分不同，这也可能显示了重庆城商业人口在籍贯结构上的某种特殊性。

移民是城市商业人口的主要成分，对于重庆城的社会结构有着重要影响。当外来移民于重庆城从事商业的人数持续增加，则不仅商人移民间出现了更多的团体组织与商业竞争，即在本地居民与外来移民间也产生了更多的经济互动，以及连带而来的经营合作或是商业纠纷。如有份诉讼文书记载：乾隆五十年（1785）某月某日，居住巴县仁里九甲的骆文元，控告由湖北至重庆城贸易的"楚民"杜名扬。原告提及自己曾与被告合资以二百四十两购置了一艘大船经营航运，其营业方式为：冬天"装载客米"到湖北发卖，然后，再由湖北"复载磁器、布匹"返回重庆城贩卖。[33] 在重庆城这种充

---

[31]　如明清山东许多地方的市镇牙行，即常为地方士绅或商人家族所掌握，可见：山根幸夫，《明清華北定期市の研究》，東京：汲古書院，1995；Susan Mann, *Local Merchants and the Chinese Bureaucracy, 1750—1950*, Stanford: Stanford University Press, 1987, pp. 72–89。

[32]　《清代乾嘉道巴县档案选编》上册，页 253。

[33]　"清代巴县县署档案微卷"（"中研院"近代史研究所郭廷以图书馆购藏），乾隆朝，6:3006。

满贸易与船运商机的都市中，本地居民与外来商人间的经济互动肯定较为频繁。

当然，随着移民定居重庆城的时间愈来愈长，如何清楚地界定"外省移民"与重庆城"本地居民"，有时也会变得比较困难。如在重庆城朝天门附近主持马王庙的道士谭来悦，在道光六年控告一位从属于"福建馆"并且承租自己庙旁空地经营"悦来油行"的福建商人时，巴县知县为调查并解决这件讼案，乃找来另一位福建商人官永年作证，官永年证词说道："小的年五十八岁，自曾祖由闽省来渝，到小的手上，已数辈了。"[34] 像官永年这类移居重庆城已经"数辈"的"福建人"，其与"重庆人"之间的分别其实恐怕也已愈来愈少。

无论重庆城本地居民如何看待这类已定居重庆好几代的"外省移民"，也不管这些定居"数辈"的外省移民究竟如何界定自己与"本地居民"的异同，[35] 大概可以肯定的是：当重庆商业因全国市场扩展而趋向繁荣之际，重庆城本地与外来居民彼此共同的经济利益增加了，这将更容易促使重庆城居民摸索出较多的合作方式与更好的协商模式。前述乾隆五十年骆文元与杜名扬集资买船合伙经营粮食与磁器贸易，就是本地居民与外省移民的一种合作方式，虽然最后演变成合伙股东之间的商业诉讼，但这种合伙行为仍是当时重庆

---

[34]《清代乾嘉道巴县档案选编》上册，页 61。

[35] 到了二十世纪四十年代，有学者"据实地访问"指出：重庆外来移民"早已与四川土著同化，通婚结好，共营商业，在语言风俗习惯上居然土著了"，他们视"新来的同乡为'旅渝同乡'，而自名为'坐渝同乡'，以示区别"，这些"坐渝同乡"多半早已成为地方士绅，"办理着地方的公益事业，只能忆及其为某省原籍而已"（窦季良，《同乡组织之研究》，页 83）。"坐渝"相对于"旅渝"的区别在于，既可视其"同"于本地居民，也可视其"异"于本地居民，有时其实只是看论述者如何强调（或处理）"原籍"之真实／象征意义而已。

城城市与乡村居民彼此之间有利可图的一种合作方式。

除了与本地居民接触，重庆城的众多外省移民之间也有许多经济与社会方面的互动。在这些经济与社会的互动关系中，尤以各种名为某某"会、宫、庵、馆"或是"会馆、公所"的团体组织最为引人注意。[36]

重庆城内至少有"三元庙"（即陕西会馆）、"准提庵"（即江南会馆）、"禹王庙"（即湖广会馆）、"列圣宫"（即浙江会馆）、"天后宫"（即福建会馆）、"山西馆"、"南华宫"（即广东会馆）、"云贵公所"等团体组织。[37] 外省移民于重庆设立之"会馆"，大致"创建于康熙，鼎盛于晚清"。随着创建会馆数目的增加，重庆城逐渐出现了所谓"八省会馆"。"八省会馆"之"八省"，指的是湖广（湖南、湖北）、江西、江南（江苏、安徽）、浙江、福建、广东、山西、陕西等以清代方式分界的省份（若依民国时代建置，则为十省）。[38] 上述"云贵公所"不在"八省会馆"的名单中，即可反映出"八省会馆"所列"八省"并非任意选出，而是十八、十九世纪"八省"移民不

---

[36]　何炳棣综理了三千余种方志做以下观察：清代外省移民进入四川，在定居若干时间后，经常集资建立"会馆"（其中，又以江西人"最喜建会馆"），但是，这些会馆在方志记录中经常不直接称作"会馆"，而是"隐藏在坛庙寺观等卷"，如江西会馆有称"万寿宫、许真君庙、真君宫、江西馆"，陕西会馆常称"武圣宫、三圣宫、三官庙"，甚或有称"朝天宫、地藏祠"者，湖广会馆常称"禹王宫"，福建会馆常称"天后宫、天上宫、福建馆"，广东会馆常称"南华宫、广东公所、天后宫"（何炳棣，《中国会馆史论》，台北：学生书局，1966，页68—69、78—97）。至少与苏州城相比，外省移民在四川建立的会馆除了名称与"坛庙寺观"有更紧密的联结之外，还有何炳棣先生标示之特殊现象：以成都一府十六县为例，不仅每县皆有异省会馆，而且"四乡会馆有往往早于州县城内者"（何炳棣，同上书，页92），于乡村地区也建"会馆"，应是这类"移民会馆"与其他地区的会馆极不相同的特色。

[37]　民国《巴县志》，卷2下，《建置》下，页4—5。

[38]　何炳棣，《中国会馆史论》，页41、112。

断介入重庆城的公共事务并于当地取得重要影响力的明证，也正显示百余年间外省移民在重庆城的经济与社会中出现了更密切的合作与协商。[39]

八省"会馆"基本上指的是一栋栋拥有专属建筑物的社团组织，其地址分别位于"城内朝天门、东水门、太平门、储奇门、金紫门以内毗近岸埠处"；[40] 至于所谓的"八省会馆"，则是用以泛指清代重庆城内上述八个省份"会馆"组织的整体称谓，本来并未兴建一座特定的专属建筑物，但却逐渐成为代表外省移民参与重庆行政与公共事务的一种介于社团与半官方之间的组织。随着八省"会馆"参与重庆城地方公共事务机会的增多，以及乾隆年间以后重庆地方官经常赋予"八省客长"种种行政与司法职能，[41] 特别是当原告与被告各执一词时，官府常令八省客长居中协调诉讼，或是代替官府出面调查与搜集证据，甚至是出庭作证。随着这些"八省客长"参与

---

[39]　重庆城民谚有所谓的"四多"："湖广馆的台子多（指会馆里的厅堂戏台），江西馆的银子多，福建馆的顶子多（指可戴顶戴品级的捐官人数），山西馆的轿子多。"（引见：黄友良，《四川同乡会馆的社区功能》，《中华文化论坛》，3［2002］：43）这也可视为重庆城居民对"八省会馆"内部不同特殊性的细节比较与深入认知。此外，愈到十九世纪后期，移民通过会馆进行合作与协商的频度便愈高，在19世纪90年代出版的第一期《海关十年报告》（1882—1891）中，即指出当时重庆城内会馆每年集会"均较为经常"，而其中的江西会馆在每年的十二月聚会次数可能高"达三百次"，湖广会馆集会为"每年二百余次"，福建会馆超过"一百次"，其他会馆则"在七十至八十次之间"（引见：彭泽益主编，《中国工商行会史料集》，北京：中华书局，1995，下册，页628-629）。

[40]　窦季良，《同乡组织之研究》，页82。

[41]　"八省客长"或称"八省首士""八省局绅"，但这些名词主要是官府使用的"他称"；这些人称"客长""首士"的特定外省移民，在公文书里常"自称"是"八省客民"（如见：《清代乾嘉道巴县档案选编》上册，页252、403）。有学者指出：随着官府委托八省客民处理司法纠纷机会的增加，重庆城内"半边街"的长安寺，乃逐渐成为八省客民的"办公"处所（黄友良，《四川同乡会馆的社区功能》，《中华文化论坛》，3［2002］：43），但这种借用寺庙作为"办公"处所的情形，仍与一般会馆成员捐建自己团体的专属建筑物的情形不同。

包括司法协商在内的各种公共事务机会的增加，以及所谓的"八省"商人累积了更丰厚的经济实力，"八省会馆"这样一种不以专属建筑物为基础的社团名称乃更深地嵌植在重庆城市居民的认知中；但若以捐款成立与维修建筑物的"会馆"基本特征而论，[42] 则重庆城直至清末始终只有八省"会馆"而无"八省会馆"的实体建筑物。

相较于广义的"八省"会馆而言，狭义的"八省会馆"可谓是清代重庆城内上述八个省份所有会馆组织的一种全称式名词；虽然这个团体原本并未兴建一座特定的专属建筑物，但却逐渐演变成可以代表重庆城内一些外省移民参与行政与公共事务的某种介于社团与半官方之间的组织。[43]

简而言之，重庆城内"八省"之内与之外的会馆，以及"八省会馆"的陆续成立与持续运作，使这些商人团体逐渐成为重庆城的重要社团组织。以下将介绍一件重庆城的商业诉讼，既可展示"证据"问题在当时官员审理商业讼案时所占有的重要位置，也能借以检视受理官员委派"八省"等外省商人团体领袖协助调查各项商业"证据"的具体过程。

---

[42]　专属建筑物对会馆、公所的组成颇为重要。有学者以汉口的情形为例，综理出"拥有或长期租用一个会所"等三个基本因素，借以界定会馆、公所如何在十九世纪的汉口变成一种同业或同乡的正式组织，参见：罗威廉，《汉口：一个中国城市的商业和社会（1796—1889）》，江溶、鲁西奇译，页314。十八世纪以降，苏州城内众多会馆、公所也经常通过购置专属建筑物以强化社团组织，并演变成一种兼具"自发性、常设性、合法性"等组织特征的新式工商业团体（参见：洪焕椿，《论明清苏州地区会馆的性质及其作用》，《中国史研究》，2［1980］：40-59；邱澎生，《十八、十九世纪苏州城的新兴工商业团体》，页35-46）。至于对明清城镇众多会馆建筑物的综述，则可见：周均美主编，谷彦芬、王熹副主编，《中国会馆志》，北京：方志出版社，2002，页323-356。

[43]　窦季同，《同乡组织之研究》，页34-35、45-46。梁勇，《清代重庆八省会馆初探》，《重庆社会科学》，10（2006）：93-97。

第二节　重庆商人债务诉讼的证据问题

拜现存卷帙与内容丰富的"巴县档案"之赐，[44] 清代重庆城留下了不少商业诉讼资料，本节特别选取其中一件乾隆年间的讼案以进行较仔细的分析。

乾隆五十六年（1791）重庆城发生了"余均义控告刘集贤案"。[45] 从事铜铅买卖生意的余均义（在巴县经商的江西人，监生）向巴县衙门呈递状纸，指控刘集贤（也是于巴县经商的江西人，又名刘廷选，也是监生）"讹诈滋事"。原告余均义声称：自己曾经是铜铅行店主刘声闻（即被告的父亲）的合伙人，但被告刘集贤接手刘声闻的铜铅行生意之后，即不承认其合伙身份，并且拒绝归还其股金。相隔三天，被告刘集贤也呈递状纸，强调余均义并非合伙人，而是被自己的父亲刘声闻辞退的离职伙计。巴县知县受理后，展开调查，

---

[44] 现存"巴县档案"约有十一万三千卷，排架长度达四百五十米，档案起讫时间约为乾隆十七年至宣统三年（1752—1911），这些案卷主要包括了超过九万九千六百件的案件，而且大约有 88% 的案卷都是当时审理过程的全宗资料。对此份珍贵地方行政与司法档案的简介，可见：四川档案馆编，《清代巴县档案汇编（乾隆卷）》，北京：档案出版社，1991，《绪论》，页 1；赖惠敏，《清代巴县县署档案：乾隆朝（1736—1795）司法类》，《近代中国史研究通讯》，28（1999）：124—127；Yasuhiko Karasawa, Bradly W. Reed, and Matthew Sommer, "Qing County Archives in Sichuan: An Update from the Field," *Late Imperial China* 26, 2 (December 2005): 115—116。至于清代乾隆至光绪各朝按年份的巴县档案的案件数量统计，则可见：夫马进，《中国訴訟社会史概論》，收入夫马进编《中国訴訟社会史の研究》，京都：京都大学学术出版会，2011，页 24；本文中译可见：夫马进，《中国訴訟社会史概论》，范愉译，收入中国政法大学法律古籍整理研究所编《中国古代法律文献研究》第六辑，北京：社会科学文献出版社，2013，页 1—74。

[45] 此案可见"中研院"近代史研究所购藏"清代巴县县署档案：乾隆朝（1736—1795）司法类"微卷，盖有四川省档案馆编号：6-1-1857。有关此案原始史料的简介，可见：邱澎生，《十八世纪巴县档案一件商业讼案中的证据与权力问题》，收入刘铮云主编《明清档案文书》，台北：台湾政治大学人文中心，2012，页 421-491。

并委派重庆城的外省商人，针对原告、被告提出的各种证据，进行查核与协商。巴县知县在厘清各项证据之后，最后乃做出判决。

本案发生在乾隆五十六年（1791）三月底至六月初，由提出控告到最后审结大约为期两个月，原告与被告双方在此期间都曾多次提出人证与物证，最后经由知县审结并由原、被告双方同意出具甘结，接受审理决断。本案留存下来的状词、调解呈文、判决文书，以及其间各方呈附的各种相关私人契约与书信，不仅可借以考察巴县知县处理商业纠纷的流程以及对待各项证据的态度，也能反映当时原被告商人、抱告、证人、客长、代书、歇家乃至于厕身背后的讼师这些人物，在当时的既有司法与商业制度之内如何运作并各自发挥其影响力。此案最后由知县确定相关实情：余均义其实是被告刘集贤父亲刘声闻聘请的伙计，并非是余均义自己宣称的合伙股东；此案的主要缘由是：余均义因为被店家辞退，又向刘集贤借钱不遂，因而心生不满，乃诬告刘集贤。此案的审理过程可大概区分为六个阶段，以下稍做陈述。

第一个阶段。乾隆五十六年三月二十六日余均义在告词中表明：自己曾在乾隆三十八年与刘声闻"伙开铜铅行"，并且为此家店铺"不辞劳瘁"做出许多贡献，但当刘声闻的儿子刘集贤接手生意之后，余均义起初也仍维持合伙并且照常帮理行务。然而，当乾隆五十二年（1787）余均义想回家照顾母亲并提出退股要求，刘集贤却始终避不见面，在屡次请求"客长、行邻"与刘集贤理论之后，也都无效，因而才控告刘集贤。

在告词之外，余均义并附上两份书面证据：一份是节录的乾隆四十二年（1777）"管帐刘静山亲录账单"，另一份是乾隆四十年（1775）刘声闻开设铜铅行经营生意时，受到"奸行"与"讼师"假造该行"图记、印票"而引起债务纠纷的一份告词。第一份证据的账单显示：这家铜铅行的股金高达万两白银，并且该店在某年"二三四五等月的生意计长银二千两零"，余均义在节录的账本后面写道"原单沐讯日呈验，乞吊行簿查对"。巴县知县看完告词与节录账单后，批准受理，知县批文写道："合伙生理多年，显未拆分，刘廷选一旦用计避距，殊乖情理。准唤讯夺。"要求胥役陈俸、杨洪二人，"限三日内"将被告、证人等"逐一唤齐"。

第二个阶段。乾隆五十六年（1791）三月三十日被告刘集贤呈上诉状，并附上两份书面证据：一份是乾隆三十九年（1774）"广货行"商人的公呈，控告余均义，另一份则是刘声闻给余均义的一封私人书信，意图证明余均义是刘声闻昔日以"每年修银四百两"聘请的伙计，并非合伙人。刘集贤诉词写道："试问合伙何年？伊曾出工本若干？合约何在？"同时，刘集贤还欲证明：余均义不仅只是父亲之前聘请的伙计，而且还曾遭到众多巴县"广货行"商人公呈，举发他是一位"无弊不作"素行不良的伙计；至于余均义提出的乾隆四十年协助刘声闻铜铅行打官司的证据，其实是父亲之前"时因差事涉讼，均义在案有名，并未刘集贤合伙"。并且刘集贤指出：余均义先是要求重新聘他"入行得修（引者按：修，修金，即薪水）"，遭到自己拒绝之后，便又"求借银两"，但又遭到拒绝。因为两次所求不遂，余均义才诬告自己。巴县知县看完诉状之后裁定："准诉，候讯。"

第三个阶段。原告余均义第二次提出告词，表明他确实在乾隆三十八年（1773）与刘声闻合伙接手之前在姜宣才开设的铜铅行经理生意，但当时因为刘声闻"年长"，故在承接姜宣才的生意时，"帖更伊父（刘声闻）之名"，但是所有资本则"皆伙内办出"，也就是都由他与刘声闻共同出资。余均义向知县强调：当年两人合伙的这份合约，"载凭行簿，恳调查验"。同年四月三十日，巴县知县批示："仰合伙行中、客长、行邻，秉公据实查覆夺。"要求这些外来

商人与邻居民众共同协助调查案情。五月四日，巴县知县正式下令
"客长田文灿并行邻等"协助调查案情，并要求客长等人"秉公理
处，据实具禀"。

第四个阶段。乾隆五十六年（1791）五月六日原告余均义邀请
客民田文灿等人到"府庙"（即重庆府城隍庙）确查相关事证（"祈
查行帐"），希望证明自己确系合伙。大约隔天，被告刘集贤也请客
民田文灿等人到府庙说明案情，强调余均义实乃父亲刘声闻当年聘
请"在行帮贸"的伙计，故而"亦无行帐可查"。五月十一日，田文
灿邀请原、被告双方"仍在府庙理论"，双方都拿出合同契约，并且
各执一词，难辨真假，并且双方都不愿和解。

经过调查与协商，田文灿在五月二十五日呈覆官府：原、被告
双方"各执出合同，民等查看双方之约，均系同年同月同日，一人
笔迹，书写无异"。同时还写道："民等查得：（余）均义回籍复来，
（刘）廷选以银三百两赠均义另贸，廷选令均义书立会约，均义不
允，故有是控。民等理劝廷选，仍以银三百两给均义免讼，两相执
拗不遵。"田文灿等人在呈文末尾还特别强调，原、被告双方各有证
据而又各执己见，调解无效，并表明了自己作为百姓不具备强制调
解权力的无奈："民等民难治民，不敢徇延，理合据实缴委。"知县
批示："候讯夺。"

第五个阶段。被告刘廷选提出禀词，并抄附了两份看来最为关键
的书面证据：一是乾隆三十九年（1774）九月刘声闻以及杨楚珩、姜
斐才三人签订的各出八百两整"三股均分"的合伙合约，三人议定要
由刘声闻向外具名，以接替姜宣才开设的铜铅行。这份合约可以证明
余均义当时并未参与此项合伙。二是乾隆四十一年（1776）姜宣才将
义子余均义逐出铜铅行的一封私人信件，信件内容表明要请余均义
"另寻买卖，毋得霸占在行"，表明余均义在此时已遭店家开除。五月

二十九日知县批示道："候讯。抄呈尔父合约并姜宣才信，存。"

　　第六个阶段。乾隆五十六年（1791）六月二日巴县知县开庭审理，先讯问了多位江西籍贯而在巴县经商的客民，包含了广货行的刘梓青，以及田文灿、曾天荣、刘静山、吴西载等四位人证的口供，然后再讯问余均义与刘集贤；经过核对口供证词及证据之后，断定余均义的合伙主张不成立，并做出以下判决："讯得：……查目今行帖是（刘）集贤之名……（余）均义事隔多年，并无银本在行……欲向集贤行中算账，真可谓凭空讹诈，须责抱告二十板示辱。惟余均义与集贤，谊同乡梓，酌量帮银八十两，资其赆仪，以便返棹江右。仍取均义永断葛藤甘结在卷，倘均义以为……犹敢执拗，本县定照《讹骗例》严究。"六月二日，分别取得余均义愿意领取刘集贤"帮银八十两"并且"日后永远再不敢向集贤行内滋生事端"的甘结，以及刘集贤愿意遵照判决的两份甘结文书。

　　综合审理本案的六个阶段来看，证据始终是全案的审理关键。具体而论，此案真相到底是原告主张的自己为合伙人身份，还是如被告抗辩的原告其实只是伙计，正是巴县知县及原告、被告三方面最关心的共同事项。在审理此案的过程中，为了争取巴县知县的信任，原告与被告都不断拿出各种有力证据，最后是被告刘集贤拿出来乾隆三十九年（1774）九月的"三股均分"合伙合约，以及乾隆四十一年（1776）姜宣才将义子余均义逐出铜铅行的私人信件等两份书面证据，彻底说服了巴县知县。

　　然而，令人好奇的是：被告取出这两份最有力的书面证据，并非在案件起始阶段，而是要到本案审理的第五阶段。在此之前，当原、被告双方在证据问题上争持不下，致使巴县知县由第一到第三阶段都无法断定案情，只能委任"客长田文灿并行邻等"协助调查案情，希望田文灿这些在重庆城经商较久的客商领袖协助此案的审理工作，既帮知县调查证据，也协调原、被告双方的债务或合伙争议，这才使得此案进入到第四阶段。第四个阶段大致由乾隆五十六年（1791）五月六日进行到同年五月二十五日，为时也有二十天之久，时间也还算充裕，但何以被告刘集贤并不早些拿出那两份第五阶段才出现的书面证据呢？刘集贤是真的突然找到两份文件，还是只是等待余均义拿出手里的各项证据之后才亮出自己王牌证据的一种诉讼策略，史料有阙，我们后人也许只能继续猜测。

　　另外值得注意的是：知县委请客长田文灿主持的调查与协调工作基本上并未成功。田文灿写给巴县知县的呈文，无奈地表示自己与余均义、刘集贤同为一般百姓，因而无法更有力量地主持调查与调解工作，只好将过程据实禀报知县："民等民难治民，不敢徇延，理合据实缴委。"然而，不管身为"客长"商人的田文灿的调停工作如何未能发生效果，这类委任客长介入商业纠纷调查与协调的做法，特别是让同乡商人与"客长"共同聚集于重庆府城隍庙，并由地方官指派胥役从旁监督，涉讼商人提供各自拥有的商业证据相关文书，大家针对账本、契约、信件等商业证据共同进行调查，然后再由客长试着提出原、被告双方可以接受的调停方案，最后才将结果呈报地方官——这套商业纠纷的调查与调停流程，看来在十八世纪末的重庆城已是一种已然确立的地方司法流程或是商业诉讼体制。

　　进入十九世纪前期，在商业讼案的审理过程之中，委派外省商人团体领袖调查相关证据，并由这些受到委任的商人领袖负责协调，试着让原、被告双方能够愿意和解，这已经是当时重庆城经常发生的现象。这类商业讼案的审理、调查与和解过程，不仅发生在巴县知县衙门，同样位于重庆城内的重庆知府衙门，也会将类似工作委任给这些商人团体的领袖。如清嘉庆十一年（1806）的"监生章景昌等禀列圣宫武圣庙会首李定安侵吞公款案"，重庆知府在批阅巴县知县送上的此案审理的司法文书之后，理解到将此案提请上控的商人何以对巴县知县的判决感到不公允，决定接受上控将此案发回要求巴县知县再做审理，这位知府批示道："应将此案仍由巴县转发八省客总，秉公清算。"[46] 作为商人团体领袖的"八省客总"成为重庆知府特别点名、赋予调查与调停商业讼案任务的重要人士。

　　值得留意的是：嘉庆十一年（1806）"监生章景昌等禀列圣宫武圣庙会首李定安侵吞公款案"提及的"八省客总"，以及乾隆五十六年（1791）"余均义控告刘集贤案"出现的"客长"田文灿，两者在商人团体领袖的身份上似乎略有不同。比起"客长"而言，"八省客总"在整个重庆城可能更有知名度，或者说，在商人团体领袖的社会身份层级上，"八省客总"可能要比作为某一特定省份商人团体领袖的"客长"更有代表性。不过，无论是委派"客长"还是委派"八省客总"，这都反映了重庆地方官在审理商业讼案的过程中，试图借助商人团体领袖的既有声望以及他们在商业经营领域上的专业知识，加快解决商业讼案的审理过程。

　　尽管本章主要只以巴县档案中的一件商业讼案为例证，但以笔者所见巴县档案中有关商业诉讼的其他案例及学界现有的研究成果而论，至少在十八世纪末、十九世纪初之间，重庆城内各级官府委派"客长""八省客总"等商人团体领袖协助调查并调解商业讼案的

---

[46]　清嘉庆十一年的"监生章景昌等禀列圣宫武圣庙会首李定安侵吞公款案"，43 张。藏于四川省档案馆，编号：6-2-0175，页 0391-0470。

现象，确实已非特例而是具有一定程度的普遍性。[47] 从这个角度看，无论是委派由单一省份外来商人支持的"客长"，或是委派由多个省份外来商人支持的"八省客总"，两者都属同类做法，既构成了重庆司法审理工作的有机一环，也成为当时重庆城日常生活中经常上演的场景。

小　结

本章以"巴县档案"保存的乾隆五十六年（1791）"余均义控告刘集贤案"以及嘉庆十一年（1806）"监生章景昌等禀列圣宫武圣庙会首李定安侵吞公款案"为例证，说明在十八、十九世纪重庆城的商业债务或合伙讼案的审理过程中，不仅可见到涉讼双方商人提供的各种书面证据对于官员审案所起到的关键作用，也能发现"客长"与"八省客总"等商人团体领袖在协助官府调查账本、契约、书信各项商业证据文书，以及调停商业讼案等方面扮演了重要角色。到了十九世纪前期，这些现象应该都已构成重庆城内商业经营、司法审理乃至日常生活的重要一环。[48]

[47] 相关研究可见：陈亚平，《清代巴县的乡保客长与地方秩序——以巴县档案史料为中心的考察》，《太原师范学院学报》，9（2007）：123–127；陈亚平，《寻求规则与秩序：18—19世纪重庆商人组织的研究》，北京：科学出版社，2014；张渝，《清代中期重庆的商业规则与秩序——以巴县档案为中心的研究》，北京：中国政法大学出版社，2010；周琳，《城市商人团体与商业秩序——以清代重庆八省客长调处商业纠纷活动为中心》，《南京大学学报（哲学·人文科学·社会科学）》，2（2012）：80–99。

[48] 相关研究可见：戴史翠（Maura Dykstra），《帝国、知县、商人以及联系彼此的纽带：清代重庆的商业诉讼》，收入王希编《中国和世界历史中的重庆：重庆史研究论文选编》，重庆：重庆大学出版社，2013，页166–180；谢晶，《无"法"的司法——晚清巴县工商业合伙债务纠纷解决机制研究》，《法制史研究》，25（2014）：235–254。

在明清中国的商业史上,合伙制度早已十分盛行,[49]涉及合伙的商业诉讼也留下了不少相关记载,[50]这些合伙制度以及涉及合伙的诉讼案件到了清代中后期已然遍布全中国。然而,清代重庆城包括合伙纠纷在内的各种商业诉讼,其处理模式在中国境内到底有着何种程度的代表性,也许可由苏州城的事例做些对照。

相较于重庆城,十八、十九世纪的苏州城更是人口众多与工商业繁荣的大城市;当时苏州不仅也曾发生各类商业讼案,而且在商人捐款成立"会馆、公所"等各种不同名称的商人团体的数量与规模上,都比重庆城的商人团体更为众多与庞大。然而,很令人好奇的是:在现存记录商人讼案与会馆、公所涉入司法运作的苏州碑刻等资料里,几乎很难发现类似重庆地方官委派"客长"等商人团体领袖调查或协调商业讼案的记录。[51]

在现存记录苏州商人团体的各种集体活动的碑刻资料里,何以

[49] 明清合伙制度的研究成果至少可见:今堀诚二,《合夥の史的变迁》,收入今堀氏著《中国封建社会の构成》,东京:劲草书房,1991,页526-644;宫崎市定,《合本组织の发达——「中国近世における生业资本の贷借について」补遗》,收入宫崎氏著《アジア史研究》,京都:同朋舍,1979,页194-197;藤井宏,《新安商人的研究》,傅衣凌、黄焕宗译,收入《江淮论坛》编辑部编《徽商研究论文集》,合肥:安徽人民出版社,1985,页131-272;杨国桢,《明清以来商人"合本"经营的契约形式》,《中国社会经济史研究》(厦门),3(1987):1-9;张正明,《清代晋商的股俸制》,《中国社会经济史研究》(厦门),1(1989):39-43;封越健,《商人、商人组织和商业资本》,收入方行、经君健、魏金玉主编《中国经济通史·清代经济卷》中册,北京:经济日报出版社,2000,页1251-1309;刘秋根,《中国古代合伙制初探》,北京:人民出版社,2007,页361-414。

[50] 范金民,《明清商事纠纷与商业诉讼》,南京:南京大学出版社,2007,页15-59。

[51] 当时苏州经商冲突及相关讼案的研究可见:邱澎生,《由苏州经商冲突事件看清代前期的官商关系》,《文史哲学报》(台北),43(1995),页37-92。至于苏州会馆、公所与清代台湾、汉口、重庆等其他地方存在的商人团体的异同比较,则可参考:邱澎生,《会馆、公所与郊之比较:由商人公产检视清代中国市场制度的多样性》,收入林玉茹主编《比较视野下的台湾商业传统》,台北:"中研院"台湾史研究所,2012,页267-313。

很少见到类似前述重庆城地方官委派"客长""八省客总"等商人团体领袖协助调查商业证据的事例？一个最简单的答案或许是苏州没有留存类似"巴县档案"这样卷帙庞大而又内容丰富的史料，故而许多当日可能于苏州发生的商业讼案的审理细节现在已无法找到。现今尚未发现史料，当然并不代表当时即不曾存在相关史实。特别是当我们同时考虑现存的十九世纪晚期清代台湾"淡新档案"也有类似重庆地方官委派商人领袖调查或协调商业讼案的事例，[52] 则苏州的情况显得更加奇怪。如何解释这个现象？一个直接的推测是：若苏州也能留存类似"淡新档案""巴县档案"之类的地方政府公文书的话，或许能发现当时苏州同样存在乾隆五十六年（1791）重庆"余均义控告刘集贤案"等官府委任商人团体领袖调查商业讼案的类似例证。

不过，笔者对此还是不禁有些怀疑：现存的苏州碑刻等史料当中保留的商业讼案数量其实并不算少，特别是这些苏州碑刻史料也常刊载当时各类商业讼案司法文书的节录文本，有时甚至还刊录了诸如仿冒棉布商标牌记案件的当事人部分口供，然而，在这些现存的苏州碑刻史料里，却似乎很难看到类似重庆地方官委派"客长""八省客总"协助调查商业讼案的蛛丝马迹，令人颇感疑惑。

无论是"余均义控告刘集贤案"，还是"监生章景昌等禀列圣宫武圣庙会首李定安侵吞公款案"，重庆城委派"客长""八省客总"调查证据并协调纠纷的商业讼案处理模式，在巴县档案中并非特例，算是寻常得见的现象。但在苏州这样经济情况比重庆更加发达的大

[52]　相关情形可查考：艾马克（Mark A. Allee），《十九世纪的北部台湾：晚清中国的法律与地方社会》，王兴安译，台北：播种者文化出版公司，2003；林玉茹，《清代竹堑地区的商人团体：类型、成员及功能的讨论》，《台湾史研究》，5，1（1999）：47-90；林玉茹，《清代竹堑地区的在地商人及其活动网络》，台北：联经出版公司，2000。

都市里，反而未曾留下可供考察的类似线索。如果暂不考虑苏州未曾留下类似巴县档案的丰富地方公文书的这层史料有阙的因素，则苏州与重庆的上述差异是否可能还反映了其他重要的历史原因呢？有无可能因为重庆城的人口规模比苏州为小，或是外来移民对苏州城的影响力量远比重庆城情形小，故而才在两个城市产生了看来颇不相同的商业讼案处理模式？这可能仍是值得严肃考虑的重要课题。

　　苏州城所在的吴县、长洲、元和三县至今都未发现地方衙门司法档案，只有在苏州城外邻近的太湖地区，曾经留存了同治年间形成的"太湖厅档案"。有学者以太湖厅档案对比重庆的巴县档案，发现两类诉讼档案存在一项重要差异："只要阅读两者并进行比较，任何人都会发现：生活在这两个地方的民众所进行的诉讼以及官府的审判方式迥然不同。"太湖厅在清代同治年间涉及诉讼的民众，"与同时期的巴县人比较而言，温和稳重得多，对做出判决的地方官可以说相当顺从"；但在同治年间的巴县诉讼给人的感觉则"像是被卷入到巨大的黑色漩涡中一样"，呈现出某种重庆民众极爱好诉讼的"好讼社会"的样貌，因而与苏州地区太湖厅民众进行诉讼的"温和稳重"的方式极不相同。[53]

　　何以两类不同的司法档案所反映的地方诉讼情况竟然差异如此之大？夫马进从时间变动与空间差异两方面做了论证与推测。在时间变动方面，十九世纪后半叶的同治年间其实与十八、十九世纪之际的乾隆、嘉庆年间颇不相同；即使是在嘉庆时期的巴县，审判方式其实原本也"与太湖厅比较接近"。在空间差异方面，同治年间太湖厅档案反映了涉案民众的经济社会生活其实比较类似乡村的形态，当地经济

---

[53]　夫马进，《中国诉讼社会史概论》，范愉译，收入中国政法大学法律古籍整理研究所编《中国古代法律文献研究》第六辑，页1-74，引文见页6。

并不以工商活动为特色；重庆城则与太湖厅的经济生活呈现出至少三项差异：人口压力更大、社会结构的都市性质更强、外来移民占当地人口比重较高。[54] 夫马进指出的时间变动及空间差异的两方面因素，提供了日后研究清代中国法律与社会关系的重要线索。

王志强曾以巴县档案中同治朝的一些钱债案件为例，发现当时地方官府几乎完全不凭借民间力量协助调查证据，故而像是一种"家长官僚型"的司法体制，与近代早期（early modern）英格兰司法程序能够有效调动各种社会资源的情形很不相同。王志强强调：在当时的英格兰，民事案件的事实与当事人在法律上提出的主张，以及案件的相关证据、纠纷救济的要求，都必须要由当事人及其律师向法院提出，法院在此过程中只承担形式审核、监督庭审以及传唤证人等责任，故而是一种能够有效结合"自治"（self-government）与"法治"（rule of law）的司法体制。[55] 清代中国的司法体系虽然与近代早期英格兰确实存在种种制度差异，但以巴县档案中的乾隆五十六年（1791）"余均义控告刘集贤案"为例证，若认为当时中国地方官完全不借助民间力量协助调查证据，似乎并不完全符合当时的实情。

如何评估清代社会力量在司法审判中的作用、地位与性质，一直是不少学者关注的重要议题。只是，这可能属于历史比较的课题，王志强将其与英格兰比较是一例证，足立启二也曾以巴县档案中的诉讼案件对比日本的熊本藩"古文书""古记录"，试图论证清代中国"专制国家"与江户日本"封建社会"之间存在极不相同的国家与社会的互动关系：当时日本以小农和村落的力量发展出了以农民

---

[54]　夫马进，《中国诉讼社会史概论》，页8–10。

[55]　王志强，《清代巴县钱债案件の受理と審判——近世イギリス法を背景として》，田边章秀译，收入夫马進編《中国訴訟社会史の研究》，京都：京都大学学術出版會，2011，页821–855。

为主体的自治团体，从而导致原先的"领主统治"名存实亡，并使日本的社会团体不断发展壮大。而当时中国虽然出现了商品经济的显著发展，但因为专制国家的作用，加上地方政府内部充斥着人数庞大的书吏、差役，这些吏役都长期渗透到种种社会职能之中，致使中国社会无法出现本可伴随着商品经济而凝聚的种种具有"公共性"的社会团体。[56] 这种来自中日历史比较的综合性看法也有一定程度的启发性，但若以前述夫马进指出的太湖厅与巴县的空间差异看，似乎还可对此议题再做更深入的思考。

以东南沿海地区为例，自晚明福建地区开始普遍实施一条鞭法以后，上缴中央的税收增多，以致地方政府财政规模锐减，故而只能将更多公共事务"授权"给当地宗族。[57] 至于与巴县同样位于四川的南部县，这是一个商业不若巴县发达的地方，却同样留下了丰富的清代地方司法文书"南部县档案"。有学者研究了其中的民事纠纷与司法案件，强调地方政府在"低成本治理"的现实考虑下，时常借助宗族与乡里组织共同维护法律权威及地方社会秩序；无论在诉讼尚未到达衙门之前的处理，还是诉讼到达衙门之后的官府裁决，宗族与乡里组织都"发挥着重要的调处作用"。[58] 然则，团体成员的互动关系究竟要达到什么样的标准，才能算是具有"公共性"的社会团体呢？在不同国家或地区里，这种社会团体的"公共性"是否

---

[56] 足立啓二，《一八～一九世紀日中社会编成の構造比較》，收入足立氏著《明清中国の経済構造》，東京：汲古書院，2012，頁593–645。

[57] 郑振满，《乡族与国家：多元视野中的闽台传统社会》，北京：生活·读书·新知三联书店，2009，页257–299。

[58] 吴佩林，《清代县域民事纠纷与法律秩序考察》，北京：中华书局，2013，页91、123。

都只能有同样一种标准？[59]

以巴县档案中乾隆五十六年（1791）"余均义控告刘集贤案"与嘉庆十一年"监生章景昌等禀列圣宫武圣庙会首李定安侵吞公款案"为例，可清楚见到当时重庆城发生的这种地方官委派"客长""八省客总"协助调查证据并努力促成原、被告和解的商业讼案处理模式。以商业发展程度而论，十八、十九世纪之间的巴县肯定比南部县繁荣，但却比不上同时期的苏州、松江等江南地区，但无论如何，巴县的许多商业诉讼仍然是某种都市社会的产物，而由商人自愿捐款组成的社会团体也频繁地在地方官的委任之下，介入调查与协调商业纠纷的工作。不管这些商人团体领袖在每个具体案件的调查过程与协调结果上是否真能让诉讼双方当事人满意，这类社会团体与地方政府的经常性互动关系，是否只能简单地视为类似"差役"性质因而减损其"公共性"？同时，在当时重庆地方官眼中，"客长""八省客总"的地位是否有如"乡约、地保"一般，难以称为是某种具备一定社会地位的社会精英？这些问题可能仍要通过更多案件并结合具体时间与空间的变化再做仔细探究。

---

[59]　这方面较全面与更细致的反思，可见：王国斌，《近代早期到近现代的中国：比较并连结欧洲和全球历史变迁模式》，《文化研究》，19（2014），"明清中国与全球史的连结"专题论文，页18-57。

第七章　明清中国商业书中的伦理与道德论述

随着十六世纪到十八世纪中国全国市场的扩展，出现了一批涉及交通、住宿、货币、度量衡、商品、商税、应酬书信等各方面内容的商业书，反映了当时明清商业发达的一项特色。[1] 这些商业书不仅有针对一般不分行业的"坐贾"（开设店铺者）与"行商"（旅途商贩者）的，其他像是从事特定一类商业的典铺与当铺，以及经营棉布批发与加工的"字号"业，也都出现了一些用以传授商业经营知识的专门书，这些文本都可统称为明清中国的商业书。[2] 若要估计明清中国经济发展的整体概况，特别是若要了解当时商业经营所需的交通路线、数字计算、书信写作、货币换算、学徒与伙友教育训练等知识，以及由商业经营的立场去认识或评论各类人际关系的商业伦理或是商业道德问题，这些商业书都反映了不少重要的相关论述。

目前学界有关明清商业书的研究成果已然不少，讨论主题大致

[1] 陈国栋，《懋迁化居——商人与商业活动》，收入刘岱总主编、刘石吉主编《民生的开拓》（《中国文化新论·经济篇》），台北：联经出版公司，1982，页272。

[2] 对现存明清中国各种不同的商业书（或称商书）比较全面的介绍，可见：陈学文，《明清时期商业书及商人书之研究》，台北：洪叶文化有限公司，1997；张海英，《明清社会变迁与商人意识形态——以明清商书为中心》，《复旦史学集刊》第一辑《古代中国：传统与变革》，上海：复旦大学出版社，2005，页145-165；张海英，《明清商业书的刊印与流布——以书籍史／阅读史为视角》，《江南社会历史评论》第八期，北京：商务印书馆，2016，页32-46。

包括：商业水陆交通路线的概况与变动、[3]客商与"车、船、店、脚、牙"等从业者在商业上的交往经验、[4]算盘技法与商用数学的演变、[5]针对学徒与伙友的商业与工业教育训练、[6]"日用类书"中收录的商业知识内容，[7]以及商业书中的"抄稿本"与"刊印本"问题，[8]还有商

---

[3]　韩大成，《交通运输的发展》，收入韩氏著《明代城市研究》，北京：中国人民大学出版社，1991，页237-271；谷井俊夫，《里程書の時代》，收入小野和子編《明末清初の社會と文化》，京都：京都大學人文科學研究所，1996，頁415-455。Timothy Brook, *Geographical Sources of Ming-Qing History*, Ann Arbor: Center for Chinese Studies, University of Michigan, 2002；张海英，《明清江南商品流通与市场体系》，上海：华东师范大学出版社，2002。

[4]　鞠清远，《清开关前后的三部商人著作》，收入包遵彭等编《中国近代史论丛》第二辑第二册，台北：正中书局，1977，页205-244；森田明，《「商賈便覽」について——清代の商品流通に関する覚書》，《福岡大学研究所報》，16（1972）：1-28；水野正明，《「新安原板士商類要」について》，《東方學》，60（1980）：96-117。

[5]　本田精一，《「三台万用正宗」算法門と商業算術》，《九州大學東洋史論集》，23（1995）：87-125；李伯重，《八股之外：明清江南的教育及其对经济的影响》，《清史研究》，1（2004）：1-14。

[6]　罗仑，《乾隆盛世江南坐商经营内幕探微》，收入洪焕椿、罗仑编《长江三角洲地区社会经济史研究》，南京：南京大学出版社，1989，页241-257；范金民，《清抄本〈生意世事初阶〉述略》，收入范氏著《国计民生——明清社会经济研究》（福州：福建人民出版社，2008），页742-748；张海英，《从商书看清代"坐贾"的经营理念》，《浙江学刊》，2（2006）：94-101；李琳琦，《从谱牒和商业书看明清徽州的商业教育》，《中国文化研究》，21（1998）：44-50；王振忠，《启蒙读物与商业书类》，收入王氏著《徽州社会文化史探微：新发现的16—20世纪民间档案文书研究》，上海：上海社会科学院出版社，2002，页312-445；彭南生，《行会制度的近代命运》，北京：人民出版社，2003，第7-9章，页196-326；余同元，《传统工匠及其现代转型界说》，《史林》，4（2005）：57-66。

[7]　王尔敏，《明清时代庶民文化生活》，台北："中研院"近代史研究所，1996；吴蕙芳，《万宝全书：明清时期的民间生活实录》，台北：台湾政治大学历史学系，2001。

[8]　张海英，《从明清商书看商业知识的传授》，《浙江学刊》，2（2007）：83-90。

人道德与商人自觉的主要特征，[9] 涉及的面向颇为丰富多样。

　　无论刊印本或是抄稿本，都可作为商人传承其经商经验的文本，故形式虽然可能影响其写作策略，但两者的功能还是具有不少相似性。随着十六世纪以后明清国内外商贸活动的加速进行与扩展，各类经商知识也在全国范围内不断累积、传播与演变。这些商业书的取材内容常有不同，既有作为标明全国商业路线及沿途风土民情的"程图"或"路引"等内容宽泛的商业书，[10] 也有讨论"买山先种松，买地先种柳"等特定商品经营技巧的所谓"致富全书"的特定

---

[9]　寺田隆信，《明清時代の商業書について》，原载于《集刊東洋学》，后收入寺田氏著《山西商人の研究：明代における商人および商業資本》，京都：京都大學文學部内東洋史研究會，1972，頁297-336；斯波義信，《「新刻客商一覧醒迷天下水陸路程」について》，收入《東洋学論集：森三樹三郎博士頌壽記念》，東京：朋友書店，1979，頁903-918；Richard John Lufrano, *Honorable Merchants: Commerce and Self-Cultivation in Late Imperial China*, Honolulu: University of Hawaii Press, 1997；张海英，《明清社会变迁与商人意识形态——以明清商书为中心》。

[10]　中国历史上类似"程图、路引"的文本至少可上溯到宋、元时代的"行纪"，但延至明清两代，则出现更多以"路程图记、程图、路引"命名的专书。这类程图、路引的种类不少，品质也各有高下。有些程图固然"但施抄袭"因而并"不准确"（参见：吴壁雍，《〈石渠阁精订天涯不问〉——一部院藏袖珍本旅行交通手册》，《故宫文物月刊》，21，8［2003］：82-87），但并非所有程图都是如此"不准确"，如明隆庆四年（1570）黄汴所辑《一统路程图记》（此书又名《新刻水陆路程便览》或《图注水陆路程图》），有学者认为此书"所记大多数驿站和驿路都很准确"，而这类比较准确的程图、路引在十六世纪以后的中国境内流行了三四百年，直至清末通信方式和交通工具发生重大变化，才为近代"交通指南"和各种新式地图所取代（参见：杨正泰，《〈一统路程图记〉前言》，收入杨氏著《明代驿站考》，上海：上海古籍出版社，1994，页133-134）。张海英曾仔细比对不同版本的程图，指出明清其实存在几种不同的"路引体系"：明代隆庆年间的黄汴《一统路程图记》，"明显继承元代许衡编著的《万宝全书》"的相关内容，这套路引体系确实影响了其后许多明代程图；但明代天启年间程春宇《士商类要》的程图内容，则是对清代《示我周行》等书影响甚大的另一套路引体系（参见：张海英，《明清水陆行程书的影响与传承——以〈一统路程图记〉、〈士商类要·路程图引〉、〈示我周行〉为中心》，收入《江南社会历史评论》第五期，北京：商务印书馆，2013，页21-22）。

商业书。[11] 但无论其涉及经商事务范畴的宽泛或特定，当这类著作以刊本或是抄稿本的形式出现时，都能相当程度地反映时人整理与传承各类商业知识与相关伦理道德的企图与成果。

　　明清商业书的刊印本种类颇为多元，诸如用以传承"行商"经验的《客商规鉴论》[12]《士商类要》[13] 与《客商一览醒迷》，[14] 以及标榜同时纳入"行商"与"坐贾"商业知识的《商贾便览》，[15] 这些商业书大多为由书坊制作并售卖的刊印本。至于抄稿形式的商业书也有些许作品存世，如讨论"坐贾"经商事务的《生意世事初阶》、[16]

[11]　（明）陈继儒撰，（清）石岩逸叟增定，《重订增补陶朱公致富全书》（《故宫珍本丛刊》子部第 363 册，海口市：海南出版社，2001，据清康熙年间经纶堂刻本影印），卷 3，《诗赋·田园即事》，页 23 下。

[12]　（明）不著撰人，《客商规鉴论》，收入（明）三台馆主人仰止余象斗编《新刻天下四民便览三台万用正宗》（据明万历二十七年［1599］余氏双峰堂刻本影印，后文简称《三台万用正宗》），收入酒井忠夫监修，坂出祥伸、小川陽一编《中國日用類書集成》，東京：汲古書院，2000，第三卷，册 2，卷 21，"商旅門"，页 294–348。《三台万用正宗》原刊于明万历二十七年，则收录于书中之《客商规鉴论》应系更早编成。

[13]　（明）程春宇，《士商类要》，书前有明天启六年方一桂叙文，杨正泰点校本，收入杨正泰，《明代驿站考（增订本）》，上海：上海古籍出版社，2006，附录三，页 299–447。

[14]　（明）李留德，《客商一览醒迷》，书前有明崇祯八年（1635）《合刻水陆路程序》，新校本，收入杨正泰校注《天下水陆路程、天下路程图引、客商一览醒迷》，太原：山西人民出版社，1992，页 267–329。据泷野正二郎先生细核崇祯八年本《客商一览醒迷》告知，此书作者不是杨正泰校注本所写的"李晋德"，而应是"李留德"，此处据以改正，特此致谢。

[15]　（清）吴中孚，《商贾便览》，六集八卷本，书前有清乾隆五十七年（1792）作者自序，复印件藏于"中研院"近代史研究所郭廷以图书馆。

[16]　（清）王秉元，《生意世事初阶》，书前有清乾隆五十一年（1786）汪氏重抄本序言，现藏于南京大学图书馆。感谢范金民与张海英两位教授协助，使笔者有机会研读这份抄稿本。

登记当铺如何估价各类货品的数种"当谱",[17] 以及收录棉布生产加工、检验与买卖行销原料等各种相关技艺的《布经》,[18] 这些都是当时以抄稿本的形式流传的商业书。

当然,传承商业知识的方式很多,并不必然非靠刊印本或是抄稿等文字形式不可,"口传心授"其实也经常发挥更为直接的功效。我们不妨将明清商业知识的传承区分为"口传心授"与"文字传播"两大类:前者包括个人的亲身经历、雇主或师长的耳提面命,以及亲友的私下指点;后者则主要通过写录抄稿或是刊印书籍,借以传承商业知识。一般说来,以文字传播的商业知识,可能经常比不上口传心授者来得亲切,但却因为容易流通而具有更广大的扩散性。而要进一步留意的是:即使同属文字传播的商业知识,抄稿与刊印本两者可能在内容上存在重要区别,刊印本固然流传范围比抄稿大,抄稿本却因制作时未曾特别想要公开提供给较多素不相识的读者阅读,因而作者、编者或是抄者的顾忌便相对较少,有时反而记录了商人对某些敏感事物或特定人际关系更加真实的想法。[19] 明清中国那些通过"口传心授"的商业知识,现今固然已很难复原,但在某个意义上说,抄稿商业书比起刊印本商业书,有时候却可能更接近

---

[17] 如《当铺集》(书前封面署有"大清乾隆二十四年春刻增补致膳钞")、《论皮衣粗细毛法》(书前题有清道光二十三年"任城李氏定本,峻山氏重辑")、《当谱》(清抄本,未著年代)、《成家宝书》(清抄本,未著年代)、《定论珍珠价品宝石沉头》(清抄本,未著年代,书末盖有民国二十六年六月十日"袁同礼先生赠"印记),这五种抄本都影印收入北京的国家图书馆分馆编《中国古代当铺鉴定秘籍》,北京:国家图书馆,2001。

[18] 目前至少有三种不同的《布经》抄本:(清)范铜,《布经》,清抄本,影印收入《四库未收书辑刊》,第3辑第30册,页82-110;(清)不著撰人,《布经》,清抄本,安徽省图书馆藏;(清)不著撰人,《布经要览》,据(清)汪裕芳抄本影印,收入《四库未收书辑刊》,第10辑第12册,页581-599。

[19] 有关这方面问题的讨论,参见:张海英,《从明清商书看商业知识的传授》,《浙江学刊》,2(2007):83-90。

当时中国口传心授的商业知识。

在既有的明清商业书研究基础之上，本章将以出现于十六世纪至十八世纪间的《客商规鉴论》与《商贾便览》为主要考察对象，针对其中包括的商业知识与伦理道德论述，做较仔细的比较。

第一节　综论与举证交错：《客商规鉴论》的商业训练与教育

现今较易见到的《客商规鉴论》，收录于当代学者习称为"日用类书"的《三台万用正宗》（后书原刊于明万历二十七年，1599），但此书的具体写作年代与作者姓名不详。《商贾便览》则是以专书的形态出现，该书编于乾隆五十七年（1792）而刊于道光二年（1822），是十八世纪末的文本。[20]整体而论，无论是属于"日用类书"或"商业手册"，对阅读与编写、出版者而言，《客商规鉴论》与《商贾便览》相距约有两百年，但都具有累积与传递商业知识的作用；笔者希望能进一步对这两件商业知识文本细做区分，或许能看出当时建构商业知识的演变轨迹。

今日较易见到的《客商规鉴论》文本，主要收录于《三台万用正宗》卷二一"商旅门"内。由于无法看到《客商规鉴论》作者是否也曾写有自序，只能以该文本的内容及其在《三台万用正宗》全书所占的位置，来与《商贾便览》进行比较，借以检视两件文本在当时如何作为"文字建构式"的商业知识书而被流传与阅读。

《三台万用正宗》全书四十三卷，各卷都以不同的"门"为标

---

[20]　现今传世的《商贾便览》至少有"六集八卷"与"六集十卷"两个不同版本，两书章节基本相同，看来不过是将同类内容多分了卷数而已。两种版本的比较概略，可见：陈学文，《明清时期商业文化的代表作——商贾便览》，收入陈氏著《明清时期商业书及商人书之研究》，页199-201。笔者目前所使用的版本应是陈文所指的六集八卷本。

题，全书共有标题四十三门：天文、地舆、时令、人纪、诸夷、师儒、官品、律法、音乐、五谱、书法、画谱、蹴踘、武备、文翰、四礼、民用、子弟、侑觞、博戏、商旅、算法、真修、金丹、养生、医学、护幼、胎产、星命、相法、卜筮、数课、梦珍、营宅、地理、克择、牧养、农桑、僧道、玄教、法病、闲中记、笑谑。

　　和万历年间其他日用类书的门类结构相比较，[21]《三台万用正宗》"商旅门"的设计显得有些突出，几乎可说是《三台万用正宗》特有的一项门类，[22]明显是以商人为该门内容的最主要读者。虽然当时大多数日用类书都辟有"算法门"，这当然也与经商贸易密切关联，但计算技巧与知识，其实也很难说是只以商人为最主要的读者。与此相较，《三台万用正宗》在维持设置"算法门"的同时，又再特别新辟"商旅门"，这是明清众多日用类书中较特别的一种内容分类设计。

　　《三台万用正宗》四十三卷，各卷内容都区分为上、下两栏。这种分栏的版式设计，普遍见于十六世纪以后的日用类书，兼具节省书版空间、容纳更多内容，以及减少书籍刊行成本进而降低书价的作用。[23]检视《三台万用正宗》卷二一"商旅门"，其上栏内容被赋予了"青楼

---

[21]　这些民间日用类书在明清两代也常被称为"万宝全书"。有学者整理明清两代乃至民国初年的六十八种万宝全书的版本与简目，其中所列的五十八种刊于明万历至清道光年间的万宝全书目录（参见：吴蕙芳，《万宝全书：明清时期的民间生活实录》，页 641–668），可作为检视这些日用类书有无"商旅门"的初步比较。

[22]　有学者指出明代另一部日用类书《新刻天下四民便览万宝全书》（周文焕、周文炜编，32 卷，四册，万历刻本）的第 26 卷也列有"商旅门"，且其所收《客商规略》长七百九十八字，与《三台万用正宗》卷 21《客商规鉴论》"只有一字之差"，只是"现尚不明二个版本有何关系"，见：陈学文，《论明代商业的规范要求》，收入陈氏著《明清时期商业书及商人书之研究》，页 57。

[23]　吴蕙芳，前引书，页 34–35。这种上、下两栏乃至于上、中、下三栏的"日用类书"版式设计，至少已见于元代泰定元年（1324）刊行而明代正统、景泰年间屡次翻印的《启札青钱》的部分门类，参见：吴蕙芳，前引书，页 26、29、35。

轨范"的标题，看来与不少明代日用类书设置的"风月门"或是"风
鉴门"内容相类似；只是，《三台万用正宗》的编者并不将"风月、风
鉴"单独立门，而是将其相关内容并入"商旅门"内。

至于《三台万用正宗》的下栏内容，则再分别放入以下二十七
节：客商规鉴论、船户、脚夫、银色、煎销、秤棰、天平、斛斗、
谷米、大小麦、黄黑豆、杂粮食、芝麻菜子、田本、棉花、棉夏布、
纱罗段匹、竹木板枋、鞋履、酒曲、茶盐果品、商税、客途、占候、
论世情、保摄、论抢客奸弊。[24] 虽然这二十七节彼此并无明显的从
属关系，但细读其内容，则第一节《客商规鉴论》，其实正可作为
《三台万用正宗》"商旅门"下栏内容的"总论"，而其他二十六节则
有如"商旅门"下栏内容之"分论"。[25] 一方面因为存在这个总论、
分论实质内容上的从属关系，另一方面也为了行文方便，本章即以
第一节《客商规鉴论》统摄《三台万用正宗》卷二一"商旅门"的
下栏内容，有时候直接以《客商规鉴论》的书名称呼下栏内容。[26]

整体而论，《客商规鉴论》全书二十七节，是以"谷米、大小麦、
黄黑豆、杂粮食、芝麻菜子、田本、棉花、棉夏布、纱罗段匹、竹木
板枋、鞋履、酒曲、茶盐果品"等十三类农业、农副业与手工业产品
为主体（占全部节数的百分之四十八；页数则达十四页，占全书百分
之二十七点五页的百分之五十一）。内容次多者，则属"银色、煎销、

---

[24] 寺田隆信认为万历本《三台万用正宗》所录《客商规鉴论》全书分为二十五条（寺田隆
信，《山西商人的研究：明代における商人および商業資本》，頁 299），此应为误算，细
核全文，当为二十七条。

[25] 这个实质内容上的从属关系，也可由《客商规鉴论》以下二十六节的文字几乎都使用
"且以、至于、若夫、且如、且夫、至夫、若论、是以"等词句开头，明显表达出承接上
文的语气得出。

[26] 这其实也是目前许多研究者共同使用的统摄称呼的方式，见：陈学文，《明清时期商业书
及商人书之研究》，页 57。

秤锤、天平、斛斗”等与度量衡有关的五节，达四点五页，占全书页数的百分之十六。《客商规鉴论》提及当时的物产与度量衡时，基本上并不限定特定区域，江南、江北、上江、下江、华北、四川、福建、广东、云南等府县镇名，都常见于这些内容之中，看来作者对当时市场的认识也有相当的空间范围作为基础。而由“棉夏布”一节起首处提及的“至于布匹，真正松江，天下去得”看来，[27] 作者心目中的“天下”，当然代表了十六世纪某种大范围的“市场”。

至于《客商规鉴论》用来表达全书内容的行文方式，也很值得留意。全书基本上是以原则性的综论与事例性的举证，两相交错，进行叙述。如“银色”一节，在起始处说道“至于算法，乃买卖之正经，目（按：疑为‘自’之误）有书传心授，银色实生涯之本领，过眼须要留心”之后，便开始一路列举“九程本色、九二三、九五六、九七八青丝、九七八水丝、上江文银、上江水丝”等等看来作者皆曾寓目的全国各地色银，介绍各银特色，并评论其高低价值，[28] 最后再做总结：

> 大抵看银之法，必须四面参看，程色相同，方才真正。若还不一，必定跷蹊。各宜详察，仔细观之。[29]

---

[27]　《客商规鉴论》，页 324。

[28]　《客商规鉴论》，页 301、306。对明清不同银色的区别及其各自行用概况的简介，可见：Lien-sheng Yang, *Money and Credit in China: A Short History*, Cambridge, Mass.: Harvard University Press, 1952, pp. 46–50；魏建猷，《中国近代货币史》，上海：群联出版社，1955，页 21–42。至于当时中国何以出现众多不同成色的银两货币，学者由本地市场与外地市场之间的某种特殊的“水平连锁”与“垂直统合”的结构关系切入，提出了一些有启发性的解释，可见：黑田明伸，《货币制度的世界史——解读“非对称性”》，何平译，北京：中国人民大学出版社，2007，页 181–201。

[29]　《客商规鉴论》，页 301、306。

"银色"全节内容达一千二百三十六字，完全不做分段，并呈现出一种先"综论"、次"举证"、再"综论"的行文结构。《客商规鉴论》其余各节的内容，也基本上采取这种行文方式。

这种综论与举证交错的行文风格，大致贯穿了《客商规鉴论》全书。第一节《客商规鉴论》虽是综论语句最多的部分，但在综述了"夫人之于生意也，身携万金，必以安顿为主；资囊些小，当以疾进为先"，"若搭人载小船，不可出头露面，尤恐船夫相识，认是买货客人"等语句后，仍列举了十种不同性格与行事特征的牙行（其目后详），[30] 同时，作者又不忘在行文小结处叮咛读者："小心为本，用度休狂。慎其寒暑，节其饮食。"[31] 这种小心叮咛的语句，与前引"银色"总结语句的"若还不一，必定蹉跎。各宜详察，仔细观之"，实有异曲同工之妙。

《客商规鉴论》用作例证的事物甚多，作者不仅在各节内不做分段，而且其举例之多，有时甚至是有点不厌其详，例如："罗山葛，身重，久而变黑；福建葛，身轻，新则羊膻；广东慈溪，徒然好看；永新洪郡，终有浆头。木渎麻布，粗而真；六亩麻布，真而细；水潮广生，相类六亩真麻；福生青山，阔狭高低不等；无锡麻布，乃草不堪。"再如："南京纱段虽多，高低不等，只有黑绿出名。镇江段绢虽少，身分却高，最有大红出色。苏州纱段有名，或硙或粉，帽料独高。杭州段绢重浆，少于清水，轻罗可也。"[32]

现今所见的《客商规鉴论》全部二十七节内容都未做分段。由

---

[30]《客商规鉴论》，页 294–295。

[31]《客商规鉴论》，页 295。

[32]《客商规鉴论》，页 327–328。藤井宏早在二十世纪五十年代即已由众多明清方志整理出十六、十七世纪间通行全国各地（四川、云南、贵州除外）的众多农商品、手工业产品名色，可见：藤井宏，《新安商人的研究》，傅衣凌、黄焕宗译，页 131–272。

于这是收录于《三台万用正宗》的文本，我们已无法分辨这种分节分段的方式究竟是作者的原意还是日用类书编者的设计。但是，《客商规鉴论》各节内容基本上采取综论与举证交错的行文方式，应可反映此书原貌。同时，由作者常在细琐举例后又叮咛再嘱的风格看来，《客商规鉴论》的作者很像是一位饱经商场世故的长者，正在对有意经商贸易者传授经验。而由笔者前面所做的分类看来，《客商规鉴论》蕴含的实质内容，极像是一种"口传心授式"的商业知识，但在累积与传播的形式上，则又确然已经成为以刊印书籍为媒介的"文字建构式"的商业知识。

限于篇幅，无法对《客商规鉴论》全书做更仔细的分析，此处只挑选《客商规鉴论》第一节《客商规鉴论》再做析论。《客商规鉴论》项下有七百九十个字，虽然原文未分段落，但其文意可大致区分为四段，各有重点。[33] 为便讨论，笔者试着为其内容按上四个小标题：论旅程安全、论审择牙行、论节气物产、论买卖时机。

在论旅程安全部分，该书作者除建议客商要依自身所携财货的多寡，而有"以安顿为主"或"以疾进为先"两种不同的行进速度外，也重视减少"出头露面"的机会，并劝告客商在旅途上尽量"早歇迟行，逢市可住"。此外，"半路逢花，慎勿沾惹；中途搭伴，切记妨闲"，而出门在外也要注意保健身体："慎其寒暑，节其饮食。"

在论审择牙行方面，作者列举了十种不同性格与行事特征的牙行："好讼者、嗜饮者、好赌者、喜嫖者、骄奢者、富盛者、真实者、勤俭者、语言便佞扑绰者、行动朴素安藏者。"客商除了该"预先访问"所择牙行是否"多悮营生"外，也仍要不忘"临时通变"，总之，审择牙行的原则是："义利之交，财命之托，非恒心者，不可实任。"

---

[33]　《客商规鉴论》，页 294–297。

　　在论节气物产上，作者在综述"买卖虽与（牙行）议论，主意实由自心"的原则后，接着便举例证："如贩粮食，要察天时，既走江湖，须知丰歉。水田最怕秋干，旱地却嫌秋水。上江地方，春播种而夏收成；江北江南，夏播种而秋收割。"作者由例证再引出另一个综论："若逢旱涝，荒歉之源。"同时，作者还进一步列举节令气候变化的异常可作为不同粮食收成变动的"指标"："冬月凝寒，暮春风雨，菜子有伤。残夏初秋，狂风苦雨，花麻定损。小满前后风雨，白蜡不收。立夏之后雨多，蚕丝有损。北地麦收三月雨，南方麦熟要天晴。"列举证据后，作者又有如下综理："水荒尤可，大旱难当。"这些似乎泰半源出农家经验的候占精句，都被作者整理成可为商人经营粮食贸易的重要参考和凭据。

　　最后在论买卖时机方面，作者更是扣合前述论节气物产的内容，由"堆垛粮食，须在收割之时；换买布匹，莫向农忙之际"，一路推导出"货有盛衰，价无常例""买要随时，卖毋固执""买卖莫错时光，得利就当脱手"等原理原则。而在这个举证与综断买卖时机的交错行文里，作者对"商机"做了颇为抽象的分析与综理：

　　　　须识迟中有快，当穷好处藏低，再看紧慢，决断不可狐疑。货贱极者，终虽转贵；快极者，决然有迟。迎头快者，可买；迎头贱者，可停。价高者，只宜赶疾，不宜久守；虽有利而实不多，一跌便重。价轻者，方可熬长，却宜本多；行一起而利不少，纵折却轻。[34]

这主要是作者依据当时各种农产品价格的涨落与商机而做的论

　　　　　　　　　　　　　　　　　

[34] 《客商规鉴论》，页 296–297。

断，他给客商买卖粮食的具体建议是："如逢货贵，买处不可慌张；若遇行迟，脱处暂须宁耐。"即使提出一些外表类似道德词句的字眼，作者也并非是离开商机利润而自己徒然说教，如所谓"现做者虽吃亏，而许多把稳。有行市，得便又行。得意者，志不可骄；骄则必然有失。遭跌者，气不可馁；馁则必无主张"。

以《客商规鉴论》项下的七百九十字内容而论，作者的务实性格十分明显，由重视人身与财货安全、审择牙行等商场合作对象，到观察农产品与农副手工业原料产量的时节变动，以及传授其所体会的买卖最佳时机的原理原则，这些内容几乎都不曾出现任何提倡家族伦理或是义利之辨等所谓传统儒家道德的语句。

即使是衔接发挥《客商规鉴论》旨意的其他二十六节，其实质内容也多是注意身家财货安全与如何经营谋利等极务实的语句，而其形式也主要是例证与综断交错互见的行文方式。如第二十三节"客途"的表述方式："至于客途艰苦，亦当具布其言：巴蜀山川险阻，更防出没之苗蛮；山东陆路平夷，犹慎凶强之响马。"[35] 再如第二十六节"保摄"，在提出"意既举于远行，心当存乎保摄"的综述句后，作者即对有志经商的读者在远行前提出了各项建议："合宜药食，预可备之"，"早含煨生姜，通神辟瘴；身带真雄黄，解毒辟

---

[35] 盗匪经常造成的经商安全问题，也不限于巴蜀、山东，即使在十六世纪江南部分地区，也有颇令人吃惊的例证，《客商规鉴论》作者对此似有切肤之痛："湖杭有吴江塘上抢客之患，来则十数小船，百余人众，先以礼接，顺则徇情，逆则便抢，各持器械，犹强盗一般。虽有武艺，寡岂能敌众哉？将客捉拿，各分货物，客淹禁在家。纵有拨天手段，周回是水，将欲何之！至于数月，方将稀松不堪小布，准算高价，勒写收票，方才放行。虽则屡问军徒，未尝唆改。船户受贿，竟不为客音声！似此之徒，天刑诛戮，何足过哉！船户知情，通同作弊，未必无之。还有嘉定、昆山、太仓诸处亦空，亦各有之。"（《客商规鉴论》，"论抢客奸弊"，页348）有关明清两代苏州城内外客商与地方官面对经商治安问题而做出响应与改善的案例与过程，可见：邱澎生，《由苏州经商冲突事件看清代前期的官商关系》。

邪"，"干胃散加味，诸疾可治；玉枢丹调引，各毒能消；枳术丸，建脾宽中；补阴丸，固精养血；感应丸，可医泻痢；神灵散，能治心疼"。旅于各地不仅有盗匪窃贼之险，也有各种动物或其他莫名的危害："江南溪中，有射工之虫，射人影而即死；渡河者，以物击水，且宜急渡。深山草中，有黄花蜘蛛，螫人身而即伤；露行者，慎宜防之"；"更兼坟墓、遇神祠，不可轻入，进必恭诚"。[36]

从上述实质内容与行文方式做比较，刊行、流传于十六世纪末的《客商规鉴论》与编撰于十八世纪末的《商贾便览》之间存在一些明显的异同处，下文将续做分析。

第二节　体系与注释绾合：由《客商规鉴论》到《商贾便览》的演变

在《客商规鉴论》被选录刻入《三台万用正宗》后的三十至四十年间，至少又出现了三份重要的商业书文本。第一份收录于约在明天启六年刊行的程春宇辑录的《士商类要》，该书卷二部分列有十一节，即"客商规略、杂粮统论、船脚总论、为客十要、买卖机关、贸易赋、经营说、醒迷论、戒嫖西江月、选择出行吉日、四时占候风云"，这些标题文字大致呈现了当时重要的商业知识。第二份文本是憺漪子辑《士商要览》，也刊于明天启六年，收录了《士商规

---

[36]　《客商规鉴论》，页 345、346–347。

略》《士商十要》《买卖机关》等商业知识相关内容。[37] 第三份文本
出版于明崇祯八年，为李留德辑《客商一览醒迷·天下水陆路程》。
该书版式为双栏本，上栏为《客商一览醒迷》，下栏为《天下水陆路
程》。在上栏《客商一览醒迷》收录了"商贾醒迷、悲商歌、警世
歌、逐月出行吉日、憎天翻地覆时、杨公忌日、六十甲子逐日吉凶"
等章节，也多与商业知识有关。

　　有学者认为《士商类要》《士商要览》《客商一览醒迷·天下水
陆路程》所收录的商业知识，都"与《三台万用正宗·客商规鉴论》
大同小异，只是文字上略有差异，看来大都宗祖于《三台万用正宗》
无疑"。[38] 然而，这种论断恐怕有所偏误，关键要看研究者以何种范
围切割其所拟予比较的文本。

　　单由文字上看，作为《客商一览醒迷》收录的商业知识主体的

---

[37]　（明）憺漪子辑，《士商要览》（有明天启六年序，日本"内阁文库"复印件），卷3，页
　　　1–20。感谢刘序枫先生提供其收藏的来自日本内阁文库的此书复印件。《士商要览》全
　　　名也作《新刻士商要览天下水陆行程图》，这部书现存几个不同版本，杨正泰校注此书
　　　并录入所编《天下水陆路程、天下程图引、客商一览醒迷》（太原：山西人民出版社，
　　　1992，页345–514）一书时，是选用现藏于上海图书馆的版本。但杨氏选录该书时，似乎
　　　删落了原书在《天下路程图引》以外的其他内容，诸如《士商规略》《士商十要》《买卖
　　　机关》等重要文本，都未收入。而编者"憺漪子"的身份，也仍有待考究。为此书作序
　　　的金声，其生平大略（字正希，安徽休宁人，崇祯初年进士），已有学者做过考订（陈学
　　　文，《明清之际商业、商业文化、商业道德之蠡测——〈新刻士商要览〉评述》，收入陈
　　　氏著《明清时期商业书及商人书之研究》，页183），但因编者"憺漪子"生平未明，故虽
　　　有署于天启六年的金声序文，仍无法断定此书究系明刻还是清刻本。最近，王振忠以署
　　　名"西陵憺漪子"所编的《分类尺牍新语》《保生碎事》《济阴纲目》等三部书，考订其
　　　人即是徽商汪淇，原籍徽州休宁，生于明万历三十二年（1604），清康熙七年（1668）时
　　　仍健在，时年六十五岁。若此，则无论署名"明"憺漪子还是"清"憺漪子，其实都指
　　　的是汪淇。参见：王振忠，《明末清初商业书序列的再确立——徽州出版商"西陵憺漪
　　　子"生平事迹考证》，发表于"社会转型与多元文化"国际学术研讨会（上海：复旦大学
　　　历史系主办，2005年6月26–28日）。

[38]　陈学文，《明清时期商业书及商人书之研究》，页57、138。

《商贾醒迷》，其内容与《客商规鉴论》颇有不同，并非"只是文字上略有差异"而已。而《士商类要》所含"客商规略、杂粮统论、船脚总论"等三部分内容，虽然确实与《客商规鉴论》前三节内容基本相同，但是，《士商类要》的其他收录内容则基本上属于有另外来源的文本，[39]与《客商规鉴论》的其余内容不同。至于《士商要览》中的《士商规略》，也只是和《客商规鉴论》第一节内容大致相同，而与《客商规鉴论》其他章节有别。较为妥当的说法应是：《士商类要》与《士商要览》部分内容与《客商规鉴论》雷同，但《客商一览醒迷》则基本上是完全不同的文本。

除了如何切割所拟比较文本的范围之外，还可再由行文方式与实际内容做更深入的比较。《客商一览醒迷》的内容其实与《客商规鉴论》很不相同，这不仅因为两者文字多有不同，更重要的差异仍在于内容风格与行文方式。已有学者针对《客商一览醒迷》第一部分《商贾醒迷》的二百六十条文句，论证其中有与商人道德有关的不少内容，[40]与笔者前述有关《客商规鉴论》"多是小心身家财货安全与如何经营谋利等极务实的语句"的观察有所不同。同时，两种文本之间更显著的差异，是其行文方式：《客商规鉴论》行文多是"综论与举证交错互见"，而《客商一览醒迷》收录的《商贾醒迷》

---

[39] （明）程春宇辑，《士商类要》（明天启六年文林阁唐锦池原刻，新校本），收入杨正泰编《明代驿站考》附录，页292–304。

[40] 斯波义信，《「新刻客商一覽醒迷天下水陆路程」について》，页909–910。斯波先生整理了《客商一览醒迷》二百六十条文句，并予分类放入以下六个范畴内：A. 论才能与竞争（二十三条）；B. 论人格主义（五十八条）；C. 论经营与管理（五十五条）；D. 记旅行心得（十条）；E. 论批发销售机构（一百零八条）；F. 论与官府交涉（六条）。斯波先生此文已有中译《〈新刻客商一览醒迷天下水陆路程〉略论》，曾经发布于"中国经济史论坛"网页（http://www.guoxue.com/economics/index.asp），网页全文署期2004–5–20，19:10:51。

则采用某种注释体，行文方式都以一句"正文"搭配一段"注文"，以这种位阶高低有别的方式展现为一种注释体。

　　举例而言，《客商一览醒迷》在录入"人生在世，非财无以资身。产治有恒，不商何以弘利"这句"正文"之后，作者即以低字格的方式另起一段写道："财为养命之源，人岂可无有，而不会营运，则蚕食易尽，必须生放经商，庶可获利，为资身策也。"这些以低字格另起一段的文字，正是用来解释前面"正文"的"注文"。再如"期昌后在，端本澄源"条下，作者同样以低字格另起一段注释道："人但责子孙不贤不肖，竟不咎己作孽作殃。其后代之昌隆，由前人之积德。然德者岂谓捐财施舍建造、修斋作福？惟存心合乎天理，正三纲，明五伦，拯困苦，解冤讼，行方便，息是非，恤孤寡，宽贫穷，不妒不奸，毋虐毋强也。"而在批注"来之无当，去之甚速"条时，作者开始引经据典，不仅援用"先儒诗云：物如善得方为美，事到巧图安有功"，还摘述了一则历史故事："昔魏祖武利，汉之孤弱，而窃鼎未几，孤祚亦为晋所移。"[41]在《客商一览醒迷》的《商贾醒迷》中，作者区别正文、注文的意图极为明显，与《客商规鉴论》各节内容不分段并以综论、举证交错行文的风格相比较，两者迥然有别；而《商贾醒迷》作者引用"先儒"诗句与历史故事，甚且出现"三纲、五伦"等字眼，都是《客商规鉴论》未曾出现过的论述风格。

　　吴中孚于十八世纪末编《商贾便览》，也采用类似于《商贾醒迷》的注释体，并不沿用《客商规鉴论》那种综论、举证交错的行文方式。在《商贾便览》卷一收录的《江湖必读原书》与《工商切

---

[41]　（明）李留德辑，《客商一览醒迷》，收入杨正泰校注《天下水陆路程、天下路程图引、客商一览醒迷》，页 270、306。

要》两种商业书里，吴中孚采取了类似于《商贾醒迷》的注释体。不仅如此，吴中孚还有意要写成一部更富体系性的商业书，他在该书《自序》清楚地表达了此书设定的商业知识体系：

> 因见坊间《江湖必读》一书，确当行商要说；但既有行商之论，岂遂无坐贾之论！爰增数条，兼及土产、书算、字义、辩银、路程等类，辑成数卷，名为《商贾便览》。[42]

《商贾便览》全书八卷，各以五种不同的"便览"冠为各卷标题，依序为:《商贾便览》(卷一——三，包含"各省疆域风俗土产""新增各省土产"与"异国口外土产""外国方向""各省买卖大马头""各省关税""各省盐务所出分销地方""各省茶引"等分目)、《算法便览》(卷四)、《银谱便览》(卷五，包含"平秤市谱"与"辨银要谱"等分目)、《尺牍便览》(卷六—七)、《路程便览》(卷八)。[43] 这样一种以五种"便览"组成《商贾便览》全书体系的构想，出自吴中孚的有意设计，在"既有行商之论，岂遂无坐贾之论"的编撰目标下，全书便在"坐贾之论"外，"兼及土产、书算、字义、辩银、路程等类"，于焉形成了内含"商贾、算法、银谱、尺牍、路程"五种"便览"的《商贾便览》。

严格说来，上述吴中孚编辑《商贾便览》所欲呈现的体系架构，其实并不真有太多的创新性。十六世纪末流传的《客商规鉴论》，即已载有颇为精要的"商贾"与"银谱"等内容，而当时可供商人使用的"程图、路引"等书籍已至少通行二三百年；此外，可资商人

---

[42]　（清）吴中孚，《商贾便览》，《自序》，页 2 上。辩与辨字相通。

[43]　因此，《商贾便览》实有广狭二义之不同，广义者泛指全书八卷内容，狭义者则指卷一至三之《商贾便览》特定内容。

取用的尺牍书信范本，至迟在十七世纪也已出现专书。[44] 不过，虽然《商贾便览》在内容上并无真正创新成分，但吴中孚仍将五种"便览"综合汇编成为《商贾便览》，从这个意义上说，有学者称此书"达到了明代以来商业书发展的顶点位置"，[45] 并非没有根据。

吴中孚为职业商人，一生几乎都以商贩采买与开店经营为业。自十二岁起，吴中孚即在江西省抚州府崇仁县（岗）"随父兄坐店，攻买卖"。后因"邻店回禄累及"，其父乃命其赴江西省广信府贩货，吴中孚曾经回忆那段到广信府贩货的学习经商的历程：

> 经营缠绻，凡事谦恭受益，是以贸过货物，略识高低。即经过市镇，其规则颇十知五六焉。[46]

有了这些"经过市镇，其规则颇十知五六焉"的商业知识与经验，吴家后来于乾隆三十四年（1769）（己丑年）在广信府玉山县开设粮食店时，便将此生意交由吴中孚协助打理。等到乾隆三十八年（1773）吴中孚父亲以七十高龄谢世，吴中孚便完全接掌了玉山县粮食店。掌管玉山县粮食店的日子里，吴中孚经常要赴江苏、浙江等邻省采办商货，工作实在太忙，每年甚至可能只有一次机会可以返回抚州府崇仁县的老家探望母亲："走江、浙，繁冗羁绊，不获朝夕奉养家慈。岁一归省，为太疏也。"

---

[44] 参见：鞠清远，《清开关前后的三部商人著作》，收入前引书。鞠氏该文讨论了《商贾便览》《江湖尺牍分韵》《酬世群芳杂锦》等三部"商人著作"。《江湖尺牍分韵》刊于乾隆四十七年，已是主要以商人为读者的书信范文专书。

[45] 寺田隆信，《山西商人研究》，张正明、道丰、孙耀、阎守诚译，太原：山西人民出版社，1986，页291。

[46] （清）吴中孚，《商贾便览》，《自序》，页1上。

在将近十五年间，吴中孚一直全心投入经商生意，但却于乾隆五十三年（1788）不幸碰上一场意外变故：玉山县粮食店隔邻传来火灾，延烧造成人命伤亡，吴中孚因为官府究责而"陷成不白"被系监狱。不幸的事情接踵而来，在狱中"接见家讣"获知母亲竟于此时逝世，噩耗令吴中孚"痛哭号天"，自责"偷生苟延，养生送死，寸志未尽"，而且"不肖不孝"！在自责声中，吴中孚等来了法官判决：他被发配到古称"芝阳"的饶州府服刑。

饶州府与广信府隔邻，而吴中孚长年开设的粮食店所在的玉山县正属广信府，因而，这个发配地饶州府其实正是吴中孚常去采办商货的"交易熟地"。虽然身属发配人犯，但吴中孚于白天仍可见到当地老友，相互叙旧"藉契宽怀"；只是到了入晚时分，想起自己某些悲苦经历，乃"夜卧每难安席，泣思先堂贤勤、以训不肖，继旦，若不能独生"。悲伤到了极点，吴中孚有了更积极的想法："又思前事既不可补，且年将老至，病务交加，恐难永奠、不克继绍先人、训成后裔。"[47] 有了上述几层经商历练与人生惨遇的心理转折，这才带出吴中孚前引《商贾便览·自序》里所谓"因见坊间《江湖必读》一书，确当行商要说；但既有行商之论，岂遂无坐贾之论"的一段议论。

值得注意的是，吴中孚在《商贾便览·自序》开头即声明"余家世业儒"，当年吴中孚父亲便曾因为身体不好（"甫冠，呕血"）故而"废书未就，计图调安"，吴中孚强调：即使父亲"后育余兄弟辈，力以家贫治生"，但在经商忙碌之余，他的父亲仍然始终认同儒家"修齐治平"等伦理价值观念，这即吴中孚形容的"儒素犹未遽改也"。

---

[47] （清）吴中孚，《商贾便览》，《自序》，页 1 下 –2 上。

　　不仅父亲如此，吴中孚本人也有着原本可能持续攻读儒家经书以朝科举应试发展的一段童年："余年七龄入小学，颇能成诵。先君指曰：儿似能读，奈居学日少，在病日多，弃书而为商贾，可也。且云，谚有之，曰：大富由命，小富由人。是亦存乎儿之为人耳！"[48] 一样是因为身体不好，吴中孚才"弃书为商贾"，但父亲提示给幼年吴中孚一段重要俗谚，"大富由命，小富由人"，勉励他努力经商也能成就人生。在吴中孚编写《商贾便览》时，这段俗谚进而转化成为他编写此书的宗旨："辑成数卷，名为《商贾便览》，以训后裔。庶几小富由人，或可加之以教，不负先严之训诲也。"看来吴中孚此时对于父亲亲口传勉他的"小富由人"观念，不仅很确信，更想以此为宗旨，将《商贾便览》献给他心目中的商人读者："辑成，友人力请剞劂，公诸商贾。"他自信地写道：此书付梓刊行之后，"或于生理之道，不无小补万一云尔"。[49]

　　在《商贾便览》的多处行文中，吴中孚不时为此书读者体贴地设想。如卷三《各省疆域风俗土产》的末尾处，吴氏加了一段按语："所录疆域，则知何境近于何地，或特往贸易，或便途买卖，皆可预先设计。且录其风俗，虽未至其地，而其人之刚柔、俗之美恶，无不备悉。如此，则行商之趋避，无不当矣。"[50] 看来吴氏不仅体贴地提醒商人可以"预先设计"合宜的商途以适时地买卖各地土产，同时，他也并不像《自序》提及"既有行商之论，岂遂无坐贾之论"那般严格区别行商、坐贾，只要有利于商人追求"小富"，无论行商

[48]　《商贾便览》，《自序》，页 1 上。

[49]　《商贾便览》，《自序》，页 2 上。对《商贾便览》"小富由人"的概念所做的分析，可见：魏金玉，《介绍一商业书抄本》，《安徽师大学报》，1（1991）：43–51；邱澎生，《由〈商贾便览〉看十八世纪中国的商业伦理》，《汉学研究》（台北），33, 3（2015）：205–240。

[50]　《商贾便览》，卷 3，页 28 下 –29 上。

还是坐贾，都是他的关心对象。

在卷三《新增各省土产》，吴氏又提醒道："外有各省土产未录此者，附在第六卷《天下路程》中，可查。"同样地，在卷三《各省买卖大马头》述及贵州的几种大宗土产交易时，也提醒读者"外有各处小马头口岸，多附于第六卷《天下路程》中，可查"。在同卷《各省关税》节末，在列举全国十九省关税衙门的驻所后，吴中孚又附上按语："外有如江南之各闸，福建之光泽、上杭，广东之梅县、南雄，贵州之贵阳、安顺、普安、普定、白水、交水，云南之赤水鹏等处之税，或税货，或税船，或换脚子税，或讨票税，或抽分及过隘等项，俱录在第六卷《水陆路程》中，可查。"[51] 可见在设计内含"商贾、算法、银谱、尺牍、路程"五种"便览"的《商贾便览》分编体系时，吴中孚不忘随时以"可查"何种"便览"，来提醒读者留意此书提供的丰富信息，这也可反映《商贾便览》的另一项体系性：他不仅有意识地将全书做分编，也希望读者能够贯通全书各编所收录的重要经商知识。

《商贾便览》预设的读者是商人，这也表现在"可查"这项书中常用的词句上；对吴中孚而言，"可查"的主语指的当然是和他一样的职业商人。举一段引文，即可明白吴氏此桩心意：

　　天下之大，人难遍游，志岂能悉。故各处物产诸事，不能多知。况予管测，焉识万一！但经店伙出水，或自目睹，或由耳闻，约略附录，恐遗悞甚多，企望多识君子删悞补遗，时加裁增，以便江湖查览，斯为幸也。[52]

---

[51]《商贾便览》，卷3，页30上、33下、34下–35上。

[52]《商贾便览》，卷3，页31上。

　　吴氏强调《商贾便览》所录的中国"各省疆域风俗土产"[53]以及当时"异国口外土产",[54]若非是他"或自目睹,或由耳闻",即是来自其店伙"出水"旅程中获致的消息。与此同时,他还欢迎"多识君子"随时增订、修正本书的相关信息,"以便江湖查览"。基本上,"江湖"在此指涉的正是全国各地商人所处的经商环境;所谓"以便江湖查览",正是为了便于商人读者经商时的阅览与查询。此与前面提及的程春宇辑《士商类要》与憺漪子辑《士商要览》二书有所不同,《商贾便览》设定的读者基本上不是"士"而是"商"。

　　然而,《商贾便览》卷一收录的《江湖必读原书》,则有许多内容和《士商类要》《士商要览》二书共同收录的《买卖机关》基本相同。虽然不知道《买卖机关》的作者姓名,但这份商业书文本的作者确曾留下关于自己撰著旨趣的一些线索:

　　　　斯言浅易,无非开启迷蒙;意义少文,惟在近情通俗。予著斯言,为目击经商艰于获利,渐见消替;而牙侩日坐失业,

[53]　有学者做了初步统计,《商贾便览》此处所列"各省疆域风俗土产",约包含二十个省二百五十五个府州以及所列各地的一千八百种物产,参见:森田明,《「商贾便览」について——清代の商品流通に関する覚書》,页21。

[54]　吴中孚列举了来自"西番、苏方国、南番、安息国、波斯国、南海、小西洋国、安南国、高丽国、日本国、琉球国、缅甸国、暹罗国、交趾国、红毛国、扶余国、摩伽咜国、昆仑"等国家与地区的种种"异国口外土产"(页30—31),并指出当时中国各省进口洋货的情形:"凡东西南居海各外国,如暹罗、琉球、红毛、安南等十余国,买卖客广东者多,次则飘福建,再次则飘浙江。俱有定例限飘省份。"(页32)而所谓"福建省近海,洋货多"(页32),也是当时中国部分地区消费"洋货"的证据。至于十六、十七世纪中国进口天鹅绒、锦缎、丝带、斗篷、丝袜等来自欧洲的丝织品,"佛郎机炮铳"等欧洲制造的金属炮,以及中国仿制并出口这些丝织品与金属炮的概况,可见:沈定平,《明清之际几种欧洲仿制品的输出——兼论东南沿海外向型经济的初步形成》,《中国经济史研究》,3(1988):49—64。

益见困惫。所以人心不古，俗习浇漓，有自来矣。然句法虽浅近无文，其中意义亦能详尽宾主之弊，指人循道义，履中正，不溺欲海，挽回淳厚，向化美俗。诸君不鄙而共之，俾可少补处世治家之万一耳。[55]

　　这段文字传达了作者至少两项撰著旨趣：一是"详尽宾、主之弊"（客商，文中所指之"宾"；牙行，文中所指之"主"，当时或称牙人为"居停主人"）；一是使人"循道义，履中正"而有益于"处世治家"之道。这里的确蕴含了某种后世学者所谓"商业道德"的意蕴，[56]但要特别注意的是，这些道德多半是作者观察当时牙行与客商的各种互动情境而附生的议论或劝诫，有其值得分析的特定脉络，绝非一般意义下的儒家"义利之辨"而已。

　　同时，由上引《买卖机关》这段引文也可看到，作者采用的"注释体"行文方式，其实是有意设计："斯言浅易，无非开启迷蒙；意义少文，惟在近情通俗。"从作者原意看，这种注释体并非要比附儒家的经传注疏传统，而主要是为了以"浅易、少文"的方式达到"开启迷蒙、近情通俗"的效果。同样的注释体风格也出现在前文述及的明末李留德编辑的《客商一览醒迷》的《商贾醒迷》中，这种行文方式同时为《商贾便览》卷一收录的《江湖必读原书》与《工商切要》两份文本所承继。

────────────────

[55]　（明）程春宇辑，《士商类要》（明天启六年文林阁唐锦池原刻，新校本），收入杨正泰编《明代驿站考》附录，页300。憺漪子辑，《（新镌）士商要览》（有明天启六年叙，内阁文库复印件），卷3，页20。

[56]　有学者即以"商业道德"概括当时商书中出现的一种"'致中和'的伦理道德观"，参见：陈学文，《明清之际商业、商业文化、商业道德之蠡测——〈新刻士商要览〉评述》，收入陈氏著《明清时期商业书及商人书之研究》，页193。

　　《商贾便览》所录《江湖必读原书》收录了九十一条句子，不少内容都与前述《买卖机关》重复；另外，还添入了"萧廷祚续增"的七条同类内容。这共计九十八条句子，大概即是吴中孚所谓的"因见坊间《江湖必读》一书，确当行商要说"；而他慨叹"既有行商之论，岂遂无坐贾之论"，便在卷一新增了《工商切要》的内容，其体例也一如《买卖机关》、《商贾醒迷》与《江湖必读》，都是注释体，条数则共计三十一条（包括明显因为错简而被放入卷二的八条）。这些文本采用的"注释体"行文方式，都与十六世纪末年《客商规鉴论》采用的"综论与举证交错"的风格迥然不同。

　　《商贾便览》的九十八条"行商之论"与三十一条"坐贾之论"，很难以有限的篇幅做较完整的说明，此处只能做些相对简单的比较：《江湖必读》主要讨论客商、牙行各种正常或有弊端的相处情境，而《工商切要》则主要涉及开设店铺的区位、布置与组织，以及学徒伙计的训练等原则。此外，在"行商之论"与"坐贾之论"的汇通处，则有账务管理的内容。以下一一做些介绍。[57]

　　先谈《江湖必读》中显示的客商与牙行关系。尽管"车船店脚牙，无罪也可杀"这句流传于清代商业社会的谚语有一定的真实性，[58]但《商贾便览》所录《江湖必读》描述并劝诫客商、牙行关系的众多语句内容，其实同时关心双方利益，很难说作者究系偏爱客商或牙行的哪一方。虽然作者确曾说过"客堪扶主，十有五六；主能体客，百无二三"（此为正文，下附注文云："客以货投牙，扶持牙人之实心；牙人不体客心，坑陷其本，往往有之。为客，可不

---

[57]　对《商贾便览》讨论"行商之论"与"坐贾之论"相关内容的更多分析，可见：邱澎生，《由〈商贾便览〉看十八世纪中国的商业伦理》，《汉学研究》（台北），33，3（2015）：205–240。

[58]　鞠清远，《校正〈江湖必读〉》，《食货》半月刊，5，9（1937）：30–42，页31。

择主而投乎？"），但即便如此，作者仍劝告客商："好歹莫瞒牙侩，交易要自酌量。"在此段正文所附注文里，作者进一步阐释："货之精粗美恶，实告经纪，以便售卖。若昧而不言，希图侥幸出脱，恐自误也。"何以牙人对客商"坑陷其本，往往有之"而仍要客商"好歹莫瞒牙侩"？此中关键在于客商买卖货品的最佳时机，仍常有赖于熟悉地方商情的牙行提供较好的建议，所谓"现银争价不知机，守货齐行多自惧"，作者对此有所解释："货到地头，终须要卖。若现银免（勉）强争价，亦过于自执；或听人撺撮，错过时机，以致货搁，后悔何及！"从不错过买卖最好"时机"的角度看，区别牙行好坏对客商而言当然是很紧要的商业知识，作者有一段注文即明言："有等经纪，惟图牙用，不当卖之物，撺掇客卖；不可买之货，撺掇客买，以致折本徒劳，其过岂小！而贤东良主，既不募人邀客，又不强客起货，任客自投，听客自便。"另一段注文则说："公平正直之主，当场定价，而于（疑为'牙'之误）用是其分内，良客必不争也。"[59]

除了建议区别牙行"贤良、公平正直"与否之外，《江湖必读》的作者也透露了当时牙行与客商交易的运作细节。如牙行内部出现合伙同开的例子，不同合伙者间的微妙竞争关系及其不同计账方式，值得留意："一行若有数人合伙经纪，我当择其忠厚者，付之以本；能事者，托之以鬻。他日分伙，相投亦必如是，斯可矣。"另外，客商批卖的货品也有单投一家或是分投数家不同牙行的选择，作者也分析了其间不同策略的利弊得失："货分几主，锋快，则彼此怀疑。物在一行，迟滞，则主宾计处。"由下附注文可清楚地知道作者的原意：客货分别委托数家牙行，好处是货品可能销售得较快，坏处则

---

[59]《商贾便览》，卷1，页7、4下、5上、10下。

是不同的受托牙行可能彼此怀疑，反而会尔虞我诈而使货品难以正常发卖；而客货单托给一家牙行，表面上看销货速度较慢，但有时反而可增强客商与牙行间的互信度而使货品卖得更好的价钱。[60]

　　而在《工商切要》的三十一条"坐贾之论"中，吴中孚以其经验总结了部分语句正文并做了详细注释。这里先择要介绍其中有关铺面开设布置、组织章程及学徒伙计训练等的内容。

　　开店铺应当选择好地段，这应该只是一般性建议，但在"行铺马头择闹热"的正文之后，吴中孚以注释的方式对于"凡开行铺，须择当市马头聚集之所"的理由做了一些有趣的铺陈："取舍自有机风，来往人繁，贵贱可得权通。买卖既大，高低亦能合售。果是公平交易，客顾必定源源。"这说明了店面位置与定价机制间的密切关系，已非泛泛之论。而对于"若或各惜租金，愿居冷市""不顾闹中现成之处，而募冷街静巷之家"的做法，吴中孚在批评劝诫之余，也加了条但书："惟有独行专卖，或作囤货栈所，庶几可矣。"[61]另条正文中，吴氏劝坐贾要"立规模以壮观，定章程而不易"，他的解释是："凡开行铺，无论大小，要有规模章程，人物整齐，屋虽旧小，虽（疑为'亦'之误）要打扫灰尘。"更且，吴中孚还建议"凡开行铺，屋宇必要土库高楼"，其原因除了可以"火烛无虞、盗贼难侵"外（如果我们还记得吴中孚的店铺至少两次深受回禄池鱼殃及之害，这段正文与注文内容，便更显出他自己的感同身受），也有招揽更多顾客的效果："店高柱大，规模恢宏，人加精神，生意必兴。"[62]看来，这些吴氏形容为"店高柱大"的"土库、高楼"建筑物，也是当时部分商贾开设店铺时所讲究的重点。

---

[60]　《商贾便览》，卷1，页9下。

[61]　《商贾便览》，卷1，页23。

[62]　《商贾便览》，卷1，页23-24。

　　而所谓的店铺要"定章程而不易"，其实更涉及店铺的组织概况，"因人授事，量能论俸"条有细密的讨论，吴氏在注文中区别了以下四种店铺职员：一为"管总"，其职责为"统事库房"；二为"内、外店官"，负责"买卖水客、访市辩货、接对客友、查收各账"等业务；三为"寻船"，处理"起货下货、管栈出入、收拾货物"等事；四为"杂务"，职司"粗工、炊爨"等事。[63] 于此可看出，这类店铺的基本组织方式肯定有一定程度的阶层性与决策性，绝非单凭人际关系即可处理其中复杂的商业事务。

　　在组织章程、店铺门面等问题外，《工商切要》也很重视伙计与学徒的训练。学徒是未来店铺经营的重要职员和后备军，要如何逐步培训这些人力？吴中孚对此似有一整套理念，由区分个人性情到调教孩童、青年经商，他都提出了一些具体主张。细绎书内相关文句，可将其培训人力的相关主张区分为五个基本环节，这些环节都体现在《工商切要》的五句正文之内：一是"习惯成性，坏在幼时"，二是"谅质授业"，三是"乘时习艺"，四是"学徒任事切要"，五是"初走水，当带行李"。[64] 吴氏的看法基本如下："人自怀抱时，初性本善"，而孩童对左近相伴的父母、师长则"无不效其贤"。孩子"年将冠"，则"察其质，授之业"；是否选择习工商为业，其考虑原则是："父母自幼留心察识，上质者，习儒业；中质者，学工商；下愚者，务农业。"吴氏强调："因人而授，责在于专。俗云：行行出状元，只要有志气。"即使是让"中质者"学习工商业，仍不能忘记要教导其"仁义礼智信"，何以故？因为有了这样的道德教育，则"长成，自然生财有道矣"。何谓"生财有道"？吴氏由反面对此做

[63]　《商贾便览》，卷1，页22-23。
[64]　《商贾便览》，卷1，页16-17、22。

了解释：

> 苟不教焉，而又纵之，其性必改，其心则不可问矣！虽能
> 生财，断无从道而来，君子不足尚也。[65]

光能赚大钱，仍不能说是"生财有道"，能够不违"仁义礼智信"，这种"从道而来"的赚钱方式，才是"生财有道"，也才是吴氏在《自序》中阐述的其父亲所谕勉的"小富由人"理念中的应有之义。

而在训练孩童学习工商业方面，吴氏也颇讲究细节："凡子弟十岁以前，不可为工贾之徒，以其弱小，世故未知，授事难执，教导难明。二十岁以后者，亦属难学，以其长大，性格已定，师长叱责不便，即严督亦难随事改悔也。"吴氏的具体建议是："学工贾，必十一二岁，至十八九岁。及时勉学，以其性未定，年渐长，世事渐知，师长可以随时教训，易为节制也。"这即是第三步骤"乘时习艺"。

至于第四"学徒任事切要"与第五"初走水，当带行李"，交代得更是异常仔细，而且彼此间实具有某种学习店铺经营知识的进阶关系，可谓是学徒、伙计的初级班与进阶班之别。简言之，学徒初入店铺，先要"递茶装烟"，"打扫各处灰尘，抹洗各局上及桌凳物件污迹，捡齐各处要用小物件及样货"，每日要定时"燃神位香灯"；而当"店主及师长卧起"时，还要"侍候梳洗"；至于其他包括整理"库房"杂物，乃至司厨司杂、粗工学生等事项，都可能成为学徒训练中的一环。至于为店铺出外办事，甚或是赴"京、苏、楚、

---

[65]《商贾便览》，卷1，页16上。

粤"置货，这便是"谋大事繁"，是进阶班的学徒伙计才能做的事，吴中孚给学徒们的建议是："慎者，宁安朴寔；智者，必扬才情。"[66] 进阶班的重要任务，即是要开始学习"走水"，简单地讲，也就是为店铺赴外地出差办货。个中学问，也甚有可观，吴中孚在"初走水，当带行李"条有非常细节的描写，令人想起他当年承父命到玉山县开店以及其后"走江浙，繁冗羁绊"无法经常探视其母亲的场景。

　　"走水"除了要尽量"跟好亲友中老客同往"或"请教熟客中前辈至诚者伙行"外，伙计自己也得多看多学，在"初走水，当带行李"条下，吴中孚于注文中传授了一些"走水"的基本原则："本银宜少带，则易买易卖。走水宜近处，则易来易往，货物高低易识，行情起跌易闻。"即使是将随身带赴"买卖地头"的许多行李装箱，连如何选择箱子、如何打包，吴氏也不惮做出建议："不可用大红皮箱，但用木蒁棕箱"，"只要坚固，将衣服等物及本银点明，开单放置箱中，扣锁妥当"。[67]

　　最后，另有一项与物产相关的内容，可一并讨论。既然某些学徒、伙计总有提升到练习"走水"的机会，而练习走水时又总少不了试验"辩货"的技艺，吴中孚在"辩货要知大概，识物务须小心"这条正文中，即对"辩货"中的物产价格问题，提出如下注释："天下货物，各有土产不同。任是老商遍游大省名镇，惯涉江湖洋海，岂能各种皆识高低。"然则，如何对全国各地的土产商货定出可买可卖的成交价格呢？吴氏接着论道：

　　　　货之大概，高者，总有自然，宝色光亮鲜明，活润生神，

[66]　《商贾便览》，卷 1，页 22。

[67]　《商贾便览》，卷 1，页 16-17。

细嫩结寔，滋味美厚，干净均匀。而低者，色相死而不活，黯晦灰黧，枯呆觉硬，粗糙稀松，形质恶浊，杂掺伪牵。[68]

原来土产货品的“色相”也可成为商品价格高低的重要依据，而物产本身的质量是否符合“光亮鲜明，活润生神，细嫩结寔，滋味美厚，干净均匀”等标准，看来即是当时部分商人“辩货”时借以买卖出价的重要凭据，这似乎是吴中孚总结出来的某种“市场价格”的生成原理。吴中孚在此条注释中对物产价格做了最后补充：“惯家内行，一见了然。外行初认，黑白难分。虚心求教，神而明之，存乎其人，此又不在概论者也。”

另外要注意的是，物产价格当然是变动不居的，那么如何流通传递有关物产价格的各种重要商业信息，也是店铺“小富由人”之道的重要法门。《工商切要》提出“书信勤通，趋避两得”一条（正文），吴中孚对此注释道：“商贾生理，买有地头，卖有定处”，因而在外“出水”的伙计必要与店铺总部常通书信，如此则“不但各处货物行情，时知裁办，即两地兴居，可亦借以慰怀”。吴氏的建议如下：“勤谋生理者，不惜笔墨、吝省小费。每逢紧要，即专雇飞报，或给酒钱，附便快交，则知机风早晚，可得趋避而有益矣。”[69] 吴氏再次使用“机风”一词形容商机的变动，也算是当时商业术语中的传神之笔。[70]

简要介绍了《工商切要》与《江湖必读》中的部分商业知识后，

---

[68] 《商贾便览》，卷 1，页 25。

[69] 《商贾便览》，卷 2，页 4。

[70] 有关“机风”这一商书主题的分析，可见：邱澎生，《“机风”与“正气”：明清商业经营中的物产观》，收入《基调与变奏：七至二十世纪的中国（二）》，台北：台湾政治大学，2008，页 177–198。

也可再谈谈无论是坐贾或是行商都会触及的账务管理问题。《江湖必读》提出"出纳不问几何，其家必败""算计不遗一介，凡事有成"等正文条句；[71] 而《工商切要》则劝店主要小心所雇店官"浮载账簿欺主，假盛生意哄人"，并建议店主"请用店官经管（账簿）之人，须择老诚忠厚、才德兼备者。虽去重俸，实益于店。所有簿账，宜自同理查核，方无错误。则作奸舞弊之心，无自而生矣"。[72]

这些史料当然反映了当时行商运贩与坐贾开店都必然重视账簿的实情，而吴中孚建议店铺主人不要舍不得"重俸"聘请"老诚忠厚、才德兼备"的管账"店官"，也令人印象深刻。不过，这些商业账册不仅无须向政府报备（在当时商业制度下，这当然是有利于商人免受官吏可能勒索的好事），当时某些店铺内部的职员竟似乎也另有一些私人账册，而与店铺可与众多合伙股东结算分红的账册不同。《工商切要》对此有颇为翔实的记载：

> 迩来，有等本多之伙，除均本外，仍有余银，带做已分小伙。又有帮伙，已下有银，亦带做已下小伙。如此所为，即属公正之人，日久，不无嫌疑；况其不公者？似难免是非争论矣！莫若将银统归众做，或补公息，或照本分利，以免一身两心，岂不尽善。至有大本钱，付众，难以概理，或抽身自为，或另伙别图，庶不致一身兼二，以取嫌疑之渐耳。[73]

文中所谓的"均本"，当是店铺可与众多合伙股东结算分红的账册，某些资深伙计早已能入股分红，然而，当时有些资深伙计仍

---

[71]《商贾便览》，卷1，页6上。

[72]《商贾便览》，卷2，页5上。

[73]《商贾便览》，卷2，页4上。

然在店铺账册之外另行寻找买卖机会，吴中孚将此行径称为"带做已分小伙"。细绎此段文义，吴中孚应该是比较站在店主的立场，对此种行径提出批评，他建议回归店铺内部既有的"均本"会计体系："莫若将银统归众做，或补公息，或照本分利，以免一身两心"。如果伙计实在不愿意配合，吴中孚也对这些已经拥有众多本钱的伙计提出类似另起炉灶离开这家店铺的建言，"或抽身自为，或另伙别图，庶不致一身兼二，以取嫌疑之渐"，以免这些"带做已分小伙"的伙计受到店铺东主的怀疑。[74]

此外，也有与店铺账务管理问题有关的现象，即"赊账"。吴中孚不认为赊账有利于商家，但他在"赊账，要择诚信"条（正文）下，指出愿意赊账商家的无奈（有时真不能不赊，但也要尽量选择"诚信"之人赊账），并进一步析论了赊账的三种成因："买卖肯赊，其故有三：一为揽生意，一为图多价，一为脱丑货。"无论如何，吴氏仍以其经验在注文中对商家愿意让人赊账的三种考虑做了论断：

[74] 有关明清会计系统与账簿组织的个案研究，可见：郭道扬编著，《中国会计史稿》下册，北京：中国财政经济出版社，1988，页82–310；许紫芬，《近代中国商人的经营与帐簿：长崎华商经营史的研究》，台北，2015，页115–209；许紫芬，《近代中国金融机构会计的变革（1823—1937）》，台北：新文丰出版公司，2017，页83–331；朱德蘭，《長崎華商貿易の史的研究》，東京：芙蓉書房，1997，頁1–192；廖赤陽，《長崎華商と東アジア交易網の形成》，東京：汲古書院，2000；范金民，《国计民生：明清社会经济研究》，页246–252；和田正廣、翁其銀，《上海鼎記号と長崎泰益号——近代在日華商の上海交易》，福岡市：中国書店，2004，頁1–297；彭凯翔，《从交易到市场：传统中国民间经济脉络试探》，杭州：浙江大学出版社，2015，第12章《市场与资本主义：利润的核算》，页314–328。

"三者之利少，而害却无穷也。"[75]

小　结

　　无论是作为"日用类书"的《三台万用正宗》卷二一"商旅门"所收录的《客商规鉴论》，还是作为商业书的《商贾便览》所录《江湖必读》与《工商切要》，两类文本在累积与传递商业知识上其实各有不同的行文方式：《客商规鉴论》采用"综论与举证交错"的做法，《商贾便览》的《江湖必读》与《工商切要》则采用"注释体"做法。同时，《商贾便览》还有意汇编五种"便览"，创成当时一种更富体系性的商业知识文本，是以笔者称《商贾便览》行文方式为"体系与注释绾合"。上述两种不同行文方式，构成了《客商规鉴论》与《商贾便览》在传承商业训练与职业教育方面的各自特色。

　　斯波义信早即留意到《客商规鉴论》与《客商一览醒迷》《商

---

[75]　《商贾便览》，卷1，页24。赊账其实是困扰不少明清商人的麻烦问题。王振忠留意到：无论是抄本或刊本的许多徽州商业书，乃至于晚清徽州商人的书信信底，都指出当时赊账问题对商家造成的困扰。如清光绪二十七年（1901）二月某日，聚集于某地营业的徽州商人共同制订一份抄本"公约"，内文有谓："交易场中，赊欠原可通融，勤往勤来，比（彼）此皆无折耗……近来人心不古，岁终尚不能归偿，以致有伤血本。推原其由，赊欠乃交易中之第一要害也，是以我等同行公议拙见，赊欠慨（概）行停止。派班轮流查察。如有不遵者，公同议罚。"同时，抄本《日平常》中有段称扬开设典铺好处的文字，也由反面论及赊账危害商家之普遍："开典当，真个稳！获得利兮容得本，估值当去无赊账，生意之中为上顶。"（王振忠，《徽州社会文化史探微：新发现的16—20世纪民间档案文书研究》，页341—342、344）有趣的是，即以前述光绪二十七年某地徽商"公约"而论，若赊账问题如此害人，则何以又要"派班轮流查察"徽商成员是否有人违反公约而仍令人赊账呢？看来恐怕也仍存在吴中孚在百余年前即已提出三种赊账考虑在继续"作祟"吧。

贾醒迷》在行文风格上的重大差异，并对此有所解释:《商贾醒迷》
"在每条开头载有两三行的对句"，"接下来降一格进行若干补充"，
"这种体裁整体而言有些散漫，论旨缺乏连贯性"，但"这正构成本
书的特色: 适合人们在日常起居的空闲时间边走边读，从而获得有
用的训诫，平易而充实"。[76] 斯波氏形容《商贾醒迷》的文字，正是
本章所称"注释体"的行文格式，而如笔者前面所说，《商贾醒迷》
的这种行文方式为《商贾便览》所承接，由此而论，这也正是《商
贾便览》有别于《客商规鉴论》行文方式的最大差异。

　　至于两种行文方式到底带来何种不同影响，斯波氏在阅读相关
文本时感受到的差异是: 比起《客商规鉴论》,《商贾醒迷》的文字
令人读来感到"散漫、缺乏连贯性"。持之与本章前述对《客商规鉴
论》的介绍与分析对比，则斯波氏的这个阅读感受似有一定道理。[77]
同样的推论也可能适合放在对《客商规鉴论》与《商贾便览》的比
较上，因为后者收录的《江湖必读》与《工商切要》,也采用了与
《商贾醒迷》类同的注释体格式。然而，何以《商贾醒迷》采取了注
释体格式? 斯波先生的解释很有趣: 便于商人或学徒"边走边读"!
如果这个回答有效，则或许也可适当说明《商贾便览》何以与《客
商规鉴论》有此种不同的行文格式。毕竟，《商贾便览》沿用了《江
湖必读》这类与《商贾醒迷》《士商类要》《买卖机关》同出一源的
文本，而若假设《商贾便览》的编撰者吴中孚选用文本时也难免有
服从前例文本的惯性，则紧随《江湖必读》"行商之论"而出现的

---

[76]　斯波義信，《「新刻客商一覧醒迷天下水陸路程」について》,页 908。此处使用了前引网
　　　页刊载斯波义信的此文中译，特此致谢。

[77]　张寿安教授曾提醒笔者，"注释体"的正文与注文其实也可以具备"体"与"用"的相辅
　　　相成关系，正文作为常规的原理原则，而注文则可作特例变异时的弹性调整。这似乎也
　　　可用以论证《客商一览醒迷》与《商贾便览》等注释体行文方式的重要方向。

"坐贾之论"《工商切要》，也极可能顺理成章地采用《江湖必读》那种注释体的行文格式。

再精确些说，斯波义信提出的便于"边走边读"的推测，其实应说是便于客商、伙计与学徒在店铺中"边做事边读"，以及在旅途中"边坐船边读、边坐车边读"。而由《买卖机关》《商贾醒迷》《江湖必读》这一系列相沿相承的商业知识行文风格看来，一条正文、一条附注的方式，或许真是要比《客商规鉴论》那种整节长文不分段、不惮细琐举例，并"综论与举证交错"的行文方式，更适合商人在店铺坐店办事以及在舟车旅程行进中阅读。

当然，形式不完全等同于内容，只是形式多少限制了内容的发展方向。如果十六世纪末出现的《客商规鉴论》行文格式继续发展，是否会出现更有"连贯性"的商业知识文本？如果不是流行使用《商贾便览》这类注释体的行文格式，则十八世纪以后的清代中国商业书籍的书写格式会不会有另外更多的新风格？诸如英国在十七世纪末出现了按期记录欧洲货币汇率变动等信息的商业报纸，[78] 十八世纪德意志境内也出现了强调要以"理性"（reason）分析种种不同商业知识的商业书籍，[79] 这些近代人类历史上出现的种种不同商业书籍的编写风格与方向，如何可与明清中国的商业书进行更多比较，确实是考察商业知识累积与演化模式的有趣课题，需要再做更多研究与考察。无论如何，《客商规鉴论》那种针对商业经营内容做比较富有连贯性的分析，甚至是尝试建构某种"客观式观察"的书写风格，

---

[78]　Natasha Glaisyer, *The Culture of Commerce in England, 1660—1720*, Suffolk and New York: The Boydell Press, 2006, pp. 143–183.

[79]　十八世纪德意志境内出现了某些强调客观与科学分析商业知识的商业书籍，参见：Daniel A. Rabuzzi, "Eighteenth-Century Commercial Mentalities as Reflected and Projected in Business Handbooks," *Eighteenth-Century Studies*, 29, 2 (1995—1996): 169–189。

仍是很值得注意的发展。

除了行文格式的差异之外，明清商业教育的实际内容也仍可再做若干区别。从内容广度看，《商贾便览》比《客商规鉴论》更有体系性，对当时的商人读者而言，一部《商贾便览》在手，确实是方便了查考所需的"商贾便览、算法便览、银谱便览、尺牍便览、路程便览"等各项商业知识，这些内容都要比《客商规鉴论》丰富，因而《商贾便览》算是内容更加全面的商业教育书。但《商贾便览》同时提及的"生财有道、仁义礼智信"，这些被学者称为是带有"商业道德"色彩的内容，却几乎不见于《客商规鉴论》，因而可以说《客商规鉴论》要比《商贾便览》更不带任何"道德"色彩，这也是两者在商业教育内容上的重要差异。

当然，何谓"商业道德"？这本身即是有趣又复杂的课题。[80]陆冬远（Richard John Lufrano）分析清代乾隆年间抄本《贸易须知》等商业书内容，指出当时这类主要供中小商人阅读的商业知识，其中虽然也带有若干儒家道德的色彩，但其实仍然表现出更多的务实内容；基本上，这些商业书强调的"修身"等商业道德，还是与儒家修身等道德观念有所异同，不能将两者等而论之。但陆冬远还同

---

[80] 以十八世纪德意志商业书而论，也有谈论"道德"的层面，当时一些商业书作者强调要"克服激情（passions）与发展德性（virtues），来维持个人信用与追求商业上的成功"（Daniel A. Rabuzzi, "Eighteenth-Century Commercial Mentalities as Reflected and Projected in Business Handbooks," p. 175）。再以美国为例，十八、十九世纪以降的美国社会也出现了许多公开撰写或是演讲有关如何在商业经营过程中提升道德意义的学者，有学者将此现象称为"商业伦理家"（business ethicists）的出现。若统计 1870 至 1935 年间美国相关报刊与书籍数据库，可发现诸如商业道德（commercial morality）、经商道德（business morality）、经商伦理（business ethics）、商业正直（commercial integrity）、经商正直（business integrity）等词，皆是当时不少美国"商业伦理家"习惯使用的字眼。相关分析可见：Gabriel Abend, *The Moral Background: An Inquiry into the History of Business Ethics*, Princeton, N.J.: Princeton University Press, 2014, pp. 5-10, 95-99.

时指出：明清商业书在讨论商业道德的相关内容时，很少由经商事务的层次向外论及诸如政治体制乃至社会演变等外在层次的问题，而"更多的只是关心商人自己的营业利益"，[81] 这也值得注意。

以十八世纪以后欧洲社会哲学与政治经济学者有关商业伦理的著作为例，他们确实讨论到不少有关激情、德性、理性与利益之间可能存在的各种紧张或互补关系；但也应该同时留意到：这些欧洲作者的身份可能大都并非职业商人，他们在撰写商业道德相关题材时，关心的焦点其实是当时欧洲商业的发展是否可能节制专制王权，或是商业的发展如何可以促成"文明社会"的发展等政治社会哲学问题。[82] 若将吴中孚等明清商业书籍的作者拿来和这些欧洲社会哲学家与政治经济学家一并讨论，似乎有些不够切题，甚或不尽公平。

要之，明清商业书籍有其内部的复杂性，《客商规鉴论》所欲累积与传递的商业知识，其实很少带有商业道德的色彩，与十七、十八世纪《商贾便览》等商业书纳入了较多商业道德内容的情况相比，两者的发展方向确实有所不同。

大致说来，无论是"日用类书"收录的《客商规鉴论》，还是作为商业手册的《商贾便览》，这两类文本作为"文字建构式"商业书的流传与印售，都与当时存在于各地的"口传心授式"商业知识，共同丰富了明清整体商业知识的累积与传递。而无论是《客商规鉴论》对农产品价格变动所做的观察，"须识迟中有快，当穷好取，藏

[81]　Richard John Lufrano（陆冬远），*Honorable Merchants: Commerce and Self-Cultivation in Late Imperial China*, pp. 184–185.

[82]　Albert O. Hirschman, *The Passions and the Interests: Political Arguments for Capitalism before Its Triumph*, Princeton, N.J.: Princeton University Press, new edition, 1997, pp. 69–113. 有关十八世纪苏格兰社会哲学思想家如何讨论商业社会与伦理道德的互动关系，也有方便而又深入的中文著作可供参考：陈正国，《陌生人的历史意义：亚当·史密斯论商业社会的伦理基础》，《"中研院"历史语言研究所集刊》，83，4（2012）：779–835。

低再看紧慢，决断不可狐疑"，"迎头快者，可买；迎头贱者，可停"，还是《商贾便览》对"取舍自有机风，来往人繁，贵贱可得权通"，"买色光亮鲜明，活润生神，细嫩结寔，滋味美厚，干净均匀"等商品价格变动的总结，这些既是当时商人提出的"价格理论"，也是当时一种特殊的"经济论述"。

无论是收录于"日用类书"之中的《客商规鉴论》，还是五编本的《商贾便览》商业手册，由十六世纪末到十八世纪末的这两百年间，整体看来，当时中国的商业教育形式与内容既有承续也有断裂。至于如何继续深入考察其间商业知识与商业教育的演化，则仍是有待深入探究的课题。曾有学者论及："在明清士大夫的作品中，商人的意识形态已浮现出来了，商人自己的话被大量地引用在这些文字之中……更值得指出的是：由于'士商相杂'，有些士大夫（特别如汪道昆）根本已改从商人的观点来看世界了。"[83] 要继续考掘当时"商人意识形态"乃至于"商人世界观"的演变，应该仍要更好地结合明清商业发展的实际情形，及其与商业文化之间的复杂互动关系；而明清之际商业教育形式与内容的变迁，正是此课题的重要一环。

---

[83]《中国近世宗教伦理与商人精神》，台北：联经出版公司，1987，页162。

结　论

　　回到本书导论所提出的明清市场演化问题。明清时传统的中国经济没有发生类似英国工业革命那类快速、显著的经济变迁，也未出现类似近代西欧民法、商法的法律体系，但是，在当时中国主要的商业城镇当中，仍然发生了各种经济组织、相关法令乃至于文化与意识形态方面的变动，这些现象仍然可在明清中国带出某些具有重要意义的制度变迁，并构成某种值得细致分析与严肃讨论的市场演化途径。

　　本书各章依序探究了以下各个主题：明清苏州商人团体的组织方式与外在政治环境互动关系的长期演变，苏州棉布加工业字号组织对"调查与信息成本、谈判成本、执行成本"等"交易成本"问题的不同影响，苏州棉布加工业发生的踹匠"工作规训"的变动，云南铜矿业基于"官本收铜、运官运铜制"等正式制度而出现的官商关系与利益观念的变迁，重庆船运业纠纷解决机制在"国法"与"帮规"的共同作用下呈现的经济秩序与法律规范互动，重庆地方官与地方商人领袖之间围绕着债务与合伙纠纷的合作调解模式，以及《客商规鉴论》与《商贾便览》等明清商业书承载的商业知识与商业道德论述。这些林林总总涉及明清商人团体、经济组织、法律规范、商业习惯及商业文化的各种制度，既受到了当时中国既有市场结构的限制，又逐渐改造了当时中国的市场结构。本书选取了苏州、上海、云南东川府、四川重庆及江西广信府玉山县在不同经济领域的一些具体案例，借以讨论当时中国市场与制度之间的互动关系，希望对于理解明清市场演化问题能够提供一些有效用的分析以及有意义的思考。

整体看来，随着十六世纪以后中国国内长程贸易的不断发展，众多明清商人在本国内地，西北、西南、东北边区，乃至东南亚、东北亚等海外地区从事商业活动。随着商业行为的频繁、增多，以及不同地区商业人群的彼此互动，加上不同地区司法体系面对商业诉讼在具体执行方面的不同作用，受到包含合伙、股份、承揽、会计、货币、信用等不同形态的买卖与生产契约影响的各种商业行为，不断地加速传递与演化，从而改变了不同地区的市场制度。[1]

值得注意的是：当时在明清中国各地参与签订与执行各项契约的经商民众，他们在"想象、创造、维持与终结（各类契约中的）交换关系"时，究竟如何受到当时既有各类"团体规范"的影响与形塑？欧中坦建议不再只是采取偏重法官与法学家如何建构"契约法"这类所谓"法学中心论者"所关心的议题方向，呼吁改采团体规范与"契约行为"互动的研究路径，可能会更有启发性。[2]欧中坦的建议其实也颇类似"法律多元论"的一些重要主张，诸如要将法律体系运作背后的经济基础、认知模式乃至政治势力，更好地纳

[1]　Madeleine Zelin, Jonathan K. Ocko, and Robert Gardella, "Introduction," in *Contract and Property in Early Modern China*, pp. 2–3. Jean-Laurent Rosenthal and Bin Wong, *Before and Beyond Divergence: The Politics of Economic Change in China and Europe*, Cambridge, Mass.: Harvard University Press, 2011, pp. 129–166.

[2]　Jonathan K. Ocko, "The Missing Metaphor: Applying Western Legal Scholarship to the Study of Contract and Property in Early Modern China," in *Contract and Property in Early Modern China*, p. 197.

入相关分析。[3] 或是强调：要在侧重国家法之外，同时重视那些相互竞争以及时相矛盾的社会秩序，并应呈现那些社会秩序与国家法之间的相互构成关系；针对社会团体看待秩序与社会关系，乃至于社会团体借以判定"真理"与"公义"的种种不同方式，都应进行更仔细的检视；对于那些随着不同法律系统之间的辩证关系而展开的多元规范，应该改采一种历史演变的理解方式。[4] 本书针对苏州棉布加工业、滇铜采矿业及重庆航运业所做的个案分析，希望多少能够符合上述"法律多元论"的一些研究旨趣，并期待能有助于分析明清的市场演化现象。

　　尽管直至清末，中国才由西方与日本引入公司、票据、海商、保险等相关法典、案例汇编或是法学专论，但是，缺乏这些近代西方"法学中心论者"所关心的法律议题、术语与修辞，对于清代前期的重庆船帮、八省会馆等社团组织而言，并不妨碍他们努力将船运承揽、托运风险、票据兑换乃至劳雇争议等涉及各式契约的相关经济行为，纳入他们宣称自身既有的"帮规、程规、旧规"，然后上呈重庆地方官进行审理与调停。在调停与审理各类船运纠纷的过程中，重庆地方官员不仅需要经常面对船运业者关心的各式"帮规"与契约问题，也要更好地从既有"国法"当中选择最为合用的法律核心价值观。这个"国法"与"帮规"相互作用的事实，构成了清代前期重庆地方司法实务的重要内容，也或多或少地改造了当时中国的市场制度。

---

[3]　笔者对"法律多元论"的理解主要取自：Warwick Tie, *Legal Pluralism: Toward a Multicultural Conception of Law*, pp. 47–57. Sally Falk Moore, "Certainties Undone: Fifty Turbulent Years of Legal Anthropology, 1949—1999," in idem ed., *Law and Anthropology: A Reader*, Oxford: Blackwell Publishing, 2005, pp. 346–367。

[4]　　Sally Engle Merry, "Legal Pluralism," *Law & Society Review* 22,5(1988): 869–896.

　　跨出重庆航运市场制度同时受到"国法"与"帮规"影响与形塑的实例，可以进一步思考当时中国的法律规范与经济秩序如何互动的课题。若将十八、十九世纪重庆的船运纠纷与相关司法运作联系到当时中国其他城镇发生的经济现象与司法实务，则无论是本书第二、三章分析的苏州棉布字号商人、贾师、踹坊与染坊商、踹匠与染匠工人在棉布产销过程中的各种互动关系，以及苏州各级地方官针对棉布相关讼案展开的审理过程与法律推理，还是第四章分析的云南铜厂商人与地方官之间共同形构的"放本收铜、官铜店、七长制"，第六章分析的重庆合伙与债务纠纷当中地方官与地方商人领袖之间展开的密切合作，乃至于其他学者考察的清代四川自贡井盐业盛行的以分股"做节"的方式处理资金合伙、股权顶让等本地商业习惯的具体实践过程，[5] 或是探究清代长芦"八大家"盐业总商家族在债务、合伙与析分家产等商业习惯方面如何与政府法律进行互动的复杂过程，[6] 这些清代各个商业发达地方出现的个案所反映的经济与法律互动关系，都很可证明当时中国商业发达的城镇其实已然出现了商业纠纷导致本地司法实践受到冲击与调整的具体过程。

　　至于文化与意识形态方面，本书除了在第四章讨论了滇铜开采过程出现的"公利之利"的相关政策论辩，也在第七章专门分析了

---

[5]　Madeleine Zelin, "Capital Accumulation and Investment Strategies in Early Modern China: The Case of Furong Salt Yard," *Late Imperial China* 9,1(1988): 79-112. Madeleine Zelin, "Merchant Dispute Mediation in Twentieth-Century Zigong, Sichuan," in Kathryn Bernhardt and Philip C. Huang eds., *Civil Law in Qing and Republican China*, Stanford: Stanford University Press, 2004, pp. 249-286.

[6]　Man Bun Kwan（关文斌）, "Custom, the Code, and Legal Practice: The Contracts of Changlu Salt Merchants in Late Imperial China," in *Contract and Property in Early Modern China*, pp. 269-297. 关文斌，《文明初曙：近代天津盐商与社会》，张荣明主译、齐世和校，天津：天津人民出版社，1999，页 41-96。

明清几种商业书的书写风格、商业知识与商业道德等问题。有些学者对于明清商业知识的评价不高，如寺田隆信认为:《商贾便览》等清代中国"商业书虽然提出了对经商能力与品德的要求，认为这是经商致富之法，也是创建商人社会的支柱，但未能从社会结构去看商业的繁荣，也未注意到经商获利的意义所在。因此，不能不认为作者只是把商业作为一种致富的手段"。寺田还强调:在商业书的作者身上，"似乎并不存在营利与仁义之间的矛盾的苦恼，也看不到企图建立超越伦理观的经商之道和积极地为商人在买卖中获得利益提供理论的动机，这就必然使他们的著作在对现实生活中的商人提出要求时，局限于单纯的品德和个人的机智方面"。他甚至将山西商人的经商实践，结合到他对明清商业书的综合评价:"山西商人的商业观和商业书的说教，可以说并不反映包括随着商业的发展而对产生和支持这种商业道德本身的社会体制的批判，也不包含朝着既定的方向勇往直前迫使士大夫阶级承认商人阶级独立存在的价值。因而，其意义是非常局限的。"[7]

寺田隆信认为明清商业书内容"似乎并不存在营利与仁义之间的矛盾的苦恼"，这个评论很可能反映了他也曾受到韦伯（Max Weber）《基督新教伦理与资本主义精神》相关论点的影响与启发。然而，如同学者对韦伯此书的考察，所谓"新教伦理"与"资本主义精神"的提法，固然是以"简洁扼要的方式"将西方资本主义的起源"这段最曲折的历史过程讲得如此生动而精彩"，[8] 但其实韦伯此书论证的基本内容在 1905 年首次公开发表时，欧洲学界的反应不

---

[7]　寺田隆信，《山西商人研究》，张正明、道丰、孙耀、阎守诚等译，页 298。

[8]　顾忠华，《韦伯的〈基督新教伦理与资本主义精神〉导读》，台北: 学生书局，2005，页 177。

仅"不是佳评如潮,而是呛声连连"。[9] 也有学者指出:韦伯的"新教伦理"论述固然精彩,但却难免带有"以近代人的自我作为中心"来对历史进行"寻根式"探究的特殊历史观,因而,我们不宜忽略"韦伯式理论的时空性和问题性"。[10] 尽管如此,《基督新教伦理与资本主义精神》仍是部极有启发的好书,而韦伯"新教伦理"论述对包含寺田隆信在内的许多明清史家而言,似乎一直有很大的吸引力;与此同时,我们也不该忘记:寺田隆信是明清经济史大家,长年研究山西商人、苏州棉布踹坊等明清经济史重要议题,他熟悉明清经济发展的相关史实,但也服膺韦伯的"新教伦理"论述,并据以推论出上述明清商业思想"其意义是非常局限的"总体评价。这不得不令我们持续深思其中的意义。

　　某学者则以不同方式评价明清商业思想的变动。由晚明以来"士商相杂"的长期现象,他论证当时中国商人意识形态(他也称作"商人精神")的发展背景及其历史意义:"在明清士大夫的作品中,商人的意识形态已浮现出来了,商人自己的话被大量地引用在这些文字之中";同时,"更值得指出的是:由于'士商相杂',有些士大夫(特别如汪道昆)根本已改从商人的观点来看世界了"。在他看来,"明、清的商业书,虽是为实用的目的而编写",但"其中也保存了不少商人的意识形态";我们尤应重视"商人的社会自觉","他们已自觉'贾道'即是'道'的一部分",而当时其中一些"幼有大志"的商人更"具有超越性的'创业'动机"。他认为这些商人的意识形态其实可以具体反映当时中国儒、释、道三教对于"上

[9]　康乐,《说明》,收入韦伯著,康乐、简惠美译《基督新教伦理与资本主义精神》,台北,2007,页1。

[10]　钱新祖,《近代人谈近代化的时空性》,收入钱氏著《思想与文化论集》,台北:台大出版中心,2013,页13。

层文化"与"通俗文化"的综合作用，而且还可由其中见到"商人究竟是怎样巧妙地运用中国传统中的某些文化因素来发展'贾道'"的。他不仅提醒中国思想史研究者不要"有意或无意地把西方的模式硬套在中国史的格局上面"，同时进一步评论道：对于明清商业书反映的思想内容，"我们决不能因为他们依附了某些旧形式而忽视其中所含蕴的新创造"。[11]

至于商人意识形态对社会的整体影响到底如何？此学者如此评估："概括言之，十六世纪以后商人确已逐步发展了一个相对'自足'的世界。这个世界立足于市场经济，但不断向其他领域扩张，包括社会、政治与文化；而且在扩张的过程中也或多或少地改变了其他领域的面貌。改变得最少的是政治，最多的是社会与文化。"[12]他的观察是明清商人精神对当时社会与文化的影响较大，但在政治方面则作用十分有限。卜正民研究明代经济思想史，也提出了类似的观察：明清长期"士商相杂"的结果，既是士人价值观改变了商人，但也未尝不能说是商人同时反过来改变了士人。[13]

明清士人价值观因为商业冲击与商人影响而发生了种种微妙

---

[11] 《中国近世宗教伦理与商人精神（增订版）》，台北：联经出版公司，2004，页162-163。作者这里有关"具有超越性的'创业'动机"的提法，主要涉及韦伯学术中有关"宗教伦理"与"经济发展"之间"选择性亲和"关系的讨论，并关联到学者有关中国传统与现代"儒家伦理"或"经济伦理"的热烈争辩。儒家伦理研究的相关简介，可见：顾忠华，《儒家文化与经济伦理》，收入刘小枫、林立伟编《中国近现代经济伦理的变迁》，香港：香港中文大学出版社，1998，页45-66。

[12] 《士商互动与儒学转向——明清社会史与思想史之一面相》，收入《中国近世宗教伦理与商人精神（增订版）》，页175-248，引见页203。

[13] 卜正民，《纵乐的困惑——明朝的商业与文化》，方骏、王秀丽、罗天佑等译，页355-358。上述有关商人精神与士商相杂的讨论，笔者较多引用了一篇拙文的结论的几个段落，敬请谅查：邱澎生，《由〈商贾便览〉看十八世纪中国的商业伦理》，《汉学研究》（台北），33，3（2015）：205-240。

的变化，除了《中国近世宗教伦理与商人精神》所着重分析的士人"治生"观念的变动之外，明清消费史的不少研究成果也呈现了晚明以降士大夫因为商人财富增加而产生的某种社会身份的"认同焦虑"。[14] 同时，士人价值观受到商业与商人影响而发生的微妙变化，还反映在政府的经济政策上。十六世纪以后有愈来愈多的士大夫提出"重商以利农"的政策主张，其中主要内容涉及商人在粮食贸易与银钱比价中的关键角色；愈来愈多的士大夫认识到：如果商人不带粮食与白银来境内贸易，则本地粮食的供给数量与银钱比价的波动都会受到负面影响，某些地区的百姓不仅将面对粮食不足的威胁，当小农需将平日使用的铜钱兑换白银以向政府缴纳赋税之际，本地白银价格会因商人不来而相对上涨，致使小农必须以更多铜钱才能换足缴纳赋税所需的定额白银。为了保障农民生计，故而必须一并保护商人的经商安全，这便构成晚明以后"重商以利农"相关经济政策主张的核心理据。[15]

类似变化也发生在十六世纪至十八世纪之间"保富"观念更普遍的发展上，[16] 以及本书第四章分析的十八世纪滇铜开采过程中以李绂这类官员为代表所提出的"公利之利，无往不利"相关论述，他

---

[14] 柯律格（Craig Clunas），《长物：早期现代中国的物质文化与社会状况》，高昕丹、陈恒译，北京：生活·读书·新知三联书店，2015；巫仁恕，《品味奢华：晚明的消费社会与士大夫》，台北：联经出版公司，2007，页303-315；邱澎生，《消费使人愉悦？略谈明清史学界的物质文化研究》，《思想》，15（2010）：129-147；王鸿泰，《明清感官世界的开发与欲望的商品化》，《明代研究》，18（2012）：103-141。

[15] 岸本美绪，《清代中期的经济政策基调——以18世纪40年代的粮食问题为中心》，收入岸本氏著《清代中国的物价与经济波动》，刘迪瑞译，胡连成审校，北京：社会科学文献出版社，2010，页263-294；林丽月，《明清之际商业思想的本末论》，收入林氏著《奢俭·本末·出处——明清社会的秩序心态》，页183-217。

[16] 林丽月，《保富与雅俗：明清消费论述的新侧面》，收入林氏著《奢俭·本末·出处——明清社会的秩序心态》，页83-105。

们通过"公之于人，则可以富国而裕民；私之于官，则至于害民而病国"等经济修辞，把开采矿藏等自然资源的正当性，赋予了饶富资本并有组织能力的铜厂商人。

因此，若从晚明至清代的经济政策变化做观察，前引某学者有关市场经济与商人意识形态冲击明清社会的不同层次的判断（"改变得最少的是政治，最多的是社会与文化"）似乎需要做些修正；"重商以利农""保富""公利之利"等相关经济政策，其实也可以反映当时商业经营及商人财产的安全程度都能得到更稳固的支撑，这似乎不能不说是一种受到商业冲击的明清"政治"。至于本书多篇文章所分析的清代商业诉讼与地方司法之间的良性互动关系，也可以视为一种受到商业冲击的"政治"与法律变化。

值得注意的是：某学者在承认商人意识形态冲击明清社会的同时所区分的政治与社会文化的不同层次，所谓"改变得最少的是政治，最多的是社会与文化"，此项判断其实与不少明清经济史家对明清经济变化的评价有着异曲同工之妙。

如吴承明曾将十六世纪以后中国市场经济的发展综括为六大范畴：一、大商人资本的兴起；二、包括散工制在内工场手工业的巨大发展；三、因一条鞭法普及而更加确立的财政货币化的发展；四、押租制与永佃制普及导致经营权与土地所有权分离而形成的租佃制的演变；五、由短工与长工在法律上人身自由的进一步解放所带来的雇工制演变；六、民间海外贸易带来的大规模的世界白银内流中国。吴氏强调这六大范畴的变化基本上都属于"新的、不可逆的"重要经济变迁，并对这些经济层面的变化予以颇高的肯定。然而，吴氏认为明清市场经济的发展在政治与法律方面却面临着严重限制：因为传统中国未能出现"保障私有产权和债权的商法"，以及十七世纪后半叶清朝入主中国而加强了"专制主义统治"，[17] 故而无法形成类似英国工业革命那般更有意义的经济变迁。如果把某学者说的"最多的是社会与文化"替换为吴承明说的"新的、不可逆的"六大经济范畴，以及将"改变得最少的是政治"替换为未能出现"保障私有产权和债权的商法"以及加强了"专制主义统治"，则两位著名学者所认识到的明清经济变迁其实是英雄所见略同。再如前引寺田隆信对明清商业书的评价（"不包含朝着既定的方向勇往直前迫使士大夫阶级承认商人阶级独立存在的价值"），寺田氏重视的"政治"不正是所谓"商人阶级独立存在的价值"吗？综合看来，上述诸位学者看重的明清中国比较缺少之"政治"变化，大概就是近代欧洲历史上出现的所谓"资产阶级革命"或是"立宪政治"吧？

　　上述看法不免让人再次想起本书导论所分析的黄仁宇"数目字管理"概念。黄氏以此概念呈现了十六世纪明代中国与十七世纪末英国在"国家社会架构"方面的巨大差异，黄仁宇对于英国十七世纪议会政治革命所开启的资本主义或是现代化社会有以下的精简概括："社会里的成员，变成了很多能相互更换的零件；更因之社会上的分工可以繁复。法律既以私人财产权之不可侵犯作宗旨，也能同样以数目字上加减乘除的方式，将权利与义务，分割归并，来支持这样的分工合作。"[18] 这种强调"以私人财产权之不可侵犯作宗旨"的法律，既是黄仁宇强调可以通过"数目字上加减乘除的方式，将权利与义务，分割归并"以提升整体经济成效的基础，大概也同是寺田隆信、吴承明等指称明清中国经济无法彻底转型的"政治"病灶。

---

[17]　吴承明，《现代化与中国十六、十七世纪的现代化因素》，《中国经济史研究》，4（1998）：6–7。

[18]　黄仁宇，《我对"资本主义"的认识》，《食货》复刊，16，1/2（1986）：26–9，页46–47。

　　科大卫也对明清中国经济做了整体评价: "虽然中国的商业制度确实带来十六至十八世纪前所未有的经济增长, 但同样的机制却不足以带动十九世纪蒸汽机时代的规模型经营, 如工厂、铁路和轮船等。" 而西方何以能够应付十九世纪规模型经营的挑战? 其原因在于十六世纪西方的 "银行、公司和商法的基础就已经奠定"。[19] 十六世纪中国与西方商业制度已然存在的主要差异究竟何在呢? 科大卫写道, "原因可能是中国传统商业的个人化经营模式", 他引用布罗代尔与韦伯的研究成果, 指出 "家族企业、私人网络与传统的会计方式形成了一个相辅相成的商业运作体系", 而 "股份制、有限责任制与成本会计则构成了另一个相辅相成的体系"; 十六世纪以后, 西方逐渐脱离了前一个体系而进入了后一个体系, 而中国则自十六世纪形成 "以宗族为主导的资产控制方式" 之后, 直至十九世纪仍始终停留在前一个体系。[20]

　　表面上看, 科大卫指称的 "股份制、有限责任制与成本会计", 似乎也能很好地呼应黄仁宇指称的 "数目字管理", 两者都是明清中国经济变化所缺乏的 "商业技术与法律基础"。然而, 科大卫的分析却更加复杂: 尽管缺乏 "股份制、有限责任制与成本会计", 但直至十九世纪为止的明清商业制度, 其基本运作情况是 "无论是在乡村、市镇还是城市, 贸易都有条不紊地进行着", 只是, 保障这些贸易秩序的主要力量不是法律, 而是那些可以 "通过各种投资控制资产的宗族", 而明清市场从来都 "只是社会的一个组成部分"。[21] 如何界定明清中国的商业制度或者市场演化? 科大卫有

[19]　科大卫, 《近代中国商业的发展》, 周琳、李旭佳译, 杭州: 浙江大学出版社, 2010, 页166。

[20]　科大卫, 《近代中国商业的发展》, 周琳、李旭佳译, 页92。

[21]　科大卫, 《近代中国商业的发展》, 周琳、李旭佳译, 页103–104。

关"宗族"主导而非"法律"支配的论述，确实要比黄仁宇的"数目字管理"概念更加复杂并且富有启发性。

笔者没有能力进行明清与西方商业制度史的比较，只希望本书针对苏州商人团体、苏州与松江棉布加工业、云南铜矿业与重庆航运业的种种经济组织，还有关于重庆债务与合伙诉讼以及明清商业书的分析，能够稍稍显示当时中国在经济组织、法律体系、文化观念三者之间的互动关系，应该并非只是乏善可陈。当时中国经济也曾出现不少重要变化，而这些变化或许共同构成了明清中国的市场演化之路。

至于对许多读者而言都很难回避的中西比较问题，笔者只想引用泰勒（Charles Taylor）对"现代性"理论所做的区分与反思做点补充说明。泰勒将西方十八世纪以来出现的种种"现代性理论"区分为两大类：一是"少文化的（acultural）现代性理论"，这类理论看重的是诸如现代科层制国家、市场经济、科学与科技的散播，以及工业革命、都市化等等"世俗化现象"，基本上将西方现代性视为一种"不带文化因素影响而纯任理性或社会性的操作"（a rational or social operation which is cultural-neutral）；在此观点之下，现代性的传播有如"任何或每一个文化都可以完成的一组社会转型"（a set of transformations which any and every culture can go through）。至于泰勒区分的另外一类"文化性的（cultural）现代性理论"，则是将近代西方社会的出现视为一种"新文化"的兴起，背后涉及诸如"人观"（personhood）、"自然观"（nature）、"社会观"（society）、"时间观"（time）、"优劣观"（goods and bads）、"善恶观"（virtues and vices）等等属于近代西方自身的特殊认知方式（own specific understandings）。[22]

　　尽管黄仁宇也将"数目字管理"国家的出现设定在十七世纪末的英国，也谈及私有产权的神圣性观念如何在英国特殊的时空条件中扩散，然而，他对资本主义"文化"的说明其实相当有限；同时，他也相信：只要有心改革并且勇敢地抛弃"传统道德"，则包含中国在内的其他"不能在数目字上管理"的国家，也可以顺利转型为"能在数目字上管理"的国家，共同朝向如十七世纪末英国所完成的"现代性"社会改造。由这些方面看来，黄仁宇"数目字管理"概念背后呈现的"现代性"理念，应接近泰勒区分的"少文化的现代性理论"。

　　泰勒指出"少文化的现代性理论"有以下重大缺点：既扭曲了近代西方社会发展过程的复杂性，也轻估了现代性在传播过程中可能受限于各地不同的文化传统而出现的某种"他类现代性"（alternative modernities）；简言之，这种看法严重忽略了西方现代性其实也部分植根于"原本的道德框架"（original moral outlook）。例如，十七世纪以后近代西方科学的确具有改进技术与提高效率的层面，但是，时人所谓的"将事实（fact）自价值（value）中区分出来"，却和当代从事物理学研究者希望发现"科学真理"的心态不可等同而论。表面上是要解决现实的技术问题，但背后的动机却可能是宗教道德性的。[23] 同样的道理，视个人为"原子式存在"的观念，也同样嵌植于近代西方的特殊认知方式。因而，黄仁宇所谓"社会里的成员，变成了很多能相互更换的零件"，此语其实不能自当

[22]　Charles Taylor, "Two Theories of Modernity," in Dilip Parameshwar Gaonkar ed., *Millennial Quartet vol. 1, Alter/Native Modernity, Public Culture* 11,1(2000): 153–154, 172–173. 查尔斯·泰勒，《现代性中的社会想象》，李尚远译，台北：商周出版公司，2008，页292。

[23]　Charles Taylor, "Two Theories of Modernity," pp. 159–160, 161–162.

时西方"人观、社会观"等成套成组的认知观念（a constellation of understandings）中抽离出来。当西方技术传到东方，"社会里的成员，变成了很多能相互更换的零件"，或者"法律既以私人财产权之不可侵犯作宗旨，也能同样以数目字上加减乘除的方式，将权利与义务，分割归并"等所谓"现代性"特征，会与不同东方国家的既有文化观念相互结合与创新。这些都是泰勒所说"少文化的现代性理论"所不能妥善分析的重要内容。

十六世纪以后英国与西欧在经济、法律与文化方面展现的种种"现代性"，确实对于我们理解人类近代历史至关重要。但正如泰勒所指出的：欧洲固然是"现代性的第一个模型"，不过，"它终究只是许多模型之中的一种"，如何重新"描绘现代西方世界的社会想象"，仍然需要更多学者投入研究。[24] 对于研究明清中国或是其他欧洲以外地区的经济史研究者而言，与其斩钉截铁地指称近代西方如何发展，何不保持更大的开放心态来面对世界不同地区的各自历史发展？我们也应避免狭隘的"西方中心论"，莫将西方近代经济发展的种种"特殊性"变成欧洲文明的"优越性"。有些欧洲史家这样进行反思："史家必须扬弃那种旧有研究习惯，那种习惯总是致力找寻独存于欧洲的特殊因子，以为那些特殊因子使我们欧洲文明变得与其他文明在本质上不同，甚至优于其他文明，诸如所谓欧洲思考方式中的独特理性、基督教传统等等远源于类似罗马财产法以来的欧洲古典遗产。"而之所以必须扬弃旧有的研究习惯，关键不仅在于以"欧洲"对比其他地区文明的习惯，本即是十七世纪以后欧洲知识分子特殊的意识形态持续作用的结果；还在于："就目前所知，凡属那些导致资本主义、科学技术革命以及其他种种相关的操

---

[24]　查尔斯·泰勒，《现代性中的社会想象》，页293。

作手法（*modus operandi*），没有什么是真正独属'欧洲'或是'西方'的。"[25] 这是来自一位著名欧洲史家的反思，可能也值得明清经济史研究者对比中西市场演化时一并参考，以便在继续探究中西"国家社会架构"异同时能够更细致地"拿捏轻重"。

---

[25]　Eric Hobsbawm, "The Curious History of Europe," in idem, *On History*, New York: The New Press, 1997, pp. 225–227.

征引书目

一、传统文献

《一统路程图记》（此书又名《新刻水陆路程便览》或是《图注水陆路程图》，
  （明）黄汴，书前有明隆庆四年序文，杨正泰点校本，收入杨正泰《明代驿
  站考（增订本）》，上海：上海古籍出版社，2006，页199-292。

《一斑录》，（清）郑光祖，影印清刊本，北京：中国书店，1990。

《八旗通志》，（清）鄂尔泰等修，李洵、赵德贵主点，长春：东北师范大学出
  版社，1985。

《三省边防备览》，（清）严如熤，据清道光刻本影印，扬州：江苏广陵古籍刻
  印社，1991。

《上海碑刻资料选集》，上海博物馆图书资料室编，上海：上海人民出版社，
  1981。

《士商类要》，（明）程春宇，书前有明天启六年方一桂叙文，杨正泰点校本，收
  入杨正泰《明代驿站考（增订本）》，上海：上海古籍出版社，2006，页
  299-447。

《大明律笺释》，（明）王肯堂，影印清康熙三十年顾鼎重辑序刊本，收入《四库
  未收书辑刊》，第1辑第25册，北京：北京出版社，1997。

《大清律辑注》，（清）沈之奇，新校本（据清康熙五十四年初版标校），北京：

法律出版社，2000。

《大义觉迷录》，影印清雍正年间内府刻本，台北：文海出版社，1970。

《山书》，（清）孙承泽辑，裘剑平点校，杭州：浙江古籍出版社，1989。

《"中研院"历史语言研究所现存清代内阁大库原藏明清档案》，张伟仁编，台北：联经出版公司，1985—1997，A137-059。

《中国工商行会史料集》，彭泽益主编，北京：中华书局，1995。

《天工开物》，（明）宋应星，钟广言注释，北京：中华书局，1978。

《天津商会档案汇编（1903—1911）》，天津市档案馆、天津社会科学院历史研究所、天津市工商业联合会编，天津：天津人民出版社，1989。

《天启滇志》，（明）刘文征纂修，古永继校点，昆明：云南教育出版社，1991。

《天佣子集》，（明）艾千子（南英），台北：艺文印书馆，1980。

《日录杂说》，（清）魏禧，收入（清）张潮辑，《昭代丛书》，清道光十三年吴江沈氏世楷堂刊本，"中研院"历史语言研究所傅斯年图书馆藏本。

《四知堂文集》，（清）杨锡绂，清乾隆年间乙照斋刊本，"中研院"历史语言研究所傅斯年图书馆藏。

《布经》，（清）不著撰人，清抄本，安徽省图书馆藏。

《布经》，（清）范铜，清抄本，影印收入《四库未收书辑刊》，第3辑第30册，北京：北京出版社，1997，页82-110。

《布经要览》，（清）不著撰人，（清）汪裕芳抄本，影印收入《四库未收书辑刊》，第10辑第12册，北京：北京出版社，1997，页581-599。

《生意世事初阶》，（清）王秉元，书前有清乾隆五十一年汪氏重抄本序言，现藏于南京大学图书馆。

《刑案汇览》，（清）祝庆祺编次、鲍书芸参订，影印清光绪十二年刊本，台北：成文出版社，1968。

《回民起义》，中国史学会主编，白寿彝编，《中国近代史资料丛刊》第四种，上海：神州国光出版社，1953。

《成山老人自撰年谱》,（清）唐炯,影印清光绪三十年序刊本,台北：广文
　　书局,1971。

《成家宝书》,（清）不著撰人,清抄本（未具撰抄年代）,影印收入国家图书馆
　　分馆编《中国古代当铺鉴定秘籍》,北京：国家图书馆,页351–495。

《江南土布史》,徐新吾主编,上海：上海社会科学院出版社,1992。

《江苏省明清以来碑刻资料选集》,江苏省博物馆编,北京：生活·读书·
　　新知三联书店,1959。

《自贡盐业契约档案选辑（1732—1949）》,自贡市档案馆、北京经济学院、四川
　　大学合编,北京：中国社会科学出版社,1985。

《西江政要》,（清）不著编人,清江西按察司衙门刊本,"中研院"历史语言研
　　究所傅斯年图书馆藏。

《西江视臬纪事》,（清）凌燽,影印清乾隆八年刊本,收入《续修四库全书》,
　　史部,册882,上海：上海古籍出版社,1997。

《佐治药言》,（清）汪辉祖,收入《汪龙庄遗书》,影印清光绪十五年（1889）
　　江苏书局刊本,台北：华文书局,1970。

《吴门表隐》,（清）顾震涛,据清道光年间刊本点校,南京：江苏古籍出版社,
　　1986。

《李穆堂诗文全集》（又名《穆堂初稿》）,（清）李绂,有雍正十年序,道光十一
　　年重刊本,"中研院"历史语言研究所傅斯年图书馆藏。

《定论珍珠价品宝石沕头》,（清）不著撰人,清抄本（未具撰抄年代）,影印收
　　入国家图书馆分馆编《中国古代当铺鉴定秘籍》,页497–545。

《明史》,（清）张廷玉等撰,台北：鼎文书局,1982。

《明刑管见录》,（清）穆翰,清道光二十七年刊本,收入葛元煦编,《临民要
　　略》,影印清光绪七年序刊本,收入《丛书集成续编》,上海：上海书店,
　　1994,集部第168册。

《明清苏州工商业碑刻集》,苏州历史博物馆等编,南京：江苏人民出版社,

1981。

《明清苏州农村经济资料》，洪焕椿编，南京：江苏古籍出版社，1988。

《明实录》，"中研院"历史语言研究所校印，据国立北平图书馆红格抄本微卷校
　　印，"中研院"历史语言研究所，1966。

《客商一览醒迷》，（明）李晋（留）德，书前有明崇祯八年《合刻水陆路程序》，
　　新校本，收入杨正泰校注《天下水陆路程、天下路程图引、客商一览醒
　　迷》，太原：山西人民出版社，1992，页267-329。

《客商规鉴论》，（明）不著撰人，收入（明）三台馆主人仰止余象斗编《新刻天
　　下四民便览三台万用正宗》（据明万历二十七年余氏双峰堂刻本影印），收
　　入酒井忠夫監修，坂出祥伸、小川陽一編《中國日用類書集成》，東京：汲
　　古書院，2000，第三卷，册2，卷21，"商旅門"，頁294-348。

《宦游笔记》，（清）纳兰常安，台北：广文书局，1971。

《春明梦余录》，（清）孙承泽，台北：大立出版社，1980。

《皇朝经世文编》，（清）贺长龄编，台北：世界书局，1964。

《重订增补陶朱公致富全书》，（明）陈继儒撰，（清）石岩逸叟增定，《故宫珍本
　　丛刊》子部第363册，据清康熙年间经纶堂刻本影印，海口：海南出版社，
　　2001。

《陔余丛考》，（清）赵翼，据清乾隆五十五年"湛贻堂"版本影印，台北：华世
　　出版社，1975。

《海忠介公集》，（明）海瑞，收入《丘海二公合集》，清康熙四十七年刊本，"中
　　研院"历史语言研究所傅斯年图书馆藏。

《消夏闲记摘抄》，（清）顾公燮，《涵芬楼秘笈》本，台北：台湾商务印书馆，
　　1967。

《商贾便览》，（清）吴中孚，六集八卷本，书前有清乾隆五十七年作者自序，复
　　印件藏于"中研院"近代史研究所郭廷以图书馆。

《康熙朝汉文朱批奏折汇编》，中国第一历史档案馆编，北京：档案出版社，

1984—1985。

《清代巴县档案汇编（乾隆卷）》，四川省档案馆编，北京：档案出版社，1991。

《清代的矿业》，中国人民大学清史研究室等编，北京：中华书局，1983。

《清代乾嘉道巴县档案选编》上册，四川省档案馆、四川大学历史系编，成都：
　　四川大学出版社，1989。

《清代乾嘉道巴县档案选编》下册，四川省档案馆、四川大学历史系编，成都：
　　四川大学出版社，1996。

《清史稿》，赵尔巽等撰，新校本，北京：中华书局，1976—1977。

《清高宗实录》（《大清高宗纯［乾隆］皇帝实录》），台北：华文书局，1969。

《清朝文献通考》，清高宗敕撰，台北：新兴书局，1963。

《朱批奏折财政类》微卷，"中研院"近代史研究所藏，乾隆元年三月十七日，
　　顾琮奏折。

《钦定户部则例》，（清）承启、英杰等纂，影印清同治四年（1865）校刊本，台
　　北：成文出版社，1968。

《云南史料目录概说》，方国瑜，北京：中华书局，1984。

《新编文武金镜律例指南》，（清）凌铭麟辑，清康熙年间刊本，"中研院"历史
　　语言研究所傅斯年图书馆藏。

《杨氏全书》，（清）杨名时，清乾隆五十九年江阴叶廷甲水心草堂刊本，"中研
　　院"历史语言研究所傅斯年图书馆藏。

《滇南闻见录》，（清）吴大勋，收入《云南史料丛刊》第十二卷，昆明：云南大
　　学出版社，2001。

《滇南矿厂图略》，（清）吴其濬，收入任继愈、华觉民主编《中国科学技术典
　　籍通汇（技术卷）》第一分册，郑州：河南教育出版社，1994，页1115-
　　1191。

《滇略》，（明）谢肇淛，《四库全书珍本》三集，册155，台北：台湾商务印
　　书馆，1972。

《滇云历年传》，（清）倪蜕辑，李埏校点，昆明：云南大学出版社，1992。

《滇系》，（清）师范，《丛书集成续编》本，册 55 至 56，上海：上海书店，1994。

《当谱集》，（清）不著撰人，清抄本，书前封面署有"大清乾隆二十四年春刻增补致膳钞"，影印收入国家图书馆分馆编《中国古代当铺鉴定秘籍》，北京：国家图书馆，"国家图书馆古籍文献丛刊"，2001，页 1–128。

《当谱》，（清）不著撰人，清抄本（未具撰抄年代），影印收入国家图书馆分馆编《中国古代当铺鉴定秘籍》，页 169–350。

《粤东省例新纂》，（清）宁立悌等纂，影印清道光二十六年序刊本，台北：成文出版社，1968。

《蜀僚问答》，（清）刘衡，收入《官箴书集成》，册 6，合肥：黄山书社，1997。

《蜀海丛谈》，（清）周询，收入沈云龙主编《近代中国史料丛刊》第 1 辑第 7 种，台北：文海出版社，1966。

《资治新书二集》，（清）李渔编，清得月楼刊本，"中研院"历史语言研究所傅斯年图书馆藏。

《雍正朱批谕旨》，影印清刊本，台北：文海出版社，1965。

《雍正朝汉文朱批奏折汇编》，中国第一历史档案馆编，南京：江苏古籍出版社，1989—1991。

《雷塘庵主弟子记》，（清）张鉴等编，约为清咸丰元年刊本，"中研院"历史语言研究所傅斯年图书馆藏。

《铜政便览》，据清嘉庆年间抄本影印，台北：学生书局，1986。

《广志绎》，（明）王士性，周振鹤编校，收入《王士性地理书三种》，上海：上海古籍出版社，1993。

《广阳杂记》，（清）刘继庄，《人人文库》本第 426 号，台北：台湾商务印书馆，1976。

《抚滇奏草》，（明）闵洪学，十卷，明天启六年朱国桢序刊本，台北汉学研究中心复印件。

《论皮衣粗细毛法》,（清）任城李氏定本,（清）峻山氏重辑,清抄本,书前题有清道光二十三年,影印收入国家图书馆分馆编《中国古代当铺鉴定秘籍》,页129–168。

《阅世编》,（清）叶梦珠,新校本,台北:木铎出版社,1982。

《黔诗纪略后编》,（清）莫庭芝、黎汝谦采诗,（清）陈田传证,清宣统三年筱石氏刊本,"中研院"历史语言研究所傅斯年图书馆藏。

《镜湖自撰年谱》,（清）段光清,新校本,北京:中华书局,1960。

《陇右稀见方志三种》,上海:上海书店,1984。

《苏州商会档案丛编》第一辑,章开沅、刘望龄、叶万忠主编,武汉:华中师范大学出版社,1991。

《读例存疑（重刊本）》,（清）薛允升,黄静嘉编校,台北:成文出版社,1970。

"巴县档案微卷",成都市四川省档案馆皮藏。

"清代巴县县署档案"微卷,"中研院"近代史研究所郭廷以图书馆购藏。

民国《巴县志》,罗国钧修,向楚等纂,影印民国二十八年（1939）刊本,台北:学生书局,1967。

民国《达县志》,蓝炳奎等修,吴德准等纂,影印民国二十二年（1933）铅印本,台北:学生书局,1971。

光绪《苏州府志》,（清）冯桂芬等撰,台北:成文出版社,1970。

光绪《续云南通志稿》,（清）王文韶等修,（清）唐炯等纂,影印清光绪二十四年刊本,台北:文海出版社,1966。

崇祯《吴县志》,（明）牛若麟等撰,《天一阁藏明代方志选刊续编》,上海:上海书店,1990。

康熙《长洲县志》,（清）蔡方炳等撰,清康熙二十二年序刊本。

乾隆《元和县志》,（清）许治修、沈德潜纂,影印乾隆二十六年复旦大学原藏刻本,收入《续修四库全书》,上海:上海古籍出版社,1997。

乾隆《巴县志》十五卷，（清）王尔鉴纂修，清乾隆二十五年刊本，"中研院"
　　历史语言研究所傅斯年图书馆藏本。

乾隆《东川府志》，（清）方桂纂修，清乾隆二十六年刊本，台北故宫博物院藏。

乾隆《云南通志》，（清）鄂尔泰等监修，（清）靖道谟等编纂，影印《文渊阁四
　　库全书》本，册 569 至 570，台北：台湾商务印书馆，1983。

乾隆《蒙自县志》，（清）李焜修，影印清乾隆五十六年抄本，台北：成文出
　　版社，1967。

乾隆《苏州府志》，（清）邵泰等撰，清刊本，台湾大学研究图书馆藏。

万历《大明会典》，（明）李东阳等奉敕撰，（明）申时行等奉敕重修，《续修四
　　库全书》本，据明万历内府刻本影印，上海：上海古籍出版社，1995。

万历《云南通志》，（明）邹应龙修，（明）李元阳纂，民国二十三年（1934）据
　　明万历元年刊本铅字重印，"中研院"历史语言研究所傅斯年图书馆藏。

道光《江北厅志》，（清）福珠朗阿纂修，（清）宋煊编辑，影印清道光二十四年
　　刊本，收入《新修方志丛刊》第 229 种，台北：学生书局，1971。

道光《武进阳湖县合志》，（清）孙瑽、王德茂等修，（清）李兆洛等纂，清道光
　　二十二年修，光绪十二年木活字排印本，"中研院"历史语言研究所傅斯年
　　图书馆藏本。

道光《重修重庆府志》，（清）有庆监修，清道光二十三年刊本，"中研院"历史
　　语言研究所傅斯年图书馆藏本。

道光《云南通志稿》，（清）阮元等修，（清）王崧等纂，清道光十五年刊本，
　　"中研院"历史语言研究所傅斯年图书馆藏。

道光《云南备征志》，（清）王崧编，影印清道光十一年刊、宣统二年（1910）
　　重排铅印本，台北：成文出版社，1967。

道光《苏州府志》，（清）石韫玉等修，清道光四年刊本。

雍正《四川通志》，（清）黄廷桂等监修，（清）张晋生等编纂，收入《文渊阁四
　　库全书》册 559 至 561，台北：台湾商务印书馆，1983。

嘉靖《吴邑志》,（明）杨循吉，据明嘉靖刊抄补本影印，收入《天一阁藏明代
　　方志选刊续编》册 10，上海：上海书店，1990。

嘉庆《四川通志》,（清）常明等重修,（清）杨芳灿等纂，清嘉庆二十一年年刊
　　本，南京：凤凰出版社，2011。

二、近人论著：专书

Abend, Gabriel. *The Moral Background: An Inquiry into the History of Business Ethics*. Princeton, N.J.: Princeton University Press, 2014.

Bourdieu, Pierre. *The Logic of Practice*. Trans by Richard Nice. Stanford: Stanford University Press, 1990.

Braudel, Fernand. *Afterthoughts on Material Civilization and Capitalism*. Trans. by Patricia Ranum. Baltimore, Maryland: Johns Hopkins University Press, 1979.

Bray, Francesca（白馥兰）. *Technology and Gender: Fabrics of Power in Late Imperial China*. Berkeley: University of California Press, 1997.

Brook, Timothy（卜正民）. *Geographical Sources of Ming-Qing History*. Ann Arbor: Center for Chinese Studies, University of Michigan, 2002.

Brook, Timothy and Gregory Blue, eds. *China and Historical Capitalism: Genealogies of Sinological Knowledge*. New York: Cambridge University Press, 1999.

Glaisyer, Natasha. *The Culture of Commerce in England, 1660—1720*. Suffolk and New York: The Boydell Press, 2006.

Chan, Wellington K.K.（陈锦江）. *Merchants, Mandarins, and Modern Enterprise in Late Imperial China*. Cambridge, Mass.: Harvard University Press, 1977.

Coase, R. H. *The Firm, the Market and the Law*. Chicago: University of Chicago Press, 1988.

Hirschman, Albert O. *The Passions and the Interests: Political Arguments for*

Capitalism before Its Triumph. Princeton, N.J.: Princeton University Press, new edition, 1997.

Hobsbawm, Eric. *On History*. New York: The New Press, 1997.

Huang, Ray（黄仁宇）. *Taxation and Governmental Finance in Sixteenth-Century Ming China*. London and New York: Cambridge University Press, 1974.

Joyce, P., ed. *The Historical Meaning of Work*. Cambridge: Cambridge University Press, 1987.

Lufrano, Richard John（陆冬远）. *Honorable Merchants: Commerce and Self-Cultivation in Late Imperial China*. Honolulu: University of Hawaii Press, 1997.

Marme, Michael. *Suzhou: Where the Goods of All the Provinces Converge*. Stanford: Stanford University Press, 2005.

Mann, Susan（曼素恩）. *Local Merchants and the Chinese Bureaucracy, 1750—1950*. Stanford: Stanford University Press, 1987.

Mercuro, Nicholas and Steven G. Medema. *Economics and the Law: From Posner to Post-Modernism*. New Jersey: Princeton University Press, 1997.

Mokyr, Joel, ed. *The British Industrial Revolution: An Economic Perspective*. Boulder: Westview Press, 1993.

Rosenthal, Jean-Laurent and Bin Wong（王国斌）. *Before and Beyond Divergence: The Politics of Economic Change in China and Europe*. Cambridge, Mass.: Harvard University Press, 2011.

Rowe, William T（罗威廉）. *Hankow: Conflict and Community in a Chinese City, 1796—1895*. Stanford: Stanford University Press, 1989.

Thompson, E. P. *Customs in Common: Studies in Traditional Popular Culture*. New York: New Press, 1993.

Tie, Warwick. *Legal Pluralism: Toward a Multicultural Conception of Law*. Aldershot: Ashgate Publishing Company, 1999.

Von Glahn, Richard（万志英）. *Fountain of Fortune: Money and Monetary Policy in China, 1000—1700*. Berkeley: University of California Press, 1996.

Wang, Yeh-chien（王业键）. *Land Taxation in Imperial China, 1750—1911*. Cambridge, Mass.: Harvard University Press, 1973.

Willmote, W. E., ed., *Economic Organization in Chinese Society*. Stanford: Stanford University Press, 1972.

Zelin, Madeleine（曾小萍）, Jonathan K. Ocko（欧中坦）, and Robert Gardella. *Contract and Property in Early Modern China*. Stanford: Stanford University Press, 2004.

艾马克，《十九世纪的北部台湾：晚清中国的法律与地方社会》，王兴安译，台北：播种者文化出版公司，2003。

爱德华·汤普森，《共有的习惯》，沈汉、王加丰译，上海：上海人民出版社，2002。

岸本美绪，《清代中国的物价与经济波动》，刘迪瑞译，胡连成审校，北京：社会科学文献出版社，2010。

白馥兰著，《技术与性别：晚期帝制中国的权力经纬》，江湄、邓京力译，南京：江苏人民出版社，2006。

卜正民，《纵乐的困惑：明朝的商业与文化》，方骏、王秀丽、罗天佑等译，台北：联经出版公司，2004。

卜正民、格力高利·布鲁主编，《中国与历史资本主义：汉学知识的系谱学》，古伟瀛等译，台北：巨流图书出版公司，2004。

曹树基，《中国人口史》第五卷《清时期》，上海：复旦大学出版社，2001。

曹树基，《中国移民史》第六卷《清·民国时期》，福州：福建人民出版社，1997。

曾小萍，《自贡商人：近代早期中国的企业家》，董建中译，南京：江苏人民出版社，2014。

查尔斯·泰勒,《现代性中的社会想象》,李尚远译,台北:商周出版公司,2008。

钞晓鸿,《生态环境与明清社会经济》,合肥:黄山书社,2004。

陈锋,《清代盐政与盐税》,郑州:中州古籍出版社,1988。

陈诗启,《明代官手工业的研究》,武汉:湖北人民出版社,1958。

陈学文,《明清时期商业书及商人书之研究》,台北:洪叶文化有限公司,1997。

陈亚平,《寻求规则与秩序:18—19世纪重庆商人组织的研究》,北京:科学出版社,2014。

陈昭南,《雍正乾隆年间的银钱比价变动(一七二三—九五)》,台北:中国学术著作奖助委员会,1966。

道格拉斯·诺斯,《经济史的结构与变迁》,刘瑞华译,台北:时报文化出版公司,1995。

道格拉斯·诺斯,《制度、制度变迁与经济成就》,刘瑞华译,台北:联经出版公司,2017。

窦季良,《同乡组织之研究》,重庆:正中书局,1943。

段本洛、张圻福,《苏州手工业史》,南京:江苏古籍出版社,1986。

范金民,《国计民生:明清社会经济研究》,福州:福建人民出版社,2008。

范金民,《明清江南商业的发展》,南京:南京大学出版社,1998。

范金民,《明清商事纠纷与商业诉讼》,南京:南京大学出版社,2007。

范金民、金文,《江南丝绸史研究》,北京:农业出版社,1993。

方国瑜,《云南史料目录概说》,北京:中华书局,1984。

方行、经君健、魏金玉主编,《中国经济通史·清代经济卷》中册,北京:经济日报出版社,2000。

夫马进,《中国善会善堂史研究》,伍跃、杨文信、张学锋译,北京:商务印书馆,2005。

傅崇兰,《中国运河城市发展史》,成都:四川人民出版社,1985。

傅衣凌，《明代江南市民经济试探》，上海：上海人民出版社，1957。

高浣月，《清代刑名幕友研究》，北京：中国政法大学出版社，2000。

顾忠华，《韦伯的〈基督新教伦理与资本主义精神〉导读》，台北：学生书局，
　　2005。

关文斌，《文明初曙：近代天津盐商与社会》，张荣明主译、齐世和校，天津：
　　天津人民出版社，1999。

郭道扬编著，《中国会计史稿》下册，北京：中国财政经济出版社，1988。

韩大成，《明代城市研究》，北京：中国人民大学出版社，1991。

何炳棣，《中国会馆史论》，台北：学生书局，1966。

何智亚，《重庆湖广会馆：历史与修复研究》，重庆：重庆出版社，2006。

黑田明伸，《货币制度的世界史：解读"非对称性"》，何平译，北京：中国人民
　　大学出版社，2007。

黄国信，《区与界：清代湘粤赣界邻地区食盐专卖研究》，北京：生活·读书·
　　新知三联书店，2006。

黄仁宇，《放宽历史的视界》，台北：允晨文化公司，1988。

黄仁宇，《万历十五年》，北京：生活·读书·新知三联书店，1997（简体中文
　　版）；台北：食货出版社，1994（繁体中文版）。

黄仁宇，《资本主义与廿一世纪》，台北：联经出版公司，1991。

黄宗智，《答雷蒙·迈尔斯》，黄氏著《中国研究的规范认识危机：论社会经济
　　史中的悖论现象》，香港：牛津大学出版社，1994，页66。

黄宗智，《长江三角洲小农家庭与乡村发展，1350—1988》，香港：牛津大学出
　　版社，1994。

柯律格，《长物：早期现代中国的物质文化与社会状况》，高昕丹、陈恒译，北
　　京：生活·读书·新知三联书店，2015。

科大卫，《近代中国商业的发展》，周琳、李旭佳译，杭州：浙江大学出版社，
　　2010。

寇斯，《厂商、市场与法律》，陈坤铭、李华夏译，台北，1995。

李伯重，《江南的早期工业化（1550—1850）》，北京：社会科学文献出版社，2000。

李伯重，《理论、方法、发展、趋势：中国经济史研究新探》，杭州：浙江大学出版社，2013。

李伯重，《千里史学文存》，杭州：杭州出版社，2004。

李明珠，《中国近代蚕丝业及外销（1842—1937）》，徐秀丽译，上海：上海社会科学院出版社，1996。

李埏，《中国封建经济史论集》，昆明：云南教育出版社，1987。

李治亭，《吴三桂大传》，香港：天地图书有限公司，1994。

李中清，《中国西南边疆的社会经济：1250—1850》，林文勋、秦树才译，北京：人民出版社，2012。

梁其姿，《施善与教化：明清的慈善组织》，台北：联经出版公司，1997。

林丽月，《奢俭·本末·出处：明清社会的秩序心态》，台北：新文丰出版公司，2014。

林玉茹，《清代竹堑地区的在地商人及其活动网络》，台北：联经出版公司，2000。

刘秋根，《中国古代合伙制初探》，北京：人民出版社，2007。

龙建民，《市场起源论：从彝族集会到"十二兽"纪日集场考察市场的起源》，昆明：云南人民出版社，1988。

罗传栋，《长江航运史（古代部分）》，北京：人民交通出版社，1991。

罗丽馨，《十六、十七世纪中国手工业的生产发展》，台北县：稻禾出版社，1997。

罗威廉，《汉口：一个中国城市的商业和社会（1796—1889）》，江溶、鲁西奇译，北京：中国人民大学出版社，2005。

马敏，《官商之间：社会剧变中的近代绅商》，天津：天津人民出版社，1995。

马敏，《马敏自选集》，武汉：华中理工大学出版社，1999。

马敏、朱英，《传统与近代的二重变奏：晚清苏州商会个案研究》，成都：巴蜀书社，1993。

缪全吉，《清代幕府人事制度》，台北：中国人事行政月刊社，1971。

潘敏德，《中国近代典当业之研究（1644—1937）》，台北：台湾师范大学历史研究所，1984。

彭凯翔，《从交易到市场：传统中国民间经济脉络试探》，杭州：浙江大学出版社，2015。

彭慕兰，《大分流：欧洲、中国及现代世界经济的发展》，史建云译，南京：江苏人民出版社，2004。

彭慕兰，《大分流：中国、欧洲与近代世界经济的形成》，邱澎生、陈巨擘、张宁、连玲玲、巫仁恕、吕绍理、杨淑娇、林美莉、刘士永译，台北：巨流图书出版公司，2004。

彭南生，《行会制度的近代命运》，北京：人民出版社，2003。

彭信威，《中国货币史》，上海：上海人民出版社，1965。

钱新祖，《思想与文化论集》，台北：台大出版中心，2013。

清水盛光，《中国族产制度考》，宋念慈译，台北：中国文化大学出版部，1986。

邱澎生，《当法律遇上经济：明清中国的商业法律》，台北：五南出版公司，2008。

邱澎生，《十八、十九世纪苏州城的新兴工商业团体》，台北：台湾大学出版委员会，1990。

全汉昇，《中国经济史论丛》，香港：新亚研究所，1972。

全汉昇，《中国经济史研究》，香港：新亚研究所，1976。

任继愈、华觉民主编，《中国科学技术典籍通汇：技术卷》第一分册，郑州：河南教育出版社，1994。

阮忠仁，《清末民初农工商机构的设立：政府与经济现代化关系之检讨，1903—

1916》，台北：台湾师范大学历史研究所，1988。

上海社会科学院经济研究所、上海市丝绸进出口公司编写，徐新吾主编，《近代江南丝织工业史》，上海：上海人民出版社，1991。

施启扬，《民法总则》，台北：作者发行，1984。

石锦，《中国近代社会研究》，台北：李敖出版社，1990。

史若民，《票商兴衰史》，北京：中国经济出版社，1992。

史尚宽，《民法总论》第四版，台北：史吴仲芳、史光华发行，1990。

寺田隆信，《山西商人研究》，张正明、道丰、孙耀、阎守诚等译，太原：山西人民出版社，1986。

苏亦工，《明清律典与条例》，北京：中国政法大学出版社，1998。

唐立宗，《坑冶竞利：明代矿政、矿盗与地方社会》，台北：台湾政治大学历史学系，2011。

王大道，《云南铜鼓》，昆明：云南教育出版社，1986。

王笛，《跨出封闭的世界：长江上游区域社会研究，1644—1911》，北京：中华书局，1993。

王尔敏，《明清时代庶民文化生活》，台北："中研院"近代史研究所，1996。

王国斌，《转变的中国：历史变迁与欧洲经验的局限》，李伯重、连玲玲译，南京：江苏人民出版社，1998。

王宏斌，《晚清货币比价研究》，开封：河南大学出版社，1990。

王绍荃主编，《四川内河航运史（古、近代部分）》，成都：四川人民出版社，1989。

王文宇，《民商法理论与经济分析》，台北：元照出版公司，2000。

王业键，《中国近代货币与银行的演进（1644—1937）》，台北："中研院"经济研究所，1981。

王泽鉴，《民法学说与判例研究》第八册，台北：自印本，1996。

王振忠，《徽州社会文化史探微：新发现的16—20世纪民间档案文书研究》，上海：上海社会科学院出版社，2002。

韦伯，《基督新教伦理与资本主义精神》，康乐、简惠美译，台北，2007。

韦庆远，《档房论史文编》，福州：福建人民出版社，1984。

韦庆远，《明清史辨析》，北京：中国社会科学出版社，1989。

隗瀛涛编，《重庆城市研究》，成都：四川大学出版社，1989。

巫仁恕，《激变良民：传统中国城市群众集体行动之分析》，北京：北京大学出版社，2011。

巫仁恕，《品味奢华：晚明的消费社会与士大夫》，台北：联经出版公司，2007。

吴承明，《中国资本主义与国内市场》，北京：中国社会科学出版社，1985。

吴蕙芳，《万宝全书：明清时期的民间生活实录》，台北：台湾政治大学历史学系，2001。

吴家麟，《法律逻辑学》，台北：五南图书公司，1993。

吴佩林，《清代县域民事纠纷与法律秩序考察》，北京：中华书局，2013。

夏湘蓉、李仲均、王根元，《中国古代矿业开发史》，台北：明文书局，1989。

小艾尔弗雷德·钱德勒（Alfred Chandler），《看得见的手：美国企业的管理革命》，重武译，王铁生校，北京：商务印书馆，1987。

徐鼎新、钱小明，《上海总商会史（1902—1929）》，上海：上海社会科学院出版社，1991。

徐新吾，《中国经济史料考证与研究》，上海：上海社会科学院出版社，1999。

许涤新、吴承明主编，《中国资本主义发展史》第一卷《中国资本主义的萌芽》，北京：人民出版社，1985。

许紫芬，《近代中国金融机构会计的变革（1823—1937）》，台北：新文丰出版公司，2017。

许紫芬，《近代中国商人的经营与帐簿：长崎华商经营史的研究》，台北，2015。

严中平，《清代云南铜政考》，上海：中华书局，1948。

严中平，《中国棉纺织史稿（1289—1937）：从棉纺织工业史看中国资本主义的发生与发展过程》，北京：科学出版社，1963。

颜厥安，《规范、论证与行动：法认识论论文集》，台北：元照出版公司，2004。

杨联陞，《国史探微》，台北：联经出版公司，1983。

杨正泰，《明代驿站考（增订本）》，上海：上海古籍出版社，2006。

叶坦，《富国富民论：立足于宋代的考察》，北京：北京出版社，1991。

俞江，《近代中国民法学中的私权理论》，北京：北京大学出版社，2003。

虞和平，《商会与中国早期现代化》，上海：上海人民出版社，1993。

张海鹏、张海瀛编，《中国十大商帮》，合肥：黄山书社，1993。

张海英，《明清江南商品流通与市场体系》，上海：华东师范大学出版社，2002。

张晋藩，《清律研究》，北京：法律出版社，1992。

张学君、冉光荣，《明清四川井盐史稿》，成都：四川人民出版社，1984。

张研，《清代族田与基层社会结构》，北京：中国人民大学出版社，1991。

张渝，《清代中期重庆的商业规则与秩序：以巴县档案为中心的研究》，北京：
　　中国政法大学出版社，2010。

张忠民，《艰难的变迁：近代中国公司制度研究》，上海：上海社会科学院出版
　　社，2002。

章开沅、马敏、朱英主编，《中国近代史上的官绅商学》，武汉：湖北人民出版
　　社，2000。

赵冈、陈钟毅，《中国棉业史》，台北：联经出版公司，1977。

郑永昌，《明末清初的银贵钱贱现象与相关政治经济思想》，台北：台湾师范大
　　学历史研究所，1994。

郑振满，《乡族与国家：多元视野中的闽台传统社会》，北京：生活·读书·新
　　知三联书店，2009。

周均美主编，谷彦芬、王熹副主编，《中国会馆志》，北京：方志出版社，2002。

朱英，《辛亥革命时期新式商人社团研究》，北京：中国人民大学出版社，1991。

朱英，《中国早期资产阶级概论》，开封：河南大学出版社，1992。

横山英，《中国近代化の経済構造》，東京：亜紀書房，1972。

今堀誠二，《中国封建社会の構成》，東京：勁草書房，1991。

山根幸夫，《明清華北定期市の研究》，東京：汲古書院，1995。

山本進，《明清時代の商人と国家》，東京：研文出版，2002。

寺田隆信，《山西商人の研究：明代における商人および商業資本》，京都：京
　　都大學文學部内東洋史研究會，1972。

朱徳蘭，《長崎華商貿易の史的研究》，東京：芙蓉書房，1997。

小野和子編，《明末清初の社会と文化》，京都：京都大學人文科學研究所，
　　1996。

新宮学，《明清都市商業史の研究》，東京：汲古書院，2017。

足立啟二，《明清中国の経済構造》，東京：汲古書院，2012。

夫馬進，《中国善会善堂史研究》，東京：同朋社，1997。

夫馬進編，《中国訴訟社会史の研究》，京都：京都大學學術出版會，2011。

里井彦七郎，《近代中国における民衆運動とその思想》，東京：東京大学出版
　　会，1972。

和田正廣、翁其銀，《上海鼎記号と長崎泰益号——近代在日華商の上海交易》，
　　福岡市：中国書店，2004。

廖赤陽，《長崎華商と東アジア交易網の形成》，東京：汲古書院，2000。

黒田明伸，《中華帝国の構造と世界経済》，名古屋市：名古屋大学出版會，
　　1994。

三、近人论著：论文

Chen, Fu-mei（陈富美）and Ramon H. Myers（马若孟）. "Coping with Transaction Costs: The
　　Case of Merchant Associations in the Ch'ing Period," in Yung-san Lee（李庸三）and Ts'ui-
　　jung Liu（刘翠溶）eds., *China's Market Economy in Transition*. Taipei: The Institute of
　　Economics, "Academic Sinica", 1990, pp. 79–103.

Chen, Fu-Mei Chang（张陈富美）. "On Analogy in Ch'ing Law," *Harvard Journal of Asiatic Studies*, 30(1970): 223–224.

Dunstan, Helen（邓海伦）. "Safely Supping with the Devil: The Qing State and its Merchant Suppliers of Copper," *Late Imperial China*, 13, 2(1992): 42–81.

Hobsbawm, Eric. "The Curious History of Europe," in idem, *On History*. New York: The New Press, 1997, pp. 225–227.

Karasawa, Yasuhiko（唐泽靖彦）, Bradly W. Reed（白德瑞）, and Matthew Sommer（苏成捷）. "Qing County Archives in Sichuan: An Update from the Field," *Late Imperial China*, 26, 2(2005): 115–116.

Kwan, Man Bun（关文斌）. "Custom, the Code, and Legal Practice: The Contracts of Changlu Salt Merchants in Late Imperial China," in Madeleine Zelin, Jonathan K. Ocko, and Robert Gardella eds., *Contract and Property in Early Modern China*. Stanford: Stanford University Press, 2004, pp. 269–297.

Marglin, S. A. "What Do Bosses Do?" in A. Gorz ed., *The Division of Labour: The Labour Process and Class Struggle in Modern Capitalism*. Hassocks: Harvester Press, 1976.

Merry, Sally Engle. "Legal Pluralism," *Law & Society Review*, 22, 5(1988): 869–896.

Moll-Murata, Christine. "Chinese Guilds in the Qing Dynasty (1644—1911): An Overview," in Jan Lucassen, Tine De Moor, and Jan Luiten van Zanden eds., *The Return of the Guilds*. Utrecht: Utrecht University, 2008, pp. 213–247.

Moore, Sally Falk. "Certainties Undone: Fifty Turbulent Years of Legal Anthropology, 1949—1999," in idem ed., *Law and Anthropology: A Reader*. Oxford: Blackwell Publishing, 2005, pp. 346–367.

Ocko, Jonathan K（欧中坦）. "The Missing Metaphor: Applying Western Legal Scholarship to the Study of Contract and Property in Early Modern China," in *Contract and Property in Early Modern China*, 2004, pp. 178–207.

Rabuzzi, Daniel A. 1995—1996. "Eighteenth-Century Commercial Mentalities as Reflected and Projected in Business Handbooks," *Eighteenth-Century Studies*, 29, 2: 169–189.

Rowe, William T（罗威廉）. "Ming-Qing Guilds," *Ming Qing Yanjiu*, 1(1992): 47–60.

Skinner, G. William（施坚雅）. "Sichuan's Population in the Nineteenth Century: Lessons from Disaggregated Data," *Modern China*, 8,1(1987): 1–79.

Sun, E-Tu Zen（孙任以都）. "The Transportation of Yunnan Copper to Peking in the Ch'ing Period," *Journal of Oriental Studies*, 9(1971): 147.

Taylor, Charles. "Two Theories of Modernity," In Dilip Parameshwar Gaonkar ed. *Millennial Quartet vol. 1, Alter/Native Modernity. Public Culture*, 11,1(2000): 153–173.

Vogel, Hans Ulrich. "Chinese Central Monetary Policy, 1644—1800," *Late Imperial China*, 8,2(1987): 1–52.

Vogel, Hans Ulrich. "Cowry Trade and Its Role in the Economy of Yunnan: From the Ninth to the Mid-Seventeenth Century, Part 2," *Journal of the Economic and Social History of the Orient*, 36,4(1993): 309–353.

Wallis, John and Douglass, North. "Measuring the Transaction Sector in the American Economy, 1870—1970," in Engerman, Stanley L. and Gallman, Robert E. eds., *Long-Term Factors in American Economic Growth*. Chicago: University of Chicago Press, 1986, pp. 95–161.

Wang, Fan-shen（王汎森）. "Evolving Prescriptions for Social Life in the Late Qing and Early Republic: From Qunxue to Society", in Joshua A. Fogel and Peter G. Zarrow ed., *Imaging the People: Chinese Intellectuals and the Concept of Citizenship, 1890—1920*. Armond, New York and London: M. E. Sharpe, 1997, pp. 258–278.

Williamson, Oliver E. "Transaction-Cost Economics: The Governance of Contractual

Relations," *Journal of Law and Economics,* 22（1979）: 233-261.

Yuan, Tsing（袁清）. "Urban Riots and Disturbances," in Jonathan D. Spence and John E. Wills. Jr. eds., *From Ming to Ch'ing: Conquest, Region, and Continuity in Seventeenth-Century China.* New Haven: Yale University Press, 1979, 277-320.

Zelin, Madelein（曾小萍）. "Capital Accumulation and Investment Strategies in Early Modern China: The Case of Furong Salt Yard," *Late Imperial China,* 9,1(1988): pp. 79-112.

Zelin, Madeleine. "Managing Multiple Ownership at the Zigong Salt Yard," in Madeleine Zelin, Jonathan K. Ocko, and Robert Gardella eds., *Contract and Property in Early Modern China.* Stanford: Stanford University Press,2004, pp. 230-268.

Zelin, Madeleine. "Merchant Dispute Mediation in Twentieth-Century Zigong, Sichuan." in Kathryn Bernhardt and Philip C. Huang eds., *Civil Law in Qing and Republican China.* Stanford: Stanford University Press,2004, pp. 249-286.

Zurndorfer, Harriet. "Cotton Textile Manufacture and Marketing in Late Imperial China and the 'Great Divergence,'" *Journal of the Economic and Social History of the Orient,* 54,5(January 2011): 701-738.

岸本美绪，《妻可卖否？——明清时代的卖妻、典妻习俗》，李季桦译，收入陈秋坤、洪丽完主编《契约文书与社会生活（1600—1900）》，台北："中研院"台湾史研究所筹备处，2001，页 225-264。

白寿彝，《明代矿业的发展》，《北京师范大学学报》，1（1956）：95-129。

卞利，《论明清徽商的法制观念》，《安徽大学学报（哲学社会科学版）》，23，4（1999）：70-76。

常建华，《康熙朝开矿问题新探》，《史学月刊》，6（2012）：34-44。

常建华，《论明代社会生活性消费风俗的变迁》，《南开学报》，4（1994）：53-63。

常玲，《清代云南的"放本收铜"政策》，《思想战线》，2：85–89。

钞晓鸿，《明清人的"奢靡"观念及其演变——基于地方志的考察》，《历史研究》，4（2002）：96–117。

陈宝良，《明代无赖阶层的社会活动及其影响》，《齐鲁学刊》（曲阜），2（1992）：91–97。

陈慈玉，《十八世纪中国云南的铜生产》，收入《国史释论：陶希圣先生九秩荣庆祝寿论文集》上册，台北：食货出版社，1988，页283–299。

陈国栋，《"回乱"肃清后云南铜矿经营失败的原因（1874—1911）》，《史学评论》，4（1982）：73–97。

陈国栋，《从〈蜜蜂寓言〉到乾隆圣谕——传统中西经济思想与现代的意义》，《当代》，142（1999）：44–61。

陈国栋，《介绍一条有关长江下游踹布业的史料》，《思与言》，19，2（1981）：135–138。

陈国栋，《懋迁化居——商人与商业活动》，收入刘岱总主编、刘石吉主编《中国文化新论·经济篇》，台北：联经出版公司，1982，页243–284。

陈国栋，《有关陆楫〈禁奢辨〉之研究所涉及的学理问题——跨学门的意见》，《新史学》，5，2（1994）：159–179。

陈利，《清代中国的法律专家与地方司法运作（1651—1912）》，白阳、史志强译，《法制史研究》，28（2015）：1–52。

陈学文，《明中叶"奢能致富"的经济思想》，《浙江学刊》，4（1984）：29–31。

陈亚平，《清代巴县的乡保客长与地方秩序——以巴县档案史料为中心的考察》，《太原师范学院学报》，9（2007）：123–127。

陈正国，《陌生人的历史意义：亚当·史密斯论商业社会的伦理基础》，《"中研院"历史语言研究所集刊》，83，4（2012）：779–835。

陈忠平，《宋元明清时期江南市镇社会组织述论》，《中国社会经济史研究》，1993，1（1993）：37。

戴史翠，《帝国、知县、商人以及联系彼此的纽带：清代重庆的商业诉讼》，收入王希编《中国和世界历史中的重庆：重庆史研究论文选编》，重庆：重庆大学出版社，2013，页166-180。

邓亦兵，《清代前期内陆粮食运输量及变化趋势——关于清代粮食运输研究之二》，《中国经济史研究》，3（1994）：80-92。

范金民，《明清时期活跃于苏州的外地商人》，《中国社会经济史研究》，4（1989）：39-46。

范金民，《清代江南棉布字号探析》，《历史研究》，1（2002）：88-98。

范金民，《钻天洞庭遍地徽——明代地域商帮的兴起》，《东方学报》，80（2007）：68-152。

方行，《清代江南农村经济发展释例》，《中国农史》，18，1（1999）：29-33。

方慧，《略论元朝在云南的经济法制措施》，《云南社会科学》，5（1996）：59-60。

方志远、黄瑞卿，《明清江右商的经营观念与投资方向》，《中国史研究》，1991，4（1991）：73-74。

封越健，《商人、商人组织和商业资本》，收入方行、经君健、魏金玉主编《中国经济通史·清代经济卷》中册，页1251-1309。

冯筱才，《中国商会史研究之回顾与反思》，《历史研究》，5（2001）：148-167。

夫马进，《明清时代的讼师与诉讼制度》，王亚新译，收入王亚新、梁治平编《明清时期的民事审判与民间契约》，北京：法律出版社，1998，页389-430。

夫马进，《中国诉讼社会史概论》，范愉译，收入中国政法大学法律古籍整理研究所编《中国古代法律文献研究》第六辑，北京：社会科学文献出版社，2013，页1-74。

傅筑夫，《中国工商业者的"行"及其特点》，收入傅氏著《中国经济史论丛》下册，北京：生活·读书·新知三联书店，1980，页387-492。

葛平德，《火药在中国采矿中的作用何在？》，收入李国豪等编《中国科技史探索》，香港：中华书局，1986，页437-442。

谷霁光，《唐末至清初间抑商问题之商榷》，《文史杂志》，1，11（1941）：1–10。

顾忠华，《儒家文化与经济伦理》，收入刘小枫、林立伟编《中国近现代经济伦理的变迁》，香港：香港中文大学出版社，1998，页45–66。

郭松义，《清初四川的"移民垦荒"和经济发展》，收入叶显恩主编《清代区域社会经济研究》下册，北京：中华书局，1992，页826–837。

郭松义，《清初四川外来移民和经济发展》，《中国经济史研究》，4（1988）：59–72。

果鸿孝，《论清末政府在经济上除弊兴利的主要之举》，《中国社会经济史研究》，3（1991）：69–79。

郝秉键，《晚明清初江南"打行"研究》，《清史研究》，1（2001）：13–26。

何敏，《从清代私家注律看传统注释律学的实用价值》，收入梁治平编《法律解释问题》，北京：法律出版社，1998。

和文凯，《乾隆朝铜钱管理的政策讨论及实践——兼与18世纪英国小额货币管理的比较》，《中国经济史研究》，1（2016）：125–141。

洪焕椿，《论明清苏州地区会馆的性质及其作用》，《中国史研究》，2（1980）：40–59。

洪焕椿，《明清时期苏州城市工商业的优势及其活力》，收入吴廷璆等编《郑天挺纪念论文集》，北京：中华书局，1990，页359–374。

洪焕椿，《明清苏州地区的会馆公所在商品经济发展中的作用》，收入洪氏著《明清史偶存》，南京：南京大学出版社，1992，页566–612。

胡光明，《论早期天津商会的性质和作用》，《近代史研究》，4（1986）：182–223。

黄鉴晖，《清初商用会票与商品经济的发展》，《文献》，1（1987）：3–16。

黄克武，《清季重商思想与商绅阶层的兴起》，《思与言》，21，5（1984）：486–500。

黄启臣，《万历年间矿业政策的论争》，《史学集刊》，3（1988）：26–32。

黄仁宇，《从〈三言〉看晚明商人》，《中国文化研究所学报》，7，1（1974）：141–142。

黄仁宇，《明〈太宗实录〉中的年终统计：李老博士所称中国官僚主义的一个例证》，收入李国豪等编《中国科技史探索》，香港：中华书局，1986。

黄仁宇，《我对"资本主义"的认识》，《食货》复刊，16，1/2（1986）：26–49。

黄友良，《四川同乡会馆的社区功能》，《中华文化论坛》，3（2002）：41–46。

经君健，《清代关于民间经济的立法》，《中国经济史研究》，1（1994）：42–55。

经君健，《清代前期民商木竹的采伐和运输》，《燕京学报》（北京），新 1 期（1995）：145–189。

鞠清远，《清开关前后的三部商人著作》，收入包遵彭等编《中国近代史论丛》第二辑第二册，台北：正中书局，1977，页 205–244。

鞠清远，《校正〈江湖必读〉》，《食货半月刊》，5，9（1937）：30–42。

阚勇，《〈刘文征墓志〉考》，《昆明师院学报》，4（1982）：20–23。

况浩林，《鸦片战争前云南铜矿生产性质再探》，《中央民族学院学报》，4（1989）：65–71。

赖惠敏，《乾隆朝内务府的当铺与发商生息（1736—1795）》，《"中研院"近代史研究所集刊》，28（1997）：133–175。

赖惠敏，《清代巴县县署档案：乾隆朝（1736—1795）司法类》，《近代中国史研究通讯》，28（1999）：24–127。

李伯重，《八股之外：明清江南的教育及其对经济的影响》，《清史研究》，1（2004）：1–14。

李伯重，《从"夫妇并作"到"男耕女织"——明清江南农家妇女劳动问题探讨之一》，《中国经济史研究》，3（1996）：99–107。

李伯重，《堕胎、避孕与绝育——宋元明清时期江浙地区的节育方法及其运用与传播》，《中国学术》，1（2000）：71–99。

李伯重，《英国模式、江南道路与资本主义萌芽》，《历史研究》，1（2001）：116–126。

李伯重，《中国全国市场的形成，1500—1840 年》，《清华大学学报（哲学社会科学版)》，14，4（1999）：48–54。

李达嘉，《商人与政治：以上海为中心的探讨，1895—1914》，台北：台湾大学
历史学研究所博士论文，1994。

李达嘉，《上海商会领导层更迭问题的再思考》，《近代史研究所集刊》，49
（2005）：41–92。

李洪谟、王尚文，《东川铜矿地质初报》，《地质论评》，6（1941）：43–72。

李琳琦，《从谱牒和商业书看明清徽州的商业教育》，《中国文化研究》，21
（1998）：44–50。

李晓岑，《明清时期云南移民与冶金技术》，收入云南省社科院历史研究所编
《中国西南文化研究》，2（1997），页219–233。

李中清，《明清时期中国西南的经济发展和人口增长》，《清史论丛》第五辑，北
京：中华书局，1984。

梁其姿，《明末清初民间慈善活动的兴起：以江浙地区为例》，《食货月刊》，15，
7–8（1986）：52–79。

梁勇，《清代重庆八省会馆初探》，《重庆社会科学》，10（2006）：93–97。

梁元生，《慈惠与市政：清末上海的"堂"》，《史林》，2（2000）：74–81。

林成西，《清代乾嘉之际四川商业重心的东移》，《清史研究》，3（1994）：62–69。

林丽月，《陆楫（1515—1552）崇奢思想再探——兼论近年明清经济思想史研
究的几个问题》，《新史学》，5，1（1994）：131–153。

林玉茹，《清代竹堑地区的商人团体：类型、成员及功能的讨论》，《台湾史研
究》，5，1（1999）：47–90。

刘石吉，《一九二四年上海徽帮墨匠罢工风潮——近代中国城市手艺工人集体行
动之分析》，收入《近代中国区域史研讨会论文集》，台北："中研院"近代
史研究所，1986，页411–429。

刘序枫，《财税与贸易：日本"锁国"期间中日商品交易之展开》，收入"中研
院"近代史研究所编《财政与近代历史论文集》上册，1999，页282–284。

刘序枫，《清康熙—乾隆年间洋铜的进口与流通问题》，收入汤熙勇编，《中国海洋发展史论文集》第七辑，1999，页 96–99。

刘炎，《明末城市经济发展下的初期市民运动》，《历史研究》，6（1955）：29–59。

刘永成，《试论清代苏州手工业行会》，《历史研究》，11（1959）：21–46。

刘云明，《清代云南境内的商贾》，《云南民族学院学报》（哲学社会科学版），2（1996）：31–35。

刘铮云，《官给私帖与牙行应差——关于清代牙行的几点观察》，《故宫学术季刊》，21，2（2003）：107–123。

刘铮云，《清乾隆朝四川人口资料检讨：史语所藏〈乾隆六十年分四川通省民数册〉的几点观察》，收入《中国近世家族与社会学术研讨会论文集》，台北："中研院"历史语言研究所，1988，页 301–327。

刘铮云，《义庄与城镇：清代苏州府义庄之设立及分布》，《"中研院"历史语言研究所集刊》，58，3（1987）：633–672。

刘志琴，《晚明城市风尚初探》，《中国文化研究集刊》第 1 期，上海：复旦大学出版社，1984，页 190–208。

龙登高，《中西经济史比较的新探索：兼谈加州学派在研究范式上的创新》，《江西师范大学学报》，1（2004）：105–112。

罗丽馨，《明代的铜矿业》，《文史学报》（台湾中兴大学文学院），25（1995）：35–66。

罗仑，《乾隆盛世江南坐商经营内幕探微》，收入洪焕椿、罗仑编《长江三角洲地区社会经济史研究》，南京：南京大学出版社，1989，页 241–257。

吕作燮，《明清时期苏州的会馆和公所》，《中国社会经济史研究》，2（1984）：10–24。

马德娴，《明嘉靖时用贝买楼房的契纸》，《文物》，12（1963）：14–17。

马敏，《商会史研究与新史学的范式转换》，《华中师范大学学报（人文社会科学版）》，5（2003）：9–20。

彭久松、陈然，《中国契约股份制概论》，《中国经济史研究》，1（1994）：56-65。

彭雨新，《清乾隆时期的矿政、矿税与矿生产发展的关系》，《中国社会科学院经济研究所集刊》，8（1986）：118-159。

邱澎生，《"机风"与"正气"：明清商业经营中的物产观》，收入《基调与变奏：七至二十世纪的中国（二）》，台北：台湾政治大学，2008，页177-198。

邱澎生，《18世纪苏松棉布业的管理架构与法律文化》，《江海学刊》，2（2012）：143-157。

邱澎生，《18世纪中国商业法律中的债负与过失论述》，收入《复旦史学集刊》第一卷《古代中国：传统与变革》，上海：复旦大学出版社，2005，页211-248。

邱澎生，《会馆、公所与郊之比较：由商人公产检视清代中国市场制度的多样性》，收入林玉茹主编《比较视野下的台湾商业传统》，台北："中研院"台湾史研究所，2012，页267-313。

邱澎生，《禁止把持与保护专利：试析清末商事立法中的苏州金箔业讼案》，《中外法学》，12，3（2000）：311-328。

邱澎生，《商人团体与社会变迁：清代苏州的会馆公所与商会》，台湾大学历史学研究所博士论文，1995年6月。

邱澎生，《十八世纪巴县档案一件商业讼案中的证据与权力问题》，收入刘铮云主编，《明清档案文书》，台北：台湾政治大学人文中心，2012，页421-491。

邱澎生，《消费使人愉悦？略谈明清史学界的物质文化研究》，《思想》，15（2010）：129-147。

邱澎生，《以法为名：明清讼师与幕友对法律秩序的冲击》，《新史学》，15，4（2004）：93-148。

邱澎生，《由〈商贾便览〉看十八世纪中国的商业伦理》，《汉学研究》（台北），33，3（2015）：205-240。

邱澎生，《由公产到法人——清代苏州、上海商人团体的制度变迁》，《法制史研究》，10（2006）：117-154。

邱澎生，《由市廛律例演变看明清政府对市场的法律规范》，收入台湾大学历史系编《史学：传承与变迁学术研讨会论文集》，台北：台湾大学历史系，1998，页291-334。

邱澎生，《由苏州经商冲突事件看清代前期的官商关系》，《文史哲学报》（台北），43（1995）：37-92。

邱澎生，《真相大白？明清刑案中的法律推理》，收入熊秉真编《让证据说话》（中国篇），台北：麦田出版公司，2001，页135-198。

邱仲麟，《从禁例屡申看明代北京社会风气的变迁过程》，《淡江史学》，4（1992）：67-88。

邱仲麟，《诞日称觞——明清社会的庆寿文化》，《新史学》，11，3（2000）：120-127。

邱仲麟，《明代的煤矿开采——生态变迁、官方举措与社会势力的交互作用》，《清华学报》37，2（2007）：361-399。

全汉昇，《清代云南铜矿工业》，《香港中文大学中国文化研究所学报》，7，1（1974）：155-182。

冉光荣，《清前期重庆店铺经营》，收入叶显恩主编《清代区域社会经济研究》下册，北京：中华书局，1992，页800-811。

任以都，《清代矿厂工人》，《香港中文大学中国文化研究所学报》，3，1（1970）：13-29。

桑兵，《论清末城镇社会结构的变化与商民罢市》，《近代史研究》（北京），5（1990）：51-69。

森纪子，《清代四川的移民活动》，收入叶显恩主编《清代区域社会经济研究》下册，北京：中华书局，1992，页838-849。

商鸿逵，《清代皇商介休范氏：〈红楼梦〉故事史证之一》，收入明清史国际学术讨论会秘书处论文组编《明清史国际学术讨论会论文集》，天津：天津人民出版社，1982，页 1009-1020。

沈定平，《明清之际几种欧洲仿制品的输出——兼论东南沿海外向型经济的初步
　　形成》，《中国经济史研究》，3（1988）：49-64。

施仁章，《清末奖励工商实业政策及其影响》，《中国社会经济史研究》，1982，2
　　（1982）：78-84。

苏成捷（Matthew Sommer），《堕胎在明清时期的中国：日常避孕抑或应急性措
　　施？》，《中国乡村研究》，9（2011）：1-52。

唐力行，《从碑刻看明清以来苏州社会的变迁》，《历史研究》，1（2000）：61-72。

唐立宗，《采矿助饷：18 世纪初期山东的开矿热潮与督矿调查》，《思与言》，
　　52，2（2014）：1-61。

唐文权，《苏州工商各业公所的兴废》，《历史研究》，3（1986）：61-75。

藤井宏，《新安商人的研究》，傅衣凌、黄焕宗译，收入《江淮论坛》编辑部编
　　《徽商研究论文集》，合肥：安徽人民出版社，1985，页 131-272。

田中正俊，《关于明清时代的包买商制生产——以丝、棉纺织业为中心》，夏
　　日新译，收入刘俊文主编《日本学者研究中国史论著选译》第二卷，北京：
　　中华书局，页 248-310。

万明，《16 世纪明代财政史的重新检讨——评黄仁宇〈十六世纪明代中国之财
　　政与税收〉》，《史学月刊》，10（2014）：116-130。

王汎森，《清末民初的社会观与傅斯年》，《清华学报》（新），25，4（1995）：
　　325-343。

王国斌，《近代早期到近现代的中国：比较并连结欧洲和全球历史变迁模式》，
　　《文化研究》，19（2014），"明清中国与全球史的连结"专题论文，页 18-57。

王鸿泰，《明清感官世界的开发与欲望的商品化》，《明代研究》，18（2012）：
　　103-141。

王家范，《明清江南消费风气与消费结构描述——明清江南消费经济探测之一》，
　　《华东师范大学学报》，2（1988）：32-42。

王家范，《明清苏州城市经济功能研讨：纪念苏州建城两千五百周年》，《华东师
　　范大学学报》，5（1986）：16，23–30。

王明伦，《鸦片战争前云南铜矿业中的资本主义萌芽》，《历史研究》，3（1956）：
　　39–46。

王颋，《元代矿冶业考略》，收入复旦大学中国历史地理研究所编，《历史地理研
　　究》，上海：复旦大学出版社，1986，页156–173。

王业键，《明清经济发展并论资本主义萌芽问题》，《中国社会经济史研究》，3
　　（1983）：30–39、54。

王业键，《清代经济刍论》，《食货复刊》，2，11（1973）：541–550。

王振忠，《明末清初商业书序列的再确立——徽州出版商"西陵憺漪子"生平事
　　迹考证》，发表于"社会转型与多元文化"国际学术研讨会，上海：复旦大
　　学历史系主办，2005年6月26–28日。

魏金玉，《介绍一商业书抄本》，《安徽师大学报》，1（1991）：43–51。

温春来，《清代矿业中的"子厂"》，《学术研究》，4（2017）：113–121。

巫仁恕，《明末清初城市手工业工人的集体抗议行动——以苏州城为探讨中心》，
　　《"中研院"近代史研究所集刊》，25（1998）：70–72。

吴璧雍，《〈石渠阁精订天涯不问〉——一部院藏袖珍本旅行交通手册》，《故宫
　　文物月刊》，21，8（2003）：82–87。

吴承明，《现代化与中国十六、十七世纪的现代化因素》，《中国经济史研究》，4
　　（1998）：6–7。

吴奇衍，《清代前期牙行制试述》，《清史论丛》（北京），6（1985）：26–52。

西嶋定生，《中国经济史研究》，冯佐哲、邱茂、黎潮译，北京：农业出版社，1984。

谢杭生，《鸦片战争前银钱比价的波动及其原因》，《中国经济史研究》，2
　　（1993）：107–115。

谢晶，《无"法"的司法——晚清巴县工商业合伙债务纠纷解决机制研究》，《法
　　制史研究》，25（2014）：235–254。

徐鼎新,《旧中国商会溯源》,《中国社会经济史研究》, 1（1983）: 12–18。

徐泓,《"中国资本主义萌芽"问题研究范式与明清社会经济史研究》,《中国经济史研究》, 1（2018）: 169–181。

徐泓,《明代后期的盐政改革与商专卖制度的建立》,《台湾大学历史学系学报》 4（1977）: 299–311。

徐泓,《明末社会风气的变迁》,《东亚文化》, 24（1986）: 83–110。

徐泓,《中国官匠制度》, 收入于宗先主编《经济学百科全书》第2册《经济史》, 台北: 联经出版公司, 1986, 页38–44。

许怀琳,《〈郑氏规范〉剖析——兼论"义门"聚居的凝聚力》, 收入邓广铭、漆侠主编《中日宋史研讨会中方论文选编》, 保定: 河北大学出版社, 1987, 页153–165。

许檀,《清代乾隆至道光年间的重庆商业》,《清史研究》, 3（1998）: 30–40。

岩井茂树,《明清时期商品生产问题的争论》, 夏日新译, 收入刘俊文主编《日本学者研究中国史论著选译》第二卷, 北京: 中华书局, 1993, 页485–489。

杨国桢,《明清以来商人"合本"经营的契约形式》,《中国社会经济史研究》 （厦门）, 3（1987）: 1–9。

杨联陞,《传统中国政府对城市商人的统制》, 段昌国译, 收入中国思想研究委员会编, 段昌国、刘纫尼、张永堂译《中国思想与制度论集》, 台北: 联经出版公司, 1981, 页373–402。

杨寿川,《论明清之际云南"废贝行钱"的原因》,《历史研究》, 6（1980）: 109–116。

叶世昌,《论大明宝钞》,《平准学刊: 中国社会经济史研究论集》第四辑下册, 北京: 光明日报出版社, 1989, 页637–663。

余同元,《传统工匠及其现代转型界说》,《史林》, 4（2005）: 57–66。

余同元,《江南市镇早期工业化中工业行业与职业团体之发展》,《安徽师范大学学报（人文社会科学版）》, 37, 2（2009）: 214–219。

俞江，《〈大清民律（草案）〉考析》，《南京大学法律评论》，1（1998）：146-161。

虞和平，《近代商会的法人社团性质》，《历史研究》，5（1990）：39-51。

原祖杰，《文化、消费与商业化：晚明江南经济发展的区域性差异》，《四川大学
　　学报》，5（2010）：31-38。

张彬村，《十七世纪云南贝币崩溃的原因》，收入张彬村、刘石吉主编《中国
　　海洋发展史论文集》第五辑，台北："中研院"中山人文社会科学研究所，
　　1993，页172-173。

张德昌，《近代中国的货币》，《人文科学学报》（昆明），1，1（1943）：73-92。

张海英，《从明清商书看商业知识的传授》，《浙江学刊》，2（2007）：83-90。

张海英，《从商书看清代"坐贾"的经营理念》，《浙江学刊》，2（2006）：94-101。

张海英，《明清商业书的刊印与流布——以书籍史/阅读史为视角》，《江南社会
　　历史评论》第八期，北京：商务印书馆，2016，页32-46。

张海英，《明清社会变迁与商人意识形态——以明清商书为中心》，收入《复
　　旦史学集刊》第一辑《古代中国：传统与变革》，上海：复旦大学出版社，
　　2005，页145-165。

张海英，《明清水陆行程书的影响与传承——以〈一统路程图记〉、〈士商类要·
　　路程图引〉、〈示我周行〉为中心》，收入《江南社会历史评论》第五期，北
　　京：商务印书馆，2013，页1-22。

张乃和，《近代英国法人观念的起源》，《世界历史》，5（2005）：45-55。

张朋园，《落后地区的资本形成——云贵的协饷与鸦片》，《贵州文史丛刊》，2
　　（1990）：50-74。

张瑞威，《皇帝的钱包——明中叶宫廷消费与铜钱铸造的关系》，《新史学》，22，
　　4（2011）：109-147。

张瑞威，《论法定货币的两个条件：明嘉靖朝铜钱政策的探讨》，《中国文化研究
　　所学报》，60（2015）：183-196。

张瑞威，《一条鞭法的开端：论明宪宗一朝的货币政策》，《明代研究》，10

（2007）：123-139。

张瑞威，《足国与富民？——江陵柄政下的直省铸钱》，《明代研究》，8（2006）：117-124。

张伟仁，《清代法学教育》（下），《台湾大学法学论丛》，18，2（1989）：1-55。

张永海、刘君，《清代川江铜铅运输简论》，《历史档案》，1（1988）：87-91。

张正明，《清代晋商的股俸制》，《中国社会经济史研究》（厦门），1（1989）：39-43。

郑起东，《清末"振兴工商"研究》，《近代史研究》，3（1988）：41-50。

周德华，《盛泽丝绸行庄》，《苏州史志资料选辑》，15（1990）：137。

周琳，《城市商人团体与商业秩序——以清代重庆八省客长调处商业纠纷活动为中心》，《南京大学学报（哲学·人文科学·社会科学）》，2（2012）：80-99。

周琳，《书写什么样的中国历史？——"加州学派"中国社会经济史研究述评》，《清华大学学报》，1（2009）：50-58。

朱家桢，《中国富民思想的历史考察》，《平准学刊：中国社会经济史研究论集》第三辑下册，北京：中国商业出版社，1986，页385-410。

朱英，《论清末的经济法规》，《历史研究》，5（1993）：92-109。

朱英，《论晚清的商务局、农工商局》，《近代史研究》，4（1994）：73-91。

朱英，《中国行会史研究的回顾与展望》，《历史研究》，2（2003）：155-174。

王志强，《清代巴县钱债案件の受理と审判——近世イギリス法を背景として》，田边章秀译，收入夫马进编《中国诉讼社会史の研究》，京都：京都大學學術出版會，2011，页821-855。

宫崎市定，《合本组织の发达——「中国近世における生业资本の贷借について」补遗》，收入宫崎氏著《アジア史研究》，京都：同朋舍，1979，页194-197。

宫崎市定，《中国近世における生业资本の贷借について》，收入宫崎氏著《アジア史研究》，页176-193。

金弘吉,《清代前期の罷市試論──その概観と事例考察》,《待兼山論叢：史學篇》(大阪大學文學部)(豐中), 26 (1992), 頁 21–62。

香阪昌紀,《清代前期の関差弁銅制及び商人弁銅制について》,《東北学院大学論集：歴史学・地理学》, 11 (1981)：115–153。

佐藤學,《明末清初期一地方都市における同業組織と公権力：蘇州府常熟県「當官」碑刻を素材に》,《史学雜誌》, 96,9 (1987)：1468–1487。

佐伯富,《清代雍正朝における通貨問題》, 收入東洋史研究會編《雍正時代の研究》, 京都：同朋舍, 1986, 頁 618–687。

斯波義信,《「新刻客商一覽醒迷天下水陸路程」について》, 收入《東洋学論集：森三樹三郎博士頌壽記念》, 東京：朋友書店, 1979, 頁 903–918。

寺田隆信,《明清時代の商業書について》,《集刊東洋学》(仙臺), 20 (1968)：111–126。

上田信,《明末清初・江南の都市の「無頼」をめぐる社会関係：打行と脚夫》,《史學雜誌》(東京), 90：11 (1981)：41–59。

森田明,《「商賈便覧」について──清代の商品流通に関する覚書》,《福岡大学研究所報》, 16 (1972)：1–28。

水野正明,《「新安原板士商類要」について》,《東方學》, 60 (1980)：96–117。

川勝守,《清、乾隆期雲南銅の京運問題》,《九州大學文學部東洋史論集》, 17 (1989)：34。

川勝守,《中国近世都市の社会構造──明末清初, 江南都市について》,《史潮》(東京), 6 (1979)：65–90。

川勝守,《明末清初における打行と訪行──旧中国社会における無頼の諸史料》,《史淵》(九州), 119 (1982)：65–92。

谷井俊夫,《里程書の時代》, 收入小野和子編《明末清初の社會と文化》, 京都：京都大學人文科學研究所, 1996, 頁 415–455。

中島敏,《清朝の銅政における洋銅と滇銅》, 收入中島氏著《東洋史学論集》,

東京：汲古書院，頁 175–176。

陳來幸，《1915 年商会法の成立について》，《富山国際大学紀要》，3（1993）：
57–74。

田中正俊，《十六、十七世紀の江南における農村手工業》，收入田中氏著《中
国近代経済史研究序説》，東京：東京大學出版會，1973，頁 79–100。

日野開三郎、草野靖，《唐宋時代の合本に就いて》，收入日野開三郎《東洋史
学論集》第五卷，東京：三一書房，1982，頁 485–498。

夫馬進，《「徴信錄」というもの》，《中國——社會と文化》，5（1990）：59–74。

夫馬進，《善会、善堂の出発》，小野和子編，《明清時代の政治と社会》，京都：
京都大學人文科學研究所，1983，頁 189–232。

本田精一，《「三台万用正宗」算法門と商業算術》，《九州大學東洋史論集》，23
（1995）：87–125。

劉序楓，《清日貿易の洋銅商について——乾隆～咸豐期の官商・民商を中心
に》，《九州大学文学部東洋史論集》，15(1986)：107–152。

濱口福壽，《隆慶万暦期の錢法の新展開》，《東洋史研究》，31，3（1972）：
73–92。

黨武彥，《乾隆九年京師錢法八條成立過程およびその結末：乾隆初年におけ
る政策決定過程の一側面》，《九州大学文学部東洋史論集》，23（1995）：
39–86。

四、网络资源

徐添、林盼、俞诗逸，《访谈 | 彭慕然：中国为什么这么大？》（https://media.
weibo.cn/article?id=2309404176560214166875&from=singlemessage&jumpfrom=
weibocom，《东方历史评论》，2017 年 11 月 21 日。上网征引日期：2018 年 1
月 30 日）。

后 记

这部《当经济遇上法律：明清中国的市场演化》是笔者的一部续集，接续 2008 年在台北出版的《当法律遇上经济：明清中国的商业法律》（五南出版社，简体版后来由浙江大学出版社于 2017 年发行），这两书的出版时间相差了十年。十年之间，笔者工作单位也更换了两次：先由"中研院"历史语言研究所转到香港中文大学（2012—2018），再于 2018 年 7 月中旬转至上海交通大学人文学院。

工作的变换主要出于机缘，但专书出版期间又何尝没有特殊机缘？出书机缘涉及许多人事变化，而尽管人们常说人生总是"计划赶不上变化"，但笔者还是想交代，这两部专书虽然相隔十年出版，但其实仍基本是在自己长期研究、写作的"计划"之中。2008 年以"法律遇上经济"命名的先前专书，探究明清中国的"商业法律"；2018 年以"经济遇上法律"命名的这部新书，则聚焦明清中国的"市场演化"。可以这么说："商业法律"与"市场演化"两个主题，其实聚焦了笔者自 1995 年提交博士论文二十余年来的主要研究工作。

如何由苏州"会馆、公所"与"商会"两类商人团体探究明清长期社会变迁，是我博士论文的研究课题。毕业工作以后，笔者拓展了对商人团体结社行为的研究，并受到经济人类学与制度经济史的一些影响，往明清经济组织、政府法律与意识形态三者如何与当时商人的经济行为相互作用做探究。在研究过程中，笔者逐渐设定了三个层面的议题以展开分析：第一，十六世纪以后中国市场经济与都市社会日益发展，商人的经济行为与当时的商业制度之间究竟存在何种互动关系？商人团体、牙行制度、合股组织、包买商制度、金融机构、账簿形式、货币流通等不同商业制度，究竟如何形塑市场结构并影响中国的资源分配与经济发展？第二，商人经济行为根植于当时的社会人际网络之中，宗族关系、同乡组织、祭祀网络等不同的社会纽带，其实都影响了商人的经济行为。这些不同社会纽带和商人经济行为之间的复杂关系，究竟如何联系和运作？第三，市场经济固然受到政府法令的制约，但政府法律其实也受到市场经济的冲击，在市场经济的发展下，市场交易过程日趋复杂，商人固然因应既有法令来调整经济行为，但官员面对日益增加的商业纠纷与司法案件，其用以解释法律、做出判决的司法过程其实也会受到影响。同时，随着官盐、官营手工业逐渐解体，各种"官督商办"制度纷纷创建，更促使官商关系产生巨大变革，政府一方面愈益倚重商人的资金与经营能力，另一方面也主动借贷给商人进行生产活动。这些现象都反映了明清时代"国家—市场"关系的变化，如何具体厘清其间的变化过程，这是笔者关心的第三个议题。这三个议题彼此交织并且可能构成明清经济发展的核心内容。简单地说，以明清中国的"商业法律"与"市场演化"为核心主题的笔者十年之间结集出版的这两部专书，算是回应自己上述三个层面议题的初步成果。

　　本书主体内容来自这些年来笔者已出版与未公开发表的八篇论文，并经过一定程度的裁融、修改与补充。全书各章改写前的出处是：导论与结论改写自《"数目字管理"是洞见或是限制？黄仁

宇"大历史观"下的明清市场与政府》(《台大历史学报》,第 26 期,
2000 年 12 月)。第一章改写自《市场、法律與人情:明清蘇州商人
團體提供「交易服務」的制度與變遷》(中國史學會編,《中國の歷
史世界——統合のシステムと多元的發展》,東京:東京都立大学出
版会,2002 年)。第二章改写自《由放料到工厂:清代前期苏州棉
布字号的经济与法律分析》(《历史研究》,第 1 期,2002 年 2 月)。
第三章改写自《18 世纪苏州棉布业的工资纠纷与工作规训》(唐力
行主编,《江南社会历史评论》第三期,北京:商务印书馆,2011
年)。第四章改写自《十八世纪滇铜市场中的官商关系与利益观念》
(《"中研院"历史语言研究所集刊》,第 72 本第 1 分,2001 年 3
月)。第五章改写自《国法与帮规:清代前期重庆城的船运纠纷解决
机制》(邱澎生、陈熙远合编,《明清法律运作中的权力与文化》,台
北:"中研院"、联经出版公司,2009 年 4 月)。第六章改写自《十九
世纪前期重庆城的债务与合伙诉讼》(陈慈玉主编,《承先启后——
王业键院士纪念论文集》,台北:万卷楼图书公司,2016 年 11 月。
本文写作获得"香港研究资助局"补助:#14402414,2014—2015)。
第七章则改写自笔者的一篇未刊论文。在此一并向上文涉及各份期
刊与专书出版社致谢。

这本书的出版要感谢许多师友。欧姗姗、谢宛洳、陈佩歆、李
朝凯、吴景杰、鹿智钧、陈重方,曾协助搜集史料。在联经出版公
司审查、校对与出版本书的过程中,笔者感谢两位审查人给予了不
少有用的修改建议;校对者的专业能力,也令笔者印象深刻并多有
帮助;同时,也向林载爵发行人、胡金伦总编辑以及联合文学李文
吉总经理提供的种种协助致谢。

成书的过程因教学与考核等因素而颇见压力,心情难免波动,
幸有师友多方慰勉。感谢业师徐泓先生与王芝芝师母,并向黄应贵、

李伯重、王国斌诸位先生致谢，也感激赖惠敏、步德茂（Thomas Buoye）、李孝悌、张寿安、林月惠、郑宗义、蔡志祥、何冠环、蒲慕州、熊秉真、何佩然、张瑞威、卜永坚、沈培，以及甘怀真、苏国贤、余志强、郑吉雄、刘序枫、邱仲麟、李广健、贺照田、王振忠、冯筱才、陈正国、刘士永、和文凯、艾伦·麦吉尔（Ellen McGill）、李卓颖、张志云、江丰兆的情义相挺。王鸿泰对此书稿常施鼓励，见证友谊愈陈愈淳。书成在即，温情谢意，满溢我心，永志难忘。

图书在版编目（CIP）数据

当经济遇上法律：明清中国的市场演化 / 邱澎生著 . —杭州：
浙江大学出版社，2021.9
ISBN 978-7-308-20664-8

Ⅰ . ①当… Ⅱ .①邱… Ⅲ .①商业史—关系—法制史—研究—中国—
明清时代 Ⅳ . ① F729.4 ② D929.4

中国版本图书馆 CIP 数据核字（2020）第 200004 号

当经济遇上法律：明清中国的市场演化

邱澎生　著

责任编辑	王志毅
责任校对	黄梦瑶
装帧设计	毛　淳
出版发行	浙江大学出版社
	（杭州天目山路 148 号　邮政编码 310007）
	（网址：http://www.zjupress.com）
排　　版	北京辰轩文化传媒有限公司
印　　刷	河北华商印刷有限公司
开　　本	635mm×965mm　1/16
印　　张	26
字　　数	302 千
版 印 次	2021 年 9 月第 1 版　2021 年 9 月第 1 次印刷
书　　号	ISBN 978-7-308-20664-8
定　　价	78.00 元